적정 소프트웨어 아키텍처

JUST ENOUGH SOFTWARE ARCHITECTURE

적정 소프트웨어 아키텍처

리스크 주도 접근법

초판 1쇄 발행 2022년 5월 30일

지은이 조지 페어뱅크스 / **옮긴이** 이승범 / **펴낸이** 김태헌
펴낸곳 한빛미디어(주) / **주소** 서울시 서대문구 연희로2길 62 한빛미디어(주) IT출판부
전화 02-325-5544 / **팩스** 02-336-7124
등록 1999년 6월 24일 제25100-2017-000058호 / **ISBN** 979-11-6224-553-8 93000

총괄 전정아 / **책임편집** 박민아 / **기획·편집** 박용규 / **교정** 김가영
디자인 표지 이아란 내지 박정화 / **전산편집** 이경숙
영업 김형진, 김진불, 조유미 / **마케팅** 박상용, 송경석, 한종진, 이행은, 고광일, 성화정 / **제작** 박성우, 김정우

이 책에 대한 의견이나 오탈자 및 잘못된 내용에 대한 수정 정보는 한빛미디어(주)의 홈페이지나 아래 이메일로
알려주십시오. 잘못된 책은 구입하신 서점에서 교환해드립니다. 책값은 뒤표지에 표시되어 있습니다.

한빛미디어 홈페이지 www.hanbit.co.kr / 이메일 ask@hanbit.co.kr

지금 하지 않으면 할 수 없는 일이 있습니다.
책으로 펴내고 싶은 아이디어나 원고를 메일(**writer@hanbit.co.kr**)로 보내주세요.
한빛미디어(주)는 여러분의 소중한 경험과 지식을 기다리고 있습니다.

적정 소프트웨어 아키텍처
JUST ENOUGH SOFTWARE ARCHITECTURE

리스크 주도 접근법
A Risk-Driven Approach

조지 페어뱅크스 **지음** | 이승범 **옮김**

M&B MARSHALL & BRAINERD | 한빛미디어 Hanbit Media, Inc.

어떤 지식을 알려면 그것을 표현하는 언어를 알아야 하고, 지식이 깊이를 갖추려면 언제 그 지식이 옳고(적절하고), 그른지(적절하지 않은지) 알아야 한다. 이 책은 소프트웨어 아키텍처를 이해하기 위한 언어를 학자답게 잘 정리했고, 리스크 관리라는 기준으로 적정과 부적정의 깊이를 만들었다. 그렇게 이 책은 소프트웨어 아키텍처에 대한 깊이 있는 지식을 제공한다.

강재영, 소프트웨어 엔지니어

아키텍처란 말은 건축에서 가져왔다. 아키텍처를 만드는 사람을 아키텍트라고 하며, 아키텍트는 아직 지어지지 않은 건축물을 설계하고 어떻게 만들 것인지 구체적인 방법을 제시한다. 상세한 아키텍처를 설계하는 것은 결코 쉬운 일이 아니며, 그 수준이 얼마나 세밀해야 하는지도 모호하다. 또한 완벽한 아키텍처를 만든다고 해도 그것이 실제 코드에 반영될 것이라고는 누구도 장담하지 못한다. 넘침은 모자람만 못하다는 말이 있듯이 '적정' 수준의 아키텍처를 만들고 실제 코드로 옮기는 과정에서 반복적으로 세밀함과 구조적인 오류를 제거하는 것이 올바른 선택일 수 있다. 이 책은 이러한 과정에서 필요한 지식과 도구, 경험을 갖춰주려는 의도에서 만들어졌으며, 원작자의 의도를 깊게 고민하고 반추한 또 하나의 창작물이다.

권수호, 한국블록체인산업진흥협회 교육센터장

소프트웨어 개발에서 설계를 중요시하는 정도는 시대에 따라 다르다. 20년 전에 개발할 때는 객체 지향 방법론, 디자인 패턴 등 소프트웨어 아키텍처나 설계를 매우 중요하게 여겼다. 개발 범위에 있는 모든 요소를 기능, 성능, 확장성을 고려하여 설계하고 그 결과를 여러 가지 설계 문서로 작성했으며, 설계 문서에 따라 코딩하고 테스트했다. 그런데 최근에는 애자일 방법론, 클라우드 기술, 파이썬 같은 동적 언어의 등장으로 개발 과정이 상대적으로 수월해지고 빨라지면서 아키텍처나 설계 과정을 크게 줄이거나 거의 하지 않는 경우가 많아졌다. 어느 쪽이든 너무 지나치면 좋지 않다. 문제는 '설계의 적절한 수준'을 알기 어렵다는 점이다. 이 책은 이 문제에 대해서 명쾌한 기준을 제공한다. 리스크가 클수록 더 많이 설계하고, 더 열심히 설계하라는 것이다. 이 책은 소프트웨어의 리스크를 분석하여 적정한 수준으로 설계하는 방식을 알려주며, 소프트웨어 설계 및 아키텍처에 대한 전반적인 내용들도 소개해준다. 소프트웨어 설계나 아키텍처에 관심이 있거나 그동안 관심이 부족했던 개발자라면 일독을 권한다.

김정현, 넷마블 기술인프라센터장

애자일과 클라우드 네이티브 시대에 소프트웨어 아키텍처는 리스크를 관리할 수 있어야 한다. 개발 속도를 높이고 대규모 트래픽 및 트랜잭션에 대응해야 하는 개발 환경에서 개발자, 아키텍트 및 프로덕트 관리자는 반드시 한 번 짚고 가야 하며, 리스크 관리 중심 소프트웨어 설계 가이드는 단순하고 실용적으로 기술되어 있어 참고하기 좋다. 마지막으로, 현장에서 사용하는 언어를 충실히 반영한 번역에 박수를 보낸다.

임창현, 디지털엑스원

소프트웨어 개발의 초석이 되는 소프트웨어 아키텍처는 프로덕트의 성패를 가르는 핵심 요소다. 특히 예상하기 어렵고 다양한 변화가 빠르게 확산되는 현대의 개발 환경에서 소프트웨어 프로덕트는 유연성을 갖고 변화에 민첩해야 하며, 효과적으로 변경이 가능하도록 설계되어야만 한다. 이 책은 소프트웨어의 복잡하고 다양한 요구 조건을 리스크 완화 차원에서, 때로는 디자인 트레이드오프를 통해 소프트웨어 엔지니어링 관점에서 효과적이고 기술적인 접근을 논한다. 상용화를 목표로 소프트웨어를 개발한다면 꼭 읽어보기를 추천한다.

임형진, AWS Enterprise Solutions Architect Manager

애자일 진영에서 설계와 아키텍처 관련 논의는 아주 인기 있는 주제가 아니다. 그래서 애자일 코치로서 이 책의 추천사를 부탁받았을 때 걱정이 앞섰다. 하지만 이 책의 여러 부분에서 저자의 통찰에 도움을 받을 수 있었다. 특히 3장은 모든 분들이 꼭 읽어보길 추천한다. 저자는 모든 소프트웨어 개발 방법론에 적용 가능한 리스크 주도 모델이라는 흥미로운 모델을 제시하는데,

애자일 방법론에 기반한 프로젝트 관리를 하는 입장에서 리스크를 어떻게 다뤄야 하는지에 대한 실용적인 방안을 제시해주어 큰 도움이 되었다. 소프트웨어 개발에 종사하는 모든 분께 일독을 권한다.

홍영기, SOCAR

소프트웨어 아키텍처에 관한 책을 한 권만 읽으려면 이 책이 적합하다. 적정 소프트웨어 아키텍처는 모든 사람(프로그래머, 개발자, 테스터, 아키텍트 및 관리자)이 알아야 하는 소프트웨어 아키텍처의 필수 개념을 다루며, 몇 시간 만에 활용할 수 있는 실용적인 조언을 제공한다.

마이클 킬링 Michael Keeling, **프로페셔널 소프트웨어 엔지니어**

이 책은 저자의 소프트웨어 아키텍처 개념에 관한 깊은 지식과 개발자로서의 광범위한 업계 경험을 결합한 내용을 포함한다. 또한 이상적인 얘기가 아닌 소프트웨어 프로젝트의 아키텍처를 실제 적용하는 방법을 담고 있다. 독자가 이해할 수 있는 맥락으로 설명하고, 해당 맥락에서 당연시하던 설계를 개선하는 방법을 보여준다. 여러분이 아키텍트라면 조직의 개발자가 이 책을 읽기를 바랄 것이다. 개발자라면 꼭 읽어보길 권한다.

파울로 머슨 Paulo Merson, **프랙티싱 소프트웨어 아키텍트 겸
소프트웨어 엔지니어링 연구소(SEI) 방문 연구 과학자**

'적정' 아키텍처에서 집중하는 주된 내용은 '아키텍처 프로세스를 어떻게 하면 다루기 쉽게 만들 수 있는가'를 고민하는 모든 개발자에게 매력적으로 다가갈 것이다. 책에서는 리스크에 관한 이해를 활용하여 아키텍처의 개발 및 범위를 조절하는 방법에 관한 자세한 예시와 조언을 제공한다. 소프트웨어 아키텍처의 학문적인 측면의 세부 정보는 넓은 이론과 실천을 이해하고 싶어 하는 개발자가 이러한 개념을 프로젝트에 적용하는 데 도움이 된다.

브래들리 쉬멀 박사 Dr. Bradley Schmerl, **카네기 멜런 대학교 컴퓨터 과학 선임 시스템 과학자**

이 책에서 설명하는 리스크 주도 모델 접근 방식은 미국 항공 우주국(NASA) 존슨 우주 센터Johnson Space Center(JSC)의 XIMeXtensible Information Modeler 프로젝트에 적용되어 많은 성공을 거두었다. 이 접근법은 프로젝트 관리에서 개별 개발자에 이르기까지 프로젝트 모든 구성원에게 필수 사항이다. 실제로 모든 개발자에게 필수 도구다. 코드 모델 부분과 안티패턴만 봐도 이 책은 충분한 가치가 있다!

크리스토퍼 딘 Christopher Dean, **NASA 존슨 우주 센터,**
엔지니어링 과학자 컨트랙트 그룹, XIM 수석 아키텍트

이 책은 소프트웨어 프로젝트에 소프트웨어 아키텍처 도구와 전략을 전술적으로 적용하는 방법을 알려준다. 개발자와 아키텍트에게 아키텍팅을 안내해주는 탄탄한 기초서이자 참고 자료다.

니콜라 셔먼 Nicholas Sherman, **마이크로소프트 프로그램 매니저**

페어뱅크스는 프로세스, 라이프 사이클, 아키텍처, 모델링, 서비스 품질에 관한 최신 아이디어를 일관된 프레임워크에 통합하여 IT 애플리케이션에 즉시 적용하게 했다. 이 책은 매우 명확하고 정확하면서도 매력적이고 읽기 쉽다. 적정 소프트웨어 아키텍처는 IT 애플리케이션 아키텍처 참고 문헌에 크게 기여하고, 엔터프라이즈 애플리케이션 설계자를 위한 표준 참고 서적이 될 것이다.

이언 마웅 박사 Dr. Ian Maung, **시티그룹 엔터프라이즈 아키텍처 수석 부사장 겸**
전 Covance 엔터프라이즈 아키텍처 이사

이 책은 효과적인 시스템을 만드는 데 도움이 되는 방법을 찾는 소프트웨어 실무자의 핵심 요구사항을 다룬다. 저자는 자신의 경험을 바탕으로 학계에서 중요한 아이디어를 결합하여 개념 모델conceptual model을 제공하고, 업계에서 선택한 모범 사례를 활용해 적용 범위를 확대하고, 궁극적으로 더 유용하고 현실적인 소프트웨어 아키텍처를 만드는 데 도움이 되는 실용적인 지침을 제공한다. 간단한 리스크 주도 접근 방식은 '적정just enough'에 다가가는 데 도움을 줄 것이다. 이 책은 소프트웨어 아키텍처 관련 도서에 꼭 포함해야 할 중요한 자료다.

데즈먼드 디수자 Desmond D'Souza, **키네티움**Kinetium의 'MAp and Catalysis' 저자

이 책은 소프트웨어 아키텍처가 (업무에 방해되지 않고) 소프트웨어를 구축하는 데 어떤 도움을 주는지 알려준다. 이 책을 활용하면 실제 코드 작성에 방해가 되는 중요한 아키텍처 문제만 식별해서 해결할 수 있다.

케빈 비어호프 박사 Dr. Kevin Bierhoff, **프로페셔널 소프트웨어 엔지니어**

소프트웨어 아키텍처를 '왜' 그리고 '어디에' 적용해야 하는지 알고 싶은 시스템 및 소프트웨어 개발자에게 이 책이 제시하는 명확한 논거와 이해하기 쉬운 비유가 큰 도움이 된다. 또한 아키텍처 설계를 수행하는 시기와 방법을 고민하는 개발자에게 명확한 해답을 주고, 설계를 수행하는 능력을 길러주며, 개발자를 좀 더 여유롭게 해주는 개념과 아이디어를 포함하는 적정한 방법을 찾을 수 있다. 이 책은 읽기 쉽고, 간결하며, 참고할 내용이 풍부하다. 잘 설계되었고, 정교하게 디자인된 책이다!

샹웬 첸 박사 Dr. Shang-Wen Cheng, **비행기 소프트웨어 엔지니어**

지은이 · 옮긴이 소개

지은이 **조지 페어뱅크스**George H. Fairbanks

소프트웨어 시스템을 구축하는 방법을 배우려고 노력한 결과, 학계와 산업 소프트웨어 개발을 접목할 수 있었다. 저자는 컴퓨터 과학 학위 세트(학사, 석사, 박사)가 있으며 박사는 카네기 멜런 대학교의 소프트웨어 엔지니어링 분야에서 취득했다. 연구한 논문 주제는 많은 개발자가 직면하는 '소프트웨어 프레임워크'였다. 프레임워크 사용 방법을 설명하려고 'design fragments'라는 새로운 사양을 개발했고, 올바르게 사용하는 중인지 확인할 수 있는 이클립스 기반 도구를 구축했다. 데이비드 갈란David Garlan과 빌 셜리스Bill Scherlis의 지도를 받았고, 논문심사위원회에는 영광스럽게도 조너선 올드리치Jonathan Aldrich와 랄프 존슨Ralph Johnson이 참여했다.

학업 중에는 이론적인 내용을 배웠으며, 현업에서 실질적인 부분을 더 익힐 수 있었다. 노텔Nortel DMS-100 중앙 사무실 전화 스위치central office telephone switch, 운전 시뮬레이터driving simulator용 통계 분석, TW TelecomTime Warner Telecommunications의 IT 애플리케이션, 이클립스 IDE용 플러그인, 그리고 웹 스타트업의 모든 코드를 포함한 프로젝트에 소프트웨어 개발자로 참여했다. 아마추어 시스템 관리자로서 리눅스 박스를 만지고, 컴퓨터 LED를 벽장의 미등처럼 사용했으며, 전원 공급 장치를 난방기처럼 사용했다. 그리고 초창기부터 애자일 기법을 지지해왔다. 1996년 몸담았던 부서의 6개월 개발 주기를 2주로 단축했고, 1998년 테스트 주도 개발을 시작했다.

현재 구글의 소프트웨어 엔지니어다. 구글 애드 익스체인지(AdX)를 포함한 다수의 프로젝트에서 테크니컬 리더로 활동 중이다.

옮긴이 **이승범** blcktgr73@gmail.com

아일랜드에 있는 더블린시티 대학교Dublin City University에서 박사 학위를 받고, 2010년부터 안드로이드 기반 휴대폰 소프트웨어의 멀티미디어 기능 및 서비스 개발 업무를 리드해왔다. 소프트웨어 아키텍처, 애자일 방법론(특히 애자일 매니지민트)에 관심이 많다. 최근에는 복잡계complex system 및 센스메이킹sensemaking에 관심을 가지고 애자일 코치, 소프트웨어 개발자들과 교류하며 스터디와 콘텐츠 제작도 한다.

옮긴이의 말

스티브 잡스의 스탠퍼드 대학교 졸업식 연설처럼 세 가지를 이야기하고자 한다.

첫 번째는 '기민agility**과 체계**discipline **사이의 균형'이다.** 이는 소프트웨어 엔지니어로서 아직도 고민하는 큰 숙제다. 이 책의 저자는 이러한 고민을 먼저 하고 있었다.

현재 애자일 소프트웨어 개발은 당연시되고 있다. 우리가 목표하는 소프트웨어 시스템이 최종적으로 어떤 모습이어야 하는지 시작할 때부터 완벽하게 만들 수도 있지만, 대부분은 초기에 설계를 완벽하게 하여 최종 제품을 개발할 수 없다. 개발을 진행하면서 소프트웨어의 모습은 변하기 마련이다. 이 책에서도 다루듯 애자일 개발의 아키텍처에는 리팩터링을 통한 진화적 설계에 특징이 있다. 실무에서도 느끼겠지만, 리팩터링 비용이 너무 많이 들어 실행하지 못할 때가 종종 있다.

일반적인 소프트웨어 아키텍처는 학계 연구의 태생적 특징으로 프로젝트 초기에 중요한 구조를 잡아야 한다는 체계적인 프로세스를 가정한다. 사용자 요구사항을 파악하고, 그중에서도 중요한 부분을 기반으로 소프트웨어의 뼈대를 구축하는 것을 기본으로 한다. 하지만 역시 똑같은 질문으로 돌아오는데, 프로젝트 초기에 '우리가 프로젝트에 관한 정보를 충분히 아는가'이다.

이 책은 이런 어려움을 완화해주는 대안을 제안한다. 리스크 주도로 아키텍처 설계를 반복하는 방법이다. 다시 말해 자신이 속한 팀에서 수행하는 소프트웨어 개발 프로세스에 맞춰 리스크가 해소될 정도로 충분한 설계량과 시간을 투자하자고 제안한다. 저자의 다양한 경험을 바탕으로 고안한 이 접근 방법은 우리가 지닌 큰 숙제에 도움이 되며 이 책은 선배로서의 경험을 담은 좋은 실무 교본으로 옆에 두고 찾아볼 만하다.

두 번째는 번역에 대한 개인적인 견해이다. 각 언어에 내재한 작은 뉘앙스 차이를 다른 언어로 옮기는 일은 매우 어렵다고 생각한다. 그래서 번역을 하면서도 종종 가장 적절한 우리말을 찾거나 음차해서 사용한다. 이 책 제목에 있는 'just enough'도 어떻게 번역할지 고민되었다. 처음에는 '충분한'으로 번역했지만 만족스럽지 않았다. 'just'의 의미가 드러나지 않기 때문이다. 충분한 고민 후 '적정'이라는 단어를 사용했다. 이 단어 외에도 우리말로 옮기기 어려운 단어는 음차하여 사용했다.

한글과 원어를 병기해야 하는 이유는 소프트웨어 개발이나 소프트웨어 개발과 관련된 도메인의 중심이 여전히 미국에 있기 때문이다. 따라서 영어로 쓴 원서나 관련 논문, 인터넷 글을 읽을 기회가 많으므로 원어 용어에 익숙해져야 한다. 따라서 이 책에서도 병기를 충분히 했다. 여러분도 책을 보면서 소프트웨어 아키텍처와 소프트웨어 개발에 관련된 원어 용어에 익숙해졌으면 한다.

또한 영어 단어를 우리말이나 다른 언어로 옮기기 까다로울 때도 많았다. 예를 들면 확장성은 'extensibility'인가 'scalability'인가? 이 책에서는 'extensibility'을 '확장성', 'scalability'을 '규모확장성'으로 번역했다. 가능하면 구분하여 번역하고, 필요한 곳에 원어를 자주 병기했다.

세 번째는 소프트웨어 개발에 관해서 '내가 얼마나 알고 있지?'라는 질문이다. 저자는 소프트웨어 엔지니어링 분야에서 박사 학위까지 보유하신 분으로, 소프트웨어 아키텍처에 대한 깊고 넓은 지식이 있다. 따라서 이 책은 어려울 수밖에 없다. 저자도 이 분야를 전공하는 학부 3, 4학년 혹은 석사 과정생을 대상으로 이 책을 추천한다.

책에서 다루는 많은 예시 중 이미 아는 이야기들이 있어 반갑기도 했다. 하지만 처음 듣는 이론이나 이야기를 접하면 개념을 잡기 어려워 고민이 되기도 했다. 또한 영어 개념을 우리말로 옮겨 놓으니 어색하고 이해되지 않는 부분도 많았다. 번역이라는 작업은 문장을 곱씹고, 검색하고, 생각해야 해서 힘들지만, 그 속에서 즐거움을 찾기도 했다. 여러분도 새로운 것을 배우며 이러한 기분을 느껴보길 바란다.

'어제의 나와 비교해서 성장했는가?' 이 책의 번역도 이러한 고민에서 시작하여 도전한 것이다. 여러 가지 어려움이 있었지만, 저녁의 삶과 휴일을 양보해준 아내와 아들에게 먼저 감사의 인사를 전한다. 그리고 다른 성장을 향해 한 걸음 내딛었음에 감사함을 전한다.

이승범

머리말

1990년대에 소프트웨어 아키텍처는 소프트웨어 엔지니어링의 하위 분야로 등장했다. 요구사항을 충족하는 소프트웨어 기반 시스템을 만들려면 올바른 아키텍처 설정이 핵심 요소라고 널리 인식되었을 때였다. 그 뒤로 아키텍처 설계를 지원하고 이를 기존 소프트웨어 개발 실천 방법에 통합하는 표기법, 도구, 기법, 프로세스에 관한 여러 가지 제안이 난립했다.

혼잡한 여러 제안과 저작물을 기반으로 체계가 만들어지는 중에도 소프트웨어 아키텍처에 관한 원론적 관심은 대부분 일반적인 개발 실천 방법으로 연결되지 못했다. 아키텍처 역할에 관한 의견이 대립을 이뤘기 때문이다. 하나는 아키텍처가 소프트웨어 개발 프로세스 전반에 걸쳐 중추적이고 필수적인 역할을 하는 아키텍처 집중 설계를 옹호하는 사상이었다. 이 사상은 상세하고 완전한 아키텍처 설계, 잘 정의된 아키텍처 이정표, 아키텍처 문서화에 관한 명시적 표준에 집중했다. 다른 하나는 아키텍처가 좋은 설계의 부산물로 자연스럽게 창발한다고 하거나, 어떤 종류의 시스템은 아키텍처가 너무 명백해 아키텍처 설계가 전혀 필요하지 않다고 주장하면서 경시하는 사상이었다. 이 사상은 소프트웨어의 구현과는 구분되는 작업인 아키텍처 설계를 최소화하고 개발 과정에서 아키텍처 문서를 줄이거나 제거하는 데 집중했다.

분명 두 사상 모두 모든 시스템에 적합하지는 않다. 실제 질문해야 할 핵심은 '주어진 시스템의 아키텍처 설계를 얼마나 수행하고 결과물로 만들어야 하는가?'이다.

이 책에서 조지 페어뱅크스George Fairbanks는 질문의 답으로 '적정 아키텍처just enough architecture'를 제안한다. 이에 대한 반응은 '글쎄, 뭐 저런 걸!'일 것이다. 사람들은 대부분 너무 많이 하길 원하거나 너무 적게 하고 싶어 하기 때문이다. 물론 책에서는 '적정just enough' 아키텍처보다 더 많은 내용을 다루지만 그 의미를 파악하는 데 필요한 원칙의 세부 사항이 바로 책의 요점이다. 따라서 이 책에서는 독단적이지 않고 새롭게 소프트웨어 아키텍처를 경험하고 적용하는 방법을 설명한다. 이는 실용적 가치가 높다.

페어뱅크스는 아키텍처 설계가 얼마나 충분한지 결정하는 핵심 기준이 **리스크 감소**라고 주장한다. 설계 리스크가 거의 없는 곳에서는 아키텍처 설계가 필요하지 않다. 그러나 어려운 시스템을 설계해야 할 때 아키텍처는 엄청난 잠재력이 있는 도구가 된다. 이 책에서 설명한 방법을 따르면 아키텍처 설계 기법을 선택할 때 비용과 이익에 관한 고민을 하기 때문에 개발자가 아키텍처를 진정한 공학적인 관점에서 바라볼 수 있다. 특히 리스크 감소에 초점을 맞추고 아키텍처 설계가 가장 큰 성과를 거둘 가능성이 높은 상황에서 사용하도록 하여 공학적 이익과 비용의 균형을 맞춘다.

당연하게도 많은 질문이 생긴다. 소프트웨어 아키텍처로 가장 잘 해결되는 리스크는 무엇인가? 아키텍처 설계[1] 원칙을 어떻게 적용해서 설계 문제를 해결하는가? 여러분의 아키텍처 커미트먼트architectural commitment는 무엇이며, 다른 사람들이 그것을 어떻게 알도록 하겠는가? 실무 구현 담당자가 아키텍처 커미트먼트를 준수하도록 어떻게 도울 수 있는가?

이 책은 이러한 질문의 답을 제공하고 소프트웨어 아키텍처 분야의 독특하고, 실용적이고, 접근하기 쉬운 방안을 제공한다. 혁신적인 소프트웨어 시스템을 만들어야 하는 사람, 설계 트레이드오프 관련 어려운 결정에 직면한 사람, 기민agility과 체계discipline[2] 사이에서 적절한 균형을 찾아야 하는 사람 등 거의 모든 소프트웨어 엔지니어에게 이 책을 추천한다.

데이비드 갈란David Garlan, **카네기 멜런 대학교, 컴퓨터 과학 교수**
2010년 5월

---

1 옮긴이_ 'Design'을 '설계' 혹은 '디자인'으로 혼용하여 사용하였다. 특히, 'Design Pattern'과 같이 이미 많이 사용하는 용어는 '디자인 패턴'과 같이 유지하였다.

2 옮긴이_ 소프트웨어를 개발하는 방법론으로 애자일 소프트웨어 개발 방법론과 소프트웨어 엔지니어링 학문이 있다. 각 프로세스의 특징을 나타내는 기민과 체계로 두 방법론을 표현할 수 있다.

이 책에 대하여

이 책은 '소프트웨어 개발을 시작했을 때 가지고 있었으면' 했던 책이다. 당시에는 언어와 객체 지향 프로그래밍에 관한 책이 많았지만 설계에 관한 책은 거의 없었다. C++ 언어의 기능이나 통합 모델링 언어Unified Modeling Language(UML)를 안다고 해서 좋은 시스템 아키텍처를 설계할 수 있지는 않다.

이 책은 다른 소프트웨어 아키텍처 책과 다르다. 차별점은 다음과 같다.

리스크 주도 아키텍처링을 가르친다. 리스크가 적을 때는 세심한 설계가 필요하지 않지만, 리스크가 많아 성공이 불확실할 때는 엉성한 설계가 용납되지 않는다. 유명 애자일 소프트웨어 지지자들은 일부 선행 설계가 도움이 될 수 있다고 제안한다. 이 책은 적정하게 아키텍처 설계를 수행하는 방법을 설명한다. 직면한 리스크에 따라 아키텍처와 설계에 들이는 노력을 조정하는 방법에 관해 조언하여 '프리사이즈one size fit all 프로세스 구렁텅이'로 가는 상황을 방지한다. 복잡한 기법을 간략화하여 빠르게 처리하는 방법부터 상세하게 적용하는 방법까지 상황에 따라 조절하여 적용할 수 있다.

참여하는 아키텍처를 지향한다. 여러분이 소프트웨어 아키텍트이거나 조직에 소프트웨어 아키텍트가 있을 수 있다. 저자가 만난 아키텍트들은 모든 개발자가 아키텍처를 이해하기를 바란다. 아키텍트는 개발자가 '아키텍처와 관련된 제약 조건이 존재하는 이유'와 '작아 보이는 변경이 시스템 속성에 큰 영향을 미칠 수 있다는 점'을 이해하지 못한다고 불평한다. 이 책은 아키텍트뿐 아니라 모든 소프트웨어 개발자와 관련된 아키텍처를 만드는 데 노력한다.

선언적 지식(declarative knowledge)을 키운다. '테니스공을 칠 수 있다'와 '테니스공을 칠 수 있는 이유를 설명할 수 있다'는 다르다. 심리학자가 말하는 **절차적 지식**procedural knowledge과 **선언적 지식**declarative knowledge 사이에도 이와 같은 차이가 있다. 여러분이 시스템 설계 및 구축 전문가라면 이 책의 많은 기법을 이미 사용해봤을 것이다. 하지만 여기서는 여러분이 무엇을 사용했는지 더 잘 알 수 있도록 용어와 개념을 사용해 설명한다. 이러한 선언적 지식은 다른 개발자를 가르치는 데 도움이 된다.

엔지니어링을 강조한다. 소프트웨어 시스템을 설계하고 구축하는 사람들은 일정, 자원 할당resource commitment, 이해관계자 요구를 처리하는 등 많은 일을 해야 한다. 소프트웨어 아키텍처에 관한 많은 책에서 이미 소프트웨어 개발 프로세스와 조직 구조를 다뤘다. 하지만 이 책은 소프트웨어 개발의 기술적 부분에 초점을 맞추고, 개발자가 시스템을 작동하게 하려고 수행하는 작업인 **엔지니어링**을 다룬다. 원칙을 기반으로 설계의 절충안을 만들 수 있도록 모델을 구축하고 아키텍처를 분석하는 방법을 보여준다. 소프트웨어 설계자가 중대형 문제를 해결하는 데 사용하는 기법을 설명하고, 전문 기법을 어디서 더 자세히 배울 수 있는지 알려준다. 결과적으로 이 책 전체에서 소프트웨어 엔지니어를 프로그래머와 아키텍트로 구별하지 않고 모두 개발자라고 부른다.

실용적인 조언을 제공한다. 이 책은 아키텍처의 실용적인 활용 방법을 제공한다. 소프트웨어 아키텍처는 일종의 소프트웨어 설계다. 하지만 설계 결정은 아키텍처에 영향을 미치며 그 반대도 마찬가지다. 최고의 개발자는 장애물을 자세히 살펴보고 이해한 후 이 내용을 바탕으로 해당 장애물의 특성을 아키텍처 전체에 연결한다. 이 책은 상위 아키텍처에서 하위 자료 구조 설계에 이르기까지 추상화를 위한 다양한 수준의 모델을 활용하는 접근 방법을 알려준다.

대상 독자

이 책의 주요 독자는 실무 소프트웨어 개발자다. 객체 지향 소프트웨어 개발, UML, 유스 케이스use case, 디자인 패턴과 같은 기본적인 소프트웨어 개발 아이디어를 이미 알고 있어야 한다. 실제 소프트웨어 개발 경험이 있다면 더 도움이 될 것이다. 이 책에서 이야기하는 기본적인 내용은 대부분 개발자가 흔히 겪는 경험을 기반으로 하기 때문이다. 개발하면서 너무 많은 문서를 작성했거나, 코딩을 시작하기 전에 너무 적게 고민한 적이 있을 것이다. 어느 쪽이든 소프트웨어 개발이 왜 잘못되는지 알 수 있고, 이 책에서 제공하는 해결책이 많은 도움이 될 것이다. 이 책은 학부 고학년이나 대학원 수준의 교과서로도 적합하다.

여러분이 어떤 독자인지에 따라 다음과 같은 도움을 받을 수 있다.

미숙한 개발자 또는 학생. 독자가 프로그래밍 언어, 자료 구조 설계와 같은 소프트웨어 개발의 기본 메커니즘을 이미 배웠고, 이상적으로는 일반 소프트웨어 엔지니어링 수업을 수강했다고 하자. 그렇다면 이 책에서 소프트웨어 아키텍처에 포함되는 **개념 모델**conceptual model을 이해하는 데 도움이 되는 여러 구체적인 소프트웨어 모델을 만날 수 있다. 이 모델은 많은 다이어그램과 문서를 그리지 않아도 혼란스러운 대규모 시스템을 이해하는 데 도움이 된다. 독자는 개념 모델을 통해서 **품질 속성**과 **아키텍처 스타일** 같은 아이디어를 처음으로 맛볼 수 있다. 또한 소규모 프로그램에서 습득한 이해도를 산업 규모와 품질까지 극대화하는 방법을 배운다. 여러분은 효과적이고 숙련된 개발자가 되는 빠른 방법을 이 책에서 배울 수 있다.

숙련된 개발자. 시스템 개발에 능숙한 개발자는 다른 사람에게 조언할 때가 많다. 그러나 습관적으로 독특한 다이어그램 표기법이나 용어를 사용하는 것처럼 아키텍처에 대한 자신의 관점이 다소 특이함을 알 수도 있다. 이 책은 멘토링 능력을 향상하고, 다른 사람들이 겪는 어려움을 어떻게 해결할 수 있는지 이해하도록 도와준다. 또한 표준 모델, 표기법, 명칭을 배울 수 있다.

소프트웨어 아키텍트. 조직의 다른 사람들이 소프트웨어 아키텍트가 하는 일과 그 이유를 이해하지 못하면 소프트웨어 아키텍트의 역할을 수행하기 어려워진다. 이 책은 시스템을 구축하는 기법을 가르쳐줄 뿐 아니라 무엇을 수행해야 하는지, 어떻게 수행해야 하는지도 설명한다. 이 책을 동료에게 건네주기만 해도 팀워크에 도움이 될 것이다.

학계 관련 인사. 이 책은 소프트웨어 아키텍처 분야에 몇 가지 공헌을 한다. 프로젝트에서 수행할 아키텍처와 설계 작업의 양을 결정하는 방법인 소프트웨어 아키텍처의 **리스크 주도 모델**risk-driven model을 소개한다. 또한 아키텍처에 대한 세 가지 접근 방식을 설명한다. 바로 **아키텍처 무관 설계**architecture-indifferent design, **아키텍처 집중 설계**architecture-focused design, **아키텍처 상향 설계**architecture hoisting[3]다. 추가로 소프트웨어 아키텍처에 대한 두 가지 관점인 기능적 관점과 품질 속성 관점을 통합하여 하나의 개념 모델을 생성한다. 그리고 소스 코드를 읽음으로써 아키텍처를 분명하게 만드는, **구조적으로 명확한 코딩 스타일**architecturally-evident coding style에 관한 아이디어를 소개한다.

---

3   옮긴이_ 저자는 'architecture hoisting'이라는 용어를 사용했다. 여기서는 아키텍처를 더 앞에 두거나 위로 끌어올린다는 뜻으로 'hoisting'을 사용한다. 그래서 이 책에서는 '아키텍처 상향 설계'로 번역한다.

감사의 말

다음에 언급한 많은 사람의 친절한 도움 없이는 이 책이 세상에 나올 수 없었다. Kevin Bierhoff, Alan Birchenough, David Garlan, Greg Hartman, Ian Maung, Paulo Merson, Bradley Schmerl, Morgan Stanfield와 여러 내용을 함께 긴밀히 작업했다. 그들의 특별한 도움에 먼저 감사의 인사를 전한다.

다음 사람들은 초안을 검토하며 많은 문제를 확인하고 필요한 가이드를 제시해주었다. Len Bass, Grady Booch, Shang-Wen Cheng, Christopher Dean, Michael Donohue, Daniel Dvorak, Anthony Earl, Hans Gyllstrom, Tim Halloran, Ralph Hoop, Michael Keeling, Ken LaToza, Thomas LaToza, Louis Marbel, Andy Myers, Carl Paradis, Paul Rayner, Patrick Riley, Aamod Sane, Nicholas Sherman, Olaf Zimmermann, and Guido Zgraggen에게 감사의 인사를 전한다.

많은 지원을 해주신 부모님과 수년 동안 나를 도와준 모든 분께 감사의 인사를 전하고 싶다. 멘토 데즈먼드 디수자Desmond D'Souza와 아이콘 컴퓨팅Icon Computing 여러분, 논문 지도 교수인 데이비드 갈란David Garlan과 빌 셜리스Bill Scherlis 그리고 카네기 멜런 대학교 교수진과 학생들에게 감사를 전한다.

원서의 멋진 표지 그림은 나의 친구 리사 헤이니Lisa Haney(*http://LisaHaney.com*)가 구상하고 그렸다. 앨런 앱트Alan Apt는 책을 쓰는 동안 끝없이 지도하고 응원해주었다.

이 책을 준비하면서 리눅스 운영체제, LyX 문서 프로세서LyX document processor, Memoir LaTeX Style, LaTeX 문서 작성 시스템LaTeX document preparation system, 잉크스케이프 드로잉 에디터Inkscape drawing editor를 포함한 오픈소스 도구를 활용했다. 대부분의 다이어그램은 마이크로소프트 비지오Microsoft Visio, 파벨 흐루비Pavel Hruby의 비지오 UML 템플릿을 사용하여 작성했다.

조지 페어뱅크스

CONTENTS

CHAPTER **1** 개요

PART **1** 리스크 주도 소프트웨어 아키텍처

CHAPTER **2** 소프트웨어 아키텍처

CONTENTS

CHAPTER 3 리스크 주도 모델

CHAPTER 4 예제: 홈 미디어 플레이어

CHAPTER 5 모델링 관련 조언

CONTENTS

CHAPTER **8** 도메인 모델

CHAPTER **9** 디자인 모델

CONTENTS

CHAPTER **11** 캡슐화 및 파티셔닝

CHAPTER **12** 모델 요소

CONTENTS

CHAPTER 13 모델 관계

CHAPTER **14 아키텍처 스타일**

CONTENTS

CHAPTER **16** 결론

개요

지난 수십 년 동안 소프트웨어 시스템은 규모와 복잡성이 많이 증가했다. 일반 사람들에게는 매우 놀라운 사실이겠지만, 소프트웨어 개발자에게는 조금 무서운 일이다. 현재 5명이 하는 농구 경기가 이와 같은 방식으로 10년, 50년, 500년 동안 규모가 커지고 복잡성이 증가하면 얼마나 어려워질지 상상해보자. 오늘날 소프트웨어 시스템은 가장 크고 복잡한 것이라 할 수 있다.

소프트웨어 개발자는 항상 규모와 복잡성이 큰 강력한 적과 싸운다. 적의 세력이 더 커지고 복잡해지더라도 개발자는 패배하지 않고 승리했다. 어떻게 승리할 수 있었을까?

소프트웨어 엔지니어링의 발전이 소프트웨어 규모와 복잡성 증가와 일치한다는 사실에 주목해보자. 어셈블리 언어 프로그래밍은 고급 언어와 구조적 프로그래밍에 자리를 내주었고, 절차적 프로그래밍은 객체 지향 프로그래밍에 자리를 내주었다. 서브루틴subroutine에 불과하던 소프트웨어 재사용은 이제 광범위한 라이브러리와 프레임워크에서도 이루어진다.

소프트웨어 복잡성은 개발자에게 항상 해결하기 어려운 골칫거리였다. 개발자는 이 문제를 해결하려고 '무기'를 개선했다. 개선된 무기는 과거의 문제를 쉽게 해결해주고, 앞으로 다가올 문제에 대한 해결책도 제시해주었다. 우리는 이제 향상된 무기로 더 크고 복잡한 소프트웨어를 만들 수 있다.

소프트웨어 개발자는 유형의 도구(예: 통합 개발 환경integrated development environment(IDE), 프로그래밍 언어)도 무기로 사용하지만, 무형의 무기가 더 중요하다. 농구 경기를 보는 운동 코치와 신인 선수를 떠올려보자. 운동 코치는 신인 선수보다 많은 것을 본다. 코치의 눈이 더 예리해서 가 아니라 무형의 무기가 있기 때문이다. 코치는 이미 '정신적 추상화mental abstraction'가 구축되어 있기 때문에 선수들이 공을 패스하는 등과 같은 기본적인 현상을 보고도 성공적인 공격 전략을 생각하기도 한다. 다시 말해 경험이 많은 코치는 같은 경기를 보아도 무형의 무기를 이용하여 더 잘 이해한다. 앨런 케이Alan Kay는 코치의 이런 관점이 'IQ를 80만큼 높여주는 가치가 있다'고 했다.

소프트웨어는 하위 수준의 세부 정보가 많다는 점에서 농구의 비유와 비슷하다. 개발자가 (개 념 모델conceptual model과 같은) '정신적 추상화' 개념을 갖췄다면 소프트웨어의 세부 정보를 이용 하여 더 깊이 이해할 수 있다. 즉, 코드뿐 아니라 스레드 안전 잠금 정책thread-safe locking policy이나 이벤트 기반 시스템event-driven system도 보게 될 것이다.

1.1 분할, 지식, 추상화

소프트웨어의 규모와 복잡성을 성공적으로 해결하려면 개발자에게 개선된 무기가 필요하다. 이러한 무기는 **분할**partition, **지식**knowledge, **추상화**abstraction의 세 가지 범주로 분류할 수 있다. 개발 자는 문제를 더 작고 다루기 쉽게 분할하고, 유사한 문제에 적용하는 지식을 활용하고, 추상화 를 활용해 추론한다. 분할, 지식, 추상화는 시간이 지날수록 계속 복잡해지고 규모가 커지는 문 제를 빠르게 이해하고 해결할 수 있어 효과적이다.

- **분할(partition)**

  분할은 다음 두 조건이 참일 때 규모와 복잡성을 극복하는 전략으로 효과적이다. 첫째, 분할한 부분은 사람이 해결할 수 있을 만큼 작아야 한다. 둘째, 어떻게 부품으로 전체를 조립[1]하는지 추론할 수 있어 야 한다. 추론이 가능하다면, 개발자는 조립된 부분의 세부 정보를 조금만 살펴봐도 이해하기 쉽다. 적 어도 일시적으로는 다른 부분의 세부 사항을 잊어버려도 되기 때문이다. 분할을 활용해 개발자는 개별 부분이 상호작용하는 방식을 더 쉽게 이해할 수 있다.

- **지식(knowledge)**

  소프트웨어 개발자는 이전에 해결한 지식을 활용하여 문제를 해결한다. 지식은 암묵적인 노하우이거 나 명시적인 기록일 수 있다. 또한 지식은 한 컴포넌트가 다른 컴포넌트와 함께 잘 동작하는 것과 같이 구체적인 상황일 수도 있고, 데이터베이스 테이블 레이아웃을 최적화하는 기술과 같이 일반적일 수도

---

1 메리 쇼(Mary Shaw)는 분할과 정복을 수행할 때 분할이 '쉬운 부분'이라고 말했다.

있다. 지식은 책, 강의, 패턴 설명, 소스 코드, 설계 문서, 화이트보드의 스케치 등 다양한 형태로 제공된다.

- **추상화(abstraction)**

  추상화는 문제를 축소하여 해결하기 더 쉬운 작은 문제로 만들어 규모와 복잡성의 문제를 효과적으로 해결한다. 예를 들어 뉴욕에서 로스앤젤레스까지 운전할 때 고속도로만 고려하면 내비게이션 문제를 단순화할 수 있다. (공터나 주차장을 가로지르는 경로 같은) 세부 사항을 숨기면 고려할 옵션 수가 줄어 문제를 더 쉽게 추론할 수 있다.

프레더릭 브룩스Frederick Brooks가 말했듯이 소프트웨어 개발의 어려움을 제거할 은제 탄환silver bullet[2]을 기대해서는 안 된다. 대신 시스템을 더 잘 분할하고, 지식을 제공하고, 추상화로 문제의 본질을 드러내는 무기를 찾아야 한다.

소프트웨어 아키텍처는 그러한 무기이며 소프트웨어 시스템의 복잡성과 규모를 다루는 데 도움을 준다. 소프트웨어를 분할partition하는 데 도움을 주고, 더 나은 소프트웨어를 설계하는 데 도움을 주는 지식knowledge을 제공하며, 소프트웨어를 추론하는 데 도움을 주는 추상화abstraction를 제공한다. 이들은 숙련된 개발자가 이미 보유하고 있는 도구다. 이전에는 해당 분야의 기장들만 이러한 도구를 사용할 수 있었지만, 지금은 소프트웨어 개발사가 시스템을 구축할 때 일상적으로 사용한다[Shaw and Garlan, 1996]. 하지만 그렇다고 해서 숙련된 소프트웨어 개발자가 필요하지 않다는 뜻은 아니다. 더 크고 복잡한 시스템을 구축할 때 숙련된 개발자가 발휘하는 창의성이 필요하다.

1.2 소프트웨어 아키텍처 세 가지 예시

소프트웨어 아키텍처가 하는 일을 간략히 살펴봤으니 이제 그 의미를 살펴보자. 아키텍처는 대략 소프트웨어 시스템의 거시적 설계다. 2장에서 정의를 더 신중하게 설명하겠지만, 먼저 구체적인 예를 살펴보며 소프트웨어 아키텍처를 이해해보자.

나무만 보면 숲을 보기 어렵듯이, 설계 세부 사항에서 아키텍처를 찾기란 어렵다. 하지만 아키텍처가 다른 여러 유사한 시스템을 비교해서 무엇이 다른지 알아야 하고, 아키텍처를 식별할

2　옮긴이_ 은제 탄환은 '만병통치약'과 같은 뜻으로 문맥상으로는 만능 해결책이 없다는 의미다. 서구 전설에서 늑대 인간과 흡혈귀를 퇴치하는 데 사용한다.

수 있어야 한다. 다음 사례는 기능은 같지만 아키텍처가 다른 랙스페이스^{Rackspace}의 세 가지 시스템에 관한 설명이다.

랙스페이스는 호스팅된 이메일 서버를 관리하는 회사다. 문제가 발생하면 고객이 도움을 요청하고 랙스페이스는 고객의 이메일 처리 중에 발생한 문제를 기록하는 로그 파일을 검색한다. 랙스페이스는 처리하는 이메일의 양이 계속 증가해도 적절하게 고객 문의를 대처하기 위한 세 가지 버전의 시스템을 구축했다[Hoff, 2008b; Hood, 2008].

버전 1: 로컬 로그 파일(local log file). 첫 번째 시스템은 간단했다. 이미 로그 파일을 생성하는 수십 개의 이메일 서버가 있었다. 랙스페이스는 ssh를 사용하여 각 시스템에 연결하고 메일 로그 파일에서 grep 쿼리를 실행하는 스크립트를 작성했다. 엔지니어는 grep 쿼리를 변경하여 검색 결과를 제어할 수 있다.

처음에는 이 버전이 잘 동작했지만 시간이 지나면서 검색 수가 증가하고, 이메일 서버에서 검색을 실행하는 데 소요되는 컴퓨팅 자원의 부하가 눈에 띄게 커졌다. 또한 기술 지원 인력이 아닌 엔지니어가 직접 검색을 수행해야 했다.

버전 2: 중앙 데이터베이스(central database). 두 번째 시스템은 이메일 서버에서 로그 데이터를 이동시키고 기술 지원 인력이 검색할 수 있도록 해서 첫 번째 시스템의 단점을 해결했다. 각 이메일 서버는 일정한 시간을 두고 최근 로그 데이터를 중앙 시스템의 관계형 데이터베이스로 업로드했다. 기술 지원 인력은 웹 기반 인터페이스로 데이터베이스에 접근했다.

랙스페이스는 수백 대의 이메일 서버를 처리하므로 로그 데이터의 양도 증가했다. 다음 과제는 로그 데이터를 어떻게 최대한 빠르고 효율적으로 데이터베이스로 옮기는가였다. 랙스페이스는 병합 테이블에 대량 레코드를 삽입하여 2~3분 만에 데이터를 업로드할 수 있었다. 데이터베이스 크기 때문에 성능이 저하되지 않도록 3일 분량의 로그만 보관했다.

시간이 지나면서 이 시스템에도 문제가 발생했다. 데이터베이스 서버는 단일 시스템이었으며 데이터의 지속적인 업로드와 쿼리 볼륨으로 CPU 및 디스크 로드가 한계에 도달했다. 와일드카드 검색은 서버에 가해지는 추가 부하로 금지되었다. 로그 데이터 양이 증가하면서 검색 속도가 느려졌고, 서버에는 무작위로 보이는 오류가 점점 더 자주 발생했다. 삭제한 로그 데이터는 백업하지 않았기 때문에 영원히 사라졌다. 이러한 문제로 시스템에 대한 신뢰가 매우 떨어졌다.

버전 3: 인덱싱 클러스터(indexing cluster). 세 번째 시스템은 로그 데이터를 분산 파일 시스템에 저장하고 로그 데이터의 인덱싱을 병렬화하여 두 번째 시스템의 단점을 해결했다. 하나의 강력한 서버 대신 10개의 일반 서버를 사용했다. 이메일 서버의 로그 데이터는 하둡 분산 파일 시스템Hadoop distributed file system(HDFS)으로 스트리밍해서 모든 항목의 복사본 3개를 서로 다른 디스크에 보관했다. 2008년 랙스페이스가 이 사례에 관한 보고서를 작성했을 때 30개의 디스크 드라이브에 각각 6TB 이상의 데이터가 있었으며, 이는 6개월 치 메일의 검색 인덱스를 지원했다.

인덱싱은 입력 데이터, 작업의 인덱스(또는 '맵map')를 분할한 다음 부분 결과를 전체 인덱스로 결합(또는 '리듀스reduce')하는 하둡Hadoop을 사용하여 수행했다. 작업이 10분마다 실행되고 완료하는 데 약 5분이 걸렸으므로 인덱스 결과는 약 15분 동안 데이터가 스테일stale[3]했다. 랙스페이스는 하루에 140GB가 넘는 로그 데이터를 인덱싱할 수 있었고 시스템 시작 이후 15만 개 이상의 작업을 실행했다.

버전 2 시스템과 마찬가지로 기술 지원 인력은 웹 검색 엔진 인터페이스와 비슷한 웹 인터페이스를 통해 액세스했다. 쿼리 결과는 몇 초 내에 제공되었다. 엔지니어가 삭업해야 하는 네이터에 관한 새로운 질문도 몇 시간 내에 작업하여 답변할 수 있었다.

1.3 되돌아보기

세 가지 세대의 시스템에서 가장 먼저 주목해야 할 점은 모두 동일한 기능(문제 진단을 위한 이메일 로그 쿼리)을 제공하지만 아키텍처가 다르다는 것이다. **시스템 아키텍처는 기능과는 별개의 선택이다.** 즉, 시스템 요구사항에 맞는 기능에 가장 적합한 아키텍처를 선택한 후 해당 아키텍처 골격architectural skeleton에 살을 붙이듯이 구축할 수 있다. 이와 같은 시스템의 예에서 소프트웨어 아키텍처에 관해 무엇을 더 설명할 수 있을까?

품질 속성(quality attribute). 세 시스템은 동일한 기능을 제공하지만 수정가능성modifiability, 규모화장성scalability, 레이턴시latency가 다르다. 예를 들어 첫 번째와 두 번째 시스템은 검색에 사용하는 grep 표현식이나 SQL 쿼리를 변경하여 임시 쿼리를 몇 초 만에 만들 수 있다. 세 번째 시

---

3   옮긴이_ 분산 시스템에서 기존 데이터가 아직 새로운 데이터로 업데이트되지 못한 상태를 뜻한다.

스템은 쿼리 결과를 얻기 전에 새 프로그램을 작성하고 적용해야 사용할 수 있다. 세 가지 시스템 모두 새로운 쿼리 작성을 지원하지만 '수정가능성'이 다르다.

또한 트레이드오프 특성이 있다. 세 번째 시스템은 다른 버전보다 훨씬 더 확장성이 좋지만 임시 쿼리를 만드는 능력이 부족하고, 결과가 오래 걸린다. 첫 번째와 두 번째 시스템의 데이터는 온라인으로 쿼리할 수 있다. 하지만 세 번째 시스템은 데이터를 수집한 다음 일괄 처리batch process를 실행하여 결과를 인덱싱하기 때문에 쿼리 결과에 '스테일'이 약간 발생한다.

일반적으로 이러한 **품질 속성**은 서로 상충하므로 뛰어난 수정가능성, 규모확장성, 레이턴시 등을 모두 얻을 수 있는 상황이라면 매우 운이 좋다고 생각해야 한다. 하나의 품질 속성을 최대화하면 다른 속성은 나빠진다. 예를 들어 수정이 쉬운 설계를 선택하면 보통 레이턴시가 더 길어진다.

개념 모델(conceptual model). 아키텍처 전문가가 아니더라도 랙스페이스의 세 가지 시스템을 읽고 설계를 왜 그렇게 했는지를 알 수 있다. 소프트웨어 아키텍처 전문가가 되면 어떤 이점이 있을까? 운동 코치와 신인 선수 모두 타고난 추론 능력이 있다. 하지만 운동 코치는 머릿속에 있는 '개념 모델'을 이용하여 자신이 보는 것을 더 잘 이해할 수 있어 신인 선수보다 유리하다.

아키텍처 전문가는 각 시스템 분할partition의 차이를 알 수 있다. 코드 청크chunk of code (모듈), 런타임 청크(컴포넌트), 하드웨어 청크(노드 또는 환경 요소)를 구분할 수 있고, 각 시스템이 사용하는 아키텍처 패턴architectural pattern의 이름을 이미 안다. 어떤 아키텍처 패턴이 어떤 품질 속성quality attribute을 달성하는 데 적합한지 알 수 있으므로 클라이언트-서버client-server 시스템이 맵리듀스map-reduce 시스템보다 레이턴시가 더 짧으리라고 예측했을 것이다. 아키텍처 전문가는 **도메인 사실**domain fact (8장 참조), **설계 결정**design decision, **구현 세부 정보**implementation detail를 구분하고 묶을 수 있다. 다른 사람이 이를 뒤섞어 놓더라도 구분할 수 있다. 소프트웨어 아키텍처 전문가가 되면 자신이 타고난 추론 능력을 효과적으로 사용할 수 있다.

추상화(abstraction)와 제약 조건(constraint). 소프트웨어는 보통 작은 것을 모아 더 큰 것을 만든다. 작은 것(예: 개별 코드 라인)을 보고 시스템을 이해할 수 있다. 하지만 더 큰 것(예: 클라이언트 및 서버)을 통해서 시스템을 이해하는 편이 더 효율적이다. 예를 들어 랙스페이스의 세 번째 시스템은 분산 파일 시스템에 예약된 작업과 데이터를 저장했다. 작업이 해당 시스템을 통과하는 방식과 관련한 문제를 해결해야 한다면 해당 수준에서 문제를 추론하는 방법이 가장 효율적이다. 객체 및 프로시저 호출과 같은 하위 부분에서 추론을 시작할 수 있지만 비효율적이며 필요하지 않은 세부 사항으로 가득할 수 있다.

또한 '작업'은 임의의 '코드 청크'보다 더 많은 제약 조건을 따르는 추상화다. 개발자는 시스템에 대한 추론을 더 쉽게 하려고 이러한 제약 조건을 부과했다. 예를 들어 작업에 부작용이 없도록 하려면 하나의 작업이 중단될 때를 대비하여 동일한 작업을 병렬로 두 번 실행할 수 있다. **코드가 무엇을 하지 않는지 알 수 없기** 때문에 임의의 코드 청크만으로 이러한 것을 추론하기 어렵다. 개발자는 자신의 시스템 이해력을 높이려고 자발적으로 시스템에 제약 조건을 부과하기도 한다.

1.4 관점 이동

1968년 에츠허르 데이크스트라[Edsger Dijkstra]는 구조화된 프로그래밍 사용을 옹호하는 「GOTO Statement Considered Harmful」이라는 유명한 논문을 썼다. 그의 주장은 다음과 같다.

> 개발자들은 결과물을 생성하려고 실행되는 프로그램을 정적인 문장으로 만든다. 이 정적인 문장으로 표현된 프로그램은 동적으로 어떻게 실행될지 예측하기 어렵다. 'GOTO 문'은 코드가 런타임에 어떻게 실행되는지 예측하기 어려우므로 'GOTO 문'을 피하고 구조적 프로그래밍[structured programming][4]으로 만드는 방법이 가장 좋다.

오늘날에는 이런 주장에 강하게 반대하기 어렵다. 하지만 논문을 발표할 당시에는 반대가 심했다. 개발자는 기존의 추상화 개념에서 작업하는 데 익숙했다. 그들은 데이크스트라 주장의 장점보다는 새로운 추상화 제약 조건에 초점을 맞추기 어렵다는 점과 구조화된 프로그래밍으로 구현하기 어려운 코너 케이스를 이야기하며 사용하기 어렵다고 반대했다. 이와 비슷하게 새로운 추상화 개념이 출현하면 기존 추상화에 익숙한 일부 개발자가 격렬하게 반대한다. 저자는 프로그래밍 경력을 쌓는 동안 많은 개발자가 추상 자료형[abstract data type](ADT)과 객체 지향 프로그래밍[object-oriented programming]에 저항하다가 결국 수용하는 모습을 보았다.

새로운 아키텍처 추상화는 프로그래밍 추상화와는 달리 이전 추상화를 대체하지 않고 함께 공

4　옮긴이_ 함수로 추상화하여 상세 내역을 숨기면 흐름을 따라가기 쉽다는 주장이다.

존한다. 컴포넌트나 커넥터와 같은 추상화를 사용한다고 해서 객체, 메서드, 자료 구조가 사라지지는 않는다. 마찬가지로 산불 진압 대원(개발자)은 현재 하는 업무가 무엇인가에 따라 하나의 나무(객체, 메서드, 자료 구조) 또는 전체의 숲(컴포넌트, 커넥터)으로 생각을 전환한다.

소프트웨어 아키텍처 아이디어를 효과적으로 적용하려면 주류 프로그래밍 언어에서 볼 수 있는 추상화(주로 클래스나 객체)만 사용하지 않고 컴포넌트와 커넥터 같은 조금 더 넓은 추상화까지도 수용하는 의식적이고 명시적인 전환이 필요하다. 시스템의 아키텍처를 의식적으로 선택하지 않으면 브라이언 푸트Brian Foote와 조셉 요더Joseph Yoder가 가장 일반적인 소프트웨어 아키텍처라고 추정하는 '큰 진흙 뭉치big ball of mud'가 여러분의 시스템 아키텍처가 될 수 있다[Foote and Yoder, 2000]. 이 아키텍처는 간단하다. 클래스가 10개인 시스템이 있다고 가정하자. 새로운 기능을 추가하면 새로운 추상화나 분할 없이 100개, 1,000개 또는 그 이상까지 클래스가 늘어나고 클래스의 집합이라 할 수 있는 컴포넌트 없이 시스템의 객체 모두가 상호 통신하도록 하면 된다.

1.5 아키텍처를 아키텍처링하는 아키텍트

저자는 때때로 소프트웨어 개발자가 아름다운 아키텍처로 시스템을 설계했음에도 불구하고 소프트웨어 아키텍처에 대한 저항감을 표현하는 상황을 본 적이 있다. 이러한 저항은 관료주의 기반의 집약적인 선행 설계 프로세스up-front design process, 화려한 아키텍트라는 직책에 대한 저항, 실제 시스템 대신 다이어그램을 만드는 데 시간을 낭비했기 때문일 수 있다. 다행히도 프로세스, 직책, 다이어그램 모두 소프트웨어 아키텍처를 만드는 데 꼭 필요한 부분은 아니다.

직책, 개발 프로세스, 엔지니어링 결과물을 구분할 수 있으므로 직책으로서 아키텍트, 시스템 아키텍처링 프로세스, 엔지니어링 결과물인 소프트웨어 아키텍처를 구분해서 사용해야 한다.

- **직책: 아키텍트(architect)**
  소프트웨어 아키텍트라는 직책(역할)을 사용하는 조직이 있다. 어떤 아키텍트는 분리된 사무실에 앉아 현실의 엔지니어링과 단절하려 한다. 하지만 다른 아키텍트는 소프트웨어 개발에 지속해서 관여한다. 직책과 분리된 사무실은 소프트웨어를 설계하거나 개발하는 작업에 꼭 필요하지는 않다. 아키텍트뿐만 아니라 모든 소프트웨어 개발자는 소프트웨어 아키텍처를 이해해야 한다.
- **프로세스: 아키텍팅(architecting)**

프로젝트를 막 시작할 때는 동작하는 소프트웨어가 없지만 끝날 무렵이 되면 시스템을 실행할 수 있다. 그 사이에 팀은 시스템을 개발하는 활동을 수행한다(즉, 프로세스를 따른다). 어떤 팀은 개발을 시작하기 전에 미리 설계를 하고, 다른 팀은 개발을 진행하면서 설계를 한다. 팀이 따르는 프로세스는 창발[5]되는 설계와 분리할 수 있다. 예를 들어 3계층[3-tier]을 기반으로 시스템을 만들 때도 개발 팀마다 다른 프로세스를 사용할 수 있다. 다르게 설명하면, 완성된 소프트웨어만 보고 팀이 어떤 설계 프로세스를 따랐는지 알기 어렵다.

- **엔지니어링 결과물: 아키텍처(architecture)**

  자동차를 보면 어떤 종류의 차량인지 알 수 있다. 예를 들면 전기차, 하이브리드 자동차, 내연기관 자동차로 구분할 수 있다. 이와 같은 자동차의 엔지니어링적 특징은 설계 프로세스와 다르며, 설계자들의 직책과도 다르다. 자동차 구조(아키텍처)는 엔지니어링 결과물이다. 자동차를 개발할 때 사용하는 프로세스와 참여하는 설계자의 직책이 달라도 여전히 하이브리드 자동차라는 동일한 결과물로 이어진다. 소프트웨어도 이와 비슷하다. 완성된 소프트웨어 시스템을 보면 다양한 아키텍처와 설계를 구분해낼 수 있다. 예를 들어 음성 인터넷 프로토콜(VoIP) 네트워크에서 P2P 노드, 정보 기술(IT) 시스템에서 다중 계층, 인터넷 시스템에서 병렬화된 맵리듀스[map-reduce] 컴퓨팅 노드를 아키텍처로 활용한다. 모든 자동차에 구조(아키텍처)와 설계가 있듯이 모든 소프트웨어 시스템에는 아키텍처가 있다. 일부 소프트웨어는 정의된 프로세스 없이 만들어지지만 여전히 아키텍처를 발견할 수 있다.

2장과 3장에서는 프로세스에 관해 설명한다. 그 이후의 장에서는 더 나은 시스템을 개발하도록 도와주는 도구인 분석[analyze], 이해[understand], 설계[design]로 만들어지는 엔지니어링 결과물로서의 아키텍처를 설명한다.

1.6 리스크 주도 소프트웨어 아키텍처

개발자들은 서로 다른 다양한 프로세스를 사용하여 성공적으로 소프트웨어를 개발한다. 개발에 앞서 진행하는 선행 설계 작업이 거의 없는 애자일 프로세스를 이용하거나, 세세한 부분까지 선행 설계 작업을 진행하여 시스템을 개발하기도 한다. 어떤 방법이 더 좋은 선택일까? 선택에 도움이 되는 이상적인 원칙이 있다.

이 책은 개발해야 하는 소프트웨어의 **리스크**로 아키텍처 작업량을 결정하는 방법을 제안한다. 저자의 아버지가 우편함을 설치한 이야기를 살펴보며 리스크를 이용해서 좋은 아키텍처를 선택하는 방법을 이해해보자.

---

5 옮긴이_ Emerge를 창발로 번역했다. 애자일 개발(agile development)을 신봉하는 사람들은 아키텍처가 개발 중에 팀에서 발현된다고 믿는다. 하지만 체계적인 개발(disciplined development)을 지지하는 진영에서는 아키텍처가 창발되는 것이 아니라 믿기도 한다.

저자의 아버지는 기계공학 학위가 두 개나 있지만 다른 사람들과 똑같은 방법으로 우편함을 설치했다. 구멍을 파서 기둥을 넣고 시멘트로 채웠다. 하중moment, 응력stress, 변형률strain을 계산할 수 있다고 해서 우편함을 설치할 때까지 그런 계산을 할 필요는 없다. 하지만 기계공학적 분석이 필요한 다른 상황에서는 반드시 분석해야 할 수 있다. 저자의 아버지는 기계공학적 분석을 언제 사용해야 하는지 어떻게 알았을까?

소프트웨어 아키텍처는 비교적 새로운 기술이며 시스템 모델링과 분석에 유용한 많은 기법이 있다. 그러나 이러한 개별 기법을 실제로 시스템을 개발할 때 사용하면 개발 시간을 그만큼 소비하게 된다. 이 책은 소프트웨어 아키텍처에 대한 **리스크 주도 모델**risk-driven model을 소개한다. 이 모델은 적절한 아키텍처링 기법을 선택하여 적용하고, 얼마나 많은 시간을 투자할지 파악하도록 해주어 적정 아키텍처just enough architecture[6] 작업을 수행하도록 안내한다.

아키텍처링에 투입할 노력은 소프트웨어 개발의 실패 리스크에 따라 달라져야 한다. 수행할 웹 서비스가 인기 있다면 시스템은 규모확장성scalability이란 요구사항을 충족해서 많은 사용자를 지원해야 한다. 설계에 너무 많은 에너지를 투자하기 전에(혹은 사이트를 가동하기 전에) 시스템이 예상 사용자 수[7]를 처리할 수 있는지 확인해야 한다. 반대로, 시스템의 수정가능성modifiability(또는 사용성usability 등)이 덜 염려된다면 해당 리스크에 소중한 시간을 허비하지 않아도 된다.

각 프로젝트의 리스크는 서로 다르다. 따라서 소프트웨어 아키텍처 설계에 단 하나의 정답은 없다. 그러므로 각 프로젝트의 리스크를 평가해야 한다. 때로는 아키텍처 작업을 하지 않는 편이 좋을 수도 있다. 일부 프로젝트에는 입증된 선례가 많아서 해당 아키텍처를 재사용하면 리스크가 거의 없기 때문이다. 하지만 여러분이 새로운 도메인에서 작업해야 하거나 기존 시스템을 미지의 영역으로 확장할 때는 더 조심해야 한다.

엔지니어링 리스크를 줄이려고 지속해서 노력한다는 아이디어는 배리 베임Barry Boehm의 소프트웨어 개발 **나선 모형**spiral model에서 따왔다[Boehm, 1988]. 나선 모형은 프로젝트에서 리스크가 가장 높은 항목을 먼저 작업하도록 안내하는 풀 소프트웨어 개발 프로세스full software development process다. 프로젝트에는 관리 리스크와 엔지니어링 리스크가 모두 있다. 따라서 프로젝트 매니

---

6 옮긴이_ 'Just Enough'를 적정으로 번역한다. '충분한'은 'Just'의 의미를 포함하지 못하고, '적당'은 대강이라는 의미로도 사용되어 '적정(適正)'으로 번역한다.

7 페이스북과 마이스페이스 소셜 네트워킹 사이트 이전에는 Friendster가 있었다. 하지만 갑작스러운 사용자 증가를 처리할 수 없었고, 사용자 수가 많아지면 속도가 너무 느려졌음을 떠올려보자.

저는 관리 리스크(예: 고객의 인수 거부 리스크)와 엔지니어링 리스크(예: 시스템이 안전하지 않거나 비효율적인 리스크)를 모두 우선순위에 두어야 한다.

리스크 주도 모델은 나선 모형보다 '아키텍처 작업을 얼마나 해야 하고 어떤 종류의 아키텍처 설계 기법을 사용해야 하는가'와 같은 더 세세한 질문에 답하는 데 도움이 된다. 리스크 주도 모델은 설계 작업에만 적용하므로 애자일 프로세스, 폭포수 프로세스, 나선 프로세스에 모두 적용할 수 있다. 프로세스와 관계없이 소프트웨어를 설계해야 한다. 프로세스별 차이점은 설계 를 수행하는 시기와 적용하는 기법의 종류다.

1.7 애자일 개발자를 위한 아키텍처

애자일 소프트웨어 개발은 중량 개발 프로세스heavyweight development process의 반대급부로 고객이 원 하는 제품을 효율적으로 구축하기를 강조한다[Beck et al., 2001]. 한 연구에 따르면 기업의 69%가 적어도 일부 프로젝트에서 애자일 소프트웨어 개발을 시도한다[Ambler, 2008].

소프트웨어 개발에서 불필요한 단계를 없애려 하는 일부 애자일 개발자는 소프트웨어 아키텍 처 기법을 사용하지 않아야 한다고 믿는다. 하지만 이런 거부감은 보편적이지 않으며 마틴 파 울러Martin Fowler, 로버트 마틴Robert Martin, 스콧 앰블러Scott Ambler, 그랜빌 밀러Granville Miller[Fowler, 2004; Martin, 2009; Ambler, 2002; Miller, 2006]를 포함한 애자일 커뮤니티의 많은 인 사가 일부 계획 설계 작업을 지지한다. 초기에 아키텍처를 잘못 선택하고 뒤늦게 리팩터 링refactoring하면 대규모 시스템에서 특히 많은 비용이 들 수 있다. 이 책은 다음과 같은 두 가지 측면에서 애자일 개발자가 소프트웨어 아키텍처를 애자일 원칙과 일치하는 방식으로 사용하는 데 도움을 준다.

- **적정 아키텍처(just enough architecture)**
  아키텍처를 위한 리스크 주도 모델은 개발자가 충분한 아키텍처링을 수행한 다음 코딩을 다시 시작하 도록 안내한다. 리팩터링으로 처리할 수 있는 프로젝트의 리스크만 예상된다면 여러분은 아키텍처 설 계를 수행하지 않을 것이다. 그러나 리팩터링이 필요한 보안security이나 규모확장성scalability을 확보하기 에 충분하지 않을 수 있다고 우려하는 애자일리스트agilist[8]라면 다수의 반복을 포함하는 개발 주기에서 도 이러한 리스크를 완화한 다음 코딩으로 돌아갈 수 있다.

8　옮긴이_ 애자일 선언문(Agile Manifesto)을 근간으로 하는 방법론을 사용하는 실천가를 뜻한다.

- **개념 모델(conceptual model)**

  애자일 방법론은 설계 추상화$^{design\ abstraction}$가 아닌 **소프트웨어 개발 프로세스**$^{software\ development\ process}$에 주로 기여하며 우수한 설계를 생성하기 위해 제한된 수의 기법(예: 리팩터링, 스파이크^{spike}[9])을 제공한다. 이 책은 시스템의 아키텍처 및 설계, 일련의 소프트웨어 설계 및 모델링 기법, 전문 소프트웨어 아키텍처 지식으로 여러분의 시스템을 이해하고 설명하는 데 도움을 주는 개념 모델을 제공함으로써 애자일 프로세스를 보강한다.

이 책은 애자일 소프트웨어 아키텍처에 특화한 책은 아니지만, 리스크 주도 접근$^{risk-driven\ approach}$ 방식이 애자일 프로젝트에 적합하다는 점을 알려준다. 특히 3.11절에서는 애자일 프로세스에서 리스크를 고려하는 방법을 대략 설명한다.

1.8 이 책에 대하여

이 책은 **소프트웨어 제작**$^{construction\ of\ software}$과 관련된 소프트웨어 아키텍처에 초점을 맞추고 소프트웨어가 엔지니어링 요구를 충족시키는 데 사용하는 기법을 설명한다. 엔지니어링 기법 자체가 대부분 소프트웨어 개발 프로세스와는 무관하다. 따라서 책 내용의 대부분을 어떤 프로세스에도 적용할 수 있다. 하지만 아키텍트의 정치적 책임, 특정 회의 개최 시기, 이해관계자의 요구사항 수집 방법과 같은 프로젝트 관리 활동에 관한 부분은 다루지 않는다.

이 책은 두 부분으로 나뉜다. 1부에서는 소프트웨어 아키텍처와 리스크 주도 접근 방식을 소개한다. 2부에서는 소프트웨어 아키텍처의 개념 모델을 설명한다. 또한 컴포넌트 및 커넥터와 같은 추상화 개념을 자세히 다룬다. 다음은 1부와 2부의 요약이다.

1부: 리스크 주도 소프트웨어 아키텍처

소프트웨어 아키텍처는 명확하게 정의하기 어렵다. 하지만 소프트웨어 아키텍처와 관련한 몇 가지 사항은 명확히 설명할 수 있다. 다른 전문 분야의 엔지니어와 마찬가지로 소프트웨어 개발자는 추상화와 모델을 사용하여 크고 복잡한 문제를 해결한다. 소프트웨어 아키텍처는 시스

---

9   옮긴이_ 스크럼(Scrum)에서 기술적으로 알 수 없는 부분과 리스크를 검증하는 사용자 스토리다.

템의 골격 역할을 하고, 품질 속성에 영향을 미치며, 기능에 직교하고[10], 제약 조건을 사용하여 시스템 속성에 영향을 준다. 아키텍처는 해결책의 수가 적거나, 실패 리스크가 높거나, 까다로운 품질 속성을 충족해야 할 때 가장 중요하다. 아키텍처 무관 설계architecture-indifferent design, 아키텍처 집중 설계architecture-focused design, 아키텍처 상향 설계architecture hoisting 중에서 설계 방법을 선택할 수 있다.

사용해야 하는 설계 및 아키텍처링 기법과 수행해야 하는 설계 및 아키텍처의 양을 결정할 때 리스크를 기반으로 수행할 수 있다. 리스크 주도 모델을 요약하면 다음과 같다. 첫째 리스크 식별 및 우선순위를 지정하고, 둘째 일련의 기법을 선택 및 적용하고, 셋째 리스크 감소를 평가한다.

4장에서는 리스크 주도 모델을 적용하여 홈 미디어 플레이어 시스템을 설계하는 예시를 다룬다. 해당 시스템의 개발자는 팀 커뮤니케이션, 상용 기성품commercial off-the-shelf(COTS) 컴포넌트 통합, 메타데이터 일관성 보장과 같은 당면 과제가 있다고 가정하고 설명한다.

1부는 모델 및 소프트웨어 아키텍처 사용에 관한 조언으로 마무리된다. 모델을 사용하여 문제를 해결하고, 제약 조건constraint을 추가하고, 리스크에 집중하고, 팀 전체에 아키텍처 기술을 배포하는 내용을 포함한다.

2부: 아키텍처 모델링

2부는 소프트웨어 아키텍처의 개념 모델을 설명한다. 정준[11] 모델 구조canonical model structure(도메인 모델domain model, 디자인 모델design model, 코드 모델code model)로 시작한다. 도메인 모델은 현실의 실제 상황에 해당하고, 디자인 모델은 만들고 있는 소프트웨어의 설계이며, 코드 모델은 이를 구현한 소스 코드에 해당한다. 선택된 세부 사항을 보여주는 뷰view라는 모델을 만들 수 있다. 이러한 뷰는 뷰타입viewtype별로 그룹화할 수 있다.

캡슐화encapsulation를 이용하여 구획을 나누는 것은 소프트웨어 아키텍처에서 중요한 기법이다. 여러분은 컴포넌트나 모듈을 사용하여 내부적으로 작동하는 방식을 숨기고 다른 어려운 문제를 해결할 수 있다. 또한 캡슐화된 컴포넌트나 모듈의 제작자는 사용자를 방해하지 않고 내부 구현을 자유롭게 변경할 수 있다. 하지만 캡슐화가 효과적인 경우에만 이런 자유로운 변경이

---

10 옮긴이_ 공학적 용어로 '직교한다'는 두 요소에 상관관계가 없음을 의미한다. 여기서는 비유로 사용하여 기능과 아키텍처에 상관관계가 없음을 나타낸다.

11 옮긴이_ canonical의 번역으로 '정해진 표준'을 의미한다.

가능하므로 효과적인 캡슐화를 보장하는 기법을 설명할 것이다.

오랜 시간에 걸쳐 수많은 아키텍처 추상화와 모델링 기법이 만들어졌다. 이 책은 기능을 강조하는 기법뿐만 아니라 품질 속성을 강조하는 기법까지 통합하여 설명한다. 또한 효과적인 모델을 만들고 디버깅하는 실용적인 방법도 설명한다.

2부는 모델을 효과적으로 사용하는 방법에 관한 조언으로 마무리된다. 기술의 장점만 다루고 함정을 다루지 않는 책은 신뢰하기 어렵다. 이 책은 우리가 실제로 직면할 수 있는 문제도 다룬다. 2부가 끝나면, 농구 코치가 게임을 보는 방식처럼 소프트웨어 시스템을 보는 데 도움이 되는 다양한 추상화abstraction 및 관계relationship에서 나오는 개념 모델conceptual model을 습득하게 될 것이다.

리스크 주도
소프트웨어 아키텍처

Part I

리스크 주도
소프트웨어 아키텍처

CHAPTER 2

소프트웨어 아키텍처

리스크를 활용하여 소프트웨어 아키텍처의 작업량을 결정하는 방법을 살펴보기 전에, 소프트웨어 아키텍처가 무엇인지부터 이해해야 한다. 이번 장에서는 소프트웨어 아키텍처가 무엇이며, 왜 중요한지를 설명한다. 리스크가 소프트웨어 아키텍처와 어떻게 관련되는지 이해할 수 있도록 기초적인 내용을 설명한다.

소프트웨어 아키텍처는 시스템 설계에 관한 것이다. 또한 설계가 시스템 품질(성능performance, 보안security, 수정가능성modifiability 등)에 미치는 영향과도 관련이 있다. 이 장에서는 소프트웨어 아키텍처에 관한 새로운 정의를 제공하는 대신, 카네기 멜런 소프트웨어 공학 연구소Software Engineering Institute(SEI)에서 제안하는 대중적인 정의를 사용한다. 아키텍처가 상세 설계detailed design와 어떻게 다른지 알아보고 중요한 설계 결정design decision 중 일부가 코드에 깊이 영향을 미치는 방법을 설명한다.

아키텍처가 시스템의 골격 역할을 하고, 품질 속성에 영향을 미치며, 시스템을 제한하기 때문에 소프트웨어 아키텍처 선택이 중요하다. 아키텍처 대부분은 시스템에서 제공해야 하는 기능functionality과 직교한다. 즉, 상관관계가 없다. 따라서 큰 고민 없이 적절하게 아키텍처와 기능을 섞어 조합해도 시스템이 동작한다. 하지만 더 잘 동작하는 조합도 있다. 아키텍처 설계는 이렇게 잘 동작하는 부분을 찾는 작업이다.

선택한 아키텍처가 잘 작동할 때도 있지만 때로는 해결책이 분명하게 나타나지 않는다. 문제가 어려울수록 아키텍처 선택에 더 많은 주의를 기울여야 한다. 선택할 수 있는 해결책의 수가 적거나, 실패 리스크가 높거나, 까다로운 품질 속성 요구사항이 있거나, 기존에 경험해보지 못한 새로운 도메인에서 작업할 때는 아키텍처 선택이 가장 중요하다.

이 장에서는 세 가지 수준의 아키텍처 설계 접근법을 설명한다. **아키텍처 무관 설계**architecture-indifferent design 접근법에서는 3계층 시스템3-tier system과 같이 IT(정보 기술) 프로젝트에서 이전에 많이 사용한 추정 아키텍처presumptive architecture를 사용하여 아키텍처에 거의 관심을 기울이지 않는다. **아키텍처 집중 설계**architecture-focus design에서는 시스템의 목표와 호환하는 아키텍처를 의도적으로 선택한다. 그리고 **아키텍처 상향 설계**architecture hoisting에서는 시스템의 목표나 속성을 보장할 수 있도록 아키텍처를 설계한다.

2.1 소프트웨어 아키텍처 개요

이 책에서는 모델과 추상화를 사용하여 소프트웨어 시스템, 특히 소프트웨어 아키텍처 추론[1] 방법을 배운다. 설계는 시스템이 얼마나 빠르고 안전한지, 수정이 가능한지에 따라 시스템 성공 여부에 영향을 준다. 설계를 문서화해서 보관하든 머릿속에 간직하든 상관없이 설계는 시스템의 성공에 영향을 미친다.

아키텍처 및 상세 설계. 소프트웨어 시스템의 **설계**는 개발자의 머리에 있는 결정과 의도로 이루어진다. 설계는 **소프트웨어 아키텍처**('아키텍처'로 줄여 말하기도 함)와 **상세 설계**로 나눌 수 있다.

실제로 아키텍처를 상세 설계와 구별하기가 어려울 때가 많다. 전문가들도 일반적으로 아키텍처의 넓은 범위에 동의하지만, 어디부터 상세 설계가 시작되고 어디까지 아키텍처로 포함할 수 있는지와 같은 세부 사항에 관해서는 동의하지 않는다. 이 분야의 리더인 메리 쇼Mary Shaw와 데이비드 갈란David Garlan[Shaw and Garlan, 1996]은 아키텍처가 상세 설계와 어떻게 다른지를 다음과 같이 설명했다.

---

1   옮긴이_ 아키텍처 설계는 요구사항에서 품질 속성을 추출하고, 품질 속성의 우선순위에 따라 적절한 아키텍처를 선정하고, 이에 따른 다른 품질 속성과의 영향을 따져 가장 적절한 아키텍처를 결정하는 사고 과정이다. 저자는 이러한 설계 절차를 추론(reason)이라고 설명한다.

소프트웨어 시스템이 커지고 복잡성이 증가하면서 전체 시스템 구조의 설계와 사양이 알고리즘 선택과 계산 자료 구조보다 더 중요한 문제가 된다. 구조적 문제에는 컴포넌트 조합의 시스템 구성, 글로벌 제어 구조, 통신용 프로토콜/동기화 및 데이터, 설계 요소에 기능 할당, 설계 요소 조합, 물리적 배포, 스케일링 및 성능, 진화의 차원, 그리고 설계 대안 중의 선택이 포함된다. 이것이 **소프트웨어 아키텍처** 수준의 설계다.

정의. 소프트웨어 아키텍처에 관한 매우 다양한 정의가 제안되었으며 아키텍처가 소프트웨어 설계에서 거시적이고 광범위한 문제를 처리한다는 일반적인 합의가 있다. 다음은 가장 널리 사용하는 정의로 소프트웨어 공학 연구소Software Engineering Institute[Clements et al., 2010]에서 따왔다.

> 컴퓨팅 시스템의 소프트웨어 아키텍처는 시스템에 대해 추론하는 데 필요한 구조의 집합으로 소프트웨어 요소, 이들 간의 관계 그리고 이 둘의 속성으로 구성된다.

이 정의는 소프트웨어 아키텍처에 중요한 항목인 요소element, 관계relationship, 프로퍼티property를 언급한다. 그러나 단순히 이러한 구조structure가 아키텍처를 구성한다고 말하지 않고 아키텍처가 시스템에 대해 추론해서 나오는 **구조의 집합**이라고 한다.

미국을 아키텍처에 비유해서 생각해보자. 미국의 학생들은 미국이 50개의 주state로 구성된다는 점을 배우고, 주의 위치를 암기하는 수업을 받는다. 그러나 이 구조적 정보는 국가를 추론하기에 불충분하다. 그래서 학생들은 주의 규모가 정착 시기와 관련이 있고, 각 주의 자원이 다르며, 주의 규모와 인구가 입법부의 구조에 영향을 미친다는 사실도 배운다. 이렇게 이해도가 높아지면, 인구가 60배 이상 차이가 나지만 인구가 가장 많은 주와 가장 적은 주에 각각 상원 의원이 두 명뿐인 이유를 추론할 수 있다.

이 비유는 시스템 아키텍처를 이해하고 설명하려면 일반적으로 구조에 대한 기계적 암기를 넘어서야 함을 보여준다. 시스템에 대한 완전한 모델이 없어도 추론할 수 있을 때가 많다. 예를 들어 위치 정보만 알아도 '배를 타고 갈 수 있는 미국 도시는 어디인가?'라는 질문에 답할 수 있다.

아키텍처의 범위는(what counts as architectural)? 시스템을 추론하는 데 필요한 구조 집합으로 아키텍처를 정의하는 것은 아키텍처 목적(추론)에 주의를 집중한다는 점에서 유용하지만, 아키텍처와 상세 설계 사이의 경계가 모호하다는 점에서 문제가 있다. 아키텍처는 모듈 및 모듈 연결 방식과 같이 설계의 거시적인 부분이라고 말하는 것이 더 간단하고 명확하다. 반면 상세 설계는 다른 모든 것을 포함한다.

그러나 시스템의 가장 큰 부분이 아키텍처라고 한정 지을 수 없는 아키텍처 세부 사항의 예가 많다. 원래 자바빈즈JavaBeans 사양에는 노출된 Bean 속성에 대한 네이밍 패턴naming pattern이 필요했다. 내부적으로는 리플렉션을 사용하여 getTargetVelocity와 같은 메서드를 TargetVelocity라는 노출된 속성으로 변환하기 때문이다. 메서드의 네이밍 패턴은 낮은 수준low-level의 결정 사항이지만, 자바빈즈에서는 구조적으로 중요하다. 이와 마찬가지로 아키텍처는 스레드를 금지하고, 100ms 이내에 완료하는 방법을 고려해야 하거나, 작업으로 분할되는 계산을 고려해야 하거나, 코드의 깊숙한 곳에 있는 기타 세부 정보를 고려해야 할 수 있다.

이처럼 아키텍처가 설계의 거시적 부분과 관련이 있다고 결론을 내리기에도 만족스럽지 않다. 이러한 정의에서 누가, 무엇을 아키텍처로 구분할지 결정할까? 아마도 주택과 고층 빌딩의 설계자는 아키텍처와 설계의 차이를 설명할 수 있을 것이다. 소프트웨어와 마찬가지로 주택 설계자는 건축 설계와 상세 설계를 가진다. 또한 소프트웨어는 약 반세기 전부터 다뤄졌지만, 건물은 수천 년 전부터 지어졌다. 다음 비유를 통해 상세히 살펴보자.

저자의 동생은 고층 빌딩을 짓는 일을 한다. 건축가는 일반적으로 몇 가지 낮은 수준의 세부 사항을 지정하며 나머지는 건설 회사에서 결정하도록 남겨둔다. 건축가는 건물의 수밀성, 미적 매력, 시공성과 같은 건물의 전반적인 품질에 기여할 때만 아키텍처 세부 사항을 포함한다고 한다. 그렇지 않으면 세부 사항은 아키텍처가 아닌 부분으로 간주된다. 최근 건축가인 동생은 '창문 사이의 간격'과 같은 너무 상세한 사항도 의도를 가지고 살펴보지 않으면 놓칠 수 있다고 주장했다.

의도(Intentionality). 아키텍처 세부 사항을 다른 세부 사항과 구별하기 위한 핵심은 의도를 파악하는 것이다. 다시 말하면, 일부 낮은 수준의 세부 사항까지 도달하는 아키텍트의 몇 가지 높은 수준high-level의 의도나 결정에서 **일련의 의도**chain of intentionality가 존재한다. 대부분의 세부 사항은 합리적인 구현에 열려 있지만, 일부의 세부 사항은 설계자의 최상위 의도와 연결되어 제한된다. 아키텍처의 설명은 거시적 세부 사항과 미세한 세부 사항이 혼합된 것일 수 있다. 이러한 의도는 모든 최상위 모듈을 설명하지는 않으며 (자바빈즈에서와 같이) 메서드의 네이밍 패턴을 제한하는 것처럼 불완전할 수도 있다.

'높은 수준의 의도 또는 결정'이 무엇인지 정확히 파악하기 어렵고, 일부 시스템은 아키텍처와 관련이 있지만 의도하지 않은 세부 사항을 포함해서 아키텍처적인 일련의 의도 개념은 완전하지 못하다. 하지만 임의의 경계나 아키텍트의 변덕에 따라 아키텍처와 설계를 분리하지 않는다는 점에서 유용하다. 또한 실제 시스템에서 상위 수준과 하위 수준의 결정이 혼합된 아키텍처 결정을 살펴볼 수 있다. 고층 건물 예에서와 마찬가지로 시스템 전반적인 품질을 달성하는 데 세부 사항이 중요하다면 아키텍처와 관련이 있다고 생각할 수 있다.

2.2 소프트웨어 아키텍처가 중요한 이유

소프트웨어 아키텍처가 시스템에 미치는 영향 때문에 소프트웨어 아키텍처에 주의를 기울여야 한다. 소프트웨어 아키텍처를 신중하게 선택하면 리스크와 실패 가능성이 줄어든다.

- **아키텍처는 시스템의 골격 역할을 한다**

  개발자가 의도적으로 선택했는지와 관계없이 모든 시스템에는 아키텍처가 존재한다. 단 하나의 올바른 아키텍처는 없어도, 만들려는 시스템에 적합한 뼈대는 몇 가지 존재한다.

- **아키텍처는 품질 속성에 영향을 미친다**

  품질 속성은 보안, 사용성, 레이턴시^{latency}, 수정가능성^{modifiability}과 같이 외부에서 볼 수 있는 속성이다. 은유적으로 말하면 다른 골격은 다른 무게를 감당하는 데 더 좋거나 나쁘기 때문에 올바른 아키텍처를 선택하면 원하는 품질을 더 쉽게 확보할 수 있다.

- **아키텍처는 (대부분) 기능과 직교한다**

  동일한 시스템을 3계층 아키텍처$^{3-tier\ architecture}$나 동등 계층간 통신망$^{peer-to-peer}$(P2P) 시스템을 사용해서도 구축할 수 있다. 그러나 아키텍처가 기능과 잘 맞지 않으면 개발자는 이에 맞서 고군분투해야 한다.

- **아키텍처는 시스템을 제한한다**

  아키텍처는 시스템이 원하는 품질 속성을 갖도록 충분한 제약을 부과하는 기술이다. 예를 들어 확장성을 보장하는 설계에서 확장성을 달성하려면 일부 컴포넌트가 상태를 저장하지 않아야^{stateless} 할 수 있다.

이제 각 아이디어를 상세히 살펴보자.

아키텍처는 시스템의 골격 역할을 한다. 완벽한 비유는 아니지만 아키텍처를 뼈대나 골격^{skeleton}으로 생각하면 유용하다. 골격은 동물의 전체 구조를 형성하고 동물이 할 수 있는 일에 영향을 준다. 새의 골격은 나는 데 유리하고 캥거루의 골격은 점프를 잘하게 해준다. 빠르게 달리는 동물은 대부분 다리가 넷이고, 다리가 둘인 동물은 느리지만 손으로 도구를 더 쉽게 사용할 수 있다.

점프 능력이 비행 능력보다 낮다고 할 수 없듯이, 하나의 골격이 다른 골격보다 더 낫다고 할 수 없다. 그러나 캥거루의 골격은 날기에 적절하지 않으므로 특정 골격이 원하는 기능에 적합한지는 이야기할 수 있다.

소프트웨어도 비슷하다. 3계층 아키텍처의 IT 시스템은 관련된 변경 사항을 한곳으로 모으고 트랜잭션 로드를 분산해서 처리할 수 있다. 협력 프로세스 아키텍처cooperating-processes architecture는 오류를 격리하므로 운영체제에 적합하다. P2P 아키텍처 이외의 구조를 사용하는 스카이프Skype 와 같은 분산 음성 인터넷 프로토콜Voice over Internet Protocol (VoIP) 네트워크를 상상하기는 어렵다 (아키텍처 스타일은 14장에서 설명한다).

하지만 골격이라는 비유는 불완전하다. 아키텍처는 가시적인 큰 부분(즉, 뼈bone)보다 더 많고, 보이지 않는 부분(예: 제약 조건constraint)이 더 중요하기 때문이다. 예를 들어 잠금 정책, 메모리 관리 전략, 타사 컴포넌트를 통합하는 기법은 모두 아키텍처의 일부일 수 있지만 실행 중인 시스템이나 소스 코드에서는 보이지 않는다.

아키텍처는 품질 속성에 영향을 미친다. 개발자는 소프트웨어가 수행하는 일, 즉 **기능**functionality에 집중해야 한다. 회계 작업을 수행하지 못한 회계 소프트웨어나 애니메이션 작업에 실패한 애니메이션 소프트웨어는 쓸모없다. 시스템에는 **품질 속성**quality attribute 요구사항이라고 하는 기능과 관련이 없는 추가 요구사항이 있다. 허가받지 않은 사람이 비밀 계정의 내용을 읽을 수 있는 회계 소프트웨어나 너무 느린 애니메이션 소프트웨어는 유용하지 않으므로 개발자는 품질 속성 요구사항에도 주의를 기울여야 한다. 품질 속성은 7장에서 자세히 설명한다.

시스템 아키텍처는 필요한 기능을 지원하는 일 외에도 보안과 성능 같은 품질을 활성화하거나 억제한다. 비유하자면, 사람과 말의 골격은 모두 '사과를 시장으로 옮기는 기능'을 수행할 수 있지만 처리량이 다르고 수행할 수 있는 이외의 작업도 다르다. 일반적으로 임의의 아키텍처를 선택하더라도 필요한 기능이 동작하도록 할 수 있다. 하지만, 어떤 아키텍처를 선택하는지에 따라 원하는 품질을, 얼마나 쉽게 달성할 수 있는지가 달라진다.

시간이 지나면서 진화하는 기능적 요구사항은 모든 시스템에 대한 당면 과제다. 하지만 진화하는 품질 속성은 급격한 변화를 가져올 수 있다. 100명의 사용자를 지원하도록 설계한 시스템을 아키텍처 변경 없이 10만 명까지 확장할 수는 없다. 허물을 벗고 나와 성장하는 게처럼 오래된 아키텍처를 벗어나 성장하는 여러 세대나 버전의 애플리케이션은 자주 볼 수 있다.

아키텍처는 (대부분) 기능과 직교한다. 유일한 최고의 아키텍처는 존재하지 않는다. 하지만 위에서 언급한 동물의 골격과 같이 어떤 아키텍처는 특정 작업에 더 적합하다. 뼛속이 빈 캥거루는 너무 연약하고 다리가 튼튼한 새는 타조처럼 날지 못할 것이다. 하지만 임의의 뼈대를 가져와서 부적절한 맥락에서 작동하도록 할 수도 있다. 예를 들어 일반적으로 물고기는 물에서 숨을 쉬지만 포유류는 숨을 쉬지 못한다. 하지만 고래는 포유류 골격임에도 물에서 산다.

아키텍처와 기능을 혼합하여 사용할 수 있다는 점을 꼭 이해해야 한다. 즉, 시스템의 아키텍처를 변경하면서 기능을 유지하거나 기능이 다른 시스템에서 동일한 아키텍처를 재사용할 수 있다. 어떤 조합은 다른 조합보다 더 잘 작동하기도 한다.

시스템의 아키텍처는 기능과는 별개의 선택이지만 아키텍처를 잘못 선택하면 기능 및 품질 속성을 달성하기 어려워진다. 여기에 적절한 비유가 있다. 공장에서 생산하는 제품과 공장의 위치는 서로 다른 두 가지 차원이며 독립적으로 선택할 수 있다. 사막[2]에 선박 공장을 둘 수 있지만 해안에 두는 것보다 어렵다. 충분한 노력을 기울이면 임의의 아키텍처를 사용하여 시스템을 구축할 수 있지만, 아키텍처가 적합하지 않다면 개발자가 어려움을 겪을 것이다.

아키텍처는 시스템을 제한한다. 모든 시스템에는 제약이 있다. 일부는 이전 시스템과 상호운용해야 하고, 일부는 선호하는 공급 업체의 서브컴포넌트를 사용해야 하며, 정해진 메모리를 사용하거나 정해진 시간 내에 처리해야 하기도 한다. 이러한 제약은 주로 개발자의 업무를 어렵게 만드는 장애물로 생각되지만 제약을 다른 시각으로 바라볼 수도 있다.

시스템을 설계할 때 여러분의 선택에 따라 시스템을 한 방향으로 제한하면 다른 방향으로는 가지 못하게 된다. 이러한 선택은 의도치 않게 일어나기도 한다. 그러나 때로는 선택한 목표로 시스템을 안내하기 위해 제약을 하기도 한다. 이런 제약은 **가이드 레일** 역할을 하며 목표로 하는 작업을 잘 수행하고, 시간이 지나더라도 잘 유지할 수 있는 시스템을 만드는 데 필수적이다.

시스템이 하지 않는 일은 시스템이 하는 일만큼 중요하다. 시스템에 요구되는 품질이 보장되는지 확인하려면 **시스템이 수행하지 말아야 하는** 작업을 알고 제약해야 한다. 예를 들어 보안 시스템은 신뢰할 수 없는 당사자와 데이터를 교환하지 않아야 한다. 그리고 시스템 처리 시간이 오래 걸리는 동작은 취소 옵션을 제공하지 않고 시작해서는 안 된다.

자발적으로 설계를 제약해서 성능performance이나 보안security의 품질 향상시킬 수 있다. 예를 들

---

2 고대 이집트인들은 콥토스(Koptos)에서 나일강을 따라 배를 건조하고 해체하고 사막을 가로질러 홍해의 사우(Saww)까지 부품을 운반한 다음 다시 조립한 것으로 보인다.

어 기차는 선로의 제약을 많이 받아 목적지에 대한 유연성이 부족하다. 그러나 이러한 제약은 낮은 구름마찰rolling friction로 효율성을 높이는 등 다른 품질의 개선을 가능하게 한다. 또한 기차를 탈취하기가 어려우므로 보안의 관점에서도 이점이 있다. 정의에 따르면 제약이 없는 설계에서는 무엇이든 할 수 있으므로 시스템 분석을 희망한다면 제약을 설정해야 한다. 제약 조건constraint의 사용은 이 책 전체에 걸쳐 다루는 주제다. 자세한 예와 함께 다시 살펴볼 것이다.

엔지니어는 설계한 시스템이 의도한 대로 작동하는지 제약 조건을 사용하여 확인한다. 적절하게 사용하면 제약 조건은 많은 이점을 제공한다.

- **판단을 구체화한다**

  제약 조건은 한 개발자가 다른 개발자에게 지혜나 이해를 전달하는 수단이다. 선임 엔지니어는 자신이 일하는 영역을 상세하고 미묘하게 이해하고 있지만 이 지식을 다른 사람에게 전달하는 데는 시간이 걸린다. 설계의 제약 사항을 활용해 지식을 직접적으로 전달하지 않고도 수용 가능한 해결책을 다른 엔지니어가 만들도록 할 수 있다.

- **개념적 무결성(conceptual integrity)을 장려한다**

  프레더릭 브룩스Frederick Brooks는 시스템의 개념적 무결성이 시스템 설계의 중요한 목표이며, 일관되게 적용한 좋은 단일 아이디어가 시스템 전체에 흩어진 여러 훌륭한 아이디어보다 낫다고 주장한다[Brooks, 1995]. 이와 유사한 아이디어로 데즈먼드 디수자Desmond D'Souza는 아키텍처 제약이 개발자의 '불필요한 창의성 소모를 감소시켜' 필요한 곳에서 창의성을 사용할 수 있다고 주장한다[D'Souza and Wills, 1998].

- **복잡성을 줄인다**

  개념적 무결성의 결과로서 제약은 복잡성을 제거하여 분명한 기본 원칙이 있는 시스템을 만들 수 있다. 반대로 제약이 없는 시스템은 다른 장소에서 임의의 다른 방식으로 유사한 작업을 수행할 수 있으므로 까다로운 세부 사항을 완전히 알 때까지 이해하기 어렵다. 제약은 이런 복잡성을 제거하여[3] 믿을 수 있는 무언가를 제공할 수 있다. 예를 들어 데이터를 데이터베이스에만 저장하게 하면 어디서 데이터를 찾아야 하는지 알 수 있다.

- **런타임 동작을 이해한다**

  소스 코드는 직접 검사할 수 있지만 런타임에 어떻게 작동하는지 예측하기 어려울 때도 있다. 이해하기에 까다로운 런타임 동작 소스 코드는 '제약'을 적용하면 분명하도록 할 수 있다.

언젠가 여러분은 다른 사람들이 시스템에 설정한 제약 조건에 부딪힐 것이다. 제약 조건은 때

---

3 몇 년 전 익숙하지 않은 코드를 변경할 때였다. 파악한 문제에서 상당한 진전을 보였지만, 일부 setter 메서드에서 변수를 설정하지 않고 관리되지 않은 복잡한 로직을 수행하며 이벤트 알림을 다른 코드로 보내고 있음을 발견했다. 이때 코드의 제약 조건에 관한 저자의 가정이 잘못되었으며 launchSpaceShuttle()이라는 메서드가 기대하는 작업을 수행하지 않을 수 있어서 작업이 생각보다 훨씬 더 오래 걸릴 것임을 깨달았다. 예를 들어 setter 메서드가 실제로 변수를 설정하고 지엽적인 영향만 주게 하는 제약 조건이 있다면 코드를 더 쉽게 이해할 수 있다.

때로 어설프게 사용되지만, 명확한 제약 조건이 없다면 조직을 (엔지니어의 철천지원수인) 혼돈chaos으로 내몰기 때문에 제약 조건 없이 설계할 수는 없다. 두꺼운 판자를 자를 때 다칠 위험에도 날카로운 도구를 사용해야만 하는 것처럼, 제약을 완전히 거부하지는 말고 책임감 있게 사용해야 한다. 시스템 아키텍처를 설계하려면 허용되는 항목과 허용되지 않는 항목을 합리적으로 선택해야 한다. 제약을 부과하기를 망설이는 이유는 조잡하고 무지한 방식으로 제약을 사용하는 사람들이 있기 때문이다. 적절하게 사용해야 함을 깨닫고 필요시 사용한다면 망설일 필요가 없다.

2.3 아키텍처가 중요한 상황은?

소프트웨어 아키텍처를 올바르게 설정하는 일은 프로젝트 성공에 중요할 수도 있고, 사소한 요소일 수도 있다. 가족 여행 예약을 관리하는 웹사이트나 강아지 집을 만드는 수준의 간단한 소프트웨어를 만들 때는 아키텍처를 고민하는 데 많은 시간을 할애하지 않아도 된다. 하지만 병원 소프트웨어를 만드는 개발자라면 아키텍처에 관해 많이 고민해야 한다. 아키텍처가 언제 중요한지 어떻게 결정할 수 있을까?

규모가 크거나 복잡도가 높은 시스템에서는 아키텍처에 더 많은 시간을 할애해야 할 수 있다. 다음은 아키텍처 리스크가 높은 5가지 구체적인 사례다.

- **선택할 수 있는 해결책이 적음**

  채용할 수 있는 해결책의 범위가 작거나 적용 가능한 해결책을 설계하기 어려울 때 아키텍처가 중요하다. '더 빠른 차를 만들기보다 인간 동력으로 움직이는 비행기를 만들기가 더 어렵다'라는 예를 생각해보자. 인간 동력 비행기는 가벼운 무게와 높은 효율성 등 모든 요소를 고루 갖추어야만 한다. 반면 (어느 시점까지는) 큰 엔진을 추가하기만 해도 더 빠른 자동차를 만들 수 있다.

- **높은 실패 리스크**

  실패 리스크가 높을 때는 아키텍처를 올바르게 설정하는 작업이 중요할 수 있다. 병원 시스템에 장애가 발생한다면 사람이 죽을 수 있으며, 심각한 보안 문제가 발생한다면 회사의 명성을 회복하지 못할 수도 있다.

- **어려운 품질 속성**

  아키텍처를 어떻게 선택하는지는 품질 속성을 만족스럽게 구현하는 데 영향을 준다. 구체적인 예를 들자면 사용자의 수가 적은 이메일 시스템은 상대적으로 쉽게 만들 수 있다. 하지만 수백만 명의 사용자가 사용하는 빠른 성능의 시스템을 만들기는 어렵다.

- **새로운 도메인**

  여러분이 구현해야 하는 도메인이 새롭거나 경험이 없는 분야라면 더 많은 주의를 기울여야 한다. 이미 개발해본 시스템과 유사한 대화형 데스크톱 애플리케이션을 만들 때는 본능적으로 잘못된 설계를 피할 수 있지만, 처음 구축한다면 아키텍처에 주의를 기울여 개발해야 한다.

- **제품 라인**

  일부 제품군은 공통 아키텍처를 공유한다. 이러한 제품 라인 아키텍처는 어떤 종류의 제품 변형은 쉽게 만들 수 있지만, 다른 종류의 변형은 적용하기 어렵게 만들기도 한다.

가장 중요한 것은 아키텍처를 잘못 만들면 얼마나 나쁜 영향이 미칠지 살펴보는 것이다. 시스템이 작거나 단순할 때는 아키텍처가 프로젝트를 실패하게 할 가능성이 낮으므로 거의 주의를 기울이지 않는다. 암달의 법칙Amdahl's law에 따르면, 시스템에 기여하는 바가 높은 부분을 가속화하면 그만큼 큰 영향을 준다. 이처럼 아키텍처를 올바르게 설정하면 전체 시스템 리스크를 크게 줄일 수 있다.

2.4 추정 아키텍처

'IBM을 구매하면 아무도 해고당하지 않는다'고 하던 시절이 있었다. 즉 IBM 메인프레임 시스템이 시장을 지배했으며 IBM 시스템을 선택하는 것이 합리적이라는 것이었다. 오늘날 많은 도메인에는 이와 유사한 지배적인 소프트웨어 아키텍처가 존재한다. 이를 추정 아키텍처presumptive architecture라고 한다.

추정 아키텍처는 특정 도메인에서 지배적인 아키텍처군family of architecture이다. 해당 도메인의 개발자가 추정 아키텍처 이외의 아키텍처를 선택해서 사용하려면 왜 그렇게 선택했는지를 설명해야 한다. 호기심이 많지 않은 개발자는 추정 아키텍처 이외의 아키텍처를 심각하게 고려하지 않거나, 모든 소프트웨어가 추정 아키텍처를 준수해야 한다고 오해할 수도 있다.

추정 아키텍처는 **레퍼런스 아키텍처**reference architecture와 유사하다. 레퍼런스 아키텍처는 문제에 대한 아키텍처 해결책을 설명하는 아키텍처군이며 일반적으로 제품의 사양으로 기록된다. 고신뢰성 임베디드 시스템이나 특정 공급 업체의 기술을 사용하여 웹 기반 시스템을 구축하는 레퍼런스 아키텍처를 찾을 수 있다. 레퍼런스 아키텍처의 게시자publisher는 자신의 레퍼런스 아키텍처가 추정 아키텍처가 되기를 바랄 수 있지만, 꼭 그렇게 되지는 않는다. 즉 레퍼런스 아키텍처는 일반적으로 염원이 담긴 표준이고, 추정 아키텍처는 사실상 표준de facto standard이다.

추정 아키텍처는 도메인의 일반적인 리스크에 잘 맞기 때문에 '사실상 표준'으로 사용한다. 예를 들어, IT 시스템은 공유 데이터에 대한 동시 액세스, 변화하는 비즈니스 규칙, 수명이 긴 데이터를 다루어야 할 때가 많다. 계층 시스템tiered system은 이러한 문제에 적합하다. 한 계층은 사용자 인터페이스를 처리하고, 다른 계층은 비즈니스 처리 논리를 처리하며, 또다른 계층은 트랜잭션 (및 주로 관계형) 데이터베이스에 데이터를 저장한다.

추정 아키텍처의 또 다른 예는, 소프트웨어에서 발생하는 오류를 정상적으로 복구해야 하는 장기 실행 시스템인 운영체제에서 상호 협조 프로세스cooperating process를 사용하는 것이다. 여러 면에서 다르지만 대부분의 운영체제는 커널kernel과 일련의 협력 시스템 프로세스로 구성된다. 별도의 프로세스에서 작업을 실행하면, 전체 시스템 기능에는 영향을 미치지 않으면서 개별 작업의 오류는 격리하고, 오류가 발생한 작업은 다시 시작할 수 있다.

모든 개발자가 시장에서 매우 중요시 하는 아키텍처를 무시하는 실수 대신, 추정 아키텍처를 소프트웨어 아키텍처의 첫 번째 원칙으로 삼고 시작할 것이라고 믿기 때문에 추정 아키텍처라는 용어를 소개한다. 예를 들어 IT 개발자는 다중 계층 아키텍처를 추정 아키텍처로 사용하면 대부분의 시스템을 잘 만들어낸다. 실제 아키텍처 결정은 각 계층에서 사용할 상용 기성품 (COTS) 소프트웨어(예: 사용할 관계형 데이터베이스나 웹 애플리케이션 서버의 브랜드)만 선택하는 것일 수 있다.

2.5 소프트웨어 아키텍처 사용법

소프트웨어 아키텍트라면 인정하기 싫겠지만, 개발자가 소프트웨어 아키텍처를 무시하더라도 성공할 수 있는 시스템이 많다. 한편, 소프트웨어 아키텍처를 충분히 생각했다면 피할 수 있었던 실패도 많다. 이 책을 읽고 나면, 여러분이 처한 상황을 충분히 이해할 수 있을 것이다.

개발자는 소프트웨어 아키텍처에 관한 다음 세 가지 접근 방식 중 하나를 취할 수 있다. 이러한 접근 방식을 더 쉽게 이야기할 수 있도록 이름을 붙여보자.

- **아키텍처 무관 설계(architecture-indifferent design)**

    이 접근 방식을 사용하면 아키텍처에 거의 관심을 기울이지 않는다. 시스템이 큰 진흙 뭉치가 될 수도 있고, 의식적으로 선택하지 않아도 뚜렷한 아키텍처가 나타날 수도 있다. 혹은, 작업하는 도메인 규범에 따라 자연스럽게 추정 아키텍처를 사용할 수도 있다.

- **아키텍처 집중 설계(architecture-focus design)**

    이 접근 방식을 사용하면 의도적으로 소프트웨어 아키텍처를 선택한다. 기능 및 품질 속성을 포함하여 목표를 달성하는 데 적합한 아키텍처를 설계한다.

- **아키텍처 상향 설계(architecture hoisting)**

    개발자가 시스템의 목표나 속성을 보장할 목적으로 아키텍처를 설계하는 일종의 아키텍처 집중 설계다. 목표나 속성을 아키텍처에 포함하면 개발자는 이를 달성하는 추가 코드를 작성할 필요가 없다.

개발자가 아키텍처를 잘 몰라서 첫 번째 접근 방식인 아키텍처 무관 설계를 적용하게 되기도 한다. 소프트웨어 아키텍처를 배우면, 무지 때문에 의도치 않은 리스크를 감수하는 일은 피할 수 있다.

아키텍처 집중 설계와 아키텍처 상향 설계는 유사하지만 조금의 차이가 있다. 차이점을 자세히 알아보자. 아키텍처 집중 설계는 여러분의 목표에 맞는 아키텍처를 선택하는 것이라 생각하자. 사실, 이 선택은 목표 달성을 보장해주지 않는다. 목표 달성의 기회만 제공한다. 하지만, 아키텍처 상향 설계에서 아키텍처 목표 달성에 적극적인 역할을 수행할 수 있다. 즉, 아키텍처 상향 설계를 활용해 목표를 달성할 수 있다.

자동차 비유는 이러한 접근 방식의 차이점을 설명하는 데 도움이 된다. 학창 시절의 친구에게 포드 트럭이 있었다. 그 차의 유일한 문제는 안전 벨트가 없다는 점이었다. 즉, 설계자가 차를 설계할 때 안전에 무관심했다는 뜻이다. 물론, 설계자는 분명 사고가 나지 않기를 바랐을 것이다. 대학을 졸업할 때 폭스바겐 GTI를 샀다. 이 차의 설계자는 아키텍처 집중 설계를 선택하여 안전 벨트를 장착했다. 하지만 매번 버클을 맸어야 했다. 버클을 매지 않으면 안전을 보장할 수 없었다. 오늘날 모든 차량에는 자동 에어백이 있어야 한다. 이제는 아키텍처 수준에서 안전성을 우선하지 않은 차량을 구매할 수 없다. 즉, 아키텍처 상향 설계를 하지 않은 차량은 시장에 나오지 못한다.[4] 다음 절에서는 각 접근 방식을 자세히 설명한다.

---

4   옮긴이_ 현재 미국에서는 에어백 설치가 법적인 의무다.

2.6 아키텍처 무관 설계

아키텍처 무관 설계architecture-indifferent design에서는 개발자가 시스템 아키텍처를 인식하지 못한다. 개발자는 리스크를 줄이고, 기능을 달성하거나, 품질을 보장하는 데 도움이 되는 아키텍처를 의식적으로 선택하지 않는다. 단순히 아키텍처를 무시하거나, 이전 프로젝트의 아키텍처를 복사하거나, 도메인에서 사용하는 추정 아키텍처를 사용하거나, 기업 표준을 따른다.

개발자의 아키텍처 접근 방식을 논의할 때 소프트웨어의 식별할 수 있는 특성이 아닌 '사람'에 관해 논의한다. 의도적으로 선택했는지에 관계없이 모든 시스템에는 아키텍처가 있다. 아키텍처 무관 설계를 따르면 시스템에는 의도적으로 선택된 아키텍처가 없다. 따라서 시스템에는 개발자가 의식적으로 인식하는 아키텍처가 아닌 다른 아키텍처가 도출된다.

아키텍처에 관한 무관심은 아키텍처가 적합하지 않다는 의미가 아니라 적절한 아키텍처를 선택할 기회가 지나갔다는 의미다. 만약 시스템 아키텍처가 적합하다면 우연일 뿐이다. 아키텍처가 시스템에 적합하지 않다면 개발자는 부지런히 보완하고 많은 노력을 쏟아야 성공할 수 있다.

아키텍처 무관 설계는 리스크가 적은 프로젝트에 가장 적합하다. 까다로운 요구사항이 거의 없는 독립 실행형 시스템은 상대적으로 리스크가 적고, 매우 일반적이며, 아키텍처에 집중하지 않아도 쉽게 구축할 수 있다. 추정 아키텍처를 따르는 시스템은 대부분 성공한다.

아키텍처 무관 설계에는 몇 가지 단점이 있다. 아키텍처가 적절한 시스템도 개발자 팀에서 공유한 아키텍처 비전이 부족하다면 시간이 지나면서 부적합한 시스템으로 바뀔 수 있다. 예를 들어 개발자는 지엽적local이고 원칙을 따르지 않는 다양한 변경으로 시스템 속도를 높이려고 할 수 있다. 이는 시간이 지나면서 시스템의 복잡성이 증가하고, 개발자가 효과적으로 유지 관리할 수 있는 능력을 넘어설 것이다.

아키텍처 무관 설계 방식은 시스템의 복잡성을 높인다. 이런 복잡성은 되돌리기 어렵다. 처음에는 개발자가 시스템 아키텍처에 관한 명확한 비전이 없어도 큰 문제가 없다. 그러나 나중에 일관성이 없는 설계를 분석해야 할 때는 작업이 훨씬 더 어려워진다. 모델이 단순할 때 분석이 가장 잘된다. 하지만 아키텍처 무관 접근 방식은 (규칙에 대해) 지엽적으로 예외가 많은 복잡한 시스템을 생성할 수 있다. 의도적으로 선택하지 않은 아키텍처는 특정 분석에 적합하지 않을 수 있다.

아키텍처 무관 설계의 단점은 서비스 버스와 관계형 데이터베이스 같은 강력한 상용 기성품 커넥터 및 컴포넌트 덕분에 부분적으로 개선된다. 이들은 동시성이나 확장과 같은 어려운 문제를 처리한다. 이런 제품을 사용하지 못할 때는 개발자가 아키텍처에 더 주의를 기울여야 한다. 또한 상용 기성품 컴포넌트는 개발자가 아키텍처 요구사항을 예측하지 않고도 시스템을 쉽게 발전시키도록 하기도 한다.

2.7 아키텍처 집중 설계

개발자가 **아키텍처 집중 설계**architecture-focus design 접근 방식을 따를 때는 어떤 소프트웨어 아키텍처가 시스템에 적절한지 판단하고, 시스템의 목표를 달성할 수 있는 아키텍처를 의도적으로 선택한다. 이는 아키텍처가 최소한 구현하려는 시스템에 적합하고, 목표 달성을 방해하지 않는다는 의미이기도 하다. 이 책을 포함한 모든 소프트웨어 아키텍처 책은 이 접근 방식을 따라야 한다고 가정한다.

문제를 해결하는 해결책을 설계할 때는 대부분 극복해야 하는 흥미로운 과제가 있다. 예를 들어 채권 이자를 계산하는 방법과 같은 도전적인 과제는 기능적functional이고, 사용자를 수천 명으로 확장하는 방법과 같은 과제는 품질 속성quality attribute과 관련이 있다. 아키텍처 집중 설계에서는 여러분이 선택한 아키텍처가 이러한 과제를 더 쉽게 혹은 더 어렵게 만들 수 있음을 구별하게 한다. 따라서 아키텍처 설계를 진행할 때 도전적인 문제를 극복하는 데 도움이 되는 아키텍처를 선택해야 한다.

인식하지 못하더라도 많은 개발자가 이미 아키텍처 집중 설계를 따르고 있다. 예를 들어 시스템이 잠금lock을 획득해야 할 때 순서 지정 규칙ordering convention을 따라서 교착 상태deadlock를 방지할 수 있다. 시스템에 가비지 컬렉션garbage collection이 없을 때 모듈 범위에 따라 메모리를 해제하는 방법과 같이, 메모리 누수memory leak를 방지하도록 메모리를 해제하는 방법에 관한 표준이 있을 수 있다. 시스템에서 캐시를 사용할 때 캐시 일관성cache coherency을 유지하도록 액세스를 제한할 수 있다. 순차적으로 처리하는 시스템에서 메시지의 순서가 손실되지 않도록 내구성을 보장하는 메시지 큐message queue를 사용할 수 있다. 이런 예는 모두 아키텍처 품질을 달성하기 위한 설계의 선택이며 아키텍처적 선택이라 할 수 있다.

이 예제에서 해결책은 지역적local이 아니라 전반적global으로 적용된다(즉, 시스템에 넓게 적용된다). 예를 들어, 누수를 발견한 후 간단히 수정해서 메모리 누수를 방지할 수 있다. 아키텍처 집중 설계는 직면한 문제에 관한 지엽적 수정이 아닌 아키텍처 수준의 해결책을 찾는다.

아키텍처 집중 설계는 아키텍처 추상화(예: 컴포넌트, 커넥터) 및 아키텍처 뷰(예: 모듈, 런타임, 할당 뷰)를 사용하여 문제에 관해 고려한 내용을 설명하곤 한다. 예를 들어 자체 스레드에서 실행되는 컴포넌트에는 스레드 안전을 지원하는 커넥터를 사용해야 하고, 분산 컴포넌트는 동일한 메모리 공간에서는 참조할 수 없다는 것은 같은 말의 반복이다. 그러나 개별 코드를 관찰해서 이를 알아내기란 매우 어렵다.

아키텍처 집중 설계는 아키텍처 선택에 영향을 미칠 요구사항을 찾아야 하지만, 이러한 요구사항은 명확하게 설명하기 어렵다. 이해관계자의 말에 숨겨져 있기도 하고, 시스템이 속한 도메인의 다른 시스템과 같을 수도 있다. 이러한 요구사항을 인식하게 되면, 시스템이 이를 어떻게 수행할지, 고려하는 아키텍처가 도움이 되거나 방해가 되는지 검토해야 한다.

앞에서 이야기한 대로 시스템에는 항상 아키텍처가 있다. 아키텍처 집중 설계를 선택했다는 말은 시스템을 설계할 때 해당 아키텍처에 주의를 기울이겠다는 의미이다. 아키텍처에 주의를 기울인다는 말은 반드시 문서화를 하겠다는 의미는 아니다. 대규모 프로젝트에서 아키텍처 문서화는 큰 도움이 된다. 하지만 한 사무실에서 생활하는 세 명의 개발자가 전 직원인 스타트업 회사에서는 아키텍처 문서화가 중요한 일이 아닐 수 있다.

아키텍처 집중 설계는 모든 소프트웨어 개발 프로세스와 호환된다. 아키텍처에 관해 생각할 때 선행 아키텍처 설계가 필요한 폭포수 프로세스waterfall process로 가정하고 싶은 유혹이 있지만 아키텍처 설계는 모듈, 객체, 자료 구조 설계와 같은 또 다른 엔지니어링 작업일 뿐이다. 초기에 아키텍처를 선택하면 더 쉬울 수 있다. 이는 프로그래밍 언어, 인터페이스, 프레임워크도 초기에 선택하는 편이 좋은 것과 비슷하다.

2.8 아키텍처 상향 설계

아키텍처 집중 설계에서 개발자는 시스템에 필요한 작업과 호환되는 아키텍처를 의도적으로 선택한다. **아키텍처 상향 설계**architecture hoisting는 더 엄격한 아키텍처 집중 설계다. 아키텍처 상향 설계 접근 방식을 따를 때 개발자는 시스템의 목표나 속성을 보장하는 아키텍처를 설계한다.

어떤 종류의 소프트웨어 설계에서도 완벽을 보장하기는 어렵지만, 아키텍처 상향 설계는 아키텍처 선택으로 목표나 속성을 보장하려고 노력한다. 일단 목표나 속성을 아키텍처에 포함하면 개발자는 이를 달성하는 추가 코드를 작성할 필요가 없다.

접근법	설명
아키텍처 무관 설계	아키텍처에 거의 관심을 기울이지 않는다. 시스템은 큰 진흙 뭉치가 될 수도 있고, 의식적인 선택 없이 뚜렷한 아키텍처가 나타날 수도 있고, 도메인 규범에 따라 자연스럽게 추정 아키텍처가 선택될 수도 있다.
아키텍처 집중 설계	의도적으로 소프트웨어 아키텍처를 선택한다. 기능 및 품질 속성을 포함하여 목표를 달성하는 데 적합한 아키텍처를 설계한다.
아키텍처 상향 설계	아키텍처 집중 설계의 일종으로, 개발자가 시스템의 목표나 속성을 보장할 목적으로 아키텍처를 설계한다. 목표나 속성을 아키텍처에 포함하면 개발자는 이를 달성하는 추가 코드를 작성할 필요가 없다.

그림 2-1 소프트웨어 아키텍처에 대한 세 가지 접근 방식 요약

아키텍처 무관 설계에서 아키텍처 집중 설계로의 전환은 개발자에게 분명한 차이를 준다. 시스템의 요구에 부합하는 아키텍처를 개발자가 의식적으로 선택해야 하기 때문이다. 아키텍처 상향 설계로의 전환은 좀 더 미묘한 차이를 준다. 개발자는 단순히 작업을 수행할 수 있는 아키텍처를 선택하는 대신 아키텍처가 자신을 위해 일하거나 작업을 더 쉽게 하도록 만든다는 점에서 차이를 알게 된다.

이를 더 구체적으로 설명해주는 다음 예를 살펴보자. 성능 요구사항에 따라 시스템이 요청에 50ms 이내로 응답해야 한다고 가정해보자. 다음은 시스템 아키텍처로 세 가지 설계 접근 방식을 고려할 때의 예이다.

- **아키텍처 무관 설계**

  아키텍처와 무관한 설계를 따르며 지난번 구현했던 시스템의 분산 처리 아키텍처를 그대로 사용했다고 해보자. 다행히도 늦지 않게 처리 시간을 분석해서 기기 간 메시징 오버헤드가 50ms의 대부분을 차지하여 실제 처리를 수행하는 데 할애할 시간이 거의 없다는 사실을 발견했다. 시스템이 성공하려면 아키텍처를 변경하거나 10ms 안에 필요한 처리를 완료하는 매우 효율적인 코드를 작성해야 한다.

- **아키텍처 집중 설계**

  아키텍처 집중 설계를 따랐다면 클라이언트-서버 아키텍처와 같이 해당 요구사항에 적합한 아키텍처를 의도적으로 선택해야 한다. 한 서버를 원격 호출하는 데 10ms가 소요될 수 있으므로 실제 필요한 처리 동작을 수행하는 데 충분한 시간(40ms)이 남는다.

- **아키텍처 상향 설계**

    성능 목표를 아키텍처로 끌어올려 놓으려면 아키텍처가 어떻게 50ms 응답을 항상 달성할 수 있을지 스스로에게 물어봐야 한다. 예를 들어 서버에 과부하를 일으키는 요청이 최고치에 이르는 시간대가 있다는 사실이 분석 결과로 밝혀지면 서버 클라우드와 같은 예비 프로세싱 자원을 준비해두는 소프트웨어를 구축할 수 있다.

앞에서 설명한 요청 메시지를 처리하여 응답하는 코드를 작성할 때 개발자가 성능 요구사항을 알고 있어야 한다. 아키텍처 무관 설계와 아키텍처 집중 설계에서 개발자는 요구사항을 충족해야 할 책임이 있다. 아키텍처 상향 설계에서도 여전히 엉성한 코드는 요구사항을 만족하지 못하고 실패할 수 있지만(즉, 보장하지는 않음) 아키텍처가 추가 서버를 적극적으로 보충하기 때문에 개발자의 부담을 일부 덜어준다.

아키텍처 무관 설계와 아키텍처 집중 설계에는 '이 코드가 50ms의 응답 시간을 보장한다'라고 말할 수 있는 코드가 없었다. 반대로, 아키텍처 상향 설계에서는 서버 수를 규제하는 코드가 응답 시간을 보장한다고 말할 수 있다. 목표나 속성을 아키텍처로 끌어올릴 때 (1)이를 관리하는 코드나 (2)이를 보장하는 의도적인 구조적 제약(흔히 추론이나 계산을 포함)을 찾을 수 있다. 구조적 제약의 예로는 민감한 데이터를 방화벽 뒤에 놓거나 내구성과 성능을 보장하는 이벤트 버스event bus를 사용해 통신하는 방법이 있다.

아키텍처 상향 설계의 주된 사례가 몇 가지 있다. 웹 애플리케이션에 사용하는 애플리케이션 서버는 다른 프로그램의 다양한 런타임 품질을 처리하는 프로그램이다. 애플리케이션 서버는 단일 기기에서 애플리케이션의 여러 사본을 실행하거나(상향 설계로 동시성concurrency 확보) 여러 기기에 사본을 분산(상향 설계로 확장성scaling 확보)할 수도 있다. 엔터프라이즈 자바빈즈Enterprise JavaBeans(EJB) 애플리케이션 서버는 동시성, 규모확장성, 지속성persistence을 높여 이러한 일반적인 문제에 관한 아키텍처 해결책을 제공한다. 이클립스 프레임워크Eclipse framework는 리소스 관리resource management, 동시성, 플랫폼 독립성과 같은 많은 기능, 프로퍼티, 품질을 제공한다.

프로퍼티나 품질 속성을 끌어올려 상향 설계를 적용할 때 애플리케이션이 아키텍처 내에서 작동하려면 몇 가지 제약 조건을 준수해야 한다. 예를 들어, 엔터프라이즈 자바빈즈(EJB)는 애플리케이션이 자체 스레드를 시작하거나 로컬 디스크에 데이터를 저장하는 것을 허용하지 않는다. 애플리케이션이 자체 스레드를 생성한다면 EJB 서버가 동시성을 처리하기 어렵고 로컬 디스크에 데이터를 저장한다면 애플리케이션이 서버와 서버 사이를 이동하기 어렵기 때문이다.

일반적으로 아키텍처 상향 설계는 트레이드오프tradeoff를 포함한다. 자동 가비지 컬렉션garbage collection은 메모리 관리의 아키텍처 상향 설계 방식이다. 개발자는 메모리 관리 작업을 더 쉽게 처리할 수 있지만 성능 목표를 달성하기는 더 어려워질 수 있다. 도메인별로 다른 동시성 패턴concurrency pattern은 아키텍처 상향 설계에서 도메인의 구별 없이 적용할 수 있는 범용 메커니즘general-purpose mechanism보다 더 효율적일 수 있다.

아키텍처 상향 설계는 개발자에 대한 일종의 폭정tyranny으로 볼 수 있으며, 추가 제약과 관료주의로 부담을 더하기도 한다. 하지만 다른 측면으로는 품질 속성 대신 기능functionality에 집중할 수 있도록 해방시켜 준다고 볼 수도 있다. 상향 설계는 단순한 메커니즘이다. 이를 적절하게 사용할 수도 있고 그렇지 못할 수도 있다. 이 방식은 시스템 설계에 품질 속성이 필요할 때 효과적이지만, 이를 달성하는 작업은 개발자에게 부담이 될 수 있다. 일반적으로 개발자는 도메인의 전문가다. 하지만 보안이나 성능과 같은 품질을 보장하는 방법은 잘 모를 수도 있다. 따라서 개발자가 전문적이지 못한 부분을 아키텍처에서 처리하게 하면, 자신의 전문 분야에 집중하여 작업할 수 있다.

2.9 대규모 조직에서의 아키텍처

이 책에서는 따라야 하는 소프트웨어 개발 프로세스, 아키텍트가 되는 방법, 조직 내에서 소프트웨어 개발 역할을 활용하는 방법을 설명하지 않는다. 따라서 소프트웨어 엔지니어를 개발자라 부르고, 아키텍트도 개발자와 분리하여 구분하지 않는다.

그러나 대규모 조직 내에서 소프트웨어를 개발하면 규모로 인해 발생되는 문제가 있다. 대기업과 대규모 조직은 본부, 부서, 팀으로 나뉜다. 그리고 역할별로 책임을 맡는다. 회사를 조직하기에 바람직한 방법은 있지만 완벽한 방법은 없다. 조직으로 나누는 방법이 문제를 해결하기도 하지만 문제를 만들 수도 있다는 점을 알아야 한다.

대기업의 일반적인 조직 패턴은 엔터프라이즈 아키텍트enterprise architect그룹을 만들고, 여러 애플리케이션에 관련된 아키텍처 육성 업무를 할당하는 것이다. 이러한 조직에는 **엔터프라이즈 아키텍트**와 **애플리케이션 아키텍트**application architect라는 두 가지 직무 역할이 필요하다.

엔터프라이즈 아키텍트. 엔터프라이즈 아키텍트는 많은 애플리케이션을 담당하는 개발자다. 엔터프라이즈 아키텍트는 한 애플리케이션이 지원해야 하는 기능만 제어하지 않는다. 대신, 개별 애플리케이션이 전체 기업에 기여하도록 하는 에코시스템ecosystem을 설계한다. 엔터프라이즈 아키텍트가 에코시스템을 얼마나 잘 개발하는가에 따라 여러 애플리케이션의 통합, 지역별 또는 시장간 변경되는 부분의 활성화, 배포 환경 표준화와 같은 목표를 달성하는 데 기업에 도움이 되거나 방해가 될 수 있다. 엔터프라이즈 아키텍트는 결과에 간접적으로만 영향을 미친다는 점에서 **영화 제작자**와 같다. 소프트웨어의 품질에 직접적으로 영향을 미칠 수 없다. 즉 코드를 작성하거나 개별 애플리케이션을 설계할 수 없으므로 엔터프라이즈 설계자는 아키텍처 집중 설계나 아키텍처 상향 설계를 적용하여 영향력을 발휘한다. 엔터프라이즈 아키텍트는 원하는 품질과 목표를 달성하기 위해 아키텍처와 제약 조건을 선택하여 애플리케이션 아키텍트를 제한한다.

애플리케이션 아키텍트. 애플리케이션 아키텍트는 단일 애플리케이션을 담당하는 개발자이다. 애플리케이션을 구성하는 수천 개의 객체object를 이해하고 관리할 수 있다. 애플리케이션 아키텍트는 제품의 모양을 만들어가는 일이 일상적인 업무고 **영화감독**과 같은 역할이다. 애플리케이션 아키텍트는 아키텍처뿐만 아니라 애플리케이션의 기능도 설계하므로 아키텍처 무관 설계 방식을 성공적으로 사용할 수 있다. 또한 애플리케이션에 아키텍처 집중 설계나 아키텍처 상향 설계를 적용할 수 있다.

장단점. 엔터프라이즈 아키텍처와 애플리케이션 아키텍처를 분리하면 기업에서 고도의 표준화 노력을 하지 않을 때 발생할 수 있는 이질성과 혼란을 피할 수 있다. 하지만 이 방법에는 몇 가지 문제가 있다. 첫 번째는 다중 상사multi-boss 문제다. 개발자, 애플리케이션 설계자, 엔터프라이즈 설계자는 보통 같은 상사에게 보고하지 않으므로 일정, 통합에서 우선순위가 다를 수 있다. 따라서 아키텍처 제약 조건 및 플랫폼과 관련하여 충돌이 발생할 수 있다. 두 번째는 적절한 아키텍처 제약 조건 선택과 관련한 문제이다. 엔터프라이즈 아키텍트는 개별 애플리케이션의 요구사항을 완전히 이해하지 못하므로 아키텍처를 과도하게 제약할 수 있다. 실제로 애플리케이션을 구현하는 개별 프로그래머는 담당하는 애플리케이션이 번거로운 엔터프라이즈 아키텍처 제약을 따르지 않고 면제되어야 한다고 생각할 수 있다. 즉 애플리케이션 전반에 걸친 표준화의 이점을 과소평가할 수 있다.

결점이 없는 조직 구조는 없기에 장단점과 트레이드오프를 이해하고, 발생할 만한 문제를 예측하는 데 최선을 다해야 한다. 엔터프라이즈 아키텍처 그룹이 개발과 별도로 존재하는 이유를 이해하고, 발생할 수 있는 문제의 종류를 알면 모든 사람이 조기에 경고 신호를 주의하고 이를 완화하는 노력을 할 수 있다.

이상적으로는 모든 개발자가 5.3절에서 자세히 논의할 소프트웨어 아키텍처 기술을 보유하고 있을 수 있다. 별도의 엔터프라이즈 아키텍트 그룹을 만드는 것이 나쁜 생각은 아니다. 모든 개발자가 핵심 아키텍처 원칙을 이해하고 목표와 품질을 달성하기 위해 아키텍처 제약이 존재한다는 점을 인식하며 선택한 아키텍처가 프로젝트에 적합한 방식이라는 점을 받아들인다면 성공할 가능성이 더 높아진다.

2.10 마치며

소프트웨어 아키텍처는 대규모 결정 및 거시적 요소(예: 모듈^{module}, 컴포넌트^{component}, 커넥터^{connector})를 다루는 일종의 설계다. 아키텍처 결정$^{architectural\ decision}$ 중 일부는 코드 깊숙이 영향을 미치므로 아키텍처와 상세 설계 사이의 경계를 나누기란 어려울 수 있다.

아키텍처가 시스템의 골격 역할을 하고, 품질 속성에 영향을 미치며, 시스템을 제한하기 때문에 소프트웨어 아키텍처 선택은 중요하다. 아키텍처는 대부분의 시스템 기능과 직교하므로 어느 정도는 아키텍처와 기능을 자유롭게 조합하여 사용할 수도 있다. 하지만 필요한 기능과 품질 속성에 아키텍처가 적합하다면 시스템을 구축하기가 더 쉬워진다. 아키텍처가 적합하지 않을 때는 요구사항을 충족하는 데 어려움이 있어 이를 모두 만족시키지 못하고 어느 정도의 선에서 타협해야 할 수도 있다.

소프트웨어 아키텍처는 구축하는 시스템에 제약 조건^{constraint}을 부과하므로 아키텍처를 선택하면 다른 옵션이 제한된다. 여러분은 본능적으로 제약 조건을 최소화하려 한다. 하지만 판단을 구체화하고, 개념적 무결성을 촉진하며, 복잡성을 줄이고, 시스템의 런타임 동작을 이해하게 해주는 측면에서 제약 조건은 필수적이고 유익하다.

아키텍처도 개발에 필요한 많은 작업 중 하나에 불과하므로 이 작업에 얼마나 많은 관심을 기울여야 하는지 알면 여러분에게 도움이 된다. 시스템이 작거나 리스크가 적을 때는 소프트웨어 개발이 실패할 가능성이나 영향이 적으므로 아키텍처가 덜 중요하다. 반대로 고려할 수 있는 해결책의 범위가 작거나, 실패 리스크가 높거나, 원하는 품질 속성을 달성하기 어렵거나, 기존에 작업하던 도메인이 아닌 새로운 도메인에서 작업하거나, 제품 라인 아키텍처를 구축할 때는 올바른 아키텍처 선택이 중요하다. 일반적으로 말해서 전체 프로젝트의 리스크에 따라 아키텍처에 투자하는 노력을 조절할 수 있다. 만약, 아키텍처 리스크가 작다면 아키텍처를 최적화하는 작업이 큰 도움이 되지 않기 때문이다.

아키텍처에 많은 관심을 기울이지 않는다면 **아키텍처 무관 설계**를 따르고 있을 것이다. 즉, 시스템의 전반적인 구조보다는 지엽적인 변경에만 집중해서 시스템의 목표를 달성한다. 아키텍처가 개발자의 짐을 나누어지게 하지 않거나 **추정 아키텍처**를 기본으로 사용하도록 할 수 있다. 개발자가 아키텍처 무관 설계 접근 방식을 따르더라도 많은 프로젝트가 성공하지만, 다른 접근 방식을 사용하면 불필요한 실패 리스크를 줄일 수 있다.

소프트웨어 아키텍처에 관한 다른 모는 잭과 마찬가지로 이 책은 개발자가 이기텍처를 꼭 이해하고 선택하는 게 중요하다고 말한다. 개발자가 **아키텍처 집중 설계**를 선택한다면 프로젝트의 요구사항에 적합한 아키텍처, 아마도 확장성이나 수정가능성을 더 쉽게 달성할 수 있는 아키텍처를 의도적으로 선택할 것이나. 에를 들어 애플리게이션 서버가 동시성 문제를 처리하거나 가비지 컬렉터가 메모리 관리를 처리하도록 하는 일과 같이 더 엄격하게 접근하는 **아키텍처 상향 설계**를 따를 수도 있다.

별도의 엔터프라이즈 아키텍처 그룹을 사용하여 다양한 팀 간에 아키텍처 책임을 나누는 대규모 조직도 많다. 조직을 구성하는 여러 방법에는 장단점이 있으므로 최선의 전략은 선택한 조직 구성에서 발생할 수 있는 문제를 인식하고 극복하도록 노력하는 것이다. **엔터프라이즈 아키텍트**는 개별 애플리케이션이 번창할 수 있는 환경을 조성한다. 즉, 아키텍처 제약을 부과하고 아키텍처 집중 설계를 적용해야 한다.

2.11 참고 자료

아키텍처 상향 설계라는 용어는 대니얼 드보르자크Daniel Dvorak, 커크 라인홀츠Kirk Reinholtz, 니컬러스 루케츠Nicholas Rouquette, 케니 마이어Kenny Meyer[Meyer, 2009]를 비롯한 미국 항공 우주국 제트 추진 연구소 미션 데이터 시스템NASA JPL Mission Data System(NASA JPL MDS) 개발자가 만들었다. 기존 시스템의 코드가 우주선 위치나 속도와 같은 세부 정보를 어떻게 모호하게 할 수 있는지 강조하는 데 이 용어를 사용했다. 이때 사용한 아키텍처 상향 설계는 이전에 발생했던 동작(예: 스케줄링)과 아키텍처에서 중요한 부분(예: 필수 상태 변수)을 가시적으로 만들었다. 시간이 지나면서 저자도 이 장에서 제시한 정의를 채택하게 되었다. 이는 용어를 만들어낸 이들의 원래 의도와 일치한다.

이 장에서는 컴퓨터 과학의 유명한 법칙인 암달의 법칙Amdahl's law을 언급한다[Amdahl, 1967]. 다른 유명한 법칙으로 '지연되는 소프트웨어 프로젝트에 인력을 추가하면 더 나중에 완료된다'라는 브룩스의 법칙Brooks' law[Brooks, 1995]과 '시스템을 설계하는 모든 조직은 필연적으로 조직의 커뮤니케이션 구조를 복사한 구조의 설계를 만들어낸다'라는 콘웨이의 법칙Conway's law[Conway, 1968]도 참고할 만하다.

소프트웨어 아키텍처라는 용어는 여러 가지 방법으로 정의되었다. 여러 정의 중 가장 인기 있는 두 가지 정의부터 알아야 한다. 첫 번째는 소프트웨어 엔지니어링 연구소(SEI)에서 제시했으며, 아키텍처는 요소의 구조structure와 그 관계relationship에 관한 것이라고 말한다[Clements et al., 2010]. 두 번째는 마틴 파울러Martin Fowler와 랄프 존슨Ralph Johnson가 제시한 '아키텍처는 프로젝트 초기에 이루어져야 하는 일련의 설계 결정design decision이다'라는 정의다[Fowler, 2003b]. 이는 비공식적으로 '나중에 변경하기 어려운 항목'이라는 의미를 포함하기도 한다. 이 정의는 포함하는 결정이나 내용을 제한하지 않으므로 시스템 구현에 사용할 프로그래밍 언어와 같은 내용도 포함할 수 있다. 이 책은 역할이나 프로세스가 아닌 설계의 결과물로 아키텍처 관점을 강조하기 때문에 부분적으로 소프트웨어 엔지니어링 연구소의 정의를 따른다.

아키텍트라는 직책, 소프트웨어 아키텍처라는 시스템을 설계하는 프로세스 혹은 엔지니어링 결과물의 구별은 브레드메이어 컨설팅Bredemeyer Consulting[Bredemeyer and Malan, 2010]이 수년간 강조해왔으며 심지어 그 회사의 로고에도 표현되어 있다.

소프트웨어 아키텍처와 관련한 학문적 결과물은 일반적으로 콘퍼런스와 워크숍에서 발표된다. 살펴봐야 할 콘퍼런스와 워크숍은 다음과 같다.

- **WICSA**: 소프트웨어 아키텍처에 관한 IEEE/IFIP 조인트 워킹 콘퍼런스Joint Working IEEE/IFIP Conference on Software Architecture
- **ECSA**: 소프트웨어 아키텍처에 관한 유럽 콘퍼런스European Conference on Software Architecture
- **QoSA**: 소프트웨어 아키텍처 품질 학회Quality of Software Architectures
- **SHARK**: 아키텍처 지식 공유 및 재사용 학회SHAring and Reusing Architectural Knowledge

- **ICSE**: 소프트웨어 공학에 관한 국제 학회International Conference on Software Engineering
- **SPLASH**: 시스템, 프로그래밍, 언어, 애플리케이션, 인류를 위한 소프트웨어Systems, Programming, Languages, and Applications: Software for Humanity (구 OOPSLA)

또한 소프트웨어 엔지니어링 연구소(SEI) 웹사이트에는 테크니컬 리포트[SEI Library]를 자주 게시한다.

『소프트웨어 아키텍처 이론과 실제』(에이콘출판사, 2015)[Bass, Clements and Kazman, 2003]와 『Architecting Software Intensive Systems』(CRC Pr I Llc, 2008)[Lattanze, 2008]를 포함한 다른 책에서 이미 잘 설명하므로 이 책에서는 아키텍트가 조직 내에서 어떻게 작업해야 하는지를 논의하지 않는다. 소프트웨어 아키텍처가 수익에 어떤 영향을 미치는지에 관한 비즈니스 관리 관점으로 로스, 웨일, 로버트슨[Ross, Weill and Robertson, 2006]은 어떻게 아키텍처 전략이 비즈니스 전략과 일치해야 하는지에 관한 개념적 프레임워크를 논의한다. 아키텍처의 재정적 이점은 마란자노[Maranzano, 2005], 보헴과 튜너[Boehm and Turner, 2003]가 논의했다.

엔터프라이즈 아키텍처는 큰 분야이며, 이 장에서는 소프트웨어 설계의 관점에서 간략하게 살펴봤다. 잔느 로스Jeanne Ross, 피터 웨일Peter Weill, 데이비드 로버트슨David Robertson은 비즈니스 전략이 소프트웨어 아키텍처와 어떻게 상호 조정되어야 하는지 잘 보여준다[Ross, Weill and Robertson, 2006]. 마틴 파울러Martin Fowler의 책은 엔터프라이즈 아키텍처의 표준 패턴을 찾기에 좋은 참고 도서이다[Fowler, 2002]. **엔터프라이즈 아키텍처 프레임워크**enterprise architecture framework라고도 하는 엔터프라이즈 아키텍처에 관한 몇 가지 개념 모델이 있다. TOGAFThe Open Group Architecture Framework[The Open Group, 2008], DoDAFDepartment of Defense Architecture Framework[Wisnosky, 2004], Zachman Framework[Zachman, 1987]가 그 예다.

CHAPTER 3

리스크 주도 모델

성공적인 소프트웨어를 만들 때, 소프트웨어 개발자는 여러 안건 중에서 실패가 예상되는 설계를 버리고 실패 리스크가 적은 옵션을 선택한다. 리스크가 적으면 별다른 생각 없이 진행하기 쉽지만, 소프트웨어를 만들 때는 항상 까나로운 설계 문제가 나타나고 개발자는 (동작할지 확실하지 않은) 리스크가 큰 설계와 씨름해야 한다.

성공적인 소프트웨어를 만드는 일은 발생할 만한 실패를 예상하고 실패할 만한 설계를 피하는 일을 의미한다. 엔지니어링의 선도적인 역사가인 헨리 페트로스키^{Henry Petroski}는 엔지니어링 관점에서 다음과 같이 이야기했다.

> 실패의 개념은 설계 프로세스의 핵심이다. 다시 말해 실패를 제거하는 관점에서 생각함으로써 성공적인 설계가 만들어진다. … 설계 방법론에서 주로 암시적이고 암묵적인 부분이지만 설계를 하면서 실패를 고려하고 선제적으로 분석하는 작업은 성공하는 데 꼭 필요하다. 그리고 이러한 고려와 사전 분석이 정확하지 않거나 불완전할 때 설계 오류가 발생하고 실제로 실패하게 된다 [Petroski, 1994].

초창기의 소프트웨어 개발자는 성공적인 소프트웨어를 구축을 돕는 도메인 모델링^{domain modeling}, 보안 분석^{security analysis}, 캡슐화^{encapsulation}와 같은 설계 기법을 발명해서 실패 리스크^{failure risk}를 설명했다. 오늘날 개발자는 선택할 수 있는 설계 기법이 많다. 그래서 이렇게 많은 선택지에서 **'개발자가 사용해야 하는 설계 및 아키텍처링 기법은 무엇인가?'**라는 어려운 질문이 발생한다.

데드라인이 없다면 질문에 답을 하기 쉽다. 모든 기법을 사용하면 된다. 그러나 엔지니어링의 특징은 시간을 포함한 자원의 **효율적인** 사용이므로 모든 기법을 사용하는 방법은 실용적이지 못하다. 설계에 너무 많은 시간을 낭비하는 것도 개발자가 직면하는 리스크이다. 따라서 '**개발자는 얼마나 많은 설계와 아키텍처를 수행해야 하는가?**'라는 질문이 생긴다.

이 질문에 관한 많은 논의가 있으며 다음은 몇 가지 답변이다.

- **선행 설계 없음**: 개발자는 코드를 바로 작성하면 된다. 설계가 있지만 이는 코드와 일치한다. 즉 설계가 사전에 이루어지지 않고 코드 작성 시 나온다.
- **척도 사용**: 예를 들어 개발자는 아키텍처 및 설계에 10%, 코딩에 40%, 통합에 20%, 테스트에 30%의 시간을 투자해야 한다.
- **문서 패키지 구축**: 개발자는 설계 문서에 충분하고 포괄적인 설계를 포함시켜 완벽하게 문서화하여 제공해야 한다.
- **즉흥 접근 방식**: 개발자는 프로젝트 요구사항에 반응하고 설계 작업의 양을 현장에서 결정해야 한다.

즉흥 접근 방식이 가장 일반적일 수 있다. 하지만, 이 접근 방식은 매우 주관적이어서 다른 곳에서 활용하거나 이후에도 도움이 될 교훈을 얻기는 어렵다. 실패 리스크가 높은데도 설계를 피하거나 리스크가 적을 때 완벽한 설계 문서 패키지를 구축하는 일은 모두 비실용적이다. 척도를 사용하면 아키텍처를 설계할 때 얼마나 많은 노력을 들일지 계획하는 데 도움이 되지만, 적절한 기법을 선택하는 데는 도움이 되지 않는다.

이 장에서는 아키텍처 설계를 위한 **리스크 주도 모델**risk-driven model을 소개한다. 핵심 아이디어는 소프트웨어 아키텍처를 설계하는 데 드는 노력이 프로젝트의 리스크에 비례해야 한다는 것이다. 앞에서 저자의 아버지가 새 우편함을 설치할 때 알고 있는 모든 기계공학 분석 및 설계 기술을 적용하지는 않았던 예를 들었다. 아버지는 단순히 구멍을 파고 기둥을 넣은 다음 구멍을 콘크리트로 채웠다. 리스크 주도 모델은 아키텍처링 기법을 언제 적용할지와 언제 건너뛸지를 결정하는 데 도움이 된다.

소프트웨어 개발 프로세스가 요구사항에서 소프트웨어의 배포까지 모든 활동을 조정할 때는 리스크 주도 모델이 아키텍처 설계만 가이드한다. 그러므로 리스크 주도 모델은 모든 소프트웨어 개발 프로세스에서 사용할 수 있다.

개발자는 고품질 소프트웨어를 합리적인 비용으로 신속하게 구축해야 한다는 압박을 받는다. 하지만 개발자가 적용할 수 있는 것보다 더 많은 아키텍처링 기법이 있다. 리스크 주도 모델은 이러한 현실에 대한 대응이라 할 수 있다. 리스크 주도 모델은 '소프트웨어 아키텍처에 얼마나 많은 시간을 사용해야 하는가?' 그리고 '어떤 기법을 사용해야 하는가?'라는 두 가지 질문에 답하는 데 도움이 된다. 이는 개발자가 중도를 걷도록 도와주는 접근 방식으로, 프로젝트에 별로 도움이 되지 않는 기법에 시간을 낭비하지 않고 적절한 기법으로 프로젝트를 위협하는 리스크를 해결하도록 돕는다.

이 장에서는 리스크 감소가 왜 모든 엔지니어링 원칙 중 핵심인지 살펴본다. 리스크를 줄이는 기법을 어떻게 선택하는지도 배운다. 또한 엔지니어링 리스크가 관리 리스크와 어떻게 상호작용하는지 알아본다. 마지막으로, 계획 설계와 진화적 설계의 균형을 어떻게 맞추는지 배운다. 이 장에서는 리스크 주도 모델을 뒷받침하는 아이디어를 살펴보지만 실제로 어떻게 사용하는지를 먼저 보고 싶다면 4장으로 넘어가도 좋다.

3.1 리스크 주도 모델 개요

리스크 주도 모델은 개발자가 최소한의 아키텍처 기술을 적용하여 가장 시급한 리스크를 줄이도록 한다. 리스크 주도 모델은 '내 리스크는 무엇인가?', '이를 줄이는 가장 좋은 기법은 무엇인가?', '리스크가 완화되었고 코딩을 시작(또는 재개)할 수 있는가?'라는 반복 질문 과정으로 이루어진다. 리스크 주도 모델은 다음 세 단계로 요약할 수 있다.

1 리스크 식별 및 우선순위 지정
2 일련의 기법 선택 및 적용
3 리스크 감소 평가

도움이 되지 않는 기법에 시간을 낭비하고 싶지 않고, 프로젝트를 위협하는 리스크를 무시하고 싶지도 않다. 시간을 가장 효율적으로 사용하는 경로를 택하여 시스템을 성공적으로 만들고 싶을 것이다. 이는 아키텍처 및 설계 기법을 적용하여 리스크를 해소하는 일을 의미하지만 리스크 분석으로 동기가 부여될 때만 가능한 일이기도 하다.

리스크 집중 또는 기능 집중. 리스크 주도 모델의 핵심 요소는 리스크를 눈에 띄게 홍보하는 것이다. 무엇을 홍보할지가 중요하기 때문이다. 대부분의 개발자는 이미 리스크를 고려하지만 다른 고려 사항도 많기에 결과적으로는 리스크를 간과할 수 있다. 한 논문에서는 사전에 아키텍처 작업을 수행하여 개발하던 팀이 어떻게 완전한 기능 중심 프로세스[1]로 전환했는지 설명했다. 이 팀은 기능을 제공하는 데 너무 집중해서 개발 완료 후 시스템을 유지 관리할 때까지 품질 속성 문제를 간과했다[Babar, 2009]. 결론은 기능에 집중하는 팀은 리스크를 포함한 다른 영역에 주의를 덜 기울인다는 것이다. 한 연구에 따르면 아키텍트조차도 예상보다 리스크와 트레이드오프에 덜 집중한다고 나타났다[Clerc, Lago and van Vliet, 2007].

논리적 근거. 리스크에 관한 인식이 다른 사람의 인식과 다르다면 어떻게 해야 하는가? 리스크 식별, 리스크 우선순위 지정, 기법 선택, 리스크 완화 평가는 모두 누가 수행하는지에 따라 다르다. 그렇다면, 리스크 주도 모델은 단순히 즉흥적일까?

아니다. 개발자마다 리스크를 다르게 인식하고 결과적으로 다른 기법을 선택하지만 리스크 주도 모델에는 평가할 수 있는 논거를 생성하는 유용한 속성이 있다. 논거는 다음과 같은 형식을 취한다.

> 우리는 A, B, C를 리스크로 식별했고 이 중 B가 가장 중요했다. 기법 X와 Y가 B의 리스크를 줄이는 데 도움이 된다고 생각해서 시간을 투자했다. 결과로 나온 설계를 평가하고 B의 리스크를 충분히 완화했다고 판단하여 구현을 계속했다.

이를 통해 '어느 정도의 소프트웨어 아키텍처를 수행해야 하는가?'라는 광범위한 질문에 답할 수 있다. 관련 콘텍스트(즉, 인지한 리스크)에 기반한 계획(즉, 적용할 기법)을 제공한다.

다른 개발자는 여러분의 평가에 동의하지 않을 수 있으므로 동일한 형식으로 다른 주장을 제공하여 리스크 D를 포함하도록 제안할 수 있다. 리스크와 기법에 관한 (생산적이며 비용과 효과의 트레이드오프를 보여주는) 엔지니어링 기반의 토론이 이뤄지기도 한다. 이러한 절차를 거쳐 여러분 의견의 근거가 명확해지고 평가될 수 있기 때문이다.

3.2 리스크 주도성 자가 진단

많은 개발자는 이미 리스크 주도 모델이나 이와 유사한 모델을 따른다고 생각한다. 그러나 많은 사람이 그렇지 않다는 명백한 신호들이 있다. 그중 하나는 그들이 직면한 리스크와 리스크

---

1   옮긴이_ 여기서는 주기를 두고 사용자 스토리로 표현되는 기능을 중심으로 개발하는 애자일 프로세스도 기능 중심 프로세스로 볼 수 있다.

를 다루는 데 이용하는 기법을 나열할 수 없다는 점이다.

모든 개발자는 '지금 어떤 기능을 구현하고 있는가?'라는 질문에 답할 수 있다. 그러나 많은 사람이 '가장 중요한 실패 리스크와 이에 대응할 수 있는 엔지니어링 기법은 무엇인가?'라는 질문에는 곤란해한다. 실제로 리스크가 가장 중요하다면, 이 질문에 대답하기 쉬워야 한다.

기법의 선택은 다양해야 한다. 프로젝트별로 다른 리스크가 있으므로 다른 기법을 사용해야 한다. 일부 프로젝트에는 계획된 사전 설계가 필요한 까다로운 품질 속성 요구사항이 있지만, 기존 시스템을 약간 변형해서 사용해도 실패 리스크가 거의 없는 프로젝트도 있다. 때로는 개발팀의 일부가 같은 지역에 있지 않아서 다른 지역의 팀원이 읽을 수 있도록 설계를 문서화해야 할 수도 있고, 팀원이 모두 같은 위치에 있어 이러한 문서화가 줄어드는 상황도 있다.

개발자가 리스크에 맞추어 아키텍처 활동을 수행하지 못하면, 아키텍처링 기법을 과도하게 사용하거나 적게 사용하는 (혹은 두 가지 모두에 해당하는) 상황을 만들게 된다. 소프트웨어 개발의 전반적인 맥락을 살펴보면 왜 이런 일이 발생하는지 알 수 있다. 대부분의 조직은 개발자가 문서 템플릿이나 설세 활동 목록을 포함하는 프로세스를 따르도록 한다. 이는 유익하고 효과적일 수 있지만 실수로 개발자를 잘못된 길로 몰아가기도 한다.

다음은 개발자를 프로젝트의 리스크와 일치하지 않는 활동으로 안내하는 규칙의 예이다.

- 팀은 각 시스템에 대한 전체 문서를 항상 작성해야 한다./또는 절대로 작성하지 않아야 한다.
- 팀은 항상 클래스 다이어그램, 계층 다이어그램 등을 작성해야 한다./또는 절대로 작성하지 않아야 한다.
- 팀은 프로젝트 시간의 10%(또는 0%)를 아키텍처 설계에 투자해야 한다.

이러한 지침은 아예 지침이 없는 것보다 낫지만, 프로젝트마다 리스크가 다를 수 있다. 동일한 다이어그램이나 기법이 프로젝트마다 변화하는 리스크를 완화하는 가장 좋은 방법이었다면, 우연이 만들어낸 행운이었을 뿐이다.

불일치의 예. 3계층 시스템을 구축하는 회사를 상상해보자. 첫 번째 계층에는 사용자 인터페이스가 있으며 인터넷에 노출된다. 가장 큰 리스크는 사용성usability과 보안security일 수 있다. 두 번째와 세 번째 계층은 비즈니스 규칙과 지속성을 구현한다. 이 두 계층은 방화벽firewall 뒤에 있다. 가장 큰 리스크는 처리량throughput과 규모확장성scalability일 수 있다.

이 회사가 리스크 주도 모델을 따랐다면 프런트엔드front-end와 백엔드back-end 개발자는 서로 다른 리스크를 해결하려고 서로 다른 아키텍처와 설계 기법을 적용할 것이다. 하지만, 두 팀이 모두 같은 회사 표준 프로세스나 템플릿을 따르고 하나의 모듈 종속성 다이어그램을 생성할 때가 많다. 진정한 문제는 그들이 사용하는 기법과 다루어야 하는 리스크 사이에 연관성이 없다는 점이다.

표준 프로세스나 템플릿이 반드시 나쁘지는 않지만 잘못 사용할 때가 많다. 시간이 지나면서 회사의 여러 프로젝트 리스크를 일반화하고 적절한 기법 목록을 고안할 수 있다. 이때 기법과 리스크가 일치해야 한다는 점이 중요하다.

리스크 주도 소프트웨어 아키텍처의 세 단계는 매우 간단해보이지만, '악마는 디테일에 있다The devil is in the detail'는 말처럼 세부 사항이 중요하다. 프로젝트의 리스크와 적용해야 하는 기법은 정확히 무엇인가? 적용해야 하는 적절한 기법들을 어떻게 선택하는가? 그리고 언제 아키텍처링을 중단하고 언제 다시 시작하는가? 다음 절에서는 이러한 질문에 관해 자세히 설명한다.

3.3 리스크

엔지니어링 맥락에서 **리스크**는 일반적으로 실패 가능성에 해당 실패의 영향을 곱한 값으로 정의한다. 실패 확률과 영향은 정확하게 측정하기 어려워서 불확실하다. 불확실성의 개념을 리스크의 정의에 함께 묶음으로써 인지한 리스크와 실제 리스크를 구분하지 않아도 된다. 이렇게 하면 리스크의 정의는 다음과 같아진다.

$$\text{리스크} = \text{인지한 실패 확률} \times \text{인지한 영향}$$

이 정의의 결과는 리스크가 존재하지 않더라도 존재할 수 있다(즉, 인지할 수 있다). 버그가 없는 가상 프로그램을 상상해보자. 프로그램을 실행하거나 테스트한 적이 없다면 실패를 걱정해야 하는가? 즉, 실패 리스크를 인식해야 하는가? 물론 그래야 하지만 프로그램을 분석하고 테스트한 후에는 프로그램에 확신이 생기고 리스크에 관한 인식이 낮아진다. 따라서 분석하고 테스트하는 기법을 적용하면 불확실성의 양과 (인지한) 리스크의 양을 줄일 수 있다. 또한 리스크를 과소평가하거나 인식하지 못할 수도 있다. 이에 관해서는 추가로 논의하도록 하자.

리스크 설명하기. 리스크는 부족한 품질 속성(예: 수정가능성, 신뢰성) 등으로 범주화할 수 있다. 그러나 이렇게 리스크를 분류해서 실행할 전략들을 연결하는 방법은 너무 모호하다. 여러분이 무언가를 수행한다고 해서 실제로 해당 범주의 리스크를 감소시키리라고 확신하기 어렵다.

리스크가 완화되었는지 나중에 테스트할 수 있도록 리스크를 설명하는 편이 좋다. 신뢰성과 같은 품질 속성을 나열하는 대신 '최대 부하에서 고객은 사용자 인터페이스의 응답을 5초 이상 기다릴 수 있다'와 같이 각 실패 리스크를 테스트할 수 있는 실패 시나리오로 설명하자.

엔지니어링 및 프로젝트 관리 리스크. 프로젝트에는 다양한 종류의 리스크가 있으므로, 프로젝트에 참여하는 사람들은 자신의 전문 분야와 관련한 리스크에 주의를 기울이는 경향이 있다. 예를 들어, 영업 팀은 좋은 영업 전략에 관해 걱정하고 소프트웨어 개발자는 시스템의 규모확장성^{scalability}을 걱정한다. 리스크는 크게 엔지니어링 리스크와 프로젝트 관리 리스크로 분류할 수 있다. 엔지니어링 리스크는 제품의 분석, 설계, 구현에 관한 사항이다. 이러한 엔지니어링 리스크는 시스템 엔지니어링 영역에 있다. 프로젝트 관리 리스크는 일정, 작업 순서, 전달, 팀 규모, 지역 등과 관련된다. [그림 3-1]은 이 두 리스크의 예이다.

프로젝트 관리 리스크	소프트웨어 엔지니어링 리스크
선임 개발자의 교통사고	사용자 1,000명이 동시 접속할 수 있는 서버 확장 불가
고객의 낮은 이해도	응답 메시지 파싱 코드 오류 다발
부사장의 관리자 비선호	시스템이 동작하지만, 추가 변경이 매우 어려움

그림 3-1 프로젝트 관리 및 엔지니어링 리스크의 예. 엔지니어링 기법은 프로젝트 관리 리스크를 거의 해결하지 못하며 그 반대도 마찬가지이므로 구분해야 한다

소프트웨어 개발자는 엔지니어링 리스크를 완화하라는 요청을 받고 엔지니어링 기법을 적용하게 된다. 기법의 타입은 리스크 타입과 일치해야 하므로 엔지니어링 기법이 엔지니어링 리스크를 완화한다. 예를 들어 퍼트 차트$^{PERT\ chart}$(프로젝트 관리 기법)를 사용하여 버퍼 오버런(엔지니어링 리스크) 가능성을 줄일 수 없으며 자바를 사용하느냐 마느냐는 이해관계자의 의견 차이를 해결하지 못한다.

리스크 식별. 숙련된 개발자는 리스크를 쉽게 찾아낼 수 있지만, 개발자가 경험이 부족하거나 익숙하지 않은 도메인에서 작업할 때는 어떻게 해야 할까? 어떤 형태이든지 요구사항을 가지고 시작하는 방법이 가장 쉽다. 가장 달성하기 어려운 요구사항을 찾아야 한다. 잘못 이해하거나 불완전한 품질 속성을 포함한 요구사항은 일반적인 리스크의 예이다. 품질 속성 워크숍(15.6.2절 참조), 분류학 기반 설문지$^{taxonomy-based\ questionnaire}$[Carr et al., 1993] 또는 이와 유사한 방법을 사용하여 리스크를 유도하고 우선순위가 있는 실패 시나리오 목록을 생성할 수 있다.

아무리 열심히 해도, 모든 리스크를 찾아낼 수는 없다. 저자가 어렸을 때 부모님은 차가 위험하므로 길을 건너기 전에 좌우를 모두 살펴보라고 가르쳐 주셨다. 차가 아닌 떨어지는 유성에 부딪쳐도 생명이 위험하겠지만, 부모님은 예측할 수 있고 우선순위가 높은 위험에 주의를 기울이셨다. 최선의 노력에도 불구하고 프로젝트가 알 수 없는 위험에 직면할 수 있다는 점을 인정해야 한다.

원형적 리스크(prototypical risk). 한 도메인에서 작업을 해보면, 해당 도메인 대부분의 프로젝트에 공통적인 원형적 리스크를 알 수 있다. 예를 들면, 일반적으로 시스템 프로젝트는 IT 프로젝트보다 성능에 관해 더 많이 걱정하고 웹 프로젝트는 보안에 관해 걱정한다. 원형적 리스크는 아키텍처 리뷰 결과로 만들어진 역사적 문제 영역을 설명하는 **체크리스트**에 숨어 있을 수 있다. 이러한 체크리스트(15.6.2절 참조)는 경험이 적은 개발자에게는 귀중한 지식이며 숙련된 개발자에게는 개발 중에 참고할 유용한 리마인더다.

도메인의 원형적 리스크를 아는 것은 큰 이점이지만, 프로젝트가 표준과 다를 때를 인식하여 사각지대를 피하는 일이 더 중요하다. 예를 들어, 병원을 운영하는 소프트웨어는 소프트웨어 통합 문제와 복잡한 도메인 타입 때문에 IT 프로젝트와 가장 유사할 수 있다. 그러나 정전 후 재부팅하는 데 10분이 걸리는 시스템은 일반적으로 IT 프로젝트에서는 사소한 리스크이지만 병원에서는 큰 리스크다.

프로젝트 도메인	원형적 리스크
정보 기술(IT)	• 복잡하고 이해하기 어려운 문제 • 실제 문제를 해결하고 있는지 확실하지 않음 • 잘못된 상용 기성품(COTS) 소프트웨어를 선택 • 잘 이해하지 못하는 기존 소프트웨어와 통합 • 사람들에게 흩어져 있는 도메인 지식 • 수정가능성modifiability
시스템	• 성능, 신뢰성, 크기, 보안 • 동시성concurrency • 구성composition
웹	• 보안 • 애플리케이션 규모확장성 • 개발자 생산성/표현성expressability

그림 3-2 각 프로젝트에는 고유한 리스크 집합이 존재할 수 있지만, 도메인별로 일반화할 수 있다. 원형적 리스크는 도메인에서 공통적인 리스크이며 소프트웨어 개발 실천법이 도메인에 따라 달라지는 이유이다. 예를 들어 시스템 프로젝트의 개발자는 성능을 최고로 발휘하는 언어를 사용하는 경향이 있다

리스크 우선순위 지정. 리스크의 개별 위험도가 모두 똑같지 않으므로 **우선순위를 지정**할 수 있다. 개발 팀은 대부분 팀 내부에서 논의하여 리스크의 우선순위를 정한다. 이는 적절할 수 있지만 팀의 리스크 인식이 이해관계자의 인식과 같지 않을 수도 있다. 팀이 소프트웨어 아키텍처에 충분히 시간을 투자하여 이에 따른 사용 예산이 눈에 띌 정도라면 이해관계자의 우선순위에 따라 시간과 비용을 소비하는지 확인해야 한다. 리스크는 이해관계자의 우선순위와 개발자가 인식하는 어려움이라는 두 가지 차원으로 분류[2]할 수 있다. 플랫폼 선택과 같은 일부 기술적 리스크는 이해관계자가 쉽게 평가할 수 없다. 리스크 매트릭스를 사용하여 리스크를 분류하고 우선순위를 지정하는 미군 표준 MIL-STD-882D와 같은 공식 절차formal procedure가 있다. 예를 들어, 시스템이 방사성 물질을 처리할 때는 공식적인 리스크 우선순위 지정이 필요하다. 하지만 대부분의 컴퓨터 시스템은 공식적인 절차를 덜 요구한다.

3.4 기법

어떠한 리스크가 있는지 알고 나면 리스크를 줄일 수 있으리라 예상하는 기법technique을 적용할 수 있다. 기법이라는 용어는 매우 광범위하므로 **소프트웨어 엔지니어링 리스크 감소 기법**software engineering risk reduction technique에 특히 중점을 두겠지만 편의상 단순하게 기법이라는 용어를 계속 사용한다. [그림 3-3]은 소프트웨어 엔지니어링 기법과 다른 엔지니어링 분야의 기법을 대비하여 보여주는 간략한 목록이다.

소프트웨어 엔지니어링	다른 엔지니어링
설계나 아키텍처 패턴 적용	응력 계산stress calculation
도메인 모델링	한계 지점 테스트breaking point test
처리량 모델링	열 분석thermal analysis
보안 분석	신뢰성 테스트reliability testing
프로토타이핑	프로토타이핑

그림 3-3 소프트웨어 엔지니어링과 기타 분야의 엔지니어링 리스크 감소 기법 예시. 모델링은 모든 엔지니어링 분야에서 일반적으로 사용한다

----

2 이는 아키텍처 트레이드오프 분석 방법(architectural tradeoff analysis method, ATAM)에서와 동일한 아키텍처 드라이버 및 품질 속성 시나리오 우선순위를 지정하는 분류 기법이다(12.11절 참고).

분석에서 해결책까지의 스펙트럼. 여러분이 대성당을 지으면서 붕괴를 걱정한다고 상상해보자. 다양한 설계 대안을 준비하고 응력stress과 변형strain을 계산할 수 있다. 버팀도리flying buttress[3]를 사용하는 등 알려진 해결책을 적용해도 된다. 둘 다 적절하지만 전자의 접근 방식은 분석적 특징이 있고 후자는 알려진 좋은 해결책이라는 특징이 있다.

응력 계산과 같은 순수 분석부터 성당의 버팀도리를 사용하는 방법과 같은 순수 해결책에 이르기까지 다양한 기법이 존재한다. 다른 소프트웨어 아키텍처와 설계 책에서는 사용할 수 있는 모든 해결책을 줄로 세워 기법 목록으로 만들었다. 이런 책에서는 기법을 **전술**tactic[Bass, Clements and Kazman, 2003]이나 **패턴**pattern[Schmidt et al., 2000; Gamma et al., 1995]이라고 부른다. 프로세스 모니터process monitor, 포워더-리시버forwarder-receiver, 모델-뷰-컨트롤러model-view-controller(MVC)와 같은 해결책을 포함한다.

리스크 주도 모델은 분석 쪽에 해당하는 절차적이고 문제의 도메인과 독립적인 기법에 중점을 둔다. 이러한 기법에는 계층 다이어그램layer diagram, 컴포넌트 조립 모델component assembly model, 배포 모델deployment model과 같은 모델 사용이 포함된다. 그리고 성능, 보안, 신뢰성에 관한 분석 기법 적용도 포함된다. 찾아낸 품질을 획득하기 위한, 클라이언트-서버client-server 및 파이프와 필터pipe-and-filter와 같은 아키텍처 스타일 활용도 포함된다.

기법으로 리스크 완화. 설계는 거장들이 추론을 진행하여 문제에서 해결책으로 도약하는 신비한 과정이다[Shaw and Garlan, 1996]. 그러나 여러분의 개발 프로세스에 반복해서 적용하려면, 거장들이 전략적으로 수행하는 일을 여러분이 명시적으로 수행해야 한다. 이렇게 하려면 리스크에 대응하여 기법을 선택하는 방법을 명시적으로 설명할 수 있어야 한다. 오늘날 리스크에 대응해서 기법을 설명하는 방법에 관한 지식은 대부분 비공식적이지만 정보에 입각한 결정을 내리는 데 도움이 되는 지침을 만들고자 한다. 다음과 같은 문장으로 만들 수 있다.

〈리스크〉가 있다면, 이를 줄이는 〈기법〉을 고려하자.

이러한 간략한 안내는 거장 설계자의 지식을 리스크와 기법 간의 매핑을 통해 빌려서 소프트웨어 아키텍처 설계 시 반복해서 적용할 수 있다.

어떤 기법은 어떤 리스크를 줄이는 데 효과적이지만 다른 기법은 그 리스크를 줄이는 데 효과

---

3 옮긴이_ *https://ko.wikipedia.org/wiki/버팀도리*

적이지 않을 수 있다. 세상이 깔끔하고 질서 정연하다면 알려진 모든 리스크를 해결하는 단 하나의 기법이 있을 수 있다. 하지만 실제로는 여러 기법으로 완화할 수 있는 리스크도 있지만 즉석에서 기법을 발명해 처리해야 하는 리스크도 있다.

리스크를 기준으로 기법을 선택하는 방법은 효율적으로 작업하는 데 도움이 된다. 효과가 적은 기법에 시간(또는 기타 리소스)을 낭비하고 싶지 않으며 프로젝트를 위협하는 리스크를 무시하고 싶지도 않다. 시간을 가장 효율적으로 사용하는 경로를 택하여 성공적인 시스템을 구축하고자 한다. 이는 해결해야 하는 리스크가 큰 의미가 있을 때만 기법을 적용함을 의미한다.

최적의 기법 목록. 시간과 돈을 낭비하지 않으려면 우선순위를 지정한 리스크 목록을 가장 잘 줄이는 기법을 선택해야 한다. 하나의 기법을 적용하여 둘 이상의 리스크를 완화하는 일석이조의 기회를 찾아야 한다. 리스크를 최적으로 완화하는 일련의 기법을 선택하는 **최적화 문제**로 생각할 수 있다.

여러 기법 중에서 적용할 기법을 선택하는 일은 많은 고민 끝에 이뤄지는 어려운 작업이다. 프로젝트에서 가장 필요한 기법만이 아니라 모든 기법은 가치가 있다. 예를 들어, 사용자 인터페이스의 사용성을 개선하는 기술이 있다. 지난번 프로젝트에서 이러한 기법을 성공적으로 사용했으므로 현재 프로젝트에서 다시 선택했다고 가정해보자. 설계에서 세 가지 사용성 결함을 발견하고 수정했다. 이는 이번 프로젝트에서 사용성 관련 기법을 사용하는 것이 바람직함을 의미하는가?

이런 추론은 **기회비용**opportunity cost을 무시하므로 반드시 그렇지는 않다. 여러분이 사용할 수 있는 방법은 다른 여러 기법을 공정하게 비교하는 것이다. 선택한 프레임워크가 부적절하다는 점이 가장 큰 리스크라면 사용성 대신 프레임워크 선택을 분석하거나 프로토타이핑하는 데 시간을 투자해야 한다. 시간이 부족하므로 다소 효과적인 기법이 아니라 실패 리스크를 줄이는 데 최대한 효과적인 기법을 선택해야 한다.

엔지니어링 리스크 제거 불가. 엔지니어링 리스크를 제거할 때 최적의 기법 목록을 만들어야 하는 이유가 궁금한 분도 있을 것이다. 엔지니어는 리스크(특히 해결 방법을 아는 리스크)를 무시하기를 싫어하기 때문에 리스크가 유혹적이라고 말할 수 있다.

엔지니어링 리스크를 제거하려는 노력의 단점은 시간이 소모된다는 점이다. 비행기 개척자로서 라이트 형제는 항공 원리에 관한 수학적 조사와 경험적 조사에 시간을 투자해서 엔지니어링 리스크를 줄였다. 그러나 리스크를 완전히 제거할 때까지 이러한 조사를 계속했다면 첫 번째 시험 비행은 1903년이 아닌 1953년이었을 것이다.

엔지니어링 리스크를 완전히 제거할 수 없는 이유는 주로 프로젝트 관리 리스크인 비엔지니어링 리스크와 균형을 이루어야 하기 때문이다. 결과적으로 리스크 감소가 시간 및 비용과 균형을 이루어야 하므로 소프트웨어 개발자는 모든 유용한 기법을 적용할 수 없다.

3.5 기법 선택 가이드

지금까지 리스크 주도 모델을 설명하면서 리스크에 따라 기법을 선택하라는 조언을 했다. 여러분은 어떻게 좋은 선택을 하는지 궁금할 것이다. 이후 기법을 선택하는 개발자는 기계공학 엔지니어가 재료의 속성 표를 참조하고 정량적 결정을 내려 선택할 때와 비슷하게 행동할 것이다. 현재는 이와 비슷한 표가 존재하지 않는다. 그러나 숙련된 개발자에게 리스크를 완화하려면 무엇을 해야 할지 물어볼 수 있다. 즉, 다른 사람들의 경험과 자신의 경험을 기반으로 기법을 선택할 것이다.

그러나 여러분이 호기심이 많다면 표나 숙련된 소프트웨어 개발자의 조언 모음만으로는 만족하지 못할 것이다. 기법 목록이나 베테랑의 경험을 기반으로 하는 원칙, 그리고 기법 X가 리스크 Y를 완화하려고 동작하는 이유를 설명하는 원칙이 있어야 한다.

이러한 원칙 중 몇 가지 중요한 원칙을 살펴보겠다. 다음은 간략한 미리 보기이다. 첫째, 때로는 문제의 답을 **찾아야** 하고 때로는 문제를 **증명**해야 한다. 그리고 기법 선택은 요구에 부합해야 한다. 둘째, 일부 문제는 **유추 모델**analogic model로 해결할 수 있지만, **분석 모델**analytic model이 필요한 문제도 있으므로 이러한 종류의 모델을 구분해야 한다. 셋째, 특정 타입의 모델을 사용하여 문제를 분석하면 효율적일 수 있다. 그리고 마지막으로 (못은 두드리는 일에 적합하고 나사는 돌리는 일에 적합하듯이) 일부 기법에는 **친화성**affinity이 있다.

답을 찾는 문제와 증명하는 문제(problems to find and prove). 조지 폴리아George Polya의 저서 『어떻게 문제를 풀 것인가?』(교우사, 2008)**[4]**에서는 답을 찾아야 하는 문제와 답을 증명해야 하는 문제라는 두 가지 종류의 수학 문제를 구분한다[Polya, 2004]. '제곱하면 4가 되는 숫자가 있는가?'는 답을 찾아야 하는 문제이며 답을 쉽게 찾을 수 있다. 반면에 '소수의 집합은 무한

4　옮긴이_ 헝가리인 '포여 죄르지'의 영문명이 '조지 폴리아'이다. 교우사에서 나온 번역서에 맞춰 영문명을 사용했다.

한가?'는 증명해야 하는 문제이다. 증명하려면 가능한 모든 상황에서 사실을 입증해야 하므로 답을 찾는 일이 증명하는 일보다 쉬운 경향이 있다.

리스크를 해결하는 기술을 검색할 때 다른 종류의 폴리아 질문에 사용하는 기술은 제외할 수 있다. 일부 리스크는 구체적이므로 간단한 테스트 사례로 확인할 수 있다. '데이터베이스에 이름을 최대 100자까지 저장할 수 있는가?'의 테스트 사례를 작성하기는 쉽다. 답을 찾는 문제이기 때문이다. 마찬가지로 확장할 수 있는 웹사이트를 설계한다고 가정해보자. 이 리스크도 여러분의 설계가 최적임을 증명할 필요 없이 하나의 해결책만 설계(즉, 답 찾기)하면 되므로 역시 답을 찾는 문제이다.

반대로 증명해야 하는 문제는 설득력 있는 증거를 제공하는 작은 테스트 케이스를 만들기 어렵다. '시스템이 항상 프레임워크 응용 프로그래밍 인터페이스application programming interface(API)를 준수하는가?'를 생각해보자. API를 확인하는 테스트는 성공할 수 있지만 프레임워크 호출이 예기치 않게 null 참조를 전달할 때와 같이 아직 고려하지 못한 케이스가 있을 수 있다. 교착 상태deadlock도 증명해야 하는 문제의 예다. 잠재적인 문제가 되는 잠금 규약lock protocol을 사용한 곳에서 여러 번 테스트해도 교착 상태 문제가 드러나지 않을 수 있다.

분석 모델 및 유추 모델(analytic and analogic model). 마이클 잭슨Michael Jackson은 러셀 아코프Russell Ackoff를 인용하여 유추 모델과 분석 모델을 나누어 설명한다[Jackson, 1995; Jackson, 2000]. 유추 모델의 각 모델 요소는 관심 도메인에서 유추[5]를 가진다. 레이더 화면은 지형의 유추 모델이며 화면의 표식은 비행기에 해당한다. 표식과 비행기의 관계는 유추에 해당한다.

유추 모델은 간접적인 분석만을 지원하며 일반적으로 도메인 지식이나 사람의 추론이 필요하다. 레이더 화면을 보고 '이 비행기가 충돌 경로에 있는가?'라는 질문에 답할 수 있다. 그러나 그렇게 하려면 외야수가 자신이 플라이볼을 잡을 수 있는 위치에 있는지 파악할 때와 같은 방식으로 여러분의 두뇌를 특별한 목적으로 사용해야 한다(15.6.1절 참조).

대조적으로 (러셀 아코프가 상징적symbolic이라고 부르는) 분석 모델은 계산적 분석computational analysis을 직접 지원한다. 수학 방정식은 상태 기계state machine와 마찬가지로 분석 모델의 예이다. 벡터로 표현하는 여러 비행기의 분석 모델을 상상해보자. 수학은 벡터 관련 분석 기능을 제공하므로 비행기의 충돌 경로에 관한 질문에 정량적으로 대답할 수 있다.

---

5 옮긴이_ 유추(類推)란 어떤 사실을 논리적으로 검증하지 않고 미루어 짐작하는 방법이다.

소프트웨어를 모델링할 때 UML 요소이든 다른 표기법이든 상관없이 항상 기호를 사용한다. 이러한 상징적 모델 중 일부는 분석적 추론을 지원하지만, 같은 표기법을 사용하더라도 유추적 추론을 지원하기도 하므로 주의해야 한다. 예를 들어, 두 개의 서로 다른 UML 모델은 비행기를 클래스로 나타낼 수 있다. 하나는 비행기의 벡터에 대한 속성이 있고 하나는 이런 속성이 없다. 벡터가 있는 UML 모델을 사용하면 충돌 과정을 계산할 수 있으므로 분석 모델이다. 하지만 벡터가 없는 UML 모델은 그렇지 않으므로 유추 모델이다. 따라서 UML과 유사한 표기법을 사용한다고 해서 모델이 분석적이라는 보장은 없다. **아키텍처 기술 언어**architecture description language(ADL)는 아키텍처 모델을 분석적 모델로 변경하려는 의도로 만들어져 UML보다 더 제약이 많다.

주어진 모델이 분석적인지 유추적인지는 대답하려는 질문에 달려 있다. 예를 들어 UML 모델을 사용하여 비행기 수를 계산하려 한다면 이 모델을 분석 모델로 간주할 수 있다.

완화하려는 리스크를 알면 분석 모델 또는 유추 모델을 적절하게 선택할 수 있다. 예를 들어, 엔지니어가 도메인 엔티티domain entity 간의 관계를 이해하지 못할 우려가 있다면 UML에서 유추 모델을 구축하고 도메인 전문가에게 확인할 수 있다. 반대로 응답 시간 분포를 계산해야 할 때는 분석 모델이 필요하다.

뷰타입(viewtype) 매칭. 일부 리스크 기법 쌍의 효과는 사용되는 모델이나 뷰타입에 따라 다르다. **뷰타입**은 9.6절에서 자세히 다루며 지금은 세 가지 기본 뷰타입만 알아도 충분하다. **모듈 뷰타입**module viewtype은 소스 코드와 클래스 같은 타입의 결과물을 포함한다. **런타임 뷰타입**runtime viewtype은 객체와 같은 런타임 구조를 포함한다. **할당 뷰타입**allocation viewtype은 서버 룸과 하드웨어 같은 할당 요소를 포함한다. 모듈 뷰타입에서는 수정가능성, 런타임 뷰타입에서는 성능performance, 배포와 모듈 뷰타입에서는 보안security을 추론하기가 가장 쉽다.

각각의 뷰view는 선택한 시스템 세부 정보를 표현한다. 리스크에 관한 추론은 사용하는 뷰가 해당 리스크와 관련한 세부 정보를 보여줄 때 가장 잘 작동한다. 예를 들어, 런타임 프로토콜에 관한 추론은 소스 코드보다 런타임 뷰(상태 기계)를 사용할 때 더 쉽다. 마찬가지로 모듈 뷰보다 할당 뷰를 사용하여 단일 장애점single point of failure(SPOF)**6**을 추론하기가 더 쉽다.

그럼에도 불구하고 개발자는 적응력이 뛰어나 자신이 보유한 리소스로 작업하고 다른 뷰타입

---

6 옮긴이_ 시스템에서 동작하지 않으면 전체 시스템이 중단되는 요소를 가리킨다. *https://ko.wikipedia.org/wiki/단일_장애점*

을 머릿속에서 시뮬레이션할 것이다. 예를 들어 개발자는 일반적으로 소스 코드에 액세스할 수 있으므로 코드의 런타임 동작과 코드를 배포할 위치를 상상하는 데 매우 능숙하다. 개발자는 소스 코드로 작업을 수행할 수 있지만 리스크와 뷰타입이 일치하면 추론이 더 쉬워지며 뷰는 리스크와 관련한 세부 정보를 보여준다.

친화성이 있는 기법. 물리적 세계에서는 도구를 목적에 맞게 설계한다. 망치는 못을 두드리는 도구이고 드라이버는 나사를 돌리는 도구이며 톱은 절단하는 도구이다. 때때로 나사를 망치로 치거나 드라이버를 지렛대로 사용할 수 있지만, 작업에 맞는 도구를 사용하면 결과가 더 좋다.

소프트웨어 아키텍처의 일부 기법은 만들어진 목적과 다른 용도로 사용하기가 어려워서 특정 리스크에만 적용할 수 있다. 예를 들어 비율 단조 분석rate monotonic analysis[7]은 주로 신뢰성reliability 관련 리스크에 도움이 되고, 위협 모델링threat modeling[8]은 주로 보안 관련 리스크에 도움이 되며, 대기행렬이론queueing theory[9]은 주로 성능 관련 리스크에 도움이 된다(15.6절 참조).

3.6 적정한 투자

3장의 시작 부분에 두 가지 질문을 던졌다. 지금까지 첫 번째 질문인 '어떤 설계 및 아키텍처링 기법을 사용해야 하는가?'를 살펴보았다. 해답은 리스크를 식별하고 이에 대처할 수 있는 기법을 선택하는 것이다. 한 프로젝트의 가장 적합한 기법이 다른 프로젝트에까지 가장 적합하지는 않다. 그러나 여러분이 배운 아키텍처 기법, 경험, 지침을 조정해서 맞추는 일이 결국 적절한 기법으로 안내할 것이다.

이제 두 번째 질문인 '설계와 아키텍처를 얼마나 수행해야 하는가?'를 살펴볼 때가 되었다. 설계나 분석에 소요하는 시간은 개발, 테스트 등에 사용할 수도 있다. 따라서 너무 많은 설계를 수행하여 시간을 낭비하거나 반대로 설계나 분석을 수행하지 않아 프로젝트를 망치는 리스크를 무시하면 안 된다. 균형을 잡아 시간을 사용해야 한다.

노력은 리스크에 상응해야 한다. 리스크 주도 모델은 기법을 효율적으로 적용하여 리스크를 줄

7　옮긴이_ 시간당 CPU 사용률을 기반으로 프로세스들이 이상 없이 수행되는지 분석하는 기법
8　옮긴이_ 시스템 보안상 잠재적인 위협을 분석하는 프로세스
9　옮긴이_ 대기행렬/큐(queue)를 수학적으로 다루는 이론

이려고 노력한다. 이는 기법을 지나치게 적용하거나 너무 적게 적용하지 않다는 뜻이다. 리스크 주도 모델은 다음 원칙을 사용해서 효율성을 달성한다.

아키텍처 설계에 들이는 노력은 실패 리스크에 상응해야 한다.

저자의 아버지와 우편함의 이야기를 떠올려 보면 우편함이 넘어지는 일을 크게 걱정하지 않았으므로 해결책을 설계하거나 기계공학적 분석을 사용하는 데 많은 시간을 소비하지 않았다. 아버지는 구멍의 깊이를 두고 약간 고민했지만 대부분의 시간을 구현에 소비했다.

보안 리스크를 걱정하지 않는다면 보안 설계에 시간을 할애하지 말자. 그러나 프로젝트를 위협하는 리스크가 성능에 있다면 성능에 문제가 없다고 합리적인 확신이 들 때까지 작업하자.

불완전한 아키텍처 설계. 리스크 주도 모델을 적용할 때 실패 리스크를 인식한 영역만 설계한다. 일반적으로 설계 기법을 적용한다는 말은 종이나 화이트보드에 일종의 모델을 만드는 일을 의미한다. 결과적으로 아키텍처 모델은 일부 영역에서는 상세하게 모델을 만들고 다른 영역에서는 간소한 모델을 쓰거나 아예 모델을 만들지 않을 수 있다.

예를 들어 성능 리스크를 찾았고 보안 리스크는 없다면 성능 리스크를 해결하는 모델을 작성하지만 해당 모델에는 보안 세부 정보가 없다. 그래도 성능에 관한 모든 세부 사항을 모델링하고 결정하지는 않는다. 모델은 중간 제품이며 아키텍처가 리스크를 해결하는 데 적합하다고 확신하면 설계 작업을 중단할 수 있다.

주관적 평가. 리스크 주도 모델은 리스크의 우선순위를 지정하고 선택한 기술을 적용한 다음 남아있는 리스크를 평가한다. 즉, 리스크를 충분히 완화했는지를 결정해야 한다. 여기서 충분히 완화했다는 말은 어떤 의미인가? 리스크의 우선순위를 정했지만 어떤 리스크가 줄어들고 어떤 리스크는 줄어들지 않았는가?

리스크 주도 모델은 의사 결정을 용이하게 하는 프레임워크이지만 판단을 내릴 수는 없다. 눈에 띄는 아이디어(우선순위를 지정한 리스크와 해당 기법)를 식별하고 설계 작업에 관해 올바른 질문을 하도록 안내한다. 리스크 주도 모델을 사용하면 리스크를 식별하고 해당 기법을 적용해서 리스크에 상응하도록 노력했기 때문에 앞서 나갈 수 있다. 그러나 결국에는 '설계한 아키텍처를 활용해 실패 리스크를 극복할 수 있는가?'라는 질문에 주관적 평가를 해야 한다.

3.7 계획 설계와 진화적 설계

이제 최소한 개념적 수준에서 여러분이 수행하는 프로젝트에 소프트웨어 아키텍처를 적용할 준비가 되어 있어야 한다. 여전히 어떻게 진행해야 하는지에 관한 질문이 있을 수 있다. 리스크 주도 모델이 이미 알려진 계획 설계planned design 및 진화적 설계evolutionary design, 소프트웨어 프로세스, 특히 애자일 소프트웨어 개발과 같은 종류의 지침과 상호작용하는 방법을 아직 논의하지 않았기 때문이다.

이 장의 나머지 부분에서는 리스크 주도 모델이 이들 각각과 어떻게 호환되고 각 프로세스의 가이드를 보강하는 데 사용하는지 보여준다.

먼저 계획 설계, 진화적 설계, 최소 계획 설계minimal planned design라는 세 가지 설계 스타일을 살펴본다. 계획 및 진화는 설계의 기본 스타일이며 최소 계획 설계는 이들의 조합이다.

진화적 설계(evolutionary design). 진화적 설계는 '시스템이 구현되면서 시스템 설계가 확장됨'을 의미한다[Fowler, 2004]. 역사적으로, 지엽적이고 파편화된 설계 결정은 혼란을 가져오고 시간이 지나면 더는 유지하고 진화하기 어려운 혼란스러운 시스템을 생성하기 때문에 진화적 설계는 눈살을 찌푸리게 했다.

그러나 소프트웨어 프로세스의 최근 추세는 이와 같은 단점을 대부분 해결하여 진화적 설계가 다시 활성화되었다. **리팩터링**refactoring, **테스트 주도 설계**test-driven design, **지속적 통합**continuous integration(CI)이라는 애자일 실천법은 앞에서 이야기한 혼란에 맞설 수 있게 한다. 리팩터링(동작을 보존하면서 진행하는 코드 변환)은 파편화된 지엽적인 설계를 정리하고[Fowler, 1999] 테스트 주도 설계는 시스템 변경이 기존 기능을 손실하거나 손상하지 않도록 보장하며, 지속적 통합은 전체 팀에 동일한 코드베이스를 제공한다. 일부에서는 이러한 실천법이 완전한 계획 설계를 사용하지 않아도 될 만큼 충분히 강력하다고 주장한다[Beck and Andres, 2004].

세 가지 실천법 중 리팩터링은 진화적 설계에서 혼란스러움을 해소하는 데 도움이 된다. 리팩터링은 오래된 지엽적 문제를 해결한 기존 설계를 현재의 전체적인 문제를 해결하는 새로운 설계로 대체한다. 그러나 리팩터링에는 한계가 있다. 현재 리팩터링 기술은 아키텍처 확장 변환architecture scale transformation에 관한 지침을 거의 제공하지 않는다. 예를 들어, 아마존Amazon의 계층화된 단일 데이터베이스 아키텍처에서 서비스 지향 아키텍처service-oriented architecture로의 대대적인 변화[Hoff, 2008a]는 리팩터링에서 다루는 개별 클래스와 메서드 수준의 처리로는 상상하기 어렵다. 또한 레거시 코드에는 일반적으로 자신 있게 리팩터링에 참여하게 해주는 충분한 테스트 케이스가 없어 리팩터링을 힘들게 한다.

일부 프로젝트에서는 진화적 설계를 무분별하게 사용하지만, 진화적 설계 옹호자는 리팩터링, 테스트 주도 설계, 지속적 통합과 같은 방법과 함께 이루어져야 한다고 말한다.

계획 설계(planned design). 진화적 설계의 반대쪽 끝에는 계획 설계가 있다. 계획 설계의 기본 아이디어는 구현을 시작하기 전에 계획을 매우 자세하게 작성한다는 것이다. 보통 교량 설계를 완료하기 전에 교량 건설을 시작하지 않으므로 계획 설계를 교량 설계와 시공에 비유하기도 한다.

전체 소프트웨어 시스템에 대해 계획 설계를 옹호하는 사람은 거의 없다.[10] 이를 **지나친 선행 설계**Big Design Up Front(BDUF)라고도 한다. 그러나 대규모이거나 복잡한 프로젝트에서는 어떤 시스템이 요구사항을 충족시키는지 아닌지를 알기가 어려우므로 일부 연구자[Lattanze, 2008; Bass, Clements and Kazman, 2003]는 아키텍처에 완벽한 계획이 필요하다고 제안한다. 시스템을 성공적으로 구현할 수 있을지 확실하지 않다면 성공적인 구현이 가능한지를 조기에 찾는 것이 가장 좋다.

계획된 아키텍처 설계는 여러 팀이 병렬로 작업하는 아키텍처를 공유할 때도 실용적이므로 하위 팀이 작업을 시작하기 전에 알아 두면 유용하다. 이때 최상위 컴포넌트와 커넥터를 정의하는 계획된 아키텍처는 하위 팀이 컴포넌트와 커넥터의 내부 모델을 설계하는 **지역 설계**local design와 쌍을 이룰 수 있다. 아키텍처는 일반적으로 동시성 정책, 표준 커넥터 세트 설정, 상위 수준의 책임 할당 또는 일부 지역화된 품질 속성 시나리오quality attribute scenario 정의와 같은 전체적인 불변 사항invariant 및 설계 결정design decision을 요구한다. 컴포넌트와 커넥터 같은 아키텍처 모델링 요소는 2부에서 자세히 설명한다.

계획 설계를 따를 때도 프로토타이핑이나 코딩을 진행하기 전에 아키텍처 또는 설계가 100% 완성되는 상황은 드물다. 현재의 설계 기술로는 코드 실행의 피드백 없이 설계를 완성하기가 거의 불가능하다.

최소 계획 설계(minimal planned design). 진화적 설계와 계획 설계 중간에는 최소 계획 설계minimal planned design 또는 작은 선행 설계Little Design Up Front(LDUF)[Martin, 2009]가 있다. 최소 계

----

10 모델 주도 엔지니어링(model driven engineering, MDE)은 코드를 생성하는 세부 모델이 필요하기 때문에 예외이다.

획 설계를 옹호하는 사람들은 전적으로 진화적 설계만 수행하면 궁지에 몰릴지 모른다고 걱정하지만, 계획 설계만을 적용하기도 어렵고 일이 잘못될 가능성도 있다. 마틴 파울러Martin Fowler는 대략 20%의 계획 설계와 80%의 진화적 설계를 한다고 말했다[Venners, 2002].

계획 설계와 진화적 설계의 균형을 맞출 수 있다. 한 가지 방법은 아키텍처가 가장 큰 리스크를 처리하도록 초기 계획 설계initial planned design를 수행하는 것이다. 초기 계획 설계 이후 요구사항에 관한 향후 변경 사항은 지역 설계local design로 처리하거나 (프로젝트에서 리팩터링, 테스트 주도 설계, 지속적 통합 실천이 원활하게 작동한다면) 진화적 설계로 처리할 수 있다.

시스템의 전체적인 품질이나 새로운 품질을 아키텍처가 얼마나 잘 지원하는지가 걱정된다면 계획 설계를 수행하여 이러한 품질을 보장하고 나머지 설계는 진화적 설계나 지역 설계에서 처리할 수 있다. 예를 들어 처리량을 가장 큰 리스크로 구분했다면 처리량 예산throughput budget을 설정할 때 계획 설계를 사용할 수 있다(예: 메시지 전달의 90%를 25ms 내에서 처리함). 개별 컴포넌트와 커넥터가 이러한 성능 예산performance budget을 충족하도록 보장하는 나머지 설계는 진화적 설계나 지역 설계로 수행할 수 있다. 기본 아이디어는 **아키텍처 집중 설계**architecture-focused design (2.7절 참조)를 수행하여 가장 큰 리스크를 처리한다고 알려진 아키텍처를 설정하여 다른 설계 결정에 더 많은 자유를 부여하는 것이다.

최고의 방법. 선호하는 설계 스타일과 관계없이 코드를 작성하기 전에 소프트웨어를 설계해야 한다. 10분 전이든 10개월 전이든 상관없다. 두 설계 스타일에 모두 열성적인 지지자가 존재하며 그들의 논쟁은 견고한 데이터가 아닌 일화에 의존하므로 현재로서는 의견이 다를 수밖에 없다. 여러분이 진화적 설계를 하는 능력에 높은 확신이 있다면 계획 설계를 덜 수행할 것이다.

서로 다른 시스템은 다른 스타일의 설계에 적합하다는 점을 알아 두자. 지난 10년 동안 아파치 웹 서버의 느린 변경을 생각해보자. 아파치의 설계는 안정적인 요구사항 세트(예: 높은 신뢰성reliability, 확장성extensibility, 성능performance)에 관한 최적화 문제와 유사하므로 계획 설계가 적합하다 할 수 있다. 반면에 많은 프로젝트에는 진화적 설계에 적절한 빠르게 변하는 요구사항이 있다.

계획 설계와 진화적 설계 사이에 존재하는 본질적인 긴장은 다음과 같다. 아키텍처 설계에 관한 장기적인 관점을 가지고 시작하면 시스템 전체의 속성을 보장하고, 설계가 막다른 골목에 다다르는 일을 피하게 돕고, 여러 하위 팀이 상호 조율할 기회를 제공한다. 결정을 너무 미룬다면, 피할 수 있는 실수를 저지를 가능성이 비용이 되어 돌아올 수 있다. 강력한 리팩터링, 테스트 주도 개발, 지속적 통합을 실천하는 팀은 다른 팀보다 더 진화적 설계를 수행할 수 있다.

리스크 주도 모델은 진화적 설계, 계획 설계, 최소 계획 설계와 호환한다. 이러한 모든 설계 스타일은 설계가 어느 시점에서 이루어져야 한다는 데 동의하고 시간을 할당한다. 계획 설계에서 그 시간은 과제의 전반부이므로 리스크 주도 모델을 적용한다는 말은 아키텍처 리스크가 충분히 줄어들 때까지 선행 설계를 수행함을 의미한다. 진화적 설계에서는 리스크가 충분히 커질 때마다 개발 중에 아키텍처 설계를 수행함을 의미한다. 최소 계획 설계에는 이 두 가지의 조합을 적용한다.

3.8 소프트웨어 개발 프로세스

진화적 설계 도구(리팩터링, 테스트 주도 설계, 지속적 통합)와 컴파일러만을 사용하여 시스템을 개발하는 개발자는 거의 없다. 대신 좋은 시스템을 성공적으로 고객에게 제공할 가능성을 높이도록 설계한 소프트웨어 개발 프로세스를 사용하여 개발 활동을 구조화해서 진행한다. 좋은 소프트웨어 개발 프로세스는 단지 엔지니어링 리스크를 최소화하는 일 이상을 수행한다. 이는 시장 출시 시기에 관한 압력과 같은 다른 비즈니스 요구와 리스크도 고려해야 하기 때문이다.

순수한 엔지니어링 리스크에서 전체 프로젝트 리스크로 관심을 넓히면 걱정해야 할 리스크가 더 많다. 예를 들면 다음과 같은 리스크가 있다. 고객이 시스템 인수를 수락하는가? 시스템을 배포할 때 시장이 바뀌었는가? 제시간에 시스템을 배포하는가? 고객의 진정한 요구를 파악해서 반영했는가? 적절한 사람들이 올바른 업무를 수행하며 효과적으로 의사소통하는가? 소송이 발생할 만한 부분이 있는가?

소프트웨어 개발 프로세스. 소프트웨어 개발 프로세스는 엔지니어링 리스크와 프로젝트 관리 리스크의 균형을 맞추도록 팀의 활동을 조율한다. 프로젝트 관리 프로세스에서 엔지니어링 프로세스를 명확하게 분리하는 일은 매력적으로 보이지만 불가능하다. 소프트웨어 개발 프로세스는 엔지니어링과 프로젝트 관리의 모든 관점에서 리스크의 우선순위를 결정하는 데 도움이 된다. 예를 들어, 엔지니어링 리스크가 여전히 존재하더라도 다른 리스크가 더 중요하다고 결정할 수 있도록 도와준다.

공유 어휘의 리스크. 리스크는 엔지니어와 프로젝트 관리자가 공유하는 어휘이다. 관리자의 임무는 트레이드오프를 이해하고 프로젝트의 리스크에 관한 결정을 내리는 것이다. 관리자가 모듈이 원하는 대로 작동하지 않는 이유를 이해할 만큼 기술적이지 않더라도, 실패의 리스크를 이해하고 엔지니어가 리스크의 확률과 심각도^{severity}를 평가하는 데 도움을 줄 수 있다.

리스크의 개념은 엔지니어링 세계와 프로젝트 관리 업무 사이의 공통된 부분에 있다. 엔지니어가 회사 내 정치와 마케팅 회의에 무심하거나 관리자가 데이터베이스 스키마 및 성능 추정치에 무심할 수 있다. 하지만 리스크는 시스템에 중요한 결정으로서 엔지니어와 관리자가 공유하는 부분이다.

내재된 리스크(baked-in risk). 이전에 소프트웨어 개발 프로세스를 본 적이 없다면 프로그램의 제어 루프와 같다고 상상해보면 된다. 반복할 때마다 리스크를 순서대로 세우고 그에 따라 다음 단계를 계획하고 시스템이 배포될 때까지 반복한다. 실제로 일부 리스크 완화 단계를 소프트웨어 개발 프로세스에 의도적으로 포함^{baked-in}한다.

대기업에서는 팀 간의 조율이 중요하므로 프로세스의 프로젝트 마일스톤¹¹에서 다양한 형식의 문서를 요구할 수 있다. 애자일 프로세스에 내재한 우려 사항은 시장 출시 시간과 고객의 제품 인수 거부에 관한 것이다. 그래서 애자일 프로세스에서는 소프트웨어를 짧은 반복으로 구축하고 제공해야 한다고 주장한다. IT 관련 프로세스는 흔히 알려지지 않고 복잡한 도메인을 다룰 때 이에 관한 리스크에 직면하므로 도메인 모델을 구성하여 해당 프로세스에 포함할 수 있다. 저자가 집을 떠날 때마다 지갑과 열쇠가 있는지 확인하려고 주머니를 두드리는 습관을 들인 이유는 충분히 의미 있는 리스크이기 때문이다.

리스크 완화 기법^{risk mitigation technique}을 내재화하여 소프트웨어 개발 프로세스에 적용하면 매우 유용할 수 있다. 리스크의 우선순위 매기기를 프로세스에 포함하면 유용하다. 예를 들어 리스크 측정을 하려고 일정을 늦추는 대신 2주 주기의 반복^{iteration}에서 매일 리스크 우선순위를 결정하면 시간을 절약할 수 있다. 이는 숙련된 소프트웨어 개발자의 전문 지식을 전달하는 효율적인 수단이다. 여러 기법을 내재화한 소프트웨어 개발에 관한 철학을 설명하는 대신 이미 성공적으로 수행했던 프로세스를 따르면 성공적인 결과를 가져온다는 점을 설명할 수 있기 때문이다. XP와 같은 애자일 접근법에서는 특정 기법 세트를 선택한 이유를 이해하지 못하더라도 팀이 프로세스를 따르면 프로젝트에 성공할 수 있다.

---

11 옮긴이_ 프로젝트 관리에서 진행 과정에서 성공을 위해 확인하는 중요 단계나 지점을 말한다.

소프트웨어 개발 프로세스에 리스크를 포함하는 일이 잘못되면 저주가 되기도 한다. 저자는 몇 년 전에 작은 스타트업 회사와 인터뷰를 했다. 이전에 모 대기업에서 일했던 프로젝트 매니저가 프로세스를 어떻게 생각하는지 물었고 저자는 프로젝트, 도메인, 팀에 적합한 프로세스를 사용해야 한다고 말했다. 무엇보다 책에 있는 프로세스를 변경하지 않고 그대로 적용하면 효과가 없을 것이라고 말했다. 코미디의 한 장면처럼 그는 의자에 앉아 전에 일했던 대기업의 개발 과정을 설명하는 책을 집어 들고 "이게 우리가 따라야 할 과정입니다"라고 말했다. 저자는 그곳에서 일하지 않았지만, 같은 장소에서 일하는 5명의 엔지니어가 대규모 분산 팀의 프로세스에 필요한 상세 설계 문서와 관료조직에서 볼 수 있는 설계 문서들을 생산하는 모습을 볼 뻔했다.

리스크 우선순위 매기기를 소프트웨어 개발 프로세서로 내재화하도록 소프트웨어 개발 프로세스를 조정하기로 했다면 고려해야 할 몇 가지 중요한 기능이 있다. 프로젝트 복잡성(대형, 소형), 팀 규모(대형, 소형), 위치(분산, 공동 배치), 도메인(IT, 재무, 임베디드, 안전 민감 시스템 등), 고객 유형(내부, 외부) 등이다.

3.9 프로세스 변동의 이해

리스크 주도 모델을 소프트웨어 개발 프로세스에 적용하는 방법을 알아보려면 먼저 광범위한 범주의 프로세스 및 관련 세부 정보를 알아야 한다. 이 절에서는 각 프로세스의 세부 정보를 생략한 개요만 다루지만 리스크 주도 모델을 적용하는 방법을 스스로 생각할 수 있도록 적절한 배경 정보를 제공한다.

여기서 설명하는 개요는 각 프로세스를 두 부분으로 구성된 간단한 템플릿에 맞춘다. 하나 이상의 반복iteration이 뒤따르는 선택적 선행 설계 부분이다. 여기의 모든 개발 프로세스에 선행 설계up-front design가 있지는 않지만 모든 개발 프로세스에는 적어도 한 번의 반복이 있다. 템플릿은 다음 네 가지 점에서 다르다.

   1 선행 설계가 있는가?
   2 설계의 특성은 무엇인가(계획/진화, 재설계 허용)?
   3 반복 작업에서 작업의 우선순위는 어떻게 지정하는가?
   4 한 번 반복하는 데 얼마나 걸리나?

[그림 3-4]는 프로세스를 요약하고 몇 가지 차이점을 강조하여 보여준다.

프로세스	선행 설계	설계 본질	작업 우선순위	반복 길이
폭포수	분석 및 설계 단계	계획 설계, 재설계 없음	개방적	개방적
반복적	선택적	계획 또는 진화, 재설계 허용	개방적이고 주로 기능 중심 적임	개방적, 보통 1~8 주
나선	없음	계획 또는 진화	가장 리스크가 큰 작업부터	개방적
UP/RUP	선택적, 사전 설계 전반부 배치	계획 또는 진화	가장 리스크가 큰 작업부터. 그후 가장 높은 가치의 작업	보통 2~6 주
XP	없음, 일부 반복 제로iteration zero	진화적 설계	가장 높은 고객 가치 우선	보통 2~6주

그림 3-4 소프트웨어 개발 프로세스의 예와 설계 문제를 처리하는 방법

개발 프로세스에 관해 이야기할 때 발생하는 다른 두 가지 중요한 변이점은 디자인 모델이 얼마나 상세해야 하며 디자인 모델을 얼마나 오래 유지해야 하는가이다. XP를 제외하고는 [그림 3-4]의 어느 프로세스도 이에 대한 답을 약속하지 않는다. XP는 모델링을 허락하고 현재 반복iteration에서 이전의 모델을 유지하기를 권장하지 않는다. 이 간단한 템플릿을 소프트웨어 개발 프로세스에 적용하면 다음과 같이 설명된다.

폭포수(waterfall). 폭포수 프로세스는 전체 프로젝트를 전달하는 하나의 긴 작업 블록이다. 그래서 프로젝트를 처음부터 끝까지 한 번에 진행한다[Royce, 1970]. 분석 및 설계 단계에서 계획 설계 작업을 수행한다. 분석 및 설계 단계는 하나의 단일한 반복으로 간주할 수 있는 개발 단계의 이전 단계이다. 단 한 번의 반복으로 작업 우선순위를 지정할 수는 없지만, 개발 단계 내에서 점진적으로 개발을 진행할 수 있다. 리스크 주도 모델을 적용한다는 말은 주로 분석 및 설계 단계에서 아키텍처 작업을 수행함을 의미한다.

반복적(iterative). 반복적 개발 프로세스는 반복iteration이라고 하는 여러 작업 블록으로 시스템을 개발한다[Larman and Basili, 2003]. 반복을 수행할 때마다 개발자는 시스템의 기존 부분을 재작업할 수 있으므로 점진적으로 개발되지는 않는다. 반복적 개발은 선택적으로 선행 설계 작업을 포함하지만 반복 전반에 걸쳐 우선순위를 지정하지 않으며 설계 작업의 특성에 관한 지침을 제공하지도 않는다. 리스크 주도 모델을 적용한다는 말은 각 반복 내에서 그리고 선택적 선행 설계 중에 아키텍처 작업을 수행함을 의미한다.

나선(spiral). 나선 프로세스는 일종의 반복 개발이므로 반복이 많지만 보통 선행 설계 작업이 없다고 한다[Boehm, 1988]. 반복은 리스크에 따라 우선순위를 지정하며 첫 번째 반복은 프로젝트에서 가장 리스크가 큰 부분을 처리한다. 나선 모델은 관리 리스크와 엔지니어링 리스크를 모두 처리한다. 예를 들어 '인력 부족'을 리스크로 다룰 수 있다. 나선 프로세스는 수행할 아키텍처/설계 작업의 양이나 사용할 아키텍처와 설계 기법에 관한 지침을 제공하지 않는다.

(래셔널) 통합 프로세스((Rational) Unified Process, UP/RUP). 통합 프로세스와 이것을 좀 더 향상시킨 래셔널 통합 프로세스는 반복적인 나선 프로세스이다[Jacobson, Booch and Rumbaugh, 1999; Kruchten, 2003]. 이 프로세스는 리스크를 조기에 해결하고 리스크를 해결하는 아키텍처 사용의 중요성을 강조한다. 또한 초기 반복에서 먼저 아키텍처 관련 요구사항에 관한 작업하는 것을 지지한다. 계획 설계와 진화적 설계를 모두 수용한다.

익스트림 프로그래밍(extreme programming, XP). 익스트림 프로그래밍은 반복적 프로세스이며 애자일 소프트웨어 개발 프로세스의 한 가지 예이므로 여러 반복[iteration]을 포함한다[Beck and Andres, 2004]. 일부 프로젝트에서는 고객이 볼 수 있는 기능이 개발되지 않는 반복 제로[Schuh, 2004]를 추가하지만, 선행 설계 작업을 피하기를 권장한다. 일부 익스트림 프로그래밍 프로젝트에서는 소량의 선행 설계를 포함하여 진행되지만 개발자는 진화적 설계만 사용하도록 되어 있다. 각 반복은 리스크가 아닌 고객의 기능 평가에 따라 우선순위를 지정한다.

3.10 리스크 주도 모델과 소프트웨어 프로세스

소프트웨어 프로세스 각각의 정신을 유지하면서 소프트웨어 개발 프로세스에 리스크 주도 모델을 적용할 수 있다. 폭포수 프로세스는 분석 및 설계 단계에서 계획 설계를 사용해야 하지만 어떤 종류의 아키텍처와 설계 작업을 수행해야 하는지 또는 얼마나 많이 수행해야 하는지는 정하지 않는다. 분석 및 설계 단계 중에 리스크 주도 모델을 적용하여 이러한 질문에 답할 수 있다.

반복 프로세스에는 설계 작업용으로 지정된 구간이 없지만 각 반복의 시작 부분에서 수행할 수 있다. 설계에 걸리는 시간은 리스크의 크기에 따라 달라진다. [그림 3-5]는 리스크에 대한 인식을 기반으로 반복에 따라 설계의 양이 어떻게 달라지는지에 관한 개념적인 예를 제공한다.

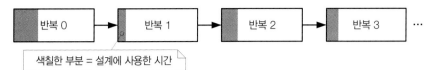

그림 3-5 리스크에 대한 인식을 기반으로 반복에 따라 설계의 양이 어떻게 달라지는지에 관한 예. 소요 시간에 따라 반복 0과 반복 2에서 가장 많은 리스크가 감지되었음을 추론할 수 있다

나선 프로세스와 리스크 주도 모델은 둘 다 리스크가 기본이라는 점에서 유사하다. 차이점은 소프트웨어 개발 프로세스인 나선 프로세스가 관리 리스크와 엔지니어링 리스크의 우선순위를 지정하고 반복 과정에서 발생할 일을 안내한다는 점이다. 리스크 주도 모델은 설계 작업에서 가이드를 제공하여 엔지니어링 리스크를 완화한다. 그리고 반복 내에서만 사용할 수 있다. 리스크 주도 모델을 나선형 모델이나 UP, RUP에 적용하는 것은 반복 프로세스와 동일하게 작동한다.

[그림 3-4]에 나열한 프로세스 중 익스트림 프로그래밍(애자일 프로세스)이 가장 구체적인 조언을 포함함을 알 수 있다. 결과적으로 리스크 주도 모델을 익스트림 프로그래밍 프로세스(또는 다른 기능 개발 중심의 애자일 프로세스)에 적용하기가 가장 까다로우므로 해당 프로세스를 더 자세히 살펴보자.

3.11 애자일 프로세스에 적용

애자일 프로젝트에서 리스크 주도 모델을 사용하는 방법에 관한 다음 설명은 설계 시기, 기능 기반 개발 프로세스에 리스크를 포함하는 방법과 같은 몇 가지 핵심 문제를 강조한다. 애자일 프로젝트는 프로세스가 다르므로 여기서는 기능 백로그feature backlog를 관리하는 플래닝 게임planning game을 하는 2주 반복이 있는 프로젝트를 가정한다. 엔지니어링 측면에서는 이러한 리스크의 식별, 우선순위 지정, 완화, 평가를 포함하여 프로세스에 포함해야 하는 소프트웨어 아키텍처 리스크가 있다. 첫 번째 큰 과제는 초기 엔지니어링 리스크를 해결하는 방법이고 두 번째는 나중에 발견할 엔지니어링 리스크를 다룰 백로그에 통합하는 방법이다.

리스크. 아키텍처 스타일 초기 선택, 프레임워크 선택, 기타 상용 기성품(COTS) 컴포넌트 선택과 같은 프로젝트 시작 단계의 몇 가지 리스크를 확인해야 한다. 일부 애자일 프로젝트는 소스 코드 제어 및 자동화 빌드 도구를 포함하여 개발 환경을 설정하려고 반복 0을 사용한다. 이 구간에서 확인한 리스크를 완화할 수 있다. 개발자는 간단한 화이트보드 회의를 열어 모든 사람이 아키텍처 스타일에 동의하는지 확인하거나 검토할 짧은 스타일 목록을 작성할 수 있다. 상용 기성품 컴포넌트의 성능 특성을 알 수 없지만 중요할 때는 빠른 프로토타이핑을 몇 가지 수행해서 대략적인 속도나 처리량을 확인할 수 있다.

리스크 백로그. 반복이 끝나면 활동이 리스크를 얼마나 잘 완화했는지 평가해야 한다. 보통 리스크를 충분히 줄여 추적을 멈출 수 있지만 때로는 그렇지 않다. 반복이 끝날 때 프로토타이핑을 해서 선호하는 데이터베이스가 너무 느리게 실행됨을 알았다고 상상해보자. 이 리스크를 시스템에서 테스트할 수 있는 기능으로 만들 수 있다. 이는 리스크 백로그의 시작이다. 가능하면 리스크는 테스트할 수 있는 항목으로 작성해야 한다.

일부 리스크는 반복 중에 발생할 때 처리할 수 있을 정도로 작으며 백로그에 표시되지 않는다. 그러나 기능과 마찬가지로 더 큰 리스크를 처리하려면 리소스가 할당되어야 한다.

이는 명목상 반복 0이라 하면서 사실상 지나친 선행 설계(BDUF)로 바꾸려는 의도가 아니다. 반복 0의 시간을 늘리지 않고 대신 리스크를 백로그에 포함한다. 그렇다면 백로그에 포함된 기능과 리스크를 어떻게 처리할 수 있는가?

리스크와 기능의 우선순위 지정. 많은 애자일 프로젝트는 백로그라는 기능의 우선순위 목록을 만드는 제품 책임자product owner와 백로그의 맨 위에서 기능을 가져와 구축하는 개발자로 사람들을 나눈다.

기능과 리스크를 모두 동일한 백로그에 배치하고 싶지만 리스크를 도입하면 백로그를 관리하기가 더 복잡해진다. 기능과 리스크를 함께 백로그에 두고 우선순위를 지정해야 하기 때문이다. 두 항목 모두의 우선순위를 지정할 자격이 있는 사람은 누구인가?

제품 책임자에게 기능과 함께 아키텍처 리스크의 우선순위를 지정할 추가 책임을 부여한다면 [그림 3-6]처럼 기능 백로그를 기능 및 리스크 백로그로 간단히 변경할 수 있다. 소프트웨어 개발자는 백로그에서 보안을 요구하는 기능이 낮음을 알 수 있다. 안전한 애플리케이션을 원한다면 조기에 리스크를 해결해야 한다고 제품 책임자에게 교육하는 것이 소프트웨어 개발자의 임무이다. 나중에 추가하여 만들기가 어렵거나 불가능하기 때문이다. 각 반복이 끝날 때 회고reflection/retrospective의 결과로 아키텍처 리스크를 평가하고 이를 백로그에 입력해야 한다.

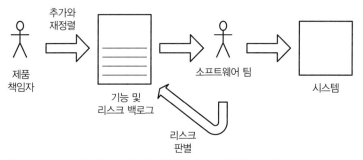

추가와
재정렬

제품
책임자

기능 및
리스크 백로그

리스크
판별

소프트웨어 팀

시스템

그림 3-6 리스크를 애자일 프로세스에 통합하는 한 가지 방법은 기능 백로그를 기능 및 리스크 백로그로 변환하는 것이다. 제품 책임자는 기능을 추가하고 소프트웨어 팀은 기술적 리스크를 추가한다. 소프트웨어 팀은 제품 책임자가 기술적 리스크를 이해하고 백로그의 우선순위를 적절하게 지정하도록 도와야 한다

요약. 애자일 프로세스는 세 가지 작업을 수행하여 아키텍처 리스크를 처리할 수 있다. 미리 알고 있는 아키텍처 리스크는 기능feature의 개발을 수행하지 않고 시작 시간과 끝이 정해져 있는time-boxed 반복 제로iteration zero에서 (적어도 부분적으로) 처리할 수 있다. 반복 중에 발생하는 작은 아키텍처 리스크를 처리할 수 있다. 그리고 대규모 아키텍처 리스크는 기능과 동등하게 처리하도록 장려해야 하며 기능 및 리스크가 통합된 백로그에 포함되어야 한다.

3.12 리스크와 아키텍처 리팩터링

시간이 지나면서 시스템 개발자는 시스템 설계 방법을 점점 더 잘 이해하게 된다. 개발자가 따르는 프로세스의 종류(예: 폭포수 또는 반복 프로세스)와 관계없이 그렇게 된다. 처음에는 시스템에 관한 지식이나 이해가 부족할 수밖에 없다. 몇 가지 작업(설계, 프로토 타이핑, 반복 등)을 하고 나면 적합한 설계에 관한 더 확실한 근거를 갖게 된다.

코드가 최상의 설계를 기반으로 하지 않는다는 사실을 인식했을 때는(예: 코드 스멜code smell 감지) 두 가지 선택이 있다. 하나는 기술 부채technical debt를 발생하는 코드와 구현하려는 목표의 차이를 무시하는 것이다. 이러한 축적을 허용하면 시스템은 큰 진흙 뭉치가 된다(14.7절 참조). 다른 하나는 코드를 리팩터링하여 유지 관리할 수 있도록 하는 것이다. 두 번째 옵션은 브라이언 푸트Brian Foote와 윌리엄 옵다이크William Opdyke가 그들의 소프트웨어 라이프 사이클의 패턴에서 리팩터링에 관해 잘 설명한다[Coplien and Schmidt, 1995].

정의상 리팩터링은 재설계를 의미하며 재설계의 규모는 다양하다. 때때로 리팩터링은 적은 숫자의 객체나 일부 지역화된 코드만 포함한다. 그러나 때로는 더 포괄적인 아키텍처 변경을 포함하며 이를 아키텍처 리팩터링이라고 한다. 대규모 리팩터링에 관한 알려진 지침이 거의 없어서 일반적으로 아키텍처 리팩터링은 임시로 수행된다.

랙스페이스에서 쿼리 시스템을 세 가지 방식으로 구현한 예(1.2절 참조)는 아키텍처 리팩터링의 좋은 예이다. 거기에서 아키텍처의 각 리팩터링은 긴급한 실패 리스크가 촉진했다. 객체 수준 리팩터링에는 무시할 수 있을 정도의 시간만 걸리므로 수행을 정당화할 필요가 거의 없어 개발자들이 개발 중에 지속해서 진행한다. 예를 들어 프로그래밍 의도를 더 잘 표현하려고 변수의 이름을 변경하는 작업도 포함된다. 아키텍처 리팩터링은 비용이 많이 들기 때문에 수행을 정당화하려면 리팩터링으로 처리하려는 리스크가 상당히 중요한 부분이어야 한다.

앞서 이야기한 두 가지 중요한 교훈은 분명하다. 첫째, **설계는 프로세스의 앞부분에서만 진행하는 작업이 아니다.** 최선의 선택을 하려면 프로젝트의 앞부분에 미리 시간을 투자하는 편이 합리적이지만, 모든 설계 결정을 올바르게 할 만큼 충분히 안다고 생각하면 안 된다. 프로젝트 시작 후에도 설계에 시간을 할애해야 한다.

둘째, **실패 리스크 때문에 아키텍처 리팩터링을 해야 할 수 있다.** 구현을 완료할 때쯤이면 거의 모든 시스템이 개발자가 최선이라고 생각하는 수준보다 구식이 된다. 즉, 일부 기술 부채가 존재하게 된다. 돌이켜 보면 다른 아키텍처를 선택했으면 좋았겠다고 생각할 수 있다. 리스크는 현재 아키텍처를 유지하면 얼마나 나쁠지 판단하는 데 도움이 된다.

3.13 리스크 주도 모델의 대안

리스크 주도 모델은 두 가지 작업을 수행한다. 아키텍처 수행을 중지할 시기를 결정하는 데 도움이 되고 적절한 아키텍처 활동의 가이드 역할을 한다. 리스크 주도 모델은 설계에 소요하는 시간을 예측하는 데는 좋지 않지만 충분히 수행했는지를 파악하는 데는 도움이 된다. 리스크 주도 모델의 몇 가지 대안이 있으며 각각 장단점이 있다.

설계 안 함. '설계 안 함'이라는 대안 이름은 약간 잘못되었다. 특히 모든 시스템에 아키텍처가 있다고 생각한다면 개발자가 어느 시점에서는 설계에 관해 생각해야 하기 때문이다. 개발자가 코딩을 시작하기 직전이 되어서야 설계(즉, 코딩할 내용)에 관해 생각했더라도 말이다. 설계하지 않는 프로젝트는 개발자가 명시적 또는 묵시적으로 유사한 성공적인 시스템에서 시스템을 패턴화하는 추정 아키텍처(2.4절 참조)를 크게 차용할 때도 있다.

문서 패키지. 아키텍처를 설명하는 전체 문서 패키지를 만들어야 한다고 이야기하는 사람들이 있다. 이 지침은 여러 종류의 모델과 다이어그램을 작성하여 다른 사람이 이를 읽고 아키텍처를 이해하도록 한다. 이는 매우 바람직할 수 있다. 문서화가 필요하다면『소프트웨어 아키텍처 문서화(개정 2판)』(에이콘출판사, 2016)[Clements et al., 2010]에서 효과적으로 모델과 다이어그램을 작성하는 방법을 살펴보기를 권장한다.

그러나 완전한 문서화 패키지를 만들어야 하는 프로젝트는 거의 없으며, 총인원이 세 명인 스타트업이라면 문서화할 여유가 없을 것이다.

척도. 경험적 데이터는 아키텍처와 설계에 사용할 시간을 결정하는 데 도움이 된다. 배리 베임은 COCOMO 모델constructive cost model의 변형을 기반으로 소규모, 중형, 대규모 프로젝트의 아키텍처 설계에 필요한 최적의 시간을 계산했다[Boehm and Turner, 2003]. 다양한 프로젝트 규모에 대해 전체 프로젝트 기간에서 아키텍처 설계에 투자하는 노력의 곡선을 그렸다. 해당 데이터에 따르면 대부분의 프로젝트는 전체 시간의 33~37%를 아키텍처링에 소비하며 소규모 프로젝트는 5%, 초대형 프로젝트는 40% 정도 소비한다.

프로젝트 관리자는 '아키텍처 설계에 33%의 시간을 투자하자'와 같은 척도를 사용하여 프로젝트 활동 및 인력 요구사항을 계획하고 설계에 사용할 시간 예산을 산출할 수 있다.

그러나 이러한 척도는 아키텍처 작업이 시작되면 개발자에게 거의 도움이 되지 않는다. 합리적 개발자라면 척도가 제공하는 시간이 남았더라도 리스크를 해결한 후에는 추가로 설계 활동을 계속하지 않는다. 또한 중대한 실패 리스크가 눈에 띌 때 코딩을 수행해서도 안 된다.

이러한 기준은 리스크와 싸운 경험에서 파생한 휴리스틱으로 보는 것이 가장 좋으며, 특정 규모의 프로젝트는 역사적으로 리스크를 완화하는 데 그 정도의 시간이 필요했다는 뜻이다. 그렇다고 하더라도 이런 기준이 아키텍처 설계 작업에 하루를 더 (또는 덜) 투자하는 일이 적절한지 결정하는 데 도움이 되지 않는다. 또한 척도는 특정 기법을 사용하도록 가이드하기보다는 더 큰 범위의 활동만을 제안한다.

애드혹(ad hoc). 수행할 아키텍처의 양을 선택할 때 대부분의 개발자는 앞서 살펴본 대안을 따르지 않을 것이다. 대신, 자신의 경험과 프로젝트의 요구사항에 대한 최선의 이해를 바탕으로 즉시 결정을 내린다.

이는 실제로 사용하는 가장 효과적인 방법일 수 있지만 개발자의 기술과 경험에 따라 다르다. 하지만 정확하게 무엇을 배워야 하는지 명확하지 않으므로 가르칠 수 없으며 프로젝트 계획 견적을 작성하는 데 특히 도움이 되지 않는다. 실제로 애드혹 방식은 개발자가 암묵적으로 리스크를 평가하고 적절한 기술을 선택하는 일종의 비공식 리스크 주도 모델이다.

3.14 마치며

이 장에서는 두 가지 질문을 다뤘다. 첫째, **개발자는 어떤 설계와 아키텍처 기법을 사용해야 하는가?** 둘째, **개발자는 얼마나 많은 설계와 아키텍처를 수행해야 하는가?** 설계 안 함, 척도 사용, 문서 패키지 작성, 애드혹을 포함한 기존 방법을 검토했다. 개발자가 (1)직면한 리스크의 우선순위를 지정하고 (2)이러한 리스크를 완화하는 적절한 아키텍처 기법을 선택하며 (3)나머지 리스크를 재평가하도록 장려하는 리스크 주도 모델을 소개했다. 리스크 주도 모델에서는 우선순위를 지정한 아키텍처 활동의 하위 집합에서 개발자가 자신의 선택에 따라 충분한 설계와 아키텍처를 수행하도록 권장한다. 설계는 사전에 이루어질 수 있지만 프로젝트 중에 진행하기도 한다.

리스크 주도 모델은 저자 아버지의 우편함 작업에서 영감을 받았다. 아버지는 복잡한 계산을 수행하지 않고 우편함 기둥을 구멍에 꽂은 다음 콘크리트를 채웠다. 리스크가 적은 프로젝트는 계획한 아키텍처 작업 없이 성공할 수 있지만 리스크가 큰 프로젝트는 아키텍처 작업 없이는 실패한다.

리스크 주도 모델은 완전한 아키텍처 문서 패키지와 아키텍처 설계 회피라는 양극단을 피하는 중간 경로를 따른다. 아키텍처를 설계하는 노력이 실패 리스크에 비례해야 한다는 원칙을 따른다. 실패를 방지하는 일은 모든 엔지니어링의 핵심이며 아키텍처 기법을 사용하여 리스크를 완화할 수 있다. 리스크 주도 모델의 핵심 요소는 리스크를 눈에 띄게 만드는 것이다. 각 프로젝트에는 다른 리스크 집합이 있으므로 다른 기법 집합이 필요할 수 있다. 시간과 돈을 낭비하지 않으려면 우선순위를 지정한 리스크 목록을 가장 잘 줄이는 기법을 선택해야 한다.

소프트웨어 아키텍처 작업을 얼마나 많이 해야 하는가는 오랫동안 까다로운 질문이었다. 리스크 주도 모델은 이 광범위한 질문의 범위를 좁혀준다. '선택한 기법이 실패 리스크를 충분히 줄였는가?' 같은 리스크 완화 평가는 여전히 주관적이지만 개발자가 집중할 수 있는 부분이다.

엔지니어링 기법은 엔지니어링 리스크를 해결하지만 프로젝트에는 다양한 리스크가 존재한다. 소프트웨어 개발 프로세스는 관리 리스크와 엔지니어링 리스크를 모두 우선시해야 한다. 시장 출시 시기 압력 등 고려해야 할 프로젝트 관리 리스크도 있으니 엔지니어링 리스크를 0으로 줄일 수 없다. 리스크 주도 모델을 적용하면 소프트웨어 아키텍처에 시간을 할애할 때마다 우선순위가 가장 높은 엔지니어링 리스크를 줄이는 기법을 적용할 수 있다.

애자일 소프트웨어 개발 방식은 주로 계획 설계보다 진화적 설계를 강조한다. 중간 경로라 할 수 있는 최소 계획 설계를 사용하면 양극단을 피할 수 있다. 계획 설계와 진화적 설계의 근본적인 차이는 다음과 같다. 계획 설계를 사용하면 아키텍처 설계를 수행하여 초기에 시간이 많이 걸린다. 하지만 시스템의 전체적인 속성을 보장하고, 설계를 미루다가 발생하는 어려움을 피하고, 하위 팀에서 조율할 기회를 제공한다. 반면 진화적 설계를 사용해 나중에 결정을 내려야 할 때 피할 수 있는 실수를 저지를 가능성이 있다. 기능에 중점을 둔 애자일 프로세스는 기능 백로그에 리스크를 추가하도록 약간 조율할 수 있으며 개발자는 제품 책임자에게 기능 및 리스크 백로그의 우선순위를 지정하는 방법을 교육해야 한다.

이 장에서 사용할 기법 목록과 따라야 할 하나의 프로세스를 규정하지 않는다는 사실에 실망한 독자도 있을 것이다. 한 프로젝트에서 잘 작동하는 기법이 다른 프로젝트에서는 부적절할 수 있으므로 설명하지 않았다. 그리고 가장 좋은 프로세스 하나를 추천하기에는 관련 데이터가 아직 충분하지 않다. 실제로 어떤 프로세스를 따를지 선택할 수는 없지만 이미 사용 중인 프로세스 내에서 리스크 주도 모델을 적용할 수 있다. 이 장에서는 프로젝트를 위해 필요한 아키텍처 설계를 수행할 수 있도록 스스로 선택하는 방법에 관한 정보를 제공하려 했다.

3.15 참고 자료

리스크의 개념은 고대 그리스에서도 언급하므로 상당히 일찍 발명했을 가능성이 있다. 하지만, 삶의 최종 결과물이 점차 부의 개념으로 대체된 17세기 말에는 현대적이고 더 일반적인 의미가 되었다[Luhmann, 1996]. 그리고 얼마 후 프로젝트 매니저는 프로젝트를 추진할 때 리스크를 사용하기 시작했다. 프로젝트 관리의 오랜 전통은 소프트웨어 프로세스 설계로 이어졌으며, 필립 크루첸[Philippe Kruchten][Kruchten, 2003], 이바 야콥슨[Ivar Jacobson], 그래디 부치[Grady Booch], 제임스 럼바우[James Rumbaugh][Jacobson, Booch and Rumbaugh, 1999]를 포함한 많은 사람이 소프트웨어 개발에서 리스크의 역할을 강조했다. 특히 아키텍처와 리스크 간의 연결에 주목했다.

배리 베임은 나선 모델[Boehm, 1988] 논문에 소프트웨어 개발 맥락에서 리스크에 관해 이야기했다. 이미 모델을 이해했더라도 흥미로운 내용이다. 리스크 주도 모델은 언뜻 보기에 소프트웨어 개발의 나선 모델과 매우 유사해보이지만 나선 모델은 설계 활동뿐만 아니라 전체 개발 프로세스에 적용한다. 나선을 한 번 돌면 소프트웨어를 분석, 설계, 개발, 테스트를 수행하는 팀이 있다. 전체 나선 모델은 시작부터 배포까지 프로젝트를 다룬다. 그러나 리스크 주도 모델은 설계에만 적용하며 거의 모든 소프트웨어 개발 프로세스에 통합할 수 있다. 또한 나선 모델은 팀이 가장 리스크가 큰 부분을 먼저 개발하도록 하지만 특정 설계 활동으로 권고하지는 않는다. 나선 모델과 리스크 주도 모델은 모두 리스크를 눈에 띄는 위치로 끌어 올린다는 공통점이 있다.

배리 베임과 리차드 터너[Richard Turner]는 리스크와 애자일 프로세스에 관한 책을 냈다[Boehm and Turner, 2003]. 그들의 판단을 요약하면 다음과 같다. 리스크를 사용하여 기민과 체계 사이의 균형을 맞추는 일의 본질은 프로젝트의 거의 모든 프로세스 측면에 간단한 질문 하나를 떠올려 적용해보는 것이다. 즉, '이 프로세스 컴포넌트를 적용할 때와 적용하지 않을 때 중 언제 더 리스크가 큰가?'

마크 덴[Mark Denne]과 제인 클레랜드 후앙[Jane Cleland-Huang]은 소프트웨어 프로젝트 관리의 측면에서 아키텍처와 리스크를 논의한다[Denne and Cleland-Huang, 2003]. 그들은 개발을 최소 시장성 기능[minimum marketable feature]으로 묶어 프로젝트를 관리하는 것을 옹호하며, 이는 점진적으로 아키텍처를 구성하는 결과를 가져온다.

리스크 주도 모델은 크리스틴 호프마이스터[Christine Hofmeister], 로버트 노드[Robert Nord], 딜립 소니[Dilip Soni][Hofmeister, Nord and Soni, 2000]가 설명한 **글로벌 분석**[global analysis]과 유사하다. 글로벌 분석은 두 단계로 구성된다. 첫 번째 단계는 조직, 기술, 제품 요소 분석이다. 두 번째 단계는 전략 개발이다. 글로벌 분석의 요소[factor]와 전략[strategy]은 리스크 주도 모델의 리스크와 활동[activity]에 매핑된다. 요소는 리스크 주도 모델의 기술적 리스크보다 광범위하다. 예를 들어 인원수 문제를 포함할 수 있다. 글로벌 분석과 리스크 주도 모델은 'Y가 문제를 일으킬 수 있어서 X를 하고 있다'와 같이 모두 구조화된 사고 과정을 표출한다는 점에서 유사하다. 책에서는 글로벌 분석의 목적이 아키텍처 설계에 들이는 노력의 양을 최적화하는 것이 아니라 모든 요소가 조사되었는지 확인하는 것이라 설명한다.

소프트웨어 엔지니어링 연구소(SEI)의 두 간행물은 리스크의 식별과 설명을 더 일관성 있고 철저하게 하도록 도와준다. 하나는 리스크를 식별하는 분류학 기반 방법을 설명하고[Carr et al., 1993] 다른 하나는 리스크를 설명하는 조건^{condition}–전환^{transition}–결과^{consequence} 형식을 도입한다[Gluch, 1994].

리스크 주도 모델은 여러분이 리스크를 인식한 부분에만 세부 사항이 있는 제한된 아키텍처 모델을 설계하도록 돕는다. 마찬가지로 데즈먼드 디수자, 앨런 윌스$^{Alan\ Wills}$, 스콧 앰블러[D' Souza and Wills, 1998; Ambler, 2002]를 포함한 여러 연구자는 오랫동안 최소 충분 모델$^{minimally\ sufficient\ model}$로 만드는 아키텍처를 지지해왔다. 프로젝트에서 구축한 모델을 프로젝트의 특성(그린필드 프로젝트[12], 브라운필드 프로젝트[13], 조율 프로젝트[14], 향상 프로젝트[15])에 맞게 조정하는 일은 관련 논문[Fairbanks, Bierhoff; D'Souza, 2006]에서 논의한다.

기법 또는 전술을 분류하는 개념은 『소프트웨어 아키텍처 이론과 실제』(에이콘출판사, 2015)의 속성 주도 설계$^{Attribute-driven\ design}$(ADD) 맥락에서 설명된다[Bass, Clements and Kazman, 2003]. 속성 주도 설계는 글로벌 분석과 마찬가지로 품질 속성에서 전술(11.3.4절에서 논의함)로의 매핑에 의존한다. 개발 기법을 매핑한다는 이 책의 개념은 본질적으로 리스크 주도 설계와 유사하다. 속성 주도 설계는 개발자를 적절한 설계(패턴)로 안내하지만 리스크 주도 모델은 개발자를 성능 모델링이나 도메인 분석과 같은 기법 혹은 활동으로 안내한다. 리스크 주도 모델은 나선 모델에서 리스크를 촉진하고 속성 주도 설계의 표 형식 매핑을 적용하여 리스크를 기법에 매핑한다고 볼 수 있다.

적용할 전술이나 기법을 아는 것은 소프트웨어 아키텍처 핸드북에 포함할 귀중한 지식이며 초보 개발자의 학습을 가속할 것이다. 메리 쇼와 데이비드 갈란[Shaw and Garlan, 1996]이 설명했듯이 이러한 지식은 이미 거장의 머릿속에 있다. 아키텍처 설계 분야가 지식을 더 잘 포함

---

12 옮긴이_ 기존 내용 없이 처음부터 개발하는 프로젝트
13 옮긴이_ 기존 내용을 보완하거나 대체하면서 개발하는 프로젝트
14 옮긴이_ 기존 내용에서 큰 변화 없이 컴포넌트간의 상호 조율(coordination)을 수행하는 프로젝트
15 옮긴이_ 기존의 내용에서 기능을 향상하는 프로젝트

할수록 더 간결해지고 차세대 개발자가 더 빨리 흡수하고 더 멀리 볼 수 있다.

이 장에서는 전술과 기법을 표로 설명했지만, 원래 크리스토퍼 알렉산더[Christopher Alexander]가 건축 도메인[Alexander, 1979; Alexander, 1977]에서 설명했듯이 패턴 언어로 표현할 수 있으며 나중에 『GOF의 디자인 패턴』(프로텍미디어, 2015)에서 소프트웨어 설계에 적용되었다 [Gamma et al., 1995].

마틴 파울러의 에세이 'Is Design Dead?'[Fowler, 2004]는 진화적 설계와 이를 작동하는 데 필요한 애자일 실천법을 소개한다.

리스크 주도 소프트웨어 개발과 애자일 프로세스를 병합하는 일은 열린 연구 영역이다. 이아나 누포드[Jaana Nyfjord]의 논문[Nyfjord, 2008]은 조직의 제품과 프로젝트 전반에 걸쳐 리스크의 우선순위를 정하는 리스크 관리 포럼을 만들기를 제안한다. 여기서 목표는 모든 프로젝트 리스크의 하위 집합에 불과한 아키텍처 리스크를 처리하는 것이므로 프로세스를 조금만 변경해도 효과가 있을 수 있다.

이 책에서는 요구사항을 협상할 수 없다고 가정하고 리스크를 활용하여 사용할 기법과 적용할 기법의 수를 결정한다. 또한 요구사항이 변경될 수 있다고 가정하고 프로젝트 범위를 결정하는 데 이를 사용할 수도 있다. 이러한 정량적 기법은 이 논문[Feather and Hicks, 2006]에서 설명했으며, 그 결과 여러분이 감수하는 리스크에 가장 큰 이점을 제공하는 요구사항 모음이 된다.

더 가벼운 프로세스를 원하는 개발자에게는 애자일 방법론이 인기가 있다. 스콧 앰블러 [Ambler, 2009]는 아키텍처를 애자일 프로세스에 통합하는 방법의 개요를 제공하고 마틴 파울러[Fowler, 2004]는 진화적 설계가 계획 설계를 보완하는 방법을 설명한다. 배리 베임과 리차드 터너[Boehm and Turner, 2003]는 빠르게 움직이기와 제대로 하기에 관해 논의한다. 소프트웨어 아키텍처의 실제 프로세스에 대한 철저한 처리는 『The Process of Software Architecting』(AddisonWesley Professional, 2009)[Eeles and Cripps, 2009]에서 찾을 수 있다.

CHAPTER 4

예제: 홈 미디어 플레이어

이 책은 개발자가 엔지니어링 리스크를 식별하고 이를 완화하는 일련의 아키텍처와 설계 기법을 선택하는 소프트웨어 아키텍처에 대한 리스크 주도 접근 방식을 지지한다. 어떤 개발자가 리스크와 무관한 기법을 선택하겠는가? 그러나 대부분의 개발자는 리스크 주도 접근 방식을 따르지 않는다. 이 장의 목표는 리스크 주도 접근 방식이 리스크를 단순히 개발자가 고려해야 하는 항목으로 보지 않고, 리스크가 설계 작업을 어떻게 주도할 수 있는지 보여주는 것이다.

여기서 설명하는 내용은 리스크 주도 접근 방식의 차이점을 강조하려고 과장한 예다. 리스크 주도 접근 방식을 따르는 개발자는 머릿속에 계속 반복되는 질문이 있다고 느낄 수 있다. 다루어야 하는 리스크는 무엇인가? 이를 줄이는 가장 좋은 기법은 무엇인가? 리스크가 완화되어 구현을 시작(또는 재개)할 수 있는가? 리스크를 줄여 실패를 피하는 것이 개발자 행동의 주요 동력이다. 모든 재귀 알고리즘처럼 리스크 주도 접근 방식에도 종료 조건이 있으므로 개발자는 설계 주기에서 벗어나 최대한 빨리 구현을 시작할 수 있다.

3장에서는 소프트웨어 아키텍처의 리스크 주도 모델을 설명했다. 이 장에서는 리스크 주도 모델이 어떻게 작동하는지 파악할 수 있도록 적용 예제를 보여준다. 애자일이나 나선 개발 프로세스에 맞도록 아키텍처 모델링을 최소화하는 방법, 소프트웨어 아키텍처 기법을 적용하는 방법, 설계를 중지하고 프로토타이핑이나 구현을 시작할 시기를 보여주는 등 다른 목표도 있다. 이 장에서는 다음과 같은 홈 시어터 미디어 플레이어를 예로 든다.

홈 미디어 플레이어는 텔레비전과 스테레오 스피커에 연결해 미디어(음악, 비디오, 사진 등)를 재생하는 컴퓨터다. 단일 오디오 및 비디오 출력이 있는 랩톱과 같은 일반 컴퓨터이고 텔레비전(선택적으로 스테레오 스피커)에 연결한다. 홈 미디어 플레이어는 로컬 하드 디스크에 저장된 여러 형식의 미디어를 재생하거나 인터넷에서 스트리밍을 받아 재생한다. 음악을 재생하면서 사진 슬라이드 쇼를 보여주거나 비디오를 재생하고 해당 비디오의 정보를 찾아볼 수 있다. 서드 파티는 시스템이 스트리밍 미디어를 재생하거나 인터넷 사이트에서 메타데이터(예: 노래 가사나 배우의 이력)를 수집하도록 확장 기능을 구축할 수 있다.

이 예제는 실제 시스템의 코드 수준 검사에서 발견하고 차용했다. 이 시스템은 어떤 면에서는 성능과 신뢰성 문제가 있는 프로토타입prototype 시스템 문제와 유사하고, 다른 면에서는 음악 및 비디오의 복잡한 메타데이터 처리 문제가 있는 IT 프로젝트 관련 문제와 비슷하기 때문에 흥미로운 예다. 결과적으로 하나의 예에서 다양한 타입의 리스크와 기법을 볼 수 있다.

이 장은 시간순으로 구성된다. 우리가 프로토타입 홈 미디어 플레이어Home Media Player를 구축하는 팀의 일원이라고 가정하고 개발을 진행하면서 발생하는 세 가지 문제를 해결해야 한다.

1 팀 커뮤니케이션

시스템을 성공적으로 구축한 뒤 프로젝트를 키우기 위해 새로운 개발자를 원격지에 추가했다. 우리는 새로운 개발자가 설계와 아키텍처를 이해하지 못하고 비효율적으로 기여하거나 실수로 아키텍처를 망칠 수도 있다는 점을 걱정한다.

2 상용 기성품(COTS) 컴포넌트 통합

프로토타입 시스템은 단일 플랫폼에서만 실행했다. 시스템을 다른 플랫폼에서 실행할 수 있도록 타사의 상용 기성품(COTS) 컴포넌트를 시스템에 통합해야 한다. 새로운 컴포넌트 통합에 문제가 발생하지 않을까 걱정한다.

3 메타데이터 일관성

음악 및 비디오 메타데이터를 표현하는 방법에는 여러 가지가 있다. 내부 메타데이터 표현이 인터넷에서 찾은 것과 호환되지 않아서 서드 파티가 확장 기능을 구축하지 못할까 걱정한다.

이 장의 초점은 리스크 주도 접근 방식의 예를 보여주는 것이므로 소프트웨어 개발의 많은 측면을 다루지 않는다. 여기서는 요구사항을 완벽하게 이해했다고 가정하므로 요구사항을 학습하는 방법이나 표현하는 방법은 다루지 않는다. 개발 팀 내에서 다른 역할을 구분하지 않는다. 프로세스에 구애받지 않는다. 그리고 팀과 프로젝트 후원자가 품질 속성 우선순위에 완벽하게 동의한다고 가정한다. 여기서 다루지 않는 것들도 중요하지만 설계에 집중하려고 생략했다.

이 장에서는 아키텍처 개념을 적용하고 2부에서 설명하는 아키텍처 모델을 사용하지만, 여러분은 이전에 비슷한 내용을 접했을 것이고 장을 진행하면서 설명하므로 그리 어렵지 않을 것이다.

4.1 팀 커뮤니케이션

우리는 홈 미디어 플레이어 시스템의 성공적인 프로토타입을 구축한 팀의 일원이며 같은 장소에서 오랜 시간 동안 작업하면서 스타트업 방식으로 시스템을 개발했다. 모든 개발자가 설계 결정에 참여했고 아키텍처와 상세 설계를 알지만 설계 내용은 우리 머릿속에만 있다. 우리의 프로토타입을 활용해 회사에서 올해 말 제품을 출시할 계획이라고 들었다. 회사는 프로젝트에 개발자를 추가하기로 했다. 새로운 개발자는 우리 팀과 같은 장소에서 근무하지 않으며 도메인이나 시스템을 알지 못한다.

우리가 만든 프로토타입을 출시 가능한 제품으로 만드는 급속한 추진 과정에서 새로운 개발자가 의도치 않게 설계에 어긋나는 코드를 작성하지 않을까 걱정한다. 이를 때때로 아키텍처 침식architectural erosion이나 아키텍처 드리프트architectural drift라고 부른다[Perry and Wolf, 1992]. 그들이 만든 오류를 발견하더라도 우리는 프로젝트에 개발자를 추가하는 일에 대한 프레더릭 브룩스의 조언[1]을 기억한다[Brooks, 1995]. 그래서 우리는 새로운 개발자가 얼마나 빨리 독립적으로 기여하고 출시 마감일을 맞추는 데 도움을 주는 생산적인 구성원이 될지를 걱정한다.

우리는 새로운 개발자에게 설계를 전달하여 리스크를 해결하기로 했다. 이 과정에서 도메인, 설계, 코드 모델이라는 세 가지 기본 모델과 모듈 뷰, 런타임 뷰, 할당 뷰라는 세 가지 기본 아키텍처 뷰타입을 고려한다. 리스크를 해결하는 기법을 적용할 때 새로운 개발자가 시스템의 이러한 측면을 얼마나 잘 이해하는지 생각한다. 우리는 가장 저렴한 기법으로 시작하여 리스크가 잦아질 때까지 비용이 더 많이 드는 기법을 선택한다.

1　옮긴이_ 이는 '브룩스의 법칙'을 가리키며 '개발 프로젝트에 인력을 더하는 일은 개발을 늦출 뿐이다'라는 의미다.

4.1.1 소스 코드 읽기

우리의 프로토타입 시스템은 아직 그다지 크지 않으므로 단순히 새로운 개발자에게 소스 코드를 읽으라고 요청해도 된다. 이는 꽤 효과적일 수 있으며 코드가 이미 존재하므로 기존 팀이 시간이나 노력을 들일 필요가 없다. 하지만 추가 다이어그램이나 문서를 작성하려면 노력이 필요하다. 우리는 소스 코드를 읽어 학습하는 방식을 지지하는 '소스를 사용해, 루크'[2]라든가 '코드는 진실이다'[3]와 같은 농담과 같은 수준의 가이드를 따르려는 유혹을 받는다.

[그림 4-1]에서 볼 수 있듯이 우리의 코드는 파일 시스템의 디렉터리로 구성되며 이러한 구성은 코드를 살펴보는 사람의 이해를 돕는 몇 가지 단서를 제공한다. 우리가 외부 라이브러리를 사용하며 코드가 크게 애플리케이션, 그래픽 사용자 인터페이스(GUI), 미디어 플레이어로 나뉨을 알 수 있다. 하지만 이러한 대략적인 나눔이 모듈인지 분명하지 않으며, 디렉터리 구조만으로는 모듈 간의 종속성을 표현할 수 없다.

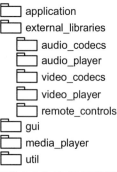

그림 4-1 홈 미디어 플레이어(Home Media Player) 소스 코드의 디렉터리 구조. 디렉터리 구성은 이해를 돕는 단서를 제공하지만 각 디렉터리가 소스 코드 모듈에 해당한다고 가정해서는 안 된다

코드를 유일한 커뮤니케이션 수단으로 사용하는 데는 제한이 있다. 우리의 특정 시스템은 코드 품질에 우려가 있는 프로토타입이며, 고유한 모델과 코드 사이의 간극을 알고 있다(10.1절 참조). 즉, 설계가 머릿속에만 존재하기에 코드만으로는 설계 의도를 파악하기 어렵다. 한 팀으로서 설계 결정에 관해 토론하고, 장단점을 발견하고, 의도적으로 설계 제약을 부과했지만, 이 중 어느 부분도 코드에 표현되지 않았다.

2　옮긴이_ 'Use the source, Luke'는 스타워즈에서 'Use the force, Luke'라는 대사를 변형한 프로그래머 사이의 농담이다.

3　옮긴이_ 애자일 개발이나 리펙터링과 같은 진화적 설계를 지지하는 측면에서는 소스가 문서를 대체할 수 있다고 주장한다.

또한 모든 새로운 개발자에게 며칠 동안 코드를 읽도록 요청하는 일은 비효율적인 시간 낭비일 수 있다. 준비 기간이 있더라도 많은 사람이 코드를 샅샅이 뒤지는 방식보다 누군가가 직접 의사소통하거나 설계 문서를 작성하는 편이 더 효율적일 것이다.

소스 코드는 모듈 뷰타입과 코드 모델을 전달할 수 있지만 다른 뷰타입(런타임 및 할당)과 다른 기본 모델(도메인 모델 및 디자인 모델)은 전달하지 못한다. 우리가 배포하는 하드웨어가 하나뿐이므로 할당 뷰타입은 건너뛸 수 있다. 우리는 커뮤니케이션 리스크를 줄이는 방법을 계속 모색하기로 했다. 리스크 완화 여부에 관한 결정은 객관적이지는 않지만 목표(설계를 전달하여 리스크 줄이기)가 명확하고 일부 지표(뷰타입 및 기본 모델의 지원 범위)를 사용할 수 있다는 장점이 있다.

4.1.2 모듈 모델

설계를 새로운 개발자에게 전달하기로 결정한 후, 만들기 쉬운 뷰인 모듈 모델을 만들기 시작했다. 계층 다이어그램을 선택할 수도 있었지만 우리 시스템은 계층layer 아키텍처 스타일을 사용하지 않아서 이를 선택하지 않았다. 앞에서 본 디렉터리 구조와는 달리 모듈 모델은 모듈과 모듈 간의 종속성을 명확하게 보여준다. 여기에는 공급 업체별 API 종속성이 없거나 순환 종속성dependency cycle[4]이 없어야 하는 등의 추가 제약 조건이 포함될 수 있다. 더 주의를 기울였다면 우리 모듈은 디렉터리 구조와 더 밀접하게 일치했을 것이다(10.3절 참조).

[그림 4-2]는 우리 시스템의 모듈과 의존성을 보여준다. 모듈 모델을 살펴볼 새로운 개발자는 모듈 이름에서 주요 기능 영역을 추론할 수 있으며 모듈 간의 종속성을 보고 일부 표준 시나리오가 작동하는 방식을 추론할 수 있다. 예를 들어, Remote Control 모듈에서 User Interface로 재생(play) 명령이 들어오면 Application Logic이 현재 선택한 노래를 재생하도록 지시하고, Audio Player에게 노래 파일을 읽어서 적절한 코덱을 사용하여 디코딩하도록 지시한다. 디코딩 결과는 ALSA API로 전달해서 재생한다. 이 시나리오를 파악하는 데는 상당한 노력이 필요하지만 잘 선택한 모듈 이름이 추측에 도움을 준다.

---

4 옮긴이_ 모듈이 서로 직접 또는 간접적으로 종속성을 가지는 관계. 어느 한쪽을 변경하면 다른 모듈이 영향을 받으므로 좋은 아키텍처가 아니다.

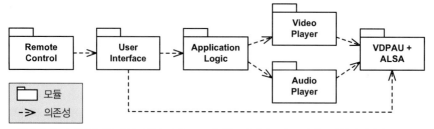

그림 4-2 홈 미디어 플레이어 시스템의 모듈 구조. 이러한 모듈은 [그림 4-1]에 표시한 디렉터리 구조와 일치하지 않으며 디렉터리로는 모듈 의존성도 알아낼 수 없다

우리는 모듈 모델에 도메인 용어(예: 코덱)와 기술적 세부 정보(예: VDPAU[5], ALSA[6] API)가 포함됨을 안다. 다행히도 비표준 도메인에서 작업하지 않으므로 새로운 개발자에게 기존 표준 관련 참고 자료를 알려줄 수 있다. 우리 회사는 오디오/비디오 도메인 및 관련 기술을 설명하는 여러 웹 페이지의 링크를 수집해두었다.

새로운 개발자들은 이제 리스크를 재평가하면서 만든 코드 모델과 모듈 뷰타입의 도움을 받으며 도메인을 충분히 이해할 수 있을 것이다. 그러나 런타임 뷰타입은 아직 명확하지 않다. 신규 개발자는 모듈을 기반으로 추측을 하거나 소스 코드를 보면서 머릿속으로 동작시켜봐야 한다. 또한 많은 설계 문제, 특히 홈 미디어 플레이어가 다른 미디어 플레이어와 어떻게 다른지가 명확하지 않다. 품질 속성 우선순위, 절충점, 시나리오, 아키텍처 드라이버에 관해 논의하기로 했다. 이는 우리가 설계를 선택한 이유를 포함한 설계 문제의 배경지식을 제공해야 한다.

4.1.3 품질 속성과 설계 결정

우리 팀은 이해관계자에게서 품질 속성의 우선순위를 정하는 데 도움이 될 충분한 설명을 듣지 못했다. 하지만 이러한 정보를 얻기 위한 참고용으로 다른 미디어 플레이어가 어떻게 정상 동작하고 오동작하는지 살펴보았다. 여기서 몇 가지 관련 품질 속성을 찾아내고 다음과 같이 우선순위를 지정했다.

---

5 옮긴이_ Video Decode and Presentation API for Unix의 약자로 비디오 프로그램이 GPU의 비디오 디코딩 ASIC에 접근하여 비디오 디코딩 프로세스 및 비디오 후처리의 일부를 CPU에서 GPU로 오프로드할 수 있도록 해주는 API다.
6 옮긴이_ 고급 리눅스 사운드 아키텍처(Advanced Linux Sound Architecture)

사용자 인터페이스 응답성(레이턴시) 〉 오디오/비디오 재생 부드러움(일관되게 정해진 시간에 프레임 재생) 〉 신뢰성reliability 〉 수정가능성modifiability 〉 재생 효율성(프레임 레이트) 〉 이식성portability[7]

대부분의 미디어 플레이어는 오디오와 비디오를 재생하는 기본적인 작업을 수행한다. 하지만 사용자 인터페이스가 느려서 만족스러운 해결책을 제공하지 못할 때가 많다. 또한 미디어 플레이어마다 부드럽고 안정적인 재생을 제공하는 능력이 다르며 이것이 좋은 시스템이라는 인식에 큰 영향을 미친다는 점을 발견했다. 우리는 시스템을 하드웨어와 함께 번들로 제공하기로 구상했기 때문에 이식성은 큰 문제가 아니었다.

우리는 결정을 내려야 할 두 가지 트레이드오프를 확인했다.

- **트레이드오프(이식성과 부드러운 재생)**

  이식성을 확보하려면 일반적으로 소프트웨어 계층을 추가하여 다른 하드웨어나 소프트웨어 플랫폼에 일정한 인터페이스를 제공해야 한다. 안타깝게도 이 새로운 계층은 재생에 소요되는 레이턴시를 늘리고, 오디오 피델리티fidelity[8]를 떨어뜨린다. 여기서는 부드러운 재생을 우선시하므로 플랫폼별 API에 직접 코딩했다. 따라서 이식성을 확보하기가 더 어려워질 것이다.

- **트레이드오프(재생 효율성과 수정가능성)**

  비디오 소스나 코덱에 따라 비디오 재생, 특히 프레임 레이트frame rate[9]를 미세 조정하여 재생 효율성을 향상할 수 있을 때가 많다. 그러나 우리가 선택한 하드웨어에서 대부분의 비디오가 충분히 효율적으로 재생되었다. 따라서 수정가능성에 더 집중해서 새로운 코덱과 비디오 소스를 쉽게 연결할 수 있는 시스템을 구축하기로 했다.

우리는 품질 속성 시나리오를 작성하지 않았지만 두 가지 시나리오에 관해 자주 이야기하고 설계와 테스트에서 아키텍처에서 중요한 요구사항인 아키텍처 드라이버로 사용했다. 이 두 시나리오가 우리 미디어 플레이어의 두 가지 최우선 품질 특성을 다루고, 기술적으로 달성하기가 어려웠으므로 이러한 요소를 드라이버, 즉 동인이라고 판단했다.

- **아키텍처 드라이버**

  사용자가 리모컨에서 일시 중지를 누르는 등의 명령을 내리면 시스템은 50ms 이내에 명령 수행을 마쳐야만 한다. 인터넷에서 비디오 스트림 재생을 시작할 때와 같이 50ms의 명령 처리 기한을 맞출 수 없을 때는 시스템에서 예상 대기시간을 보여주는 피드백(예: 진행 표시줄progress bar)을 제공해야 한다.

---

7 옮긴이_ 한 소프트웨어를 다른 환경에서 사용하기 위한 변경이 얼마나 용이한지의 정도를 의미한다.

8 옮긴이_ 오디오 음원이 원본을 얼마나 정확하게 재현하는지를 나타낸다.

9 옮긴이_ 동영상은 여러 개의 연속되는 이미지를 보여주는 것과 같다. 이때, 화면에 연속하여 이미지를 보여주는 빈도를 의미한다.

- **아키텍처 드라이버**

  로컬 디스크의 레퍼런스 H.264/MPEG-4 AVC 비디오는 레퍼런스 하드웨어에서 원활하게 재생되어야 한다.

우리는 품질 속성의 우선순위와 일치하는 몇 가지의 설계 결정을 내렸다. 우리 팀은 대안을 논의하는 데 상당한 시간을 사용했고, 소스 코드만으로는 이해하기 어려운 부분이므로 새로운 개발자용 설명에 설계 결정을 포함했다.

- **설계 결정**: 각 최상위 컴포넌트를 (운영체제에서 제공하는 서비스와 비슷하게) 독립된 프로세스에서 실행하여 각 컴포넌트에서 발생할 수 있는 오류를 분리하고 신뢰성reliability을 높인다.
- **설계 결정**: Media Rendering/Playback 컴포넌트와 Media Buffer 컴포넌트 사이의 고속 데이터 통신을 위해 공유 메모리shared memory를 사용하여 레이턴시를 최소화한다.
- **설계 결정**: 디스크 및 인터넷 데이터 소스는 스트림이 잠재적으로 불안정하기 때문에, RAM에 버퍼링해서 원활한 재생을 보장한다.
- **설계 결정**: 모든 미디어 메타데이터는 소스 파일에 포함된 메타데이터(예: ID3 태그)와 중복되더라도 Metadata Repository에 저장한다.
- **설계 결정**: Media Player Core 컴포넌트만 메타데이터 리포지토리의 쓰기 권한이 있다.

이 시점에 우리는 컴포넌트, 커넥터, 시나리오를 포함한 시스템의 런타임 동작을 명확히 기록해두지 않았다. 통신 경로, 컴포넌트 이름(Metadata Repository, Rendering/Playback, Media Buffer), 커넥터(공유 메모리shared memory, 메시지 패싱message passing, 데이터베이스 쓰기database writing) 등 런타임 요소만 언급했다. 우리는 이를 새로운 개발자들에게 명확하게 설명하기로 했다.

4.1.4 런타임 모델

런타임 컴포넌트와 커넥터를 최소한의 노력으로 가장 잘 설명하는 방법은 [그림 4-3]처럼 해당 컴포넌트와 커넥터를 나열하는 것이다. 컴포넌트나 커넥터에 책임responsibility을 할당해서 각각 무엇을 하는지 설명하므로, 이후에 **아키텍처 드리프트**architectural drift가 발생할 가능성을 줄여 준다. 새로운 개발자가 각 컴포넌트와 커넥터의 역할을 이해하고, 새로운 동작을 추가하기에 적절하지 않은 곳에 임시방편으로 억지로 적용할 가능성이 줄어들기 때문이다. 이 표는 만들기 쉬운 목록이지만 시스템 설계의 한 가지 뷰view다. 모든 뷰가 그래픽이어야 하는 것은 아니다.

컴포넌트 또는 커넥터	책임
Media Rendering/Playback	미디어 파일을 재생하여 오디오 및 비디오 출력으로 보냄. 메뉴와 같은 사용자 인터페이스의 요소를 출력
Media Player Core	동작을 조율하는 사용자 인터페이스 및 로직을 포함한 미디어 플레이어 애플리케이션의 핵심 로직
Command Input	리모컨, 키보드 등에서 발생하는 사용자 제스처(예: 버튼 누르기, 마우스 움직임)를 수집하고 공통 이벤트로 변환
Media Buffer	데이터 스트림의 지터^{jitter}[10]를 줄이기 위해 미디어 파일을 메모리에 캐시함. 공유 메모리에서 데이터를 사용할 수 있도록 함
Metadata Repository	모든 미디어 파일의 메타데이터(예: 노래 이름, 영화감독)가 포함된 데이터베이스
Media Files	일반 파일 시스템에 저장된 미디어 파일. 로컬 스토리지 또는 마운트된 원격 드라이브일 수 있음
Messaging Connector	양방향 메시지를 전달할 수 있도록 하는 비동기식 커넥터$^{asynchronous connector}$
Shared Memory Connector	레이턴시를 최소화하는 공유 메모리$^{shared memory}$와 손상을 방지하는 락^{lock} 기능으로 구현된 동기식 커넥터. 이 커넥터를 사용하는 두 컴포넌트는 동일한 기기에 배포해야 함
Pipe Connector	한 방향으로만, 순서대로 메시지를 전달하는 비동기식 커넥터
DB Connector	SQL을 사용하여 데이터베이스에서 데이터를 추출하는 동기식 커넥터
Internet Connector	HTTP와 같은 인터넷 프로토콜을 사용하여 인터넷에서 데이터를 검색하는 동기식 커넥터
Filesystem Connector	파일 시스템에서 데이터를 읽는 동기식 커넥터. 메모리 맵 입출력$^{memory mapped I/O}$을 사용해서 성능 향상

그림 4-3 컴포넌트와 커넥터 책임 목록

이 표는 작동 방식에 관한 모든 질문의 답을 제공하지는 않지만, 새로운 개발자에게 런타임에 존재하는 컴포넌트와 커넥터의 종류를 알려 준다. 그들은 정보에 입각해 모든 것이 어떻게 조화를 이루는지를 추측할 수 있다. 한 단계 더 나아가 컴포넌트 조립 다이어그램$^{component assembly diagram}$을 그려서 이를 명시적으로 보여줄 수 있다. [그림 4-4]는 홈 미디어 플레이어 시스템의 컴포넌트와 커넥터 인스턴스의 정상 상태 구성을 보여준다. 시스템에 흥미로운 시작이나 종료 구성이 있을 때는 관련한 컴포넌트 조립 다이어그램을 추가로 그릴 수 있지만, 이 시스템은 그렇지 않으므로 하나의 다이어그램만 유지한다.

---

10 옮긴이_ 규칙적으로 오는 신호가 흔들리는 현상 또는 흔들림 정도를 의미한다.

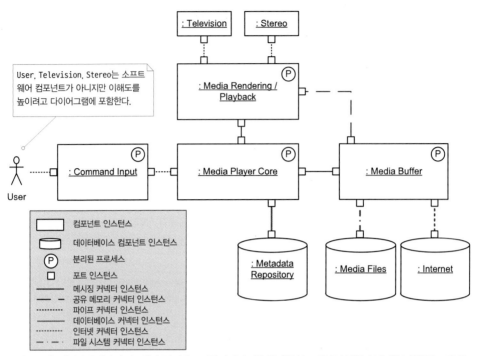

그림 4-4 홈 미디어 플레이어 시스템의 컴포넌트 조립 다이어그램. 범례를 보고 얼마나 많은 설계 세부 사항이 드러나는 지 확인하자

위 그림의 사용자(User), 텔레비전(Television), 스테레오(Stereo)는 소프트웨어 컴포넌트가 아니다. 컴포넌트 조립 다이어그램을 엄격하게 만들 때는 이를 생략하지만, 여기서는 규칙을 유연하게 적용하여 다이어그램의 컴포넌트로 포함한다. 이렇게 하여 어떤 컴포넌트가 오디오 및 비디오 스트림을 생성하고 어떤 컴포넌트가 사용자에게서 명령을 수신하는지 명확하게 한다. 그렇지 않으면 컴포넌트와 커넥터의 책임을 설명하는 표를 번갈아 보아야 하거나, 독자를 혼란스럽게 할 수 있다. 두 컴포넌트 사이의 커넥터가 있다는 점은 두 컴포넌트가 런타임에 서로 통신한다는 의미임을 알아 두자. 이는 모듈 다이어그램module diagram에서 설명한 종속성dependency(한 모듈의 변경 사항이 다른 한쪽 모듈에만 영향을 미칠 수 있음)과는 다르다. 이 시스템에는 각 컴포넌트 타입의 인스턴스가 하나뿐이지만 키보드와 리모컨과 같이 명령 입력(Command Input) 컴포넌트의 두 인스턴스가 있다고 상상할 수 있다.

이 컴포넌트 조립 뷰는 중요한 이슈에 주의를 집중시키는 데 효과적이다. 커넥터에 애너테이션annotation을 달아서 데이터 타입이 빅 엔디언big endian인지 리틀 엔디언little endian인지 표시할 수 있다. 하지만 이는 우리의 리스크가 아니므로 오히려 주의를 분산시키기만 했을 것이다. 대신, 모델에 우리가 올바르게 처리하기 원하는 이슈의 세부 정보를 포함했다. 중요하지 않은 부분을 제외한 구체적인 세부 사항을 보여줌으로써 새로운 개발자에게 우리가 고민하는 것이 무엇인지를 전달할 수 있다.

모듈 뷰와 마찬가지로 새로운 개발자가 컴포넌트가 어떻게 작동하는지 추측하도록 할 수 있지만 이번에는 많은 컴포넌트를 통해 대표적인 동작을 추적하여 살펴볼 수 있는 기능 시나리오functionality scenario를 제공하기로 했다. [그림 4-5]는 사용자의 명령이 컴포넌트를 거쳐 가는 방식을 보여준다. 이와 같은 하나의 시나리오가 모든 동작을 보여주지는 않지만 빠르게 만들 수 있고 이해하기 쉽다. 시스템이 지원하는 작업 목록을 만들어서 특성 시나리오를 보완할 수도 있지만, 새로운 개발자는 동작하는 프로토타입을 조작해볼 수 있으므로 오해할 염려가 거의 없다.

- 이름: 재생 중인 비디오 일시 중지

- 초기 상태: 비디오 재생 중.

- 참가 컴포넌트: User, Command Input, Media Player Core, Media Rendering/Playback

- 단계

  1. User가 리모컨의 일시 중지 버튼을 누른다.

  2. Commend Input 컴포넌트는 버튼 누름을 수신하고 이를 일시 중지 버튼으로 해석한다. PAUSE BUTTON PRESSED 메시지를 이벤트 버스를 통해 Media Player Core 컴포넌트로 보낸다.

  3. Media Player Core는 현재 재생 상태를 PLAYING으로 알고 있으며 현재 재생 중인 비디오의 재생을 일시 중지하려는 메시지로 해석한다. PAUSE VIDEO PLAYBACK 메시지를 Media Rendering/Playback 컴포넌트로 보낸다.

  4. Media Rendering/Playback 컴포넌트는 현재 비디오 프레임을 고정하고 오디오 재생을 일시 중단한다. Media Buffer에서 데이터 가져오기를 중단한다. 비디오가 일시 중지되었음을 나타내는 메시지를 Media Player Core에 보낸다.

  5. Media Player Core는 현재 재생 상태를 PAUSED로 업데이트한다.

그림 4-5 명령을 해석하고 비디오를 재생하려고 컴포넌트가 협력하는 방법을 설명하는 기능 시나리오로, [그림 4-4]의 컴포넌트 조립 다이어그램에 적용된다

4.1.5 되돌아보기

개발 팀이 설계를 이해하고 아키텍처 드리프트를 피하도록 하는 일은 어렵다. 우리는 같은 장소에서 일하지 않는 새로운 개발자에게 프로젝트 설계를 전달해야 하는 문제에 직면했다. 만약 프로토타입이 그리 크지 않았다면 새로운 개발자가 코드를 보고 시스템을 파악하도록 할 수 있었을 것이다. 그러나 우리는 모델과 코드에 격차가 있으며 상당량의 설계 의도가 코드에 존재하지 않는다는 점을 알았다. 그래서 우리 팀이 시스템에 관한 문서를 작성하는 편이 리스크가 적고 효율적일 것이라 판단했다.

문서를 만들 때, 세 가지 기본 모델(도메인, 디자인, 코드 모델)과 세 가지 기본 아키텍처 뷰타입(모듈, 런타임, 할당 뷰)을 제공함을 알고 있었다. 가장 쉬운 문서로 시작하여 비용이 더 드는 부분을 점진적으로 추가했다. 단계마다 리스크가 충분히 줄었는지 자문하고 뷰타입과 모델에 대한 적용 범위를 기반으로 평가하여 설계 작업의 정도를 조정했다. 가능하면 완벽한 모델을 그림으로 그리기 보다는 대표가 되는 중요한 모델과 작성하기 용이한 텍스트 모델을 만들었다. 우리는 그래픽 모델인 모듈과 컴포넌트 조립도를 만들기로 했다. 컴포넌트 조립도는 비교적 만들기 쉽고 텍스트 모델보다 더 많은 정보를 전달하기 때문이다. 우리는 기본 모델과 뷰타입이 만들어졌을 때 설계를 중단했다. 이 정도 수준의 설계라면 새로운 개발자가 시스템을 기본적으로 이해하고 이를 기반으로 상세한 지식을 키울 수 있다고 믿었기 때문이다.

4.2 상용 기성품 컴포넌트 통합

이제 단일 플랫폼에서 작동하는 프로토타입과 시스템을 이해하는 새로 확장된 팀을 갖추었으므로 홈 미디어 플레이어가 여러 플랫폼에서 작동하도록 해야 한다. 그러려면 모든 주요 플랫폼에서 작동하는 Cross Platform AV라는 새로운 컴포넌트를 사용해야 한다. 또한 파트너 회사에서 제공하는 NextGenVideo라는 새로운 비디오 렌더링 컴포넌트를 사용해야 한다. 이러한 컴포넌트는 오픈소스 컴포넌트나 비상업적 그룹에서 제공할 때도 보통 상용 기성품 (COTS) 컴포넌트라고 부른다. 좋은 소식은 NextGenVideo 컴포넌트가 현재 비디오 컴포넌트보다 성능이 뛰어나고 더 많은 종류의 비디오 파일을 재생한다는 점이다. 나쁜 소식은 소스 비디오 파일이 불완전할 때 충돌^{crash}[11]이 발생하기로 유명하다는 점이다.

요청받은 사항에 따라 실패 리스크 목록을 작성한다. 우리가 파악한 리스크 중 일부는 품질 속성과 관련 있고 다른 일부는 기능과 관련 있다.

1 통합(integration)

새롭게 도입하는 컴포넌트를 아키텍처에 맞출 수 있는가? 아키텍처 불일치 문제^{architecture mismatch problem}에 직면하게 되는가(15.7절 참조)? NextGenVideo와 Cross Platform AV에 관해 거의 알지 못하며 두 가지 새로운 컴포넌트가 우리 시스템과 호환되는지조차 확신하지 못한다.

2 신뢰성(reliability)

NextGenVideo 컴포넌트가 충돌로 유명하므로 NextGenVideo에서 발생하는 이슈에서 전체 홈 미디어 플레이어 시스템을 분리하여 격리해야 한다. 충돌이 발생하지 않기를 원하며 소스 코드를 확보하여 고칠 수 있기를 바라지만, 그렇게 하지 못하면 충돌 문제를 감수하면서 워크 어라운드^{work around}[12]를 적용해야 한다.

3 온 스크린 디스플레이(on-screen display, OSD)

이전 비디오 컴포넌트는 온 스크린 디스플레이(OSD)[13]와 비디오 재생을 모두 처리했지만 NextGenVideo 컴포넌트는 재생만 수행한다. 새로운 컴포넌트는 디스플레이 자원을 활용하여 온 스크린 디스플레이 동작을 하지 못하게 할 수 있다.

4 레이턴시(latency)

우리의 두 가지 아키텍처 드라이버는 사용자 인터페이스의 레이턴시와 일관된 부드러운 재생이다. 시스템에 새로운 컴포넌트를 도입하여 추가적인 처리 시간이 예상된다. 이로 인해 이 두 아키텍처 드라이버와 관련된 성능 저하가 걱정된다.

이러한 리스크는 서로 관련이 있다. 예를 들어 통합 문제를 해결하는 방법은 신뢰성과 레이턴시에 영향을 미친다. 새로운 컴포넌트를 통합할 수 없으면 레이턴시나 신뢰성 분석을 시작할 수 없으므로 먼저 통합을 확인하기로 결정한다.

4.2.1 신규 컴포넌트 통합

우리는 새로운 컴포넌트를 거의 알지 못하므로 관련 분석을 시작했다. NextGenVideo 컴포넌트가 Cross Platform AV 컴포넌트와 수정 없이 바로 작동한다는 사실을 알아서 안심이 된

---

11 옮긴이_ 현업에서는 '크래시'도 많이 사용한다. 이는 프로그램이 비정상적인 동작을 하여 멈춤을 의미한다.

12 옮긴이_ 근본 원인(root cause)를 해결하여 문제를 해결하지 않고 임시방편으로 문제를 해결함

13 옮긴이_ TV등 비디오 화면에 볼륨, 채널과 같은 정보를 중첩하여 보여주는 이미지

다. 경계 모델boundary model을 이해하고 아키텍처 불일치 영역을 나타낼 수 있는 모든 사실을 가능한 한 빨리 발견할 목적으로 NextGenVideo 컴포넌트 분석을 계속 진행한다.

NextGenVideo 컴포넌트 분석 문서를 작성해보자. 문서에서는 포트[14]로 모델링하는 4개의 인터페이스(Media In, Media Out, Commands, Status)를 설명한다. 이러한 각 포트를 시스템의 컴포넌트에 연결해야 한다. 또한 아키텍처 불일치로 간주할 수 있는 몇 가지 사실을 확인했다. NextGenVideo 컴포넌트는 (디스플레이를 이미 초기화했다고 가정해서) 디스플레이를 초기화하지 않는다. 그리고 디스플레이를 사용하는 유일한 컴포넌트라고 가정하고 명령을 폴링[15]한다.

또한 Media In 인터페이스가 파일 및 스트림 입력의 처리를 포함한 여러 예제와 함께 제공되므로 공유 메모리 커넥터를 사용하여 기존 미디어 버퍼 컴포넌트에 연결할 수 있어 걱정을 덜었다. 꼭 필요하지는 않지만, UML의 노트 기능을 사용하여 발생할 수 있는 아키텍처 불일치 항목을 강조하는 NextGenVideo 컴포넌트 경계 모델을 그림으로 작성하기로 했다([그림 4-6] 참조). 이 대신 애너테이션annotation이 달린 모듈 다이어그램을 사용할 수도 있다.

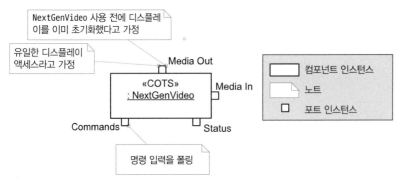

그림 4-6 NextGenVideo 컴포넌트 및 해당 포트의 경계 모델. 잠재적인 아키텍처 불일치 영역은 UML 메모로 강조하여 표시했다

상용 기성품(COTS) 컴포넌트에 대해 파악한 약간의 지식을 바탕으로 이를 시스템에 통합할 수 있는 해결책을 설계하기로 했다. 우리는 이전에 [그림 4-4]에 표현한 전체 아키텍처 내에서 작업하는 것을 선호한다. Cross Platform AV와 NextGenVideo 컴포넌트는 해당 그림에 있

----

14 아키텍처 모델에서 컴포넌트가 외부 사물과 상호작용할 때 포트를 사용해야 한다. 컴포넌트의 포트는 웹 서비스에서 사용하는 포트 80나 운영체제에서의 포트와 다르다.

15 옮긴이_ 인터럽트 방식과 대조적으로 장치의 상태를 주기적으로 검사하여 송수신 자료를 처리하는 방식

는 Media Rendering/Playback 컴포넌트 내의 서브컴포넌트다.

NextGenVideo 컴포넌트를 Cross Platform AV 컴포넌트에 연결하기는 쉽지만 연결할 수 있는 추가 포트가 세 개 있으며, 우리의 설계는 NextGenVideo 컴포넌트에서 발생하는 충돌을 감지하고 복구할 수 있어야 한다. 메시지 큐 커넥터에서 읽는 Command Adapter, 메시지 큐 커넥터에 쓰는 Status Adaptor, Media Buffer 컴포넌트에 연결할 수 있는 Media Buffer Adapter 등 기존 포트 각각에 대한 어댑터 컴포넌트[adapter component]를 구축하기로 했다. [그림 4-7]과 같이 컴포넌트 구조도를 만든다.

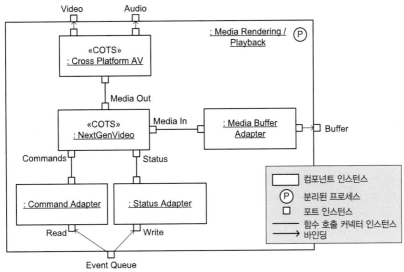

그림 4-7 [그림 4-4]와 동일한 컴포넌트 인스턴스인 Media Rendering/Playback 컴포넌트 인스턴스의 개선을 보여주는 컴포넌트 조립도. [그림 4-6]의 NextGenVideo 컴포넌트 인스턴스도 확인하자

이는 제안된 설계일 뿐이며 검증해야 한다. 디스플레이는 NextGenVideo 사용 전에 설정해야 한다. 설계에서는 Media Rendering/Playback 컴포넌트가 생성될 때 디스플레이를 초기화하여 이를 처리할 수 있다. 이 초기화된 디스플레이를 NextGenVideo 컴포넌트에 전달할 수 있다. NextGenVideo 컴포넌트는 명령을 폴링한다. Commands Adapter를 폴링하면 Event Queue에 메시지를 요청할 수 있다. NextGenVideo에는 독점적인 디스플레이 액세스 권한이 있다. 이는 여전히 잠재적인 문제이지만 우리의 설계가 아직 사용자 인터페이스를 위한 오버레

이[16]를 처리하지 않으므로 아직 문제가 되지 않는다. 따라서 우리의 설계는 적어도 이렇게 높은 수준에서 잠재적인 아키텍처 불일치 문제를 수용하는 것으로 보인다.

Event Queue 포트의 바인딩을 살펴보자. 일반적으로 두 포트 사이에 바인딩이 있지만 여기에는 포트가 세 개 있다. 소스 코드에는 Status Adapter가 작성하고 Commands Adapter가 읽는 Event Queue 커넥터가 있다. 때로는 여기에서처럼 아키텍처 추상화가 소스 코드 추상화와 깔끔하게 정렬되지 않는다(16.1절 참고).

충돌을 감지하고 다시 시작하는 문제가 남아 있다. NextGenVideo 컴포넌트에서 오는 상태 업데이트를 보고 메시지가 더 나오지 않으면 충돌하거나 중단된 것으로 처리하기로 결정한다. 이는 컴포넌트가 여전히 실행 중이라는 일종의 하트비트 알림heartbeat notification[17]이다. 비정상적인 상태에서 새 인스턴스를 시작하기 전에 이전 프로세스를 종료한다.

새로운 컴포넌트가 많으므로 모두 함께 작동하는 방법을 설명하는 기능 시나리오를 작성하기로 했다. [그림 4-8]의 시나리오는 Media Rendering/Playback 컴포넌트로 들어오는 명령과 NextGenVideo 컴포넌트의 충돌을 추적한다. 이 시나리오는 설계가 어떻게 작동하는지 이해하고 오류를 포착하는 데 도움이 되지만 아직 축하할 시점은 아니다. 우리의 설계는 그럴듯하지만 구현 과정에서 발생할 수 있는 문제가 많다. 리스크를 줄이는 다음 단계는 설계 프로토타입을 만드는 것이다.

---

16 옮긴이_ 출력 화면을 여러 계층으로 중첩시켜 보여주는 방법. 여기서는 비디오만 처리하고 사용자 인터페이스를 처리하는 계층이 없는 상태다.

17 옮긴이_ 심장박동처럼 주기적으로 시스템의 상태가 정상 동작 중인지 파악하는 방법. 워치독 타이머(watchdog timer)라고도 한다.

- 이름: NextGenVideo 컴포넌트가 다운되었음을 감지한다.

- 초기 상태: NextGenVideo가 유휴 상태다. Media Buffer가 초기화되었다.

- 참가 컴포넌트: NextGenVideo, Commands Adapter, Media Player Core

- 단계

  1. Media Player Core 컴포넌트는 Media Rendering/Playback 컴포넌트에 PLAY 명령을 보낸다.

  2. NextGenVideo는 Commands Adapter에 새 명령을 요청한다.

  3. Commands Adapter는 Event Queue 포트에서 PLAY 메시지를 읽는다. PLAY 메시지를 해석하고 INPUT과 POSITION 매개변수를 추출하여 필요한 변환을 수행하고 NextGenVideo에 새 명령을 제공한다.

  4. NextGenVideo는 (1)INPUT 매개변수를 기반으로 미디어 입력 포트에 연결된 새 Media Buffer Adapter 컴포넌트를 생성하고, (2)Media In 포트를 열고, (3)지정된 POSITION에서 시작하여 지정된 INPUT의 재생을 시작한다.

  5. NextGenVideo는 Media In 포트에서 입력 데이터 프레임 읽기, Media Out 포트에 출력 데이터 프레임 쓰기, Status 포트의 상태 보고, Commands 포트에서 새 명령 확인을 번갈아 가며 수행한다.

  6. 얼마 후 NextGenVideo에서 충돌이 발생하고 결과적으로 명령 읽기 및 상태 쓰기가 중지된다.

  7. 상태 업데이트 수신에 실패한 Media Player Core 컴포넌트가 Media Rendering/Playback 컴포넌트에서 충돌이 발생했다 판단한다.

그림 4-8 [그림 4-7]의 컴포넌트 구조도에 적용되는 비디오 재생용 기능 시나리오. 우리는 새로운 개발자가 다른 곳에 있어서 이 시나리오를 작성했지만, 팀원이 모두 같은 장소에 있다면 화이트보드에 스케치한 컴포넌트 구조도로 시나리오를 이야기해도 충분하다

우리의 프로토타입은 실제로 재생할 수 있고 NextGenVideo 컴포넌트가 충돌이 발생할 때를 감지하며(프로토타입에서는 프로세스를 킬하여 충돌을 시뮬레이션함) 전체 홈 미디어 플레이어 시스템에 영향을 주지 않고 컴포넌트를 정리하고 다시 시작할 수 있다. 더 좋은 점은 충돌을 감지하고 1초 이내에 같은 위치에서 재생을 다시 시작할 수 있다는 점이다.

신뢰성reliability이 중요한 시스템의 일반적인 아키텍처 패턴인 각 최상위 컴포넌트를 자체 프로세스에서 실행하기로 했으므로 충돌을 격리하고 비디오 계층을 다시 시작할 수 있다. 이는 우리의 아키텍처 선택이 무언가를 쉽게 달성할 수 있다는 점에서 아키텍처 집중 설계의 예다.

리스크를 되돌아보면서, 모델링과 프로토타이핑을 기반으로 통합 및 신뢰성 리스크를 만족스럽게 완화했음을 확인했다. NextGenVideo와 Cross Platform AV 컴포넌트의 통합을 보여주는 부분적인 설계와 프로토타입을 활용해 네 가지 리스크 중 두 가지를 해결했다. 나머지 두 가

지는 온 스크린 디스플레이가 작동하고 전체 시스템에서 허용 가능한 레이턴시를 보장하는 것이다.

4.2.2 화면 표시 및 레이턴시

비디오 재생에서는 NextGenVideo 컴포넌트가 디스플레이에 독점적으로 접근해도 문제가 없었지만 이제는 사용자 인터페이스와 같은 부분도 표시하는 온 스크린 디스플레이를 지원하려 하므로 문제가 된다. Cross Platform AV 컴포넌트를 살펴보았을 때 가상 계층과 투명성transparency을 지원한다는 사실을 확인했다. 비디오 계층 위에 부분적으로 투명한 계층을 설정하고 해당 계층에 온 스크린 디스플레이를 표시하도록 했다. 이렇게 하려면 [그림 4-9]와 같이 Overlay Renderer 컴포넌트를 추가하도록 설계를 수정해야 한다. 새 컴포넌트는 Commands Adapter에서 명령을 가져와 온 스크린 디스플레이를 표시한다.

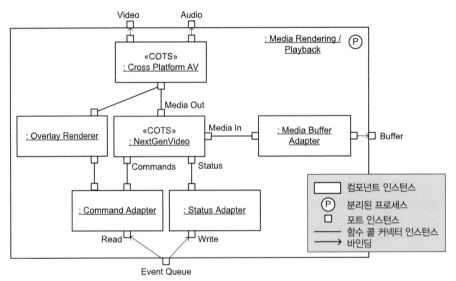

그림 4-9 Media Rendering/Playback 컴포넌트의 개선을 보여주는 수정된 컴포넌트 조립도([그림 4-4]와 비교). 새로 추가된 Overlay Renderer 컴포넌트 인스턴스를 확인하자

재생용 기능 시나리오를 작성하여 설계의 초기 검증을 수행했다. 수정된 설계의 새로운 동작을 간단히 살펴보자. NextGenVideo 컴포넌트에는 기본 제어 루프가 있으므로 주기적으로 명령 어댑터를 폴링해서 새 명령이 있는지 확인한다. NextGenVideo 컴포넌트와 새 Overlay

Render 컴포넌트 모두에 대한 명령을 이해하고 명령을 적절하게 라우팅하려면 Command Adapter를 수정해야 한다. NextGenVideo는 Command Adapter에서 온 스크린 디스플레이용 명령을 요청하지 않고 자신이 처리할 명령을 요청하므로 의도한 아키텍처를 약간 왜곡하는 것으로 보인다. 이처럼 결정한 아키텍처를 지키지 않아 **기술 부채**가 축적되지 않도록 주의해야 한다. 이전처럼 모델의 유효성을 검사하면 설계 오류를 포착하는 데 도움이 된다. 하지만 리스크가 사라졌다는 확신을 주지 못하므로 프로토타입을 만들어 제대로 작동하는지 확인해야 한다.

남은 리스크는 레이턴시다. 두 아키텍처 드라이버(즉, 우선순위가 높고 구현하기 어려운 요구 사항) 모두 낮은 레이턴시가 필요하다. 개별 컴포넌트와 커넥터에 허용 가능한 레이턴시를 할당하고 시스템을 다양한 경로로 분석하여 레이턴시 모델을 구축할 수 있다. 예를 들어 Event Queue 커넥터가 메시지를 얼마나 빨리 전달하는지, NextGenVideo 컴포넌트가 비디오 프레임을 디코딩하는 데 얼마나 걸리는지를 아직 알지 못하므로 모델에 레이턴시 예측값을 애너테이션^{annotation}으로 추가한 다음 분석한다. 대신 이미 상당히 완전한 프로토타입이 있으니 모델의 레이턴시를 추정하기보다 타이밍을 기록하고 레이턴시를 측정하기가 더 쉽다. 우리는 리스크를 기법에 매칭하고 있으며, 이때 프로토타입에서 레이턴시를 측정하는 기법은 모델링보다 효과적이고 많은 비용이 들지 않는다.

4.2.3 되돌아보기

시스템에 NextGenVideo와 Cross Platform AV라는 두 가지 새로운 컴포넌트를 통합하라는 요청을 받았으며 통합, 신뢰성, 온 스크린 디스플레이, 레이턴시라는 네 가지 리스크를 확인했다. 해결책을 설계할 때는 모델을 분석하거나 프로토타이핑을 활용해 리스크를 완화하고 리스크가 실제로 감소했는지 확인하는 기법을 선택했다. 우리는 아키텍처와 설계 작업을 충분히 하고 싶었다.

통합 및 신뢰성 리스크를 해결하려고 아키텍처 불일치 가능성을 찾고 포트 및 통합 문제를 강조하는 NextGenVideo의 경계 모델을 생성한 다음, 이 모델과 Cross Platform AV 컴포넌트를 컴포넌트 조립도에 넣었다. 기능 시나리오와 프로토타입을 사용하여 설계를 검증했다.

온 스크린 디스플레이를 위해 다시 상세 사항을 살피고 그럴듯한 설계로 컴포넌트 조립도를 수정했으며, 이후 기능 시나리오와 프로토타이핑으로 검증했다. 그러나 레이턴시 리스크에는 프로토타이핑 기법이 리스크를 줄이는 데 가장 효과적이고 효율적이라 판단해서 모든 모델을 생략하고 바로 적용했다.

4.2절에서는 깔끔한 다이어그램을 사용하여 모델을 공식적으로 작성했다. 실제 프로젝트에서는 종이나 화이트보드에 간단히 스케치해도 된다. 시나리오는 기록하지 않을 때가 많으며, 대신 대면 회의에서 스케치한 컴포넌트 조립도를 가리키며 논의하기도 한다.

숙련된 개발자는 모델을 모두 그리지 않고도 이 모든 작업을 수행할 수 있다. 그들은 중간단계를 거치지 않고 문제에서 해결책으로 바로 이동하는 것처럼 보인다. 이는 개발자가 작성할 소스 코드를 결정하는 방법에서도 비슷한 의문을 제기한다. 문제를 해결하는 개발자는 타이핑을 시작하기 전에 머릿속에서 해결책을 구상해야 한다. 비록 어떻게 해결책에 도달했는지는 모르지만 말이다. 이는 숙련된 수학자들이 방정식을 변환할 때 간단한 유도 단계를 건너뛰는 방식과 유사하다. 숙련된 개발자들은 모델을 조작하는 과정을 내면화했다고 할 수 있다.

4.3 메타데이터 일관성

우리 팀은 현재 재생 중인 노래의 가사 검색, 아티스트 이력 검색, 관련 음악 검색과 같은 홈 미디어 플레이어의 기능을 확장하는 플러그인을 서드 파티가 작성할 수 있기를 바란다. 플러그인은 홈 미디어 플레이어에서 재생할 노래의 추가 정보를 웹사이트에서 가져온다. 제품 출시를 준비하면서 서드 파티가 실제로 플러그인을 만들 수 있는지 조사해야 한다. 플러그인 작성자용 API를 설계했지만 노래에 대한 내부 모델이 너무 단순하지 않은지 걱정한다.

시스템에서 재생하는 각 노래에는 메타데이터, 즉 데이터를 설명하는 데이터가 있다. 따라서 노래 파일이 데이터라면 메타데이터에는 노래 제목(SongTitle)과 아티스트(Artist)가 포함된다. 프로토타입을 진행하면서 동작하는 가장 단순한 모델로 만들었다. 하지만 플러그인 작성자가 연결하려는 웹사이트에는 더 다양하고 여러 가지를 표현할 수 있는 풍부한 모델이 있음을 안다. 우리가 인식하는 리스크는 플러그인 작성자용 노래 모델 API를 제공했지만 인터넷 웹사이트에 있는 복잡한 모델과 연결시키기 어렵다는 점이다.

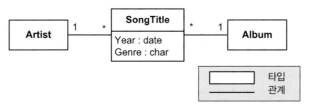

그림 4-10 지금까지 사용한 ID3 태그를 기반으로 한 정보 모델. 세 가지 타입(Artist, SongTitle, Album), 서로 관련되는 방식 및 노래 제목의 두 가지 속성(Year, Genre)을 구분한다

4.3.1 프로토타이핑 및 도메인 모델링

이러한 리스크을 줄이는 쉽고 간단한 방법은 예상되는 작업에 맞는 프로토타입 플러그인을 구축하는 것이다. 그러나 플러그인 작성자는 우리가 예상하지 못한 작업을 원할 수도 있으니 모든 플러그인이 작동하는지 확인하기란 불가능하다. 프로토타이핑의 또 다른 문제는 웹 스크레이퍼를 작성하는 데 많은 노력이 필요하다는 점이다. 개념적으로, 해당 웹 페이지를 읽어 우리의 노래 모델로 만들면 된다. 실제로는 관련 웹 페이지를 찾고, 데이터를 추출하고, 웹 마크업을 제거하는 지루한 작업이다. 첫 번째 제품 릴리스에는 플러그인을 여러 개 만드는 대신 플러그인을 제작할 수 있는지 간단히 검토하기를 원한다.

이때 프로토타이핑보다 적은 비용의 대안으로 도메인 모델링을 사용할 수 있다. 스크레이퍼 몇 개를 프로토타이핑하는 데는 며칠이 걸리지만 도메인 모델링에는 몇 시간이면 된다. 도메인 모델링으로 필수 개념을 살펴보고 노래 모델을 인터넷에서 찾은 것과 비교할 수 있다. 반면에 도메인 모델링은 API를 디버깅하는 데 도움이 되지 않으며 타사 개발자를 유인하는 예제 플러그인도 제공하지 않는다. 도메인 모델링에는 도메인의 개념과 동작 모델링이 포함되며 특정 기술 및 데이터 표현에 관한 참고 자료는 생략된다.

노래 관련 메타데이터 처리와 관련한 도메인 리스크를 처리해야 하므로 실제로 존재하는 특정 문제를 본질적으로 해결하지는 못한다. 대신 우리는 있을 법한 문제를 고민하기로 한다. 이는 범위를 정하지 않고 하는 고민이며 결과적으로 다양한 분석 마비[analysis paralysis]를 일으키는 개방형 도메인 모델링을 수행하고 싶을 수 있다. 이를 방지하려고 개발자가 실제로 만들 수 있는 세 가지 대표적인 플러그인을 분석하기로 했다.

- 현재 노래의 가사를 보여주는 플러그인
- 현재 가수나 작곡가의 이력을 보여주는 플러그인
- 현재 노래와 관련된 음악을 보여주는 플러그인

우리는 도메인에서 노래, 아티스트 등의 합리적인 사례를 수집하여 현재 도메인 모델을 대표하는 예로 처리할 것이다. 그런 다음 인터넷에서 실제로 찾은 도메인 모델을 사용하여 동일한 작업을 수행하고 차이점과 문제를 찾을 것이다.

4.3.2 우리의 모델과 인터넷 모델

홈 미디어 플레이어를 만들 때 우리는 노래에 대한 간단한 모델을 사용했다. 노래 파일 자체에 있는 메타데이터인 ID3 태그를 기반으로 하며 아티스트(Artist), 노래 제목(SongTitle), 연도(Year), 장르(Genre), 앨범(Album)이 포함된다. [그림 4-11]은 해당 정보 모델을 그림으로 보여준다.

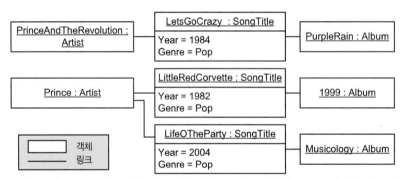

그림 4-11 [그림 4-10]에 표시한 정보 모델을 기반으로 하는 스냅샷. [그림 4-10]의 다이어그램은 타입(예: Album)을 보여주고, [그림 4-11]의 다이어그램은 인스턴스(예: PurpleRain, 1999, Musicology)를 보여준다

모델에는 확연하게 잘못된 부분이 없어 보인다. 아티스트는 작곡한 노래를 모아 앨범을 만든다. 이 일반 모델에서는 문제를 발견할 가능성이 낮으므로 도메인에서 구체적인 예를 선택하여 모델을 테스트해볼 수 있다. 도메인의 복잡성을 충분히 보여주는 아티스트 프린스와 그의 음악을 적용해서 모델이 실제로 적절한지 살펴보자. 우리가 가장 좋아하는 프린스의 노래 몇 개를 골라 [그림 4-11]과 같이 스냅샷snapshot을 그려보았다. 이는 우리의 도메인 모델을 기반으로 한 규칙을 잘 지켜서 그린 스냅샷이며 '프린스 앤 더 레볼루션(PrinceAndTheRevolution)'의 앨

범 PurpleRain과 프린스(Prince)의 앨범 1999 및 Musicology를 보여준다.

스냅샷을 보면 잠재적인 문제가 있음을 쉽게 알 수 있다. 가수 프린스는 밴드 '프린스 앤 더 레볼루션'의 멤버였지만 이 사실을 모델로 표현할 수는 없다. 모델을 읽는 사람은 둘이 관련 있다고 추측할 수 있지만 모델을 해석하는 컴퓨터는 그렇지 않다.

지원하려는 세 개의 플러그인을 떠올려 보자. 모델이 노래 제목(SongTitle)과 아티스트(Artist)를 인코딩하므로 프린스(Prince)의 노래인 LittleRedCorvette 가사를 검색하는 플러그인을 지원한다. 그러나 '프린스 앤 더 레볼루션(PrinceAndTheRevolution)'의 이력과 프린스(Prince)의 이력이 연결되지 않으면 플러그인이 이력을 검색하는 데 문제가 있을 수 있다. 그리고 관련 음악을 찾는 세 번째 플러그인에도 문제가 발생한다. 인터넷에서 프린스가 '프린스 앤 더 레볼루션'과 관련이 있다는 사실을 발견할 수 있지만, 우리의 홈 미디어 플레이어의 단순한 모델로는 표현할 수 없어서 이를 지원할 방법이 없다.

4.3.3 다른 모델 조사

우리의 음악 모델은 조사한 플러그인에 필요한 만큼 충분하게 표현할 수 없음을 알았다. 그러므로 이를 위해 다른 메타데이터 모델을 검토하기로 했다. 우리의 연구에 따르면 '노래 자체'에 초점을 맞춘 모델과 '노래 모음'에 초점을 맞춘 모델의 두 종류가 있다. 노래 기반 모델의 예로는 ID3 태그 버전 1(ID3v1)과 2(ID3v2), OGG 태그, FLAC 태그가 있으며, 모두 노래 파일 자체에 포함되도록 설계되었다. 데이터베이스 기반 모델의 예로는 프리디비^{FreeDB}, 뮤직브레인즈^{MusicBrainz}, 아마존이 있다. 데이터베이스 기반 모델은 노래 기반 모델보다 표현력이 뛰어나며 아티스트 간의 관계도 포함한다.

뮤직브레인즈가 우리가 고려하는 스냅샷을 어떻게 표현하는지 알아보자. 뮤직브레인즈의 데이터베이스 스키마와 웹사이트를 포함하여 사용할 수 있는 내용을 살펴보고 상세히 파악해보자. 해당 데이터베이스 스키마는 이미 우리에게 있는 타입(개념) 외에도 한 아티스트(Artist) 타입과 다른 타입 사이에 존재할 수 있는 아티스트 간의 관계(ArtistRelationship)이라는 추가 타입이 있음을 보여준다. 또한 각 아티스트(Artist) 타입은 그룹이나 개인이 될 수 있다. 결과적으로 뮤직브레인즈는 [그림 4-12]와 같이 동일한 타입을 다르게 나타낸다.

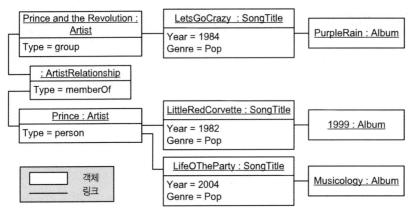

그림 4-12 뮤직브레인즈 정보 모델을 사용하는 스냅샷. 원본 스냅샷과 비교하여 새로운 타입(ArtistRelationship)을 추가하고 Artist에 (Type이라 이름 붙여진) 속성을 추가한다

뮤직브레인즈MusicBrainz 웹사이트를 살펴보면 프린스가 여러 가명을 사용했음을 알 수 있다. 한 동안은 발음할 수 없는 기호를 이름으로 사용했으며 여러 별칭으로 불리었다. 즉, 현재 도메인 모델의 또 다른 문제는 가명이나 별칭을 표현할 수 없다는 점이다.

4.3.4 새로운 모델 설계

도메인 모델링을 사용해서 플러그인 개발을 방해하는 표현력 한계를 알아봤지만 문제 해결 방안은 아직 결정하지 않았다. 현재 모델을 유지할 수 있지만 표현에 제한적이다. 더 나은 대안은 전체 뮤직브레인즈 모델이나 유사한 모델을 채택하는 방법이지만, 복잡성 때문에 타사가 플러그인을 작성하지 못할 수 있다. 우리는 뮤직브레인즈 모델의 일부 기능, 특히 가명pseudonym과 그룹 멤버십 같은 아티스트 간의 관계를 표현하고 그룹과 개별 아티스트를 표현하는 기능을 채택하기로 했다. [그림 4-13]은 수정된 도메인 모델이다.

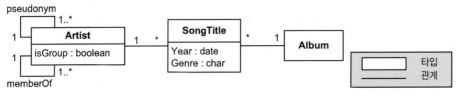

그림 4-13 음악 도메인의 수정된 정보 모델. [그림 4-10]의 모델과 비교해보면, Artist에 새로운 속성(isGroup)을 추가하고 가명과 그룹 멤버를 표시하는 두 개의 새로운 관계(pseudonym, memberOf)를 넣어서 표현 범위가 넓다

이 모델은 도메인 영역을 구석구석 표현할 수 없지만, 사실 어떤 모델도 도메인 모델 전체를 표현할 수는 없다. 이 모델을 이용해 원하는 데이터의 예를 표현할 수 있으며 가사, 아티스트 이력, 관련 음악을 검색하는 플러그인 개발을 지원해야 한다. 세 플러그인만 조사하고 실제로는 개발하지 않았으므로 리스크가 제거되었다고 말할 수는 없지만, 상대적으로 적은 노력을 기울여 성공 가능성을 높였다. 계속해서 예제 플러그인을 개발하면 리스크를 더 줄일 수 있다.

4.3.5 되돌아보기

IT 시스템을 통합할 때 흔히 발생하는 리스크는 한 시스템이 다른 시스템과 다르게 세상을 보아서 의사소통이 어렵다는 점이다. 이러한 리스크를 완화하려고 각 시스템이 현실 세계를 보는 방식을 나타내는 도메인 모델을 구축하고 스냅샷으로 나타내는 몇 가지 구체적인 예를 검토한다. 한 모델에 존재하지만 다른 모델에서는 표현할 수 없는 타입과 같은 차이점을 찾는다.

홈 미디어 플레이어 예에서는 타사에서 플러그인을 구축할 수 없는 리스크를 확인했다. 특히 음악 메타데이터 모델 플러그인이 인터넷 웹사이트에서 발견할 수 있는 복잡한 관계를 표현하기에 충분하지 않다는 점에 집중했다. 일부 플러그인의 프로토타이핑은 선택 사항이었지만 실제로 작동하는 웹 스크래이퍼를 구축하는 데 시간이 많이 걸릴 수 있으므로 노력을 줄이려고 가벼운 도메인 모델링을 선택했다. 그러나 도메인 모델링 때문에 발생하는 분석 마비를 피하고 전체 음악 도메인을 모델링하지 않기를 원했다. 그래서 세 개의 플러그인을 대표적인 예로 가정하고 최소한의 도메인 모델링을 수행해서 리스크를 줄여 성공 가능성을 보여주었다.

4.4 마치며

이 장의 주요 목표는 소프트웨어 아키텍처에 대한 리스크 주도 접근 방식의 사용을 보여주는 것이었다. 이러한 접근 방식은 리스크를 식별하고 완화하는 최상의 기법 집합을 결정한 다음 나머지 리스크를 평가하는 것으로 구성된다. (리스크를 완전히 제거하려고 노력하기보다는) '충분히 만족스러운' 리스크 감소와 비용 효율적인 기법을 모두 강조했다.

개발자들은 당연하게 리스크가 큰 영역에서 작업을 먼저 수행하고 그에 필요한 적절한 기법을 적용한다. 그렇기 때문에 리스크 주도 접근 방식이 이미 오래된 진부한 이야기로 인식될 수 있다. 이 장에서는 리스크 주도 접근 방식이 단순히 리스크에 주의를 기울이는 데서 끝나지 않고 리스크를 강조하여 아키텍처 기법을 사용하도록 독려한다는 점을 보여주었다.

리스크 주도 접근 방식을 사용하면 리스크에 대응하여 적용할 기법을 명시적으로 선택할 수 있다. 이 장에서는 새로운 개발자, 컴포넌트 통합, 플러그인 호환성을 조사했다. 실패 리스크를 식별하고 적절한 완화 기법을 선택했다. 사용한 예시는 아키텍처 기법을 강조하려고 의도적으로 선택했다. 설계를 변경할 정도의 리스크가 아닌 상황이라면 바로 구현을 시작할 수도 있다.

이 장에서 간접적으로 강조한 리스크 주도 방식의 장점은 명시적 추론explicit reasoning이다. 하지만 독자들은 예로 들어 설명한 기법의 선택choice of technique에는 동의하지 않을 수 있다. 예를 들어, 플러그인 비호환성의 리스크에 동의하지만, 어떤 기법이 리스크를 가장 잘 완화할지에 관해서는 동의하지 않을 수 있다. 아마도 도메인을 모델링하는 대신 프로토타입을 구축하는 것을 선호할 것이다. 합리적인 엔지니어는 이와 같은 결정에 동의하지 않겠지만 이제는 방법론 전쟁이 아닌 엔지니어링 토론과 비슷하다 할 수 있다. 두 가지 접근 방식을 모두 시도하고 시간이 지나면서 데이터를 수집하여 휴리스틱[18]하게 진행할 수 있다.

사용할 수 있는 아키텍처 기법을 모두 적용할 때까지, 문서 바인더가 가득 찰 때까지, 또는 프로젝트가 취소될 때까지 적용하는 대신, 우리는 남은 리스크를 정기적으로 재평가하고 리스크가 가라앉으면 중단했다. 모델링을 더 할 수 있었지만 완전한 모델을 만들기에는 시간과 리소스가 부족했다. 아키텍처 작업의 양은 기업 설계 템플릿의 지침이나 설계 및 아키텍처링에 투자해야 하는 총 프로젝트 시간의 백분율에 따라 결정하지 않았다. 대신 '리스크를 실질적으로 제거했는가?'라는 질문에 따라 아키텍처링 및 설계 중지 기준을 잡았다.

아키텍처에 대한 리스크 주도 접근 방식을 보여주는 기본 목표 외에도 이 예제에는 다른 이점이 있다. 첫 번째 절에서는 다른 사람들이 알고 싶어 할 만한 내용을 포함하여 아키텍처를 일반적으로 문서화하는 방법을 보았다. 아키텍처 모델과 이를 기반으로 하는 컴포넌트와 커넥터 같은 추상화는 크고 복잡한 시스템을 이해하는 데 큰 도움을 준다. 기본 모델과 뷰타입에서 시스템의 뷰를 공개하면서 시스템을 점점 더 잘 이해할 수 있는 방법을 살펴보았다. 그리고 아키텍처 모델은 일부 세부 사항을 보여주고 나머지는 숨기므로 중요하다고 생각하는 부분에 주의를 집중시키는 데 효과적인 방법임을 확인했다.

---

18 옮긴이_ 현실적으로 정보의 부족과 시간 제약으로 완벽한 해답을 얻기 어려울 때 제한된 정보와 시간으로 실현할 수 있는 해답을 찾는 방법을 의미한다.

또 다른 이점은 아키텍처 모델링이 애자일 프로세스와 같이 주기가 짧은 반복 프로세스와 호환된다는 점이다. 어떤 예제도 리스크를 완화하는 데 며칠의 모델링 노력이 필요하지 않았다. 아키텍처 모델링만으로는 충분하지 않다. 모델이 아닌 구현된 시스템을 제공해야 하지만 구현을 시작하기 전에 아키텍처 모델링을 사용하여 리스크를 줄일 수 있다. 아키텍처에 대한 리스크 주도 접근 방식 자체는 소프트웨어 개발 프로세스가 아니지만 많은 의식^{high ceremony}[19]을 포함하는 개발 프로세스나 애자일 프로세스와 호환된다.

---

19   옮긴이_ 마일스톤이나 절차가 많은 개발 방법

CHAPTER 5

모델링 관련 조언

이 장은 1부의 마지막 장이다. 1부는 아키텍처에 접근하는 방법, 아키텍처를 설계할 때 장점, 아키텍처에 기대해야 할 사항을 다룬다. 2부에서는 모델을 구성하는 방법과 문제를 해결하는 기법을 포함하여 모델링과 추상화의 표준 메커니즘에 관해 설명한다. 이 장에서는 소프트웨어 아키텍처 및 리스크 주도 접근 방식의 이해를 높일 수 있는 조언을 제공한다. 리스크에 집중하고, 아키텍처를 이해하고, 아키텍처 지식을 모든 개발자가 알 수 있게 전달하도록 권장한다. 또한 비합리적인 아키텍처 결정, 지나친 선행 설계$^{\text{Big Design Up Front}}$(BDUF), 하향식 설계의 단점을 살펴본다.

소프트웨어 아키텍처는 프로젝트에 도움이 되지만 직면하게 될 문제를 미리 알아 두어야 한다. 리스크를 사용하여 아키텍처 결정을 내린다는 아이디어는 좋지만 리스크 예측은 어렵다. 대체로 아키텍처를 평가하는 일은 예상보다 어렵고 설계한 모델을 재사용하지 못할 수도 있다. 또한 엔지니어링 및 프로젝트 관리에 걸친 문제에 주의하자.

5.1 리스크에 집중하기

소프트웨어 아키텍처를 다루는 책은 많은 설계 작업을 요구하는 지나친 선행 설계(BDUF)를 암시적으로 대부분 지지한다. 넓게 이야기하면, 이런 책에서는 대부분 많은 비용이 드는 많은 모델링과 분석 기법을 제시하며, 이러한 기법을 수행하지 않으면 프로젝트 성공에 리스크가 있다고 이야기한다.

이 책에서는 소프트웨어 개발 프로세스 중 나선 모델과 관련한 리스크 주도 소프트웨어 아키텍처 접근 방식에 관해 이야기했다. 아키텍처 리스크를 해결하는 데 걸리는 시간은 타임 투 마켓time to market[1] 및 고객 인수customer acceptance와 같은 다른 리스크와 균형을 이루어야 한다는 점을 강조한다. 이를 동작하게 하는 핵심은 리스크와 기법 간의 매핑이다. 리스크를 찾아내어 집합으로 만들 수 있다면 이를 완화하는 기법 집합도 선택할 수 있다. 이는 프로젝트에 해당하지 않는 리스크를 해결하는 기법은 적용하지 않으므로 이전 접근 방식보다 더 효율적이다. 이렇게 하여 여러분은 적정한 아키텍처 설계를 수행할 수 있다.

이 접근 방식의 한 가지 이점은 합리적인 전문 개발자가 다양한 상황에서 다른 작업을 수행하는 이유를 설명한다는 것이다. 예를 들어, 애자일 소프트웨어 개발은 제품을 시장으로 너무 느리게 전달하거나 고객이 원하지 않는 시스템을 구축하여 자주 실패하는 IT 프로젝트에서 시작되었다. 애자일 개발에 사용하는 기법은 이러한 리스크에 대응한다. 장치 드라이버 개발자는 성능을 중요시하고 도메인이 상대적으로 단순하므로 C로 개발하지만, IT 개발자는 도메인이 까다롭고 성능이 수정가능성보다 상대적으로 덜 중요하므로 자바나 C#으로 개발한다.

소프트웨어 아키텍처 리스크 주도 모델은 프로세스에 구애받지 않으므로 지나친 선행 설계 (BDUF) 및 애자일과 호환된다. 이해관계자가 많은 크고 복잡한 프로젝트에서 팀이 리스크에 동의하고 많은 개발자와 조율하려면 더 많은 선행 아키텍처 작업을 수행해야 한다. 애자일 프로젝트에서 수행하는 활동은 거의 변하지 않지만 아키텍처 리스크를 작업 백로그에 통합한다.

돌이켜 보면 소프트웨어 아키텍처의 리스크 주도 모델이 분명해보일 수 있지만, 전문가의 상식을 파악하고 지식으로 추출하는 일도 연구원의 임무다. 현재 알려진 리스크와 기법의 매핑은 완전한 지식을 향한 시작일 뿐이며 리스크와 기법 간의 매핑을 개선하려면 더 많은 작업을 수행해야 한다.

---

1 옮긴이_ 제품을 기획하고 시장에 출시하는 데 걸리는 시간을 의미한다. 이 시간이 늦어질수록 시장에서 기회를 잃을 수 있기 때문에 중요하다.

5.2 아키텍처 이해

언뜻 보기에 스포츠 경기는 운동장에서 이리저리 움직이는 선수들의 무리일 뿐이지만, 운동 코치는 신인 선수보다 선수들의 행동을 더 잘 이해한다. 다양한 공격 전략[2] 및 방어 전략을 분류할 수 있다. 코치는 플레이가 성공했음을 알 수 있을 뿐만 아니라, 숙련된 공격 덕분인지 수비 실수 덕분인지도 파악할 수 있다. 특정 선수가 경기에서 실수할 때의 영향을 예측하고 다른 팀의 플레이 스타일을 비교하고 대조할 수 있다. 운동 코치는 전문가로서 경기에 관한 풍부한 이해를 쌓았기 때문에 다른 사람들과 같은 원시 현상을 보면서도 더 잘 분류하고 연결한다.

소프트웨어 아키텍처의 전문가들도 마찬가지로 소프트웨어 시스템에 관한 풍부한 이해를 쌓았다. 그들은 예를 들어 수정가능성보다 레이턴시를 우선시하는 아키텍처 선택이 시스템을 어떻게 바꾸었는지 알 수 있다. 또한 이러한 선택을 평가하고 합리적이었는지 결정할 수 있다. 그들은 추상화를 사용하여 시스템을 분할하고 상세 내역을 감추어 두뇌가 소화할 정도의 복잡도로 조정한다. 또한 아키텍처 스타일을 연구했으며 선택한 시스템의 스타일이 품질 속성을 달성하는 데 도움이 되는지 안다. 그러나 아키텍처를 이해한다고 해도 문제를 해결하는 올바른 방법으로서 소스 코드를 상세하게 분석하고 적절한 알고리즘을 선택해야 한다.

아키텍처 이해의 핵심은 '왜'로 시작하는 질문에서 얻을 수 있다. 이해한다고 해서 특정 프로세스를 따르거나 특정 언어로 프로그램하거나 종이에 다이어그램을 작성해야 하는 것은 아니다. 소프트웨어 아키텍처를 이해한다는 말은 (불완전하고 불완벽하지만) 지식과 추상화를 머리에 자리 잡게 해서 새로운 시스템을 구축하거나 기존 시스템을 분석할 때 이해한 내용을 활용할 수 있다는 의미다.

5.3 아키텍처 기술 배포

이 책에서는 의식적으로 **아키텍트** 대신 **개발자**라는 용어를 사용하여 소프트웨어 아키텍처 지식이 팀의 한두 명이 아닌 모두에게 중요하다는 점을 강조한다. 소프트웨어 아키텍처는 팀이 따르는 프로세스 활동, 조직원에게 할당된 직책 그리고 앞의 두 가지와 분리 가능한 엔지니어링

---

2   공격 전략은 추상화이며 정의가 소프트웨어 아키텍처에서 사용하는 것보다 훨씬 모호하다. 하지만 추상화는 운동 코치에게도 여전히 유용하다.

문제를 가리킨다. 개발자가 소프트웨어 아키텍처를 이해하면 조직 구조가 원활하게 작동한다.

여러분이 시스템을 담당하는 아키텍트나 수석 아키텍트라고 상상해보자. 해당 팀에서 시스템 아키텍처의 중요성을 인식하는 유일한 사람이 되고 싶은가? 그렇다면 여러분의 말을 이해하지 못하고 여러분의 존재를 원망할 수도 있는 개발자에게 아이디어를 전달하는 번거로움을 겪을 것이다. 그러면서도 적절한 모델을 구축할 수 있도록 시스템 관련 정보를 얻으려고 매일 고군분투할 것이다. 여러분은 이런 상황이 아니라 모든 개발자가 아키텍처를 잘 이해하기를 바랄 것이다.

모든 개발자에게 아키텍처 기술이 있다면 어떤 일이 발생할지 생각해보자. 개발자와의 커뮤니케이션이 더 효율적이다. 개발자가 여러분의 질문에 답할 때 아키텍처 모델과 연결해 답할 수 있다. 원하는 품질 속성과 트레이드오프를 이해하고 이를 바탕으로 적절한 결정을 내리게 되므로 신뢰할 수 있다. 따라서 개발자들이 스스로 목표를 설정하고 그 방향으로 진행할 수 있다. 개발자들은 매일 코드를 작성하므로 정확한 모델을 구축하는 데 필요한 필수 정보를 제공할 수 있다. 코드의 작은 세부 사항조차도 아키텍처적으로 중요할 수 있다. 구현 중에는 임시방편으로 작업을 진행해야 할 때가 있으므로 개발자는 아키텍처를 언제 고수해야 하는지와 언제 따르지 않고 진행해야 하는지를 이해해야 한다.

숙련된 아키텍트는 큰 영향력을 행사할 수 있다. 하지만 개발자가 모델에 부적절한 정보를 제공하고 아키텍처 원칙을 위반해야 하는 시기를 알지 못하며 아키텍처를 잘 모를 때는 아키텍트가 큰 도움이 되지 못한다. 경험 많고 훌륭한 엔지니어링 리더라야 변함없이 큰 그림과 세부 사항을 모두 제어할 수 있다. 그러므로 디자인과 코드를 오가야 하는 아키텍트는 처음부터 큰 난관을 마주한다.

아키텍트가 없으면 혼란이 생기고 시스템이 하나로 통일된 목소리를 내지 못해 일관성이 없어질 것이라고 염려할 수 있다. 결정을 내려야 하고 팀이 일관되게 행동해야 하는 것은 사실이지만, 그렇다고 해서 아키텍트라는 직책을 가진 사람이 있어야 한다는 말은 아니다. **수석 엔지니어**head engineer나 **테크니컬 리드**technical lead와 같이 아키텍처와 관련 없는 직책을 적용하더라도 똑같이 잘 작동하게 할 수 있다. 다시 말해, 시스템에 적절한 알고리즘을 사용해야 하지만 혼돈을 방지하는 데 수석 알고리즘 전문가chief algorithmist가 필수는 아니다.

즉, 아키텍트의 직무를 맡는 사람들을 할당하면 매우 효과적일 수 있다. 특히 대규모 시스템에서는 한 사람이 전체를 마스터하기에는 세부 사항이 너무 많으므로 어느 정도 전문화해야 한다. 팀의 일부는 아키텍처를 강조하고 일상적인 코딩 세부 사항에 덜 신경 쓰며 나머지는 반대로 아키텍처에 관해서는 덜 알더라도 코딩 세부 사항을 더 잘 파악하게 하는 방식이다. 그러나 이러한 방식의 의도가 아키텍처 지식을 중앙 집중화하거나 숨기는 일이 아니며, 도리어 비생산적임을 기억하자. 아키텍처를 이해하고 잘 적용하는 개발자를 보유하는 것이 가장 이상적이다.

앞으로 10년 안에, 개발자가 아키텍처를 무시하는 것은 오늘날 개발자가 자료 구조를 무시하는 것과 같이 어리석게 보일 것이다. 자료 구조를 배운 직후, 컴파일러나 운영체제를 배우기 전인 학부생에게 소프트웨어 아키텍처를 가르치자는 좋은 아이디어가 있다. 이렇게 한다면 해당 시스템에서 볼 수 있는 아키텍처 패턴을 이해하고 각기 다른 설계 결정과 품질 속성을 절충하는 이유를 이해할 수 있기 때문이다. 또한 학부생이 컴파일러나 운영체제를 개발하는 일은 거의 없지만, 거의 모든 학부생이 소프트웨어 아키텍처를 사용하여 시스템을 구축하기 때문이기도 하다.

5.4 합리적인 아키텍처 선택

설계에는 트레이드오프가 포함되므로 생각할 수 있는 좋은 품질을 모두 얻을 수는 없다. 그러므로, 합리적인 아키텍처 선택을 해야 한다. 즉, 트레이드오프가 품질 속성 우선순위와 일치해야 한다. 성능이 높으면 좋지만 수정가능성을 더 높게 평가한다면 수정가능성을 희생하여 성능을 내는 설계를 거부해야 한다.

그렇다면 합리적인 아키텍처 선택은 어떤 모습일까? 시스템 설계 방식에 대한 결정은 다음 패턴을 따라야 한다.

⟨x⟩가 우선이므로 설계 ⟨y⟩를 선택하고 단점 ⟨z⟩를 수용했다.

예를 들면 다음과 같다. 공급 업체 종속vendor lock-in을 피하는 일의 우선순위가 높다면, 공급 업체별 확장vendor-specific extension을 사용하여 성능을 향상하는 방식 대신 공급 업체별로 구현하면서 표준 산업 프레임워크standard industry framework를 사용하도록 선택한다.

이렇게 명확하게 말하면 비이성적인 결정을 내리는 사람이 없으리라 생각할 수 있다. 그러나 개발자는 기계가 아닌 인간이며 불완전하게 행동한다. 시스템은 크고 복잡하며 일관되지 않은 선택을 하더라도 명확하게 드러나지 않을 수 있다. 실제로 품질 속성 우선순위는 모호하고 보통 설계 근거를 명시적으로 설명하지 않아서 비합리적인 선택을 하게 된다.

다음은 의도가 좋더라도 어떻게 잘못될 수 있는지 보여주는 예다. 개발자가 시스템 요구사항이 성능보다 유지보수성maintainability을 우선시함을 이해한다고 가정해보자. 그러나 고성능 시스템 관련 지식이 있는 개발자라서 데이터베이스 스키마를 설계할 때 쿼리를 더 빠르게 만들려고 일부 테이블을 비정규화하여 유지 관리가 더 어려워졌다. 어떤 면에서 이 설계 결정은 합리적이라기보다 본능적이며, 개발자는 설계가 시스템의 우선순위와 모순됨을 의식적으로 깨닫지 못했을 것이다. 다른 맥락에서 보면 고성능 설계는 성능 측면에서 바람직하므로 칭찬받을 만하다. 그러나 이는 전체 우선순위를 희생하면서 로컬 최적화를 수행하는 비합리적인 아키텍처 선택의 예다.

같은 프로젝트의 개발자끼리도 설계 옵션에 동의하지 않을 때가 많다. 의견 불일치는 보통 해결할 수 있거나 의사 결정 과정을 공개함으로써 심각도를 줄일 수 있다. 단순히 한 개발자는 옵션 A, 다른 개발자는 옵션 B가 더 낫다고 생각한다면 선택하기가 어렵다. 템플릿을 사용하여 각각의 근거를 표현하면 A는 사용성에 도움이 되고 B는 테스트가능성에 도움이 된다는 점을 분명히 할 수 있다. 사용성과 테스트가능성 모두 바람직하므로 의견 불일치를 바로 해결할 수는 없으며, 이제는 프로젝트에서 어떤 품질의 우선순위가 더 높은지를 파악해야 한다. 누가 더 나은 설계를 했는지에 대한 판단이 아니라 엔지니어링 또는 요구사항 결정 문제로 바뀌면서 논의 중에 서로의 자존심을 배제하는 데 도움이 될 수 있다.

소프트웨어 설계는 크기가 큰 최적화 문제다. 제약 조건, 욕구, 알려진 작업 패턴, 설계자의 편견, 안전지대comfort area가 모두 뒤섞여 있다. 불확실성은 진실을 흐린다. 개발자는 이러한 혼란을 가장 잘 충족시키는 설계를 만들려고 한다. 이 설계 최적화는 지저분하기 때문에 다른 두 명의 개발자가 동일한 설계를 생성할 가능성은 낮다. 그러나 개발자의 주관적인 평가에도 불구하고 수용할 수 있는 모든 디자인은 합리적인 아키텍처 선택[3]에 따라야 한다. 여기서 모든 요구사항을 충족시킬 수는 없으므로 설계 결정은 우선순위에 따라야 한다.

---

3 데이비드 갈란의 소프트웨어 아키텍처 수업은 개발자가 원하는 품질 속성의 우선순위를 정하고 일관된 아키텍처 선택을 해야 한다고 강조한다. 저자는 이러한 작업을 합리적인 아키텍처 선택이라고 부르지만 이 아이디어는 온전히 그의 것이다.

5.5 지나친 선행 설계 미리 피하기

지나친 선행 설계(BDUF)에서는 프로젝트의 초기 몇 주에서 몇 달을 주로 프로토타이핑이나 실제 개발 대신 설계에 소비한다. 이는 프로젝트가 설계에 너무 많은 시간을 소비하고 구축 시간이 부족한 상황인 분석 마비를 우려하는 애자일 지지자들이 만든 경멸적인 용어다. 지나친 선행 설계는 나선 프로세스보다 폭포수 프로세스와 더 관련이 있다(둘 다 3.9절에서 논의함).

폭포수 프로세스 모델은 완성된 시스템의 배포까지 이어지는 일련의 선형적인 단계다[Royce, 1970]. 폭포수 모델의 일반적인 단계에는 요구사항, 설계, 구현, 테스트가 포함된다. 팀은 다음 단계로 진행하기 전에 현재 단계를 완료하려고 한다. 실수를 수정하려고 이전 단계로 돌아갈 수 있지만 권장하지는 않는다. 폭포수 프로세스는 쉽게 찾아볼 수 있지만 전문가들은 보통 이를 권장하지 않는다.

반대로 나선 프로세스 모델에서는 엔지니어에게 가장 리스크가 큰 항목부터 시작하여 점진적으로 시스템을 구축한다[Boehm, 1988]. 개발을 진행하면서 거치는 나선에 포함된 각각의 전환은 팀이 요구사항, 설계, 구현, 테스트와 같은 소프트웨어 개발의 모든 단계를 거치게 한다. 나선 모델은 애자일 프로세스와 래셔널 통합 프로세스(RUP)를 포함하는 가장 현대적인 프로세스의 기초라 할 수 있다.

그렇다면 모든 설계를 미리 수행하면 무엇이 잘못될 수 있는가? 지나친 선행 설계의 리스크는 문제가 아닌 부분에 시간을 들여 작업하고, 코드를 작성할 때보다 비효율적으로 문서 작업을 하며, 결국 버려지는 설계에 너무 많은 시간을 투자하여 프로젝트가 취소될 수 있다는 점이다. 설계 작업이 개발과 관련이 있고 투여하는 노력이 적절하다고 확신했더라도 그 당시의 판단이 잘못되었을 수 있다. 되돌아보면 프로토타이핑과 디자인을 반복적으로 수행하는 편이 더 효율적이었음을 깨닫게 된다.

지나친 선행 설계는 **완벽할 때까지 설계**design until perfect와 같은 몇 가지 변형이 있다. 폭포수 프로세스는 원래 이전 단계로 되돌아가는 것을 허용하지만, 현실적으로는 이전 단계로 되돌아가기를 선호하지 않으며 다음 단계로 진행하기 전에 현재 단계를 완벽하게 하려고 한다. 조직에 폭포수 프로세스를 적용할 때는 개별 단계의 끝에 **완료 절차**signoff를 요구할 수 있으며, 이는 재작업을 더욱더 어렵게 한다.

또 다른 변형은 **모델링을 위한 모델링**modeling for modeling's sake으로, 모델이 개발에 도움이 되어서가 아니라 팀이 모델을 만드는 방법을 알기 때문에 많은 모델을 매우 자세하게 생성하는 것이다. 모델의 개선을 보고 진전되었다고 느낄 수 있지만, 사실은 시스템 개선이 필요하다.

지나친 선행 설계에는 리스크가 있지만 대규모 프로젝트나 품질 요구사항이 까다로운 프로젝트에서 최선의 선택이 될 수 있다. 예를 들어, 우주 시스템은 기술적 리스크가 크고 방사선 기계는 안전 요구사항이 많으므로 신중하게 설계에 시간을 투자해야 성과를 거둘 수 있다. 그럼에도 불구하고 지나친 선행 설계를 하지 않도록 주의를 기울이고 중요한 리스크가 해결되면 프로토타이핑이나 구현으로 이동하는 것이 가장 좋다.

5.6 하향식 설계 방지

하향식 설계는 요소(컴포넌트, 모듈 등)의 상위 수준 사양을 상세 설계로 구체화하는 과정이다. 요소를 더 작은 조각으로 분해하고 책임을 할당하여 해당 조각을 구분한다. 하향식 설계의 대안으로는 상향식 설계와 하이브리드 접근 방법이 있다. 11.3절에서는 작은 조각이 상위 수준 요소와 어떤 관련이 있는지 설명하고 아키텍처 스타일을 따르는 것과 같은 추가 설계 전략을 제안한다.

높은 수준의 설계에서 시작하여 다듬어 나가고 싶은 유혹이 강하지만 이러한 접근 방법을 피해야 할 이유가 있다. 낮은 수준에서는 잘 알지 못하고 상위에서 설정한 설계를 위반하기 쉽다. 하향식 설계를 계속하면 상위에서 수행한 설계가 하위에는 적합하지 않아 작은 문제가 계속해서 발생할 수 있다. 비슷한 이유로 기존의 상용 기성품(COTS) 컴포넌트와 모듈을 재사용하기가 어렵다.

하향식 설계는 콘웨이의 법칙[4]을 활용해 조직 구조와 통합할 수 있다. 한번 결정된 팀 구조를 변경하기 어렵기 때문에 초기 분해는 영구적인 분해가 될 수 있다.

체계적인 하향식 접근 방식은 개발자에게 우아한 해결책을 설계할 수 있는 통찰력이 있다는 현실을 부정한다. 개발자들의 이러한 통찰력은 최상위 엔티티에만 국한되지 않고 매우 상세한 것부터 매우 추상적인 것까지 다양하다. 개발자는 명령 큐와 같은 저수준 프레임워크 기능을 사용하여 최상위 품질 속성을 활성화할 수 있다. 개발자들이 통찰력을 발휘할 수 있도록 계획하기는 어렵지만, 조직은 이를 활용할 준비가 되어 있어야 한다.

---

4   옮긴이_ 시스템을 설계하는 모든 조직은 조직의 커뮤니케이션 구조를 따르는 설계를 만들어낸다는 법칙이다.

5.7 남은 과제

지금까지 이 책은 소프트웨어 아키텍처를 지지했다. 그러나 정직한 지지자는 무엇이 잘 작동하는지만 이야기하지 않고 알려진 한계와 문제점도 공개할 책임이 있다.

소프트웨어 아키텍처에 관한 모든 것이 쉽고 간단하지는 않다. 그러므로 문제를 미리 파악하고 찾아보아야 한다. 여기서는 이 책의 기법과 조언을 적용할 때 발생할 수 있는 여러 가지 어려움을 설명한다. 표준 아키텍처 추상화와 관련된 부분을 제외한 유사한 과제 목록은 2부의 16.1절에서 다룬다.

리스크 추정(estimating risk). 리스크는 적절한 아키텍처 활동을 선택하는 데 사용할 수 있으며 설계와 모델링을 멈추고 개발을 시작할 시기를 결정하는 데 도움이 된다. 이는 단순히 얼마만큼의 아키텍처 작업이 충분한지 추측하는 일보다 낫지만 다음과 같은 두 가지 어려운 부분이 있어서 마냥 쉽지만은 않다.

- **리스크 식별**(risk identification)

  리스크는 식별하기 어려우므로 예상치 못한 리스크가 시야에서 벗어날 수 있다. 이전에 식별한 리스크를 공유하고 보존하는 방법으로 체크리스트를 활용하면 도움이 된다.

- **리스크 우선순위**(risk prioritization)

  리스크를 식별한 후에는 중요성을 고려해야 한다. 여러 리스크를 너무 크게 추측하면 긴 리스크 목록에 휩싸여 먼저 해결할 항목을 결정하는 데 어려움을 겪게 된다. 여러 리스크가 너무 적다고 생각하면 너무 일찍 구현을 시작하여 아키텍처가 생략된 리스크를 처리하는 데 적합하지 않을 수 있다.

엔지니어마다 리스크와 우선순위에 관한 의견이 달라서 한 엔지니어의 추정치를 다른 엔지니어의 추정치보다 신뢰하게 될 수도 있다. 결국은 주관적인 의사 결정이 되고 만다. 리스크 식별과 우선순위 선정을 정확히 하더라도 리스크를 성공적으로 완화할 수 있다는 보장은 없다. 리스크 주도 모델은 다른 대안보다 개선된 방식이라 할 수 있지만 여전히 자체적인 어려움이 존재한다.

대체 아키텍처 평가(evaluating alternative architecture). 시스템 아키텍처는 품질 속성 요구사항을 충족하는 데 큰 영향을 미치므로 여러 대체 아키텍처를 고려하여 결정하고 싶을 것이다. 멀리서 보면 대체 아키텍처를 평가하는 작업은 몇 가지 모델을 구축하고 평가하는 일만큼이나 간단하다. 각 대안의 모델을 구축한 다음 각 대안 모델이 먼저 찾아낸 아키텍처 드라이버와 품질 속성을 어떻게 향상하거나 손상하는지 평가한다.

실제로 '악마는 디테일에 있다The devil is in the detail'라는 말이 있듯이 모델에는 이러한 세부 사항이 포함되지 않을 수 있어서 대안을 평가하기가 더욱더 어렵다. 물론 각 설계에 대해 상세한 아키텍처 모델을 만들 수는 있지만 비용이 많이 들어서 주저하게 된다.

숨어 있는 어려움에 관해 이야기해보자. 여러분이 담당하지 않는 모델에 세부 사항을 추가하는데 많은 시간을 소비하기를 주저하지만 세부 사항을 조사할 때까지 이러한 설계의 문제를 발견하지 못할 수 있다. 외부 API의 세부 사항 때문에 기존에 설정했던 가정이 무효가 되거나 프로토타입을 해보고 나서야 성능 모델에 더 많은 주의가 필요함을 깨닫기도 한다.

대체 아키텍처를 평가하려면 여러분이 편하게 느끼는 수준보다 더 많은 부분을 살펴야 한다. 대략적으로 그린 설계와 불완전한 모델을 기반으로 결정을 내려야 한다. 분명히 이미 알고 있는 교훈이지만, 아키텍처 모델링용 표기법과 기법을 배웠다고 해도 여러 설계 대안 중에서 좋은 것을 선택하기가 쉽지 않음을 알아야 한다.

모델 재사용(reusing model). 소프트웨어 개발자는 1950년대 서브루틴이 발명된 이후로 코드를 재사용해왔다. 오늘날 코드 재사용의 정점은 객체 지향 프레임워크일 수 있지만 설계 및 다른 모델과 같이 코드를 넘어 아이디어를 재사용할 수 있다는 끝없는 희망이 있다. 현재 실용적인 것은 그리 많지 않지만, 디자인 패턴 및 아키텍처 스타일이 존재한다.

모델을 재사용하기 어려운 이유는 모델의 근본적인 특성 때문이다. 모델은 세부 사항을 생략한다. 하나의 질문에 답할 목적으로 구축한 모델에는 다른 질문에 답하는 데 필수적인 세부 사항이 생략되었을 수 있다. 예를 들어 보면 더 분명해진다. 기차 운행 시간 모델은 기차의 감가상각을 계산하는 모델로 재사용할 수 없다. 운행 시간 모델에는 출발과 도착 시간이 있지만 기차의 구매 가격과 같은 세부 사항은 생략되기 때문이다.

저자가 아이들에게 즐겨 하는 농담 하나를 살펴보자.

> 아이들에게 '너는 버스 운전기사야'라고 말한 다음, 여러 정류장에서 각각 몇 사람이 승하차했는지 하나하나 설명한다. 그리고 마지막에 '버스 운전기사 이름은 무엇일까?'라고 묻는다.

이 이야기를 듣는 아이들은 버스의 승객 모델을 만들기 시작하면서 버스 운전사가 누구인지 잊기 때문에 농담이 먹힌다. 승객 수를 구하는 문제를 해결하려고 머릿속에 모델을 구축했는데 예상하지 못한 질문을 받으면 당황하게 된다.

이미 구축한 컴포넌트 모델을 나중에 다른 설정(예: 병행 처리 환경)에서 사용하기로 하면 코드의 스레드 안전thread-safe[5] 여부와 같은 질문에 답하지 못할 수 있다. 일반적으로 한 목적으로 만들어진 모델은 다른 목적으로 동작하지 않는다.

엔지니어링 및 관리에 걸친 이슈(issues spanning engineering and management). 조직의 경영진이 코드 들여쓰기 스타일과 같은 낮은 수준의 설계 결정에 많은 관심을 기울일 가능성은 적지만 시스템의 기능과 품질에는 관심이 많을 것이다. 때로는 시스템의 아키텍처를 결정할 때 엔지니어링이나 관리 어느 쪽이든 해결할 수 있는 선택 옵션이 있을 때가 있다. 예를 들어 각 사이트에서 실행되는 소프트웨어를 지원하여 적은 비용을 들여 분산 시스템을 만들 수 있다. 또는 더 높은 비용을 들여 중앙 관리용으로 설계할 수도 있다. 시스템 관리에 관한 결정은 엔지니어가 아닌 경영진이 내릴 가능성이 높으며 기타 유사한 상황은 아키텍처 설계 수준에서 발생한다.

5.8 기능과 리스크: 예시

1부를 마치면 리스크 주도 아키텍처 모델을 다시 살펴보고 순수한 기능 주도 개발feature-driven development[6]과 비교해보자. 이 책의 메시지는 '리스크에만 집중해야 한다'가 아니라 '리스크는 중요하며 설계 작업을 얼마나 많이 해야 하는지 결정하는 데 도움이 된다'는 점이다.

다음 이야기는 기능에 우선순위를 두고 개발한 애플리케이션에 상대적으로 작은 아키텍처 변경을 수행하려는 저자의 (진정한) 노력을 보여준다. 이야기를 읽으면서 아키텍처가 애플리케이션의 재설계에 어떤 영향을 미치는지 주목해보자.

원격 제어 휴대폰 애플리케이션. 저자는 스마트폰에서 (4장에 있는 것과 같은) 홈 미디어 플레이어을 제어할 수 있는 애플리케이션을 찾고 있었다. 인터넷에서 기능이 많은 오픈소스 애플리케이션을 찾았다. 이전 버전의 애플리케이션을 살펴보니 새로운 기능을 추가하는 것이 최우선 과제였다. 그러나 애플리케이션을 실행했을 때 두 가지 문제를 발견했다.

---

5 옮긴이_ 함수, 변수, 객체가 여러 스레드에서 동시 접근해도 실행에 문제가 없는 상태
6 옮긴이_ 애자일 프로세스 중 스크럼과 같이 요구사항에서 주어진 기능을 위주로 개발하는 프로세스를 가리킨다.

- **진단**

  처음에는 애플리케이션이 저자의 미디어 센터와 통신하지 않았지만 이유를 진단하기가 어려웠다. 소스 코드를 살펴본 결과 서버와 통신하는 데 사용한 라이브러리가 많은 연결 문제를 리포트하지 않고 대신 하나의 오류 코드로 묶어 리포트함을 알아냈다.

- **느린 사용자 인터페이스**

  애플리케이션의 여러 화면을 오가는 동작이 느렸다. 기본적이라 할 수 있는 이전 화면으로 돌아가는 동작도 눈에 띄게 지연이 발생했다. 애플리케이션과 통신 라이브러리가 서버 응답을 캐싱하지 않았으며 이러한 응답에 대한 반응도 느리거나 화면이 전혀 변경되지 않았다(예: 앨범 아트, 앨범의 노래 목록).

코드를 살펴본 결과 통신 라이브러리를 수정하거나 교체하면 두 문제를 모두 해결할 수 있음을 깨달았다. 저자의 품질 속성 우선순위에 따르면 애플리케이션의 아키텍처가 다소 부적합했다.

설계 옵션(design option). 저자와 같은 이 애플리케이션의 사용자는 연결 문제가 있으면 그것을 쉽게 진단하도록 만들 수 있다. 고유한 오류 조건을 감지하고 리포트하는 통신 라이브러리가 필요했다. 그러나 이미 기존의 인터페이스가 결정되어 있어 통신 라이브러리의 API를 변경해야 했다.

느린 사용자 인터페이스는 각 요청에 수십 밀리초가 걸리므로 서버로의 요청 수를 줄임으로써 개선할 수 있다. 현재 애플리케이션은 데이터가 필요할 때마다 캐싱을 수행하지 않고 바로 서버에 쿼리했다. 이와 반대의 극단으로 모든 것을 캐시하도록 설계할 수도 있다. 그러나 스마트폰의 저장 공간은 제한적이므로 사용하는 저장 공간과 레이턴시의 트레이드오프가 있었다. 진단과 마찬가지로 API를 변경하지 않고는 캐싱을 추가하기가 어려웠다.

개발자가 의도적으로 캐싱과 오류 처리를 연기하기로 했더라도 이러한 변경 사항을 수용하는 API를 구축했다면 더 좋았을 것이다. 이상적인 세상에서는 저자가 커뮤니케이션 라이브러리를 수정하여 보내주면 애플리케이션 개발자가 수정 사항을 적용해서 문제를 해결했을지 모른다.

원본 오픈소스 애플리케이션은 휴대폰이 클라이언트이고 미디어 센터가 서버인 전통적인 클라이언트 서버 아키텍처를 사용했다. 그러나 다른 아키텍처 스타일과 의미를 고려할 가치가 있다. 예를 들어 저자의 집에는 컴퓨터가 여러 대이며 각각 음악 파일이 있다. 이때는 모든 피어가 다른 피어의 음악을 재생할 수 있는 P2P 아키텍처^{peer-to-peer architecture}가 더 적절할 수 있다. 사실, 우리는 스마트폰까지 포함하여 '클라우드'에서 모든 장치로 음악을 스트리밍하는 상황을 상상해볼 수 있다.

접근법. 되돌아보면, 아키텍처 관점에서 어떻게 문제에 접근할 수 있었을까? 첫째, 특히 디버그가능성$^{debug-ability}$, 사용성(레이턴시), 수정가능성과 같은 품질 속성과 관련된 명시적인 실패를 고려했다. 둘째, 설계 옵션을 생성하고 실패와 관련하여 평가했다. 사용성 실패의 경우 해결책과 일반적인 장단점을 이해할 수 있었다. 마지막으로 전체 아키텍처 스타일(클라이언트–서버)을 살펴보고 당면한 문제와 일치하는지 고려했다.

이러한 활동의 순서는 그에 수반되는 사고보다 덜 중요하다. 리스크, 품질 속성, 실패, 설계 옵션, 아키텍처 스타일에 주목하고 순수한 기능 중심 접근 방식과 비교해보자.

결론. 많은 사람이 전적으로 기능에 집중하라고 이야기할 것이다. 불필요한 기능과 인프라 구축에 시간을 낭비하는 프로젝트를 너무 많이 봐서 그런 이야기를 한다. 그러나 아리스토텔레스가 아직 살아 있다면 '미덕은 절대적이지 않고 과잉과 결핍 사이에 존재한다'는 점을 상기시킬 것이다.

시스템 아키텍처는 엔지니어링 리스크, 주로 품질 속성 리스크를 완화할 수 있다. 소프트웨어 아키텍처를 설계하는 사람이 품질 속성(품질 속성 요구사항)에 주목해야 한다고 최초로 제안하지는 않았지만, 그 메시지를 강화하고 품질 속성을 아키텍처 선택과 연결했다. 시스템의 아키텍처와 설계를 고려할 때 시스템이 직면하는 장애와 관련한 리스크를 고려해야 한다.

리스크 주도 모델은 충분한 아키텍처 설계를 수행하는 데 도움이 된다. 여전히 기능에 주로 초점을 맞출 수 있지만 리스크, 품질 속성, 아키텍처에도 적절하게 주의를 기울인다. 아키텍처는 지나친 선행 설계(BDUF)와 동일하지 않아야 하며, 이미 살펴보았듯이 아키텍처를 생각하는 데 시간을 투자하면 실패 리스크를 완화하는 설계를 선택하는 데 도움이 된다.

아키텍처 모델링

Part II

아키텍처 모델링

CHAPTER 6

엔지니어가 사용하는 모델

1부에서는 소프트웨어 아키텍처와 리스크에 관해 살펴보았다. 리스크를 완화하기에 충분한 모델인 아키텍처를 구축하라고 조언했다. 그러나 이러한 모델을 구축하는 방법이나 모델에 포함된 내용은 언급하지 않았으므로 2부에서는 필요한 소프트웨어 아키텍처 개념과 표기법을 설명한다. 여기에서 설명할 상세한 아키텍처 모델을 이해하지 못한다고 두려워할 필요는 없다. 거대한 상아탑처럼 보이는 대학교의 석사 혹은 박사 과정을 이수해야만 만들어지는 아키텍트가 이 책의 목표가 아니기 때문이다. 이번 장에서는 실제 엔지니어링에서 사용하는 모델부터 시작한다.

저자는 고등학교 때 아버지에게 미적분 숙제를 도와달라고 부탁했다. 아버지는 대학 때부터 엔지니어로 일했는데도 미적분을 거의 사용하지 않아 잊어버렸다는 사실에 놀랐다. 또한 아버지는 회사에서 미적분을 아는 엔지니어만 고용했다고 말했다. 업무에 미적분을 적용해야 해서가 아니라 미적분을 포함한 엔지니어링 교육 덕분에 추상화와 모델을 사용하여 문제를 해결할 수 있기 때문이라고 했다.

추상화를 사용하지 않아도 간단한 문제는 바로 해결할 수 있다. 하지만 복잡한 문제에 직면하면 엔지니어는 해당 문제를 추상 모델(예: 미적분 방정식)에 매핑하고 모델 내에서 문제를 해결한 다음 해당 해결책을 다시 실제 해결책으로 변환한다. 엔지니어에게는 추상 모델을 사용하여 문제를 해결하는 능력이 필수다.

엔지니어가 모델을 사용하여 문제를 해결할 때 전체 프로세스는 모델 타입에 관계없이 동일하다. [그림 6-1]에서 볼 수 있듯이 엔지니어의 목표는 실제 문제에서 실제 해결책으로 이동하는 것이다. 단순한 문제는 추상화 없이 직접 해결할 수 있으며 엔지니어는 색칠한 화살표를 가로질러 직접 이동할 수 있다. 그러나 엔지니어가 돈을 받고 해결해주는 문제는 더 어렵다. 그래서 추상화를 사용해 해결해야 하는 더 긴 경로가 필요하다. 실제 문제는 추상 모델로 표현되고 해당 모델링 도메인에서 해결한 후에 해당 해결책이 실제 해결책에 매핑된다. 전체 프로세스는 모델(예: 미적분 방정식, 회계 장부, 아키텍처 모델)에 상관없이 동일하다.

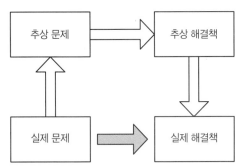

그림 6-1 메리 쇼가 소프트웨어 엔지니어링에서 대중화한 커뮤팅 다이어그램(commuting diagram). 간단한 문제는 바로 해결할 수 있다(색칠한 화살표). 복잡한 문제는 다이어그램에서 멀리 떨어진 추상화를 사용하여 해결한다

6.1 규모와 복잡성에 필요한 추상화

엔지니어로서 소프트웨어 개발자는 문제가 크거나 복잡할 때 본능적으로 추상화를 사용해야 함을 안다. 개발자는 프로그램에서 소수의 클래스를 다룰 때 해당 클래스를 직접 처리한다. 클래스 수가 증가하면 서로 협력하는 클래스의 덩어리를 설명하는 디자인 패턴을 사용하여 증가하는 혼란을 진정시킬 수 있다. 그러나 클래스 수가 증가하다 보면 어느 시점에는 더 큰 추상화를 사용해야 개발자가 프로그램을 이해할 수 있다. 새로운 추상화를 강제하는 것이 아니라 규모나 복잡성에 적합한 추상화를 적용하는 것이 중요하다.

시스템에 관해 배우려면 소스 코드를 직접 살펴보는 방법보다 추상화가 더 효율적인 방법일 수도 있다. 한 개발자가 이미 이해한 시스템을 다른 개발자에게 설명하려 한다고 가정해보자. 긴 시간이 있다면 수십만 줄의 소스 코드를 읽고 토론해도 된다. 그러나 몇 시간밖에 없다면 시스템 모델을 스케치하는 편이 더 효과적이다.

개발자가 화이트보드에 모델을 그리는 일은 그리려는 내용을 정확히 설명하는 일과는 다르다. 이러한 다이어그램은 어떻게 생겼으며 어떤 추상화를 나타내는가? 2부에서는 소프트웨어 시스템의 아키텍처를 모델링하는 데 적합한 추상화 집합을 설명한다.

6.2 통찰력과 지렛대 효과를 제공하는 추상화

수학 수업에서 다음과 같은 문제를 본 적이 있을 것이다.

> 두 기차는 3,000m 떨어져 있으며 같은 선로에서 서로를 향해 달리고 있다. 속도는 각각 10m/s, 20m/s이다. 두 기차는 언제 만나는가?

수학 선생님이 이런 문제를 소개했을 때 여러분은 이미 대수학을 배웠기 때문에 *10x + 20x = 3000*이라는 식을 만들고 문제를 풀 수 있었을 것이다. 선생님은 이와 같은 이야기를 [그림 6-1]에서와 같이 대수학에서 사용하는 추상 모델로 매핑하고 다시 되돌리는 방법을 알려주려고 문제를 냈을 것이다. 이 문제를 해결하려면 질문과 관련한 세부 사항을 포함하는 모델을 구축하는 방법을 배워야 했다. 모델은 필수 문제에 관한 통찰력을 제공했고 대수학은 이를 해결하는 데 지렛대leverage 효과를 만든다. 이 문제에서 기차 도메인에 관련된 특별한 통찰력이나 지렛대 효과를 제공하지 않았지만 대수학 모델은 문제를 해결할 수 있게 해준다.

이상적으로 소프트웨어 아키텍처는 대수학 문제처럼 풀 수 있는 보편적인 문제일 것이다. 아키텍처 모델링은 기차 문제만큼 간단하지 않지만 아키텍처 모델은 통찰력과 지렛대 효과를 제공할 수 있다. 적절한 모델을 사용하면 활용할 수 있는 침입 벡터[1]를 찾고, 병목 현상을 구별해 내고, 레이턴시를 예측하는 등의 작업을 수행할 수 있다. 개발자가 단순한 시스템에서 제공하는 기능 이상의 내용인 품질을 모델에서 추론해야 하므로 모델이 중요하다.

---

1 옮긴이_ 보안과 관련한 침입(Intrusion) 테스트용 입력값의 집합

6.5 추론을 증폭하는 모델

사용자에 따라 동일한 모델을 다른 목적으로 사용할 수 있다. 모델링 기술에는 모델 읽기, 모델 작성, 모델 추론 증폭이라는 세 가지 기본 수준이 있다. [그림 6-3]에 표시했듯이 정확하게 **모 델을 읽는** 기능이 가장 일반적이며 다른 기능의 사전 조건이다. 예를 들어, 맞춤 설계 주택의 구 매자는 주택 설계도를 읽을 수 있어야 자신의 요구와 설계가 일치하지 않는 부분을 이야기할 수 있다. 이해관계자와 소프트웨어 개발자 간의 맞춤형 소프트웨어 개발에서도 유사한 상황이 발생한다.

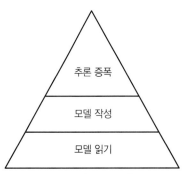

그림 6-3 모델을 사용하여 작업을 하는 모든 사람은 모델을 읽을 수 있어야 한다. 경험이 쌓인 일부는 모델을 작성할 수 있다. 경험 많은 설계자는 모델을 사용하여 자신의 추론 능력을 강화하는 목표를 가져야 한다

문서화된 형식이나 구문이 올바른지 확인하는 작업을 포함하여 정확하게 **모델을 작성**할 수 있는 사람은 적다. 주택 설계는 설계자의 머리에서 시작되어 주택의 이해관계자(설계에 동의해야 하는 다양한 사람들)와 공유할 수 있는 설계도로 작성된다. 모델 설계자와 모델 작성자의 역할은 다를 수 있다. 예를 들어, 초안을 작성하는 사람은 일반적으로 설계자가 아닌 모델 작성 전문가다.

주택을 설계하는 동안 설계자는 자신의 추론을 증폭하는 도구로 모델을 사용하여 생각과 기억 만으로 설계할 때보다 더 복잡한 주택을 설계할 수 있다. 설계자는 많은 세부 사항을 조정해야 하므로 실수하기 쉽다. 설계 중에 '문을 열면 캐비닛이 막히는가?', '침실에 얼마나 많은 석고보 드가 필요할까?'와 같이 답해야 할 질문이 있다. 설계자가 모든 세부 사항을 머릿속에 간직하면 오류가 발생할 수 있다. 모델을 만들면 기억해야 하는 양의 부담이 적고, 오류를 쉽게 감지할 수 있는 표준화된 표현 방식을 사용할 수 있으며, 주택이 어떻게 작동할지 예측할 수 있다. 설 계자의 추론 능력을 증폭하려고 모델을 사용하는 일은 다른 사람들이 제시한 모델을 단순히 읽

는 것과는 다르다. 설계자는 모델을 사용해서 더 나은 설계를 한다. 숙련된 설계자는 소프트웨어를 설계할 때 분석할 수 있고 오류를 더 쉽게 감지하며 명확하지 않은 진실을 바로 발견하는 모델을 어떻게 구축해야 하는지 안다.

6.6 질문이 먼저, 모델은 그다음

모델마다 적절한 용도가 있다. 응답 시간을 예측하는 데 도움이 되는 모델은 보안 허점을 찾는 데 도움이 되지 않을 것이다. 따라서 '**질문이 먼저, 모델은 그다음**'이라는 간단한 규칙을 따르기를 권장한다. 즉, 모델을 구축하기 전에 모델이 답하기 원하는 질문을 알아야 한다. 이렇게 하면 추상화 수준과 포함할 세부 정보를 더 쉽게 선택할 수 있다.

이는 간단해보이지만 위반하기 쉬운 규칙이다. 인테리어 작업을 한 적이 있다면 비슷한 규칙을 들었을 것이다. '**두 번 측정하고 한 번 자르라**'는 규칙이다. 저자는 그 규칙을 여러 번 어겼고, 그럴 때마다 잘못되어 다시 숨을 고르며 규칙을 중얼거리곤 했다. 저자의 친구는 "몇 번을 잘라도 길이는 더 길어지지 않는다!"라고 표현하기도 했다.

운이 좋으면 바로 올바른 길이로 자를 수 있지만 자르기 전에 다시 한 번 더 측정하면 어떨까? 마찬가지로 운이 좋으면 바로 원하는 대로 모델을 구축할 수 있지만 먼저 어떤 질문에 답해야 할지 정하면 어떨까? 이렇게 만든 모델은 확실히 여러분에게 도움이 될 것이다.

6.7 마치며

엔지니어는 모델을 사용하여 크거나 복잡한 문제를 해결한다. 이를 위해 커뮤팅 다이어그램에서 돌아가는 경로를 택하여 문제의 추상 모델을 만들고 모델을 사용하여 해결한 다음 다시 현실 세계로 돌아온다. 추상 모델은 필수 문제에 관한 통찰력을 제공하여 인간의 문제 해결 능력이 더 잘 작동하도록 한다. 또한 (대수학이 기차 문제를 해결하는 데 도움이 되듯이) 모델은 문제를 해결하는 데 특별한 지렛대 역할을 한다.

모델은 시스템에 관한 사실과 세부 사항을 구성하는 데 도움이 된다. 다양한 세부 사항이 있는 두 가지 다른 기술로 구축한 웹사이트의 예를 보았다. 간단한 모델을 사용해 이러한 세부 사항을 구성하고 단일 세부 사항인 계층적 데이터 저장소와 플랫한 데이터 저장소라는 두 기술 간의 성능 차이를 설명하는 것을 확인할 수 있었다.

모델링의 필수 요소는 포함하거나 제외할 세부 정보를 선택하는 것이다. 세부 사항이 너무 많은 모델은 본질적인 문제를 모호하게 하고 추론을 방해할 수 있다. 그러나 더 완전한 모델은 추론하기에는 너무 크거나 복잡할 수 있으므로 더 작은 모델과 함께 제공되는 불완전한 추론을 받아들여야 할 수도 있다.

이해관계자와 같은 사람들은 모델을 읽기만 하면 된다. 예를 들어 주택 구매자는 정보에 입각한 구매 결정을 내릴 수 있을 만큼 설계도를 잘 읽을 수 있으면 된다. 하지만 소프트웨어 개발자의 목표는 모델을 사용하여 추론 능력을 강화하는 것이다. 공식적으로 수학을 배운 적이 없어도 간단한 문제에 대해 추론할 수 있을 것이다. 수학 교육은 훨씬 더 어려운 문제를 해결할 수 있는 수학 모델을 심어준다.

모델을 구축할 때마다 성능 세부 사항이 더 많은 모델이나 보안을 무시하는 모델과 같이 필요하지 않은 다른 모델을 구축하지 않도록 효과적으로 결정해야 한다. 적합한 모델을 선택하려면 해당 모델이 대답해야 하는 질문을 반드시 미리 알아야 한다. 그렇지 않으면 불충분하거나 과한 모델을 만들 수 있다. 결과적으로 모델을 구축할 때마다 추상화 수준을 신중하게 선택해야 한다.

6.8 참고 자료

모델을 사용하여 문제를 해결한다는 아이디어는 모든 엔지니어링의 핵심이다. 이 책에서 모델을 강조하려고 커뮤팅 다이어그램을 사용한 것은 메리 쇼의 책[Shaw and Garlan, 1996]에서 비롯되었다.

예술이나 수학을 다른 사람보다 쉬워하는 사람이 있듯이, 아키텍처 모델을 구축해 달라는 요청을 다른 사람보다 더 쉽게 수행할 수 있는 사람도 있다. 아키텍처링 기술의 이전에 관한 저자의 경험에 따르면 소프트웨어 개발자마다 각각 능력 범위가 달랐다[Fairbanks, 2003]. 모델 관련 교육이나 기술 이전을 감독한다면 커리큘럼을 선택할 때 세 가지 수준(모델 읽기, 모델 작성, 추론 증폭)을 염두에 두도록 하자.

CHAPTER 7

소프트웨어 아키텍처의 개념 모델

1장 개요에서 같은 운동 경기를 보는 운동 코치와 신인 선수의 예를 들었다. 둘 다 경기 중 일어나는 똑같은 장면을 보지만 (신인 선수의 눈이 더 젊고 날카로움에도 불구하고) 코치가 더 능숙하게 이해하고 평가했다. 소프트웨어 개발자는 코치가 게임을 이해하듯이 효과적으로 소프트웨어를 이해하고 평가하고 싶을 것이다. 이 장부터 몇 장에 걸쳐 소프트웨어 아키텍처가 작동하는 방식에 관한 개념적 표현 방법을 이해하고 기억하는 데 도움을 주려 한다. 여러분은 소프트웨어를 더 잘 이해하고 더 잘 설계할 수 있게 될 것이다.

그러나 모델을 사용하는 아이디어는 소프트웨어 프로세스(예: 폭포수 모델)의 선택과 잘못 결합하여 분석 마비로 연결되기도 한다. 이 책은 프로젝트의 초기에 많은 서면 모델(즉, 문서)을 작성하는 일을 옹호하지 않으므로 여기서 몇 가지 오해를 풀고 가려 한다.

- **모든 프로젝트는 아키텍처를 문서화해야 한다: 아니다**

  여행을 떠나기 전에는 계획을 세워야 하지만, 아침에 출근할 때도 계획을 세우는가? 모델은 문제를 해결하고 리스크를 완화하는 데 도움이 된다. 일부 문제는 모델로 잘 해결되지만 직접 해결하는 편이 효율적인 문제도 있다.

- **아키텍처 문서는 포괄적이어야 한다: 아니다**

  광범위한 아키텍처 문서를 작성하거나 포괄적인 문서를 작성하기로 할 수 있지만, 일부 상황(예: 다른 사람들에게 설계를 전달해야 할 때)에서만 그렇게 한다. 보통 리스크와 관련된 부분만 모델링할 수 있으므로 확장성 리스크가 있는 프로젝트는 확장성에 초점을 맞춘 좁은 모델을 구축한다.

- **설계는 항상 코딩보다 선행해야 한다: 아니다**

어떤 의미에서는 사실이다. 무엇을 만들지 생각하기 전에는 코드가 만들어질 수 없기 때문이다. 그러나 (소프트웨어 프로세스 측면에서의) 설계 단계가 코딩보다 선행해야 한다는 믿음은 잘못되었다. 사실, 초기 코딩은 가장 어려운 문제를 발견하는 데 도움이 된다.

그래서 여러분은 이러한 오해를 제쳐 두어야 한다. 소프트웨어 아키텍처 모델을 사용하는 진짜 이유는 신인 선수가 아닌 운동 코치처럼 경기를 이해하고 수행하는 데 도움이 되기 때문이다. 아직 코치 수준이 아니라면 가능한 한 빨리 그 수준에 도달하고 싶을 것이다. 표준 아키텍처 모델은 소프트웨어 아키텍처와 설계를 효율적으로 학습할 수 있는 압축된 지식을 나타낸다. 나중에 표준 모델을 사용하면 각 문제에 대한 새로운 타입의 모델을 개발하는 대신 당면한 문제에 집중할 수 있음을 알게 될 것이다.

개념 모델은 학습을 가속한다(conceptual models accelerate learning). 운동 코치만큼 효과적이려면 계속해서 소프트웨어 개발 작업을 하면서 충분히 나이 들 때까지 기다리면 된다. 결국 모든 소프트웨어 개발자는 아키텍처 지식을 간접적으로 접하더라도 아키텍처에 관해 무언가를 배운다. 시스템 구축에서 반복적인 연습이 필요하다. 그러나 이러한 접근 방식에는 몇 가지 문제가 있다. 첫째, 경력이 긴 소프트웨어 개발자가 모두 효과적이지는 않다. 둘째, 이러한 접근 방식은 수십 년이 걸린다. 셋째, 이렇게 개인적인 경험으로 축적한 아키텍처에 대한 이해가 각기 달라서 다른 사람과 의사소통하는 데 어려움을 겪고 다른 사람의 아키텍처를 이해하기도 어려울 수 있다.

다른 사람들이 쌓아둔 지식을 발판으로 삼아 더 멀리 보는 방법을 생각해보자. 우리는 여전히 소프트웨어 엔지니어링 분야의 아이작 뉴턴Isaac Newton을 기다리고 있지만, 우리보다 먼저 소프트웨어를 만든 사람들에게서 배울 점이 많다. 그들은 우리에게 컴파일러와 데이터베이스 등을 제공했을 뿐만 아니라 프로그램에 대해 생각할 수 있는 일련의 추상화를 제공했다. 이러한 추상화 중 일부는 함수, 클래스, 모듈 등의 프로그래밍 언어에 내장되었다. 컴포넌트, 포트, 커넥터[1]와 같은 다른 추상화도 있다.

선천적으로 재능이 뛰어난 사람도 있지만 대부분 그렇지 않기에 선배들의 지식을 발판으로 삼는 것이 효과적이다. 여러분은 대부분의 17세기 사람보다 수학 문제를 더 잘 풀 것이다. 예나 지금이나 수학의 거장들은 재능이 뛰어나고 열심히 연구하지만, 오늘날 우리는 수 세기에 걸쳐

---

1 ArchJava와 같이 연구 중인 언어는 이미 이러한 개념을 자바 언어에 추가했다.

쌓아 온 지식의 이점을 누리고 있다. 수백 년 전에는 거장이나 풀 수 있었던 수학 문제를 고등학교를 졸업할 때쯤에 풀 수 있게 되었다. 물론 17세기의 거장들도 다른 누군가가 발명한 개념(예: 위치 기수법[2], 0의 개념)의 혜택을 받았다. 아키텍처에 대해 깊이 학습하고 지속해서 실천하자. 이 두 가지는 여러분이 모두 수행할 수 있고 해야 하는 일이라는 점을 기억하자.

정신을 자유롭게 하는 개념 모델(conceptual models free the mind). 요약된 이해는 개념 모델의 형태를 취할 수 있다. 운동 코치의 개념 모델에는 공격 및 수비 전략, 위치, 플레이 등이 포함된다. 그는 경기장에서 선수들의 움직임을 보며 자신의 개념 모델에 따라 분류한다. 코치는 선수들의 움직임을 전략의 일부인 플레이의 한 요소로 본다. 개념 모델을 제한적으로만 갖춘 신인 선수는 코치만큼 경기에서 많은 것을 파악하지 못한다.

개념 모델은 많은 분야에서 발전을 가속한다. 물리학을 배운 적이 있다면 (방정식은 대부분 잊었더라도) 여전히 물체에 작용하는 힘을 이해할 것이다. 물리학 수업은 이러한 개념 모델을 주입하도록 고안되었다. 마찬가지로 디자인 패턴을 공부한 적이 있다면 마주치는 프로그램에서 이러한 패턴을 인식할 수 있다.

개념 모델은 더 빠른 인식과 일관성으로 시간을 절약하고 추론을 증폭시킬 수 있다. 알프레드 화이트헤드[Alfred Whitehead]는 "좋은 표기법은 모든 불필요한 작업에 사용되는 두뇌 사용을 덜어줌으로써 더 발전된 문제에 집중할 수 있게 해주며 사실상 인류의 정신력을 증가시킨다"라고 말했다[Whitehead, 1911]. 이는 개념 모델에도 동일하게 적용된다. 1장 개요에서 언급했듯이 앨런 케이는 '관점은 IQ를 80만큼 높여주는 가치가 있다'라고 이야기했으며, 우리가 로마 시대의 엔지니어보다 더 나은 주된 이유는 더 나은 문제 표현 방법이 있기 때문이라고 한다[Kay, 1989].

아키텍처 모델링의 필수 요소와 기법에 관한 일반적인 합의가 있지만, 사람마다 다른 부분을 강조한다. 예를 들어, 소프트웨어 공학 연구소(SEI)는 품질 속성 모델링 기법을 강조한다[Bass, Clements and Kazman, 2003; Clements et al., 2010]. 통합 모델링 언어(UML) 진영은 기능적 모델링 기법을 강조한다[D'Souza and Wills, 1998; Cheesman and Daniels, 2000]. 이 책의 개념 모델은 품질 속성과 기능 모델을 모두 통합한다.

이 장의 목표와 구성. 이 장의 목표는 소프트웨어 아키텍처의 개념 모델을 제공하는 것이다. 이

---

2 옮긴이_ 숫자의 자릿수를 표현하는 방법. $d_2 d_1 d_0$와 같이 밑을 보통 사용한다.

는 사용자가 소프트웨어를 빠르게 이해하고 설계한 소프트웨어에 관해 추론하도록 돕는다. 개념 모델은 일련의 추상화, 모델을 구성하는 표준 방법, 노하우를 포함한다. 재능과 연습 없이는 무엇도 잘할 수 없지만 정신적 개념 모델을 구축하여 발전을 가속할 수 있다.

이 장에서는 아키텍처를 도메인, 설계, 코드라는 세 가지 기본 모델로 분할하는 방법을 보여준다. 지정designation 및 구체화refinement 관계를 사용하여 이러한 모델을 연결한다. 각 모델 내에서 뷰를 사용하여 세부 정보를 표시한다. 이어지는 세 장에서는 도메인, 설계, 코드 모델을 더 자세히 살펴본다. 인저Yinzer**3**라는 웹사이트의 예제 시스템을 사용해 설명한다.

> 인저 웹사이트는 회원들에게 피츠버그 지역의 온라인 비즈니스 소셜 네트워킹과 구인 광고 서비스를 제공한다. 구성원은 다른 구성원을 비즈니스 연락처로 추가하고, 구인 광고를 게시하고, 업무에 적합한 사람을 추천하고, 자신과 일치하는 구인 사례에 대한 이메일 알림을 받을 수 있다.

다음 장에서는 모델링의 기타 세부 사항을 다루고 모델을 효과적으로 사용하는 방법을 살펴본다.

7.1 정준 모델 구조

모델 구축을 시작하면 추적해야 할 부분이 많다. 한 회사와 관련된 구인 광고를 보여주는 인저Yinzer 시스템의 UML 클래스 다이어그램을 본다면 그것이 무엇을 나타내는지 알고 싶을 것이다. 실제 세상이나 설계에서 가져왔을까, 아니면 여러분 시스템의 데이터베이스 스키마에서 따왔을까? 이러한 부분을 올바른 위치로 분류하고 전체를 이해하는 데 도움이 되는 구성이 필요하다.

여기에 제시된 **정준 모델 구조**canonical model structure는 개발하면서 알게 되는 사실fact과 구축하려는 모델model을 구성하고 연관시키는 표준화된 방법을 제공한다. 항상 정준 모델 구조를 포괄하는 전체 모델을 구축하지는 않지만, 시간이 지나면서 대부분의 프로젝트에 정해진 표준 구조를 따르는 모델이 조금씩 생긴다.

---

3 옮긴이_ 인저는 카네기 멜런 대학교가 위치한 피츠버그 출신 사람을 가리키는 속어이며 '여러분 모두(y'all)'와 같은 의미인 피츠버그 방언 인츠(yinz)에서 파생되었다.

7.1.1 개요

정준 모델 구조의 본질은 간단하다. 모델은 추상에서 구체에 이르기까지 다양하며 뷰를 사용하여 각 모델의 세부 정보를 상세화한다.

[그림 7-1]에서 볼 수 있듯이 도메인 모델, 디자인 모델, 코드 모델이라는 세 가지 기본 모델primary model이 있다. 정준 모델 구조에는 상단에 가장 추상적인 모델(도메인 모델)이 있고 하단에 가장 구체적인 모델(코드 모델)이 있다. **지정**designation 및 **구체화**refinement 관계는 모델이 일치하도록 보장하지만 추상화 수준은 다를 수 있다.

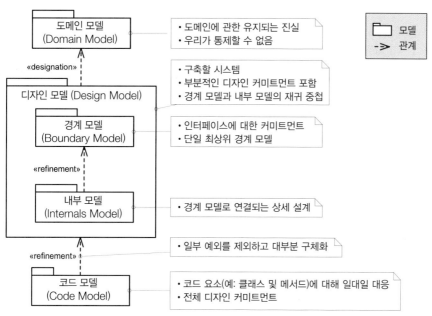

그림 7-1 도메인, 디자인, 코드 모델을 구성하는 정준 모델 구조. 디자인 모델은 최상위 경계 모델과 재귀적으로 중첩된 내부 모델을 포함한다

세 가지 기본 모델(도메인 모델, 디자인 모델, 코드 모델)은 모두 포괄적이라는 점에서 모델을 모아 놓은 데이터베이스와 비슷하지만 일반적으로 직접 작업하기에는 너무 크고 상세하다 (7.4절 참고). **뷰**를 사용하면 모델에서 세부 정보의 하위 집합만 선택할 수 있다. 예를 들어 단일 컴포넌트의 세부 정보만 선택하거나 모듈 간의 종속성만 선택할 수 있다. 데이터 사전data dictionary이나 시스템 콘텍스트 다이어그램system context diagram과 같은 뷰로 작업한 적이 있을 것이다. 뷰를 사용하면 이러한 목록과 다이어그램을 다시 정준 모델 구조에 연결할 수 있다. 정준

모델 구조로 모델을 구성하면 분류 및 단순화에 도움이 된다.

정준 모델 구조는 다양한 사실fact을 여러 모델로 분류한다. 도메인 모델, 디자인 모델, 코드 모델에 관한 사실은 자체 모델에 포함된다. '청구 주기는 30일이다'와 같은 도메인 사실domain fact, '폰트 리소스는 항상 명시적으로 할당 해제해야 한다'와 같은 설계 사실design fact, '고객 주소는 varchar(80) 필드에 저장한다'와 같은 구현 사실implementation fact을 개발 중에 알게 되면 이러한 세부 사항을 모델로 쉽게 분류할 수 있다.

정준 모델 구조는 각 문제의 크기를 줄인다. 도메인 문제에 관해 추론하고 싶을 때 코드 세부 사항에 주의를 기울이지 않고 그 반대도 마찬가지이므로 각 문제에 관해 더 쉽게 추론할 수 있다.

먼저 도메인 모델, 디자인 모델, 코드 모델을 살펴보고 이들 간의 관계를 살펴보자.

7.2 도메인 모델, 디자인 모델, 코드 모델

도메인 모델은 도메인에 관한 지속적인 진실을 설명한다. **디자인 모델**은 구축할 시스템을 설명한다. **코드 모델**은 시스템 소스 코드를 설명한다. '그냥 사실'이라면 도메인 모델에 포함될 수 있다. 설계 결정이나 설계한 메커니즘이라면 아마도 디자인 모델에 포함될 것이다. 그리고 무언가를 프로그래밍 언어로 작성했거나 이와 동일한 추상화 수준의 모델이라면 코드 모델에 포함된다. [그림 7-1]은 세 가지 모델을 그래픽으로 보여주고 각 모델의 내용을 요약하여 설명한다.

도메인 모델. 도메인 모델은 시스템과 관련된 현실 세계에 관한 지속적인 진실을 표현한다. 인저 시스템의 몇 가지 관련 진실에는 광고(Ad)나 연락처(Contact) 같은 중요한 타입type의 정의, 이러한 타입 간의 관계relationship, 타입 및 관계가 시간이 지나면서 어떻게 변하는지를 설명하는 행위behavior가 포함된다. 일반적으로 도메인은 사용자가 제어하지 않으므로 한 주를 6일로 한다거나 매주 생일 파티를 열도록 결정할 수 없다.

디자인 모델. 반대로 설계는 대부분 사용자가 제어한다. 구축할 시스템은 도메인 모델에는 나타나지 않지만 디자인 모델에는 나타난다. 디자인 모델은 디자인 커미트먼트의 일부다. 즉, 설계 작동 방식의 일부 세부 정보(일반적으로 낮은 수준의 정보)를 결정하지 않고 남겨두고 코드 모델에서 결정하도록 한다.

디자인 모델은 재귀적으로 중첩된 **경계 모델**boundary model과 **내부 모델**internal model로 구성된다. 경계 모델과 내부 모델은 동일한 내용(예: 컴포넌트, 모듈)을 설명하지만 경계 모델은 공개적으로 표시되는 인터페이스만 언급하고 내부 모델은 내부 설계도 설명한다.

코드 모델. 코드 모델은 시스템의 소스 코드 구현이거나 이와 동등한 모델이다. 실제 자바 코드이거나 코드에서 UML 도구를 실행한 결과일 수 있지만, 전체 디자인 커미트먼트를 포함한다는 점이 중요하다.

디자인 모델은 개발자가 전체 설계와 아키텍처를 이해할 수 있도록 설계가 충분히 되어서 리스크가 적은 부분의 설명은 생략할 때가 많다. 디자인 모델의 디자인 커미트먼트의 집합은 불완전하지만 코드 모델에는 완전한 집합 혹은 머신에서 실행하기에 충분할 만큼의 집합이 있다.

7.3 지정 및 구체화 관계

도메인이 설계와 어떤 관련이 있고 설계가 코드와 어떤 관련이 있는지 직관적으로 알 수 있다. 이 장에서는 모델을 분할하고 연관시키려 하므로 이러한 관계를 주의 깊게 살펴보고 완전히 이해하기 바란다.

지정(designation). 지정 관계를 사용해서 서로 다른 모델의 유사한 항목이 대응해야 한다고 말할 수 있다. 인저 시스템 예제에서 도메인 모델은 연락처 네트워크를 구축하는 사람들과 광고를 게시하는 회사와 같은 도메인 진실을 설명한다. 지정 관계를 사용하면 [그림 7-2]에서처럼 이러한 진실이 설계에 적용된다.

그림 7-2 지정 관계는 도메인에서 선택한 타입이 설계의 타입이나 자료 구조와 대응하도록 보장한다

설계를 자유롭게 할 수 있는 여지가 있지만 도메인 진실을 위반해서는 안 된다. 도메인에서 선택한 타입이 설계의 타입 및 자료 구조와 대응하도록 지정designate할 수 있다. 지정하지 않은 부분에는 제약 조건constraint이 없다.

실제로 정확하게 기록하는 때는 드물지만 지정 관계는 도메인 요소(예: 광고 및 구인 타입)와 설계 요소(예: 광고 및 구인 타입, 자료 구조) 간의 대응 관계를 정의하는 매핑을 의미한다.

시스템이 도메인 타입을 단순화하거나 제한된 버전을 사용하기 때문에 설계가 도메인과 100% 일치하는 경우는 거의 없다. 예를 들어, 시스템은 한 사람이 두 개의 이메일 주소를 사용하는 상황을 인식하지 못해서 두 이메일 주소를 두 사람으로 간주할 수 있다. 또는 사용자가 시스템에 등록할 수 있는 연락처 수를 제한하는 등 시스템이 도메인 타입을 제한할 수 있다. 그러나 도메인과의 연계가 끊어지면 버그가 많이 발생한다. 지정 관계는 13.6절에서 자세히 다룬다.

구체화(refinement). 동일한 사물의 낮은 세부 모델과 높은 세부 모델 간의 관계다. 구체화는 경계 모델과 내부 모델의 연결을 설명하는 데 사용한다. 이는 경계 모델과 내부 모델이 모두 같은 사물에 관한 동일한 모델이지만 노출하는 세부 사항이 다르기 때문이다. 구체화는 설계를 더 작은 조각으로 분해할 수 있어서 유용하다. 아마도 인저 시스템은 클라이언트–서버 조각으로 구성되고 서버는 여러 개의 작은 조각으로 구성되었을 것이다. 구체화를 사용하여 이러한 부품을 조립하여 전체를 만들거나, 반대로 전체를 부품으로 나누어 보여줄 수도 있다. 구체화의 메커니즘은 13.7절에서 자세히 설명한다.

디자인 모델과 코드 모델을 연결하는 데도 구체화가 사용되지만 그렇게 간단하지는 않다. 디자인 모델의 구조적 요소는 코드 모델의 구조적 요소에 깔끔하게 매핑된다. 예를 들어 설계 모듈은 코드 패키지에 매핑되고 설계 컴포넌트는 코드 클래스 집합에 매핑된다.

그러나 [그림 7-3]에서 볼 수 있듯이 디자인 모델의 다른 부분(불변 사항invariant, 제약 조건, 아키텍처 스타일)은 코드 모델에 없다. 기본적으로 어떤 주류 프로그래밍 언어도 디자인 모델의 제약 조건을 직접 표현할 수 없다. '모든 웹 요청을 1초 내에 완료해야 한다' 또는 '파이프와 필터 스타일을 준수해야 한다'와 같은 제약 조건을 코드에서 존중할 수는 있지만 직접 표현할 수는 없다. 디자인 모델과 코드 모델 간의 이러한 차이는 10.1절에서 자세히 설명한다.

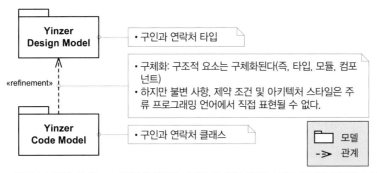

그림 7-3 구체화 관계는 도메인에서 선택한 타입이 설계의 타입이나 자료 구조와 일치하는지 확인한다. 설계에는 프로그래밍 언어로 표현할 수 없는 요소(불변 사항, 제약 조건, 스타일)가 있다

7.4 마스터 모델의 여러 가지 뷰

여러분의 머릿속에는 집 주변이나 집안일과 같은 여러 시스템이 어떻게 작동하는지 이해하고 설명하는 모델이 있다. 때때로, 여러분은 그러한 모델을 꺼내어 친구에게 집 주변의 훌륭한 식당에 가는 방법을 설명하는 약도를 그려 설명하거나 식료품 쇼핑 목록을 적기도 한다. 이는 여러분의 머릿속에 있는 포괄적인 모델과 일치한다. 예를 들어, 친구에게 집 주변 전체를 상세히 묘사한 지도를 줄 수도 있지만 여러분이 그린 약도만으로도 친구가 정확한 장소에 도착하기에 충분할 것이다. 그리고 식료품 쇼핑 목록에는 식사 준비에 필요한 재료와 냉장고에 있는 물품의 차이가 적혀 있을 것이다.

도메인 모델, 디자인 모델 및 코드 모델은 이와 같은 포괄적인 모델이다. 최소한 개념적으로는 해당 주제에 관해 아는 내용을 모두 포함하므로 세부 사항으로 가득 차 있다. 모든 세부 사항을 기록하기란 어렵거나 불가능하다. 심지어 머릿속에 바르게 유지하기도 어렵다. 따라서 모델을 사용하여 보안, 확장성 등의 이유를 추론하려면 관련 요소를 명확하게 볼 수 있도록 세부 정보를 파악해야 한다. 이는 여러 가지의 **뷰**view로 수행할 수 있다.

정의. 투영projection이라고도 하는 뷰는 모델 세부 정보의 정의된 하위 집합을 표시하며 변형이 있을 수 있다. 도메인 모델, 디자인 모델, 코드 모델에는 각각 많은 표준 뷰가 있다. 도메인 모델의 뷰는 타입type 목록, 이들 간의 관계 목록, 타입 및 관계가 시간에 따라 어떻게 변하는지 보여주는 시나리오를 포함한다([그림 7-4] 참조). 디자인 모델의 뷰는 시스템 콘텍스트 다이어그램과 배포 다이어그램을 포함한다. 적절히 새로운 뷰도 만들 수 있다.

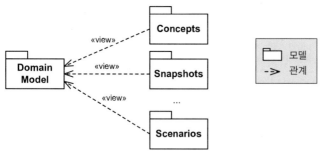

그림 7-4 도메인 모델은 모든 세부 정보를 포함하는 마스터 모델로 동작한다. 뷰에는 마스터 모델에서 선택한 세부 정보가 표시된다. 모두 동일한 마스터 모델의 뷰이기 때문에 모든 뷰가 서로 일치한다

필립 크루첸Philippe Kruchten은 아키텍처의 4+1 뷰에 관한 논문에서 아키텍처와 설계의 모든 것을 표현하는 데 단일 다이어그램을 사용하는 일은 비현실적임을 보여주었다[Kruchten, 1995]. 그는 각각 고유한 추상화, 표기법, 관심사, 이해관계자, 패턴이 있으므로 고유한 아키텍처 뷰가 필요하다고 설명했다. 각 뷰는 적절한 표기법을 사용하고 단일 관심사에 초점을 맞출 수 있으므로 이해하기 쉽다. 뷰를 모아 보면 전체 아키텍처 모델을 구성하고 각 뷰는 전체 모델의 세부 정보 하위 집합을 제공한다.

뷰 일관성(view consistency). 도메인 모델, 디자인 모델 또는 코드 모델에 대해 생성하는 각 뷰(또는 다이어그램)는 해당 모델에 관한 단일 관점을 표현하여 일부 세부 정보를 노출하고 나머지는 숨긴다. 다이어그램은 캐비닛의 서랍처럼 모델에서 분리된 부분이 아니다. 대신 모델의 실시간 투영이며 뷰는 서로 일치한다. 따라서 모델이 변경되면 뷰도 변경된다. 집의 설계도들은 각 집(또는 집의 설계)의 한 가지 뷰이므로 서로 일치한다고 기대할 수 있다.

예를 들어, 네트워크 및 구인 광고 도메인의 타입 목록(예: 광고, 작업, 연락처)과 이를 설명하는 시나리오(스토리)의 두 가지 도메인 모델 뷰가 있다고 가정해보자. 조만간 시나리오를 자세히 설명하겠지만, 지금은 도메인 타입이 시간이 지나면서 상호작용하는 방식에 관한 이야기라고 생각하자. 연락처에 추가하려고 초대 이메일을 보냈지만 수신자가 거부하는 시나리오와 같이 새 도메인 타입을 참조하도록 시나리오를 수정할 때는 정의된 타입 목록에서 해당 타입을 볼 수 있다. 만일 해당하는 타입의 모델이 없으면 도메인 모델에 버그가 있다고 할 수 있다.

마스터 모델(master model). 도메인 모델, 디자인 모델, 코드 모델은 각각 개념적으로 하나의

마스터 모델이다. 여러분이 그리는 모든 뷰는 해당 마스터 모델과 일치해야 한다. 다음과 같이 생각해보자. 새 타입을 만들고 이를 참조하도록 시나리오를 수정하면 마스터 모델에 관한 이해도 수정되어야 한다. 각각의 뷰도 동일한 마스터 모델에서 파생되었으므로 새로운 이해를 반영해야 한다. 이상적으로는 추가로 작성하는 모든 다이어그램이 항상 서로 일관되어야만 한다. 그러나 실용적으로 접근한다면 모든 뷰를 작성하지는 않는다. 그러다 보면, 모델을 구축하는 동안 모델이 서로 일치하지 않을 때가 생기기도 한다. 하지만 이는 버그이며 이러한 상황을 제거하려고 노력해야 한다.

이러한 모든 요소가 서로 연관되고, 사용하는 타입을 검사하는 프로그래밍 환경을 상상해보면 통합되고 일관된 모델을 강화하는 데 도움이 된다. 해당 프로그래밍 환경에서 마스터 모델에 정의되지 않은 타입을 참조하려는 시나리오는 타입 검사 도중 오류를 발생시킨다.

공식적으로 뷰를 논의하는 것은 어렵게 들리겠지만, 실제로는 마스터 모델을 쉽게 사용할 수 있다. 예를 들어 여러분의 책장을 상상하거나, 빨간 책만 꽂힌 책장을 상상하거나, 빨간 책을 돌려서 책등 대신 표지가 보이도록 한 책장을 상상해보자. 이들 각각은 책장의 마스터 모델 뷰다. 책장 모델을 적어본 적은 없지만 머릿속에서 조작할 수 있는 모델이 있다. 소프트웨어 개발을 진행하면서 개발자, 주제 관련 전문가subject matter expert (SME) 등 모든 구성원이 머릿속에 동일한 마스터 모델을 갖도록 하는 과제에 부딪히게 된다.

마스터 모델의 예. 마스터 모델은 뷰가 참조하는 내용을 설명하므로 유용한 개념이지만 마스터 모델이 나타내는 것에 관한 옵션이 있다. 마스터 모델의 가장 간단한 예는 이미 존재하는 시스템이다. 기존 시스템의 여러 뷰를 만들 수 있다. 여러분의 집의 주변을 기존 시스템의 예로 고려해보자. 집 주변에 관한 완전한 모델을 어디에도 그려 두지 않지만, 집 주변 자체가 머릿속에 있다. 집 주변에 관한 뷰를 그려 이웃 사람들에게 테스트하여 해당 마스터 모델과 일치하는지 확인할 수 있다.

마스터 모델의 또 다른 예는 구축될 시스템이다. 여러분의 집 주변과 달리 이 시스템은 아직 존재하지 않으므로 이에 관한 뷰를 구축하고 일관성을 유지하도록 하기가 약간 까다롭다. 명시적인 모델을 그리지 않고 여러분의 방을 개조하는 프로젝트에 착수할 수 있지만 어떤 형태로든 머릿속에 마스터 모델이 있어야 한다. 이 모델에는 수행해야 하는 작업과 작업의 순서(예: 페인트를 칠하기 전에 철거부터 해야 함), 관련 비용 견적의 세부 정보가 있다. 머릿속의 모델은 불완전할 가능성이 높으므로 이에 관한 뷰도 불완전하다.

다음은 소프트웨어 시스템의 마스터 모델에 관한 몇 가지 구체적인 예다. 마스터 모델은 이전에 구축한 시스템이거나 구축하려는 시스템일 수 있다. 계획상으로 추가 구현을 해야 하는 기존 시스템과 구축하려는 시스템을 섞어 놓은 두 가지의 조합일 수 있다. 또는 향후 몇 년 동안 3개월 간격으로 추가 개발이 예상되는 시스템 모델과 같이 훨씬 더 복잡할 수 있다.

크기 제한 및 주의 집중. 모델링에서 뷰를 사용하여 다이어그램의 크기를 제한하고 주의를 집중시켜야 한다. 동일한 다이어그램에 모든 타입, 정의, 동작 등을 표시하려고 하면 중간 규모 도메인 모델이 얼마나 혼란스러울지 상상해보자. 회사 데이터베이스 스키마의 거대한 인쇄물이 사무실 벽 어딘가에 붙어 있고 내용을 추적하려고 사람들이 한 곳에 손가락을 대고 다이어그램의 선을 따라 다른 부분을 추적하는 모습을 보았을 수 있다. 뷰는 이런 상황을 피할 수 있게 돕는다.

7.5 모델을 구성하는 다른 방법

이 장의 정준 모델 구조는 도메인 모델, 디자인 모델, 코드 모델로 구성된다. 이 모델의 기본 구성은 신트로피Syntropy 소프트웨어 개발 프로세스[Cook and Daniels, 1994]에서도 볼 수 있을 만큼 역사가 오래되었다.

이후 다른 저자들이 유사한 모델 구조를 제안했으며, 구조와 명명법에 약간의 차이가 있지만 공유하는 핵심적인 유사성이 있다. 간단히 훑어보아도 도메인 모델, 디자인 모델(경계 및 내부), 코드 모델을 구분할 수 있다. [그림 7-5]는 이 책에서 사용하는 모델의 이름을 다른 자료의 이름과 일부 매핑하여 보여주는 요약본이다.

	비즈니스 모델	도메인 모델	디자인 모델		코드 모델
			경계 모델	내부 모델	
보쉬			시스템 콘텍스트	컴포넌트 설계	코드
치즈맨&대니얼즈		비즈니스 개념	타입 사양	컴포넌트 아키텍처	코드
디수자(Map)	비즈니스 아키텍처	도메인	블랙박스	화이트박스	코드
소프트웨어 엔지니어링 연구소(SEI)			요구사항	아키텍처	코드
잭슨		도메인	도메인 + 머신	머신	코드

RUP	비즈니스 모델링	비즈니스 모델링	요구사항	분석 & 설계	코드
신트로피		에센셜	사양	구현	코드

그림 7-5 여러 저자가 제안한 모델과 그것이 이 책에 있는 비즈니스, 도메인, 디자인(경계, 내부), 코드 모델에 매핑되는 방법을 요약한 표

저자들 사이의 광범위한 유사성에도 불구하고 차이점이 있다. 작성자 간에 잘 맞지 않는 개념은 요구사항이다. 다른 사람에게는 다른 의미일 수 있어서 요구사항 모델은 비즈니스 모델, 도메인 모델, 경계 모델, 내부 모델과 겹칠 수 있다.

7.6 비즈니스 모델링

이 책의 정준 모델 구조에는 없는 모델이 바로 **비즈니스 모델**이다. 비즈니스 모델은 비즈니스 또는 조직이 하는 일이 무엇인지와 그 일을 하는 이유를 설명한다. 동일한 도메인에 있는 비즈니스라도 전략, 기능, 조직, 프로세스, 목표가 다르므로 비즈니스 모델도 다르다.

사실^{fact}뿐만 아니라 조직이 내려야 하는 결정과 목표를 포함하는 **비즈니스 모델링**은 도메인 모델링과 관련이 있다. 어떤 시점에 누군가가 조직이 수행하는 작업과 따르는 프로세스를 결정한다. 일부 프로세스는 소프트웨어를 이용하여 부분적으로 또는 완전히 자동화할 수 있다. 조직의 목표와 결정은 구축하고 구입하는 소프트웨어의 영향을 받을 수 있다.

그렇다면 이 책은 왜 비즈니스 모델이 아닌 도메인 모델을 포함하는가? 도메인 오해는 IT 프로젝트의 일반적인 실패 원인이므로 도메인 모델링을 포함했다. 비즈니스 프로세스를 오해하면 실패할 수도 있지만, 보통 엔지니어링적인 실패는 아니다.

7.7 UML 사용

이 책은 통합 모델링 언어(UML) 표기법을 사용한다. 다른 곳에서도 많이 사용하고 UML 2.0에 아키텍처 표기법이 추가되어 특수 목적 아키텍처 언어에 시각적으로 더 가까워졌기 때문이다. 엄격하게 살펴보면 이 책에는 다음에서 설명하듯이 UML에서 벗어난 부분이 있다. 다른 부

분에서 UML 표기법과의 차이는 의도한 것이 아니다.

- UML에서 커넥터는 실선 또는 공과 소켓ball-and-socket 스타일일 수 있다. 커넥터는 이들의 타입을 나타내는 스테레오타입stereotype을 사용하여 구별한다. 이 책에서는 커넥터를 다양한 선 스타일을 사용하여 표시하는데, 이는 타입을 전달하는 간결하고 덜 복잡한 방법이다.
- UML에서 포트 타입은 근처에 텍스트 레이블과 함께 표시한다. 여기서도 해당 스타일을 사용하지만 때때로 다이어그램을 복잡하게 만든다. 이때는 포트를 음영 처리하고 범례에 정의 내용을 기록한다. 모든 UML 도구에서 포트의 음영이나 색상 지정을 허용하지는 않는다.

7.8 마치며

시스템 모델을 구축하기 시작할 때 많고 작은 모델을 이해하고 추적하기는 어렵지만 하나의 거대한 모델을 구축하는 일은 비현실적이라는 사실을 알게 된다. 이 장에서 제안하는 전략은 정준 모델 구조에 맞는 작은 모델을 구축하는 것이다. 정준 구조를 이해하면 각 모델이 어디에 적합한지 이해할 수 있다.

첫 번째 핵심 아이디어는 지정designation과 구체화refinement를 사용하여 모델의 추상화가 다른 모델을 만드는 것이다. 기본 모델primary model은 도메인 모델, 디자인 모델, 코드 모델이며 추상에서 구체에 이르기까지 다양하다. 두 번째 핵심 아이디어는 뷰를 사용하여 모델의 세부 사항을 확대하는 것이다. 뷰는 모두 단일 마스터 모델의 투영이므로 세부 정보는 일관성이 있다(또는 의도한 것이다). 디자인 모델을 계층적으로 중첩하려면 구체화를 사용하여 경계 및 내부 모델을 연결한다.

운동 코치는 시력이 더 좋아서가 아니라 경기 장면을 분류하는 데 도움이 되는 개념 모델을 가지고 있어서 신인 선수보다 더 많이 보고 이해한다. 이 장에서는 전체 정준 모델 구조를 자세히 설명하지만 놀라지 않기를 바란다. 실제로는 사용할 수 있는 모든 모델과 뷰를 생성하는 일은 거의 없다. 이러한 아이디어를 내면화하면 주어진 세부 사항, 다이어그램, 모델이 어디에 적합한지 이해하는 데 도움이 된다. 사례 연구(4장) 및 리스크 주도 모델을 다룬 장(3장)에서 볼 수 있듯이, 아키텍처에 대한 리스크 주도 접근 방식을 따르면 식별한 리스크를 줄이는 데 도움이 되는 모델의 하위 집합을 구축할 수 있다. 이 장과 후속 장에서는 모델을 내부화하여 소프트웨어를 더 잘 구축하도록 도와주는 자세한 설명을 제공한다.

7.9 참고 자료

이 책은 다른 저자가 발명한 아키텍처 모델링 접근법을 종합한 것이다. 세 군데에서 주요한 영향을 받았다. 첫 번째는 주로 모델링 기능에 중점을 둔 UML 컴포넌트 모델링 작업[D'Souza and Wills 1998, Cheesman and Daniels 2000]이다. 두 번째는 소프트웨어 엔지니어링 연구소(SEI)[Bass, Clements and Kazman, 2003; Clements et al., 2010]와 카네기 멜런 대학교[Shaw and Garlan, 1996]의 품질 속성 중심 접근 방식이다. 세 번째는 효율적인 소프트웨어 개발 실천을 장려하는 애자일 소프트웨어 개발 커뮤니티[Boehm and Turner, 2003; Ambler, 2002]다.

소프트웨어 아키텍처의 일반적인 개념을 설명하는 좋은 책을 몇 가지 소개한다. 『소프트웨어 아키텍처 이론과 실제』(에이콘출판사, 2015)[Bass, Clements and Kazman, 2003]는 품질 속성 중심의 관점에서 소프트웨어 아키텍처를 설명하고 해당 기법을 적용하는 사례 연구를 제공한다. 『Software Architecture: Foundations, Theory, and Practice』[Taylor, Medvidović and Dashofy, 2009]는 더 현대적인 접근법이며 교과서처럼 논리적으로 구성되었다. 『Software Architecture: Perspectives on an Emerging Discipline』(Prentice Hall, 1996)[Shaw and Garlan, 1996]은 구식이 되었지만 소프트웨어 아키텍처의 가능성을 이해하는 데는 여전히 최고의 책이다. 『소프트웨어 아키텍처 문서화(개정 2판)』(에이콘출판사, 2016)[Clements et al., 2010]는 아키텍처 개념과 표기법에 관한 훌륭한 참고 도서이다(또한 아키텍처 기술 언어로 UML을 사용하는 방법에 관한 유용한 부록도 있다). 이 책들은 객체와 설계에 관해 거의 탐구하지 않지만 『Objects, Components and Frameworks with UML: The Catalysis Approach』(Addison-Wesley, 1998)[D'Souza and Wills, 1998]와 『UML Components: A Simple Process for Specifying Component-Based Software』(Addison-Wesley, 2000)[Cheesman and Daniels, 2000]는 아키텍처가 객체지향 설계와 어떻게 적합하게 들어맞는지 보여준다.

다른 어떤 책보다도 『소프트웨어 아키텍처 이론과 실제』(에이콘출판사, 2015)[Bass, Clements and Kazman, 2003]는 소프트웨어 아키텍처 분야의 사고방식을 형성하여 기능에서 품질 속성으로 초점을 이동시켰다. 이론뿐만 아니라 아키텍처를 분석하고 품질 속성 요구사항을 발견하는 프로세스도 설명한다. 이 책은 기능과 품질 속성의 직교성에 관한 훌륭한 논의도 포함한다.

『소프트웨어 시스템 아키텍처』(에이콘출판사, 2015)[Rozanski and Woods, 2005]는 소프트웨어 아키텍처의 여러 뷰를 이해하고 사용하는 가장 완벽한 처리 방법을 제공한다. 또한 몇 가지 표준적인 문제와 관련된 중요한 체크리스트를 포함한다.

컴포넌트 기반 개발에 관한 가장 간단하고 실용적인 접근 방식은 『UML Components: A Simple Process for Specifying Component-Based Software』(Addison-Wesley, 2000)[Cheesman and Daniels, 2000]에서 찾을 수 있다. UML을 사용하여 모델을 위한 개발 조직 구조를 반영하여 작성하고 컴포넌트를 엄격한 캡슐화 경계가 있는 추상 자료형으로 취급한다. 『Objects, Components and Frameworks with UML: The Catalysis Approach』(Addison-Wesley, 1998)[D'Souza and Wills, 1998]에는 유사한 접근 방식의 더 자세한 내용이 있다. 둘 다 설계 중 오류를 포착하는 방법으로 사전 및 사후 조건과 같은 세부 사양을 강조한다. 이 책에서는 대부분의 프로젝트에 소요되는 비용이 너무 비싸기 때문에 사전 조건 및 사후 조건을 덜 강조하지만 그들이 권장하는 사고방식은 훌륭하다.

소프트웨어 아키텍처를 포함하는 소프트웨어 엔지니어링의 비전을 표현하는 최고의 책은 『Software Architecture: Perspectives on an Emerging Discipline』(Prentice Hall, 1996)[Shaw and Garlan, 1996]이라 생각한다. 읽는 동안 아키텍처가 어떻게 우리의 업무 분야를 도울 수 있는지에 관한 그들의 열정을 어렵지 않게 공유할 수 있을 것이다.

아키텍처 모델링의 기본 사항은 『소프트웨어 아키텍처 문서화(개정 2판)』(에이콘출판사, 2016)[Clements et al., 2010]에서 잘 설명한다. 이 책의 목표는 대규모 프로젝트에서 중요한 문서 패키지에 모델을 문서화하는 방법을 가르치는 것이다.

현재까지 소프트웨어 아키텍처를 가장 포괄적으로 설명하는 책은 『Software Architecture: Foundations, Theory, and Practice』[Taylor, Medvidović and Dashofy, 2009]로, 소프트웨어 아키텍처의 교과서라 할 수 있다. 소프트웨어 아키텍처의 실제 사례와 형식주의formalism[4] 및 분석에 관한 연구를 다룬다.

정보 기술(IT) 분야에서 일하는 개발자라면 이언 고튼Ian Gorton의 소프트웨어 아키텍처 설명을 살펴보기를 권장한다. 그의 책은 소프트웨어 아키텍처의 기초뿐 아니라 엔터프라이즈 자바빈즈(EJB), 메시지 지향 미들웨어(MOM), 서비스 지향 아키텍처(SOA)와 같은 IT의 일반적

---

4 옮긴이_ 소프트웨어 아키텍처에서 형식주의는 요구사항이나 아키텍처 설계의 기술을 약속된 형태(형식화, formalization)로 작성하는 것을 나타낸다.

인 기술도 다루고 있기 때문이다[Gorton, 2006].

추상화를 사용하여 모델을 구성하는 방법은 오래된 기법이다. 신트로피 객체 지향 설계 방법 [Cook and Daniels, 1994]에서 사용하며 『UML Components: A Simple Process for Specifying Component-Based Software』(Addison-Wesley, 2000)[Cheesman and Daniels, 2000], 『UML DISTILLED 표준 객체 모델링 언어 입문(개정 3판)』(홍릉과학출판 사, 2005)[Fowler, 2003a], 『Objects, Components and Frameworks with UML: The Catalysis Approach』(Addison-Wesley, 1998)[D'Souza and Wills, 1998]의 중심이 되는 개념이다.

많은 저자들이 아키텍처 모델을 구성하고 관련시키는 방법을 제안했다. 얀 보쉬Jan Bosch는 시스템 콘텍스트, 아키타입archetype, 메인 컴포넌트main component를 모델링한다[Bosch, 2000]. 존 치즈먼John Cheesman과 존 대니얼스John Daniels는 요구사항 모델(비즈니스 정보 모델 및 시나리오 모델)과 시스템 사양 모델(비즈니스 타입 모델, 인터페이스 사양, 컴포넌트 사양, 컴포넌트 아키텍처) 구축을 제안한다[Cheesman and Daniels, 2000]. MAp의 데즈먼드 디수자Desmond D' Souza는 비즈니스 아키텍처, 도메인, 설계를 블랙박스와 화이트 박스로 모델링하는 방법을 제안한다[D'Souza, 2006]. 데이비드 갈란David Garlan은 아키텍처가 요구사항과 구현 사이의 다리 역할을 한다고 생각한다[Garlan, 2003]. 마이클 잭슨Michael Jackson은 도메인 모델링, 머신이 있는 도메인 모델링 및 머신의 모델링을 제안한다[Jackson, 1995]. 잭슨의 주요 초점은 설계가 아닌 시스템 요구사항 엔지니어링에 있지만 그의 사양은 설계와 잘 연결된다. 레셔널 통합 프로세스(RUP)는 특정 모델을 옹호하지 않지만 비즈니스 모델링, 요구사항, 분석, 설계를 위한 활동을 제안한다[Kruchten, 2003].

모든 개발자는 4+1 아키텍처 뷰 논문[Kruchten, 1995]을 잘 알아야 하지만, 지멘스 4가지 뷰 [Hofmeister, Nord and Soni, 2000]와 같이 아키텍처에 제안된 다양한 뷰 세트 중 하나일 뿐이라는 점도 알아야 한다.

소프트웨어 아키텍처에 관한 IEEE 표준 설명인 IEEE 1471-2000[IEEE Computer Society, 2000]도 알아야 한다. 여기에서는 이 책과 동일한 개념의 대부분을 찾을 수 있다. 주목할 만한 몇 가지 추가 사항과 차이점이 있다. 뷰라는 용어를 사용하지만, 일관된 마스터 모델의 투영이 아니라 특정 관심사concern에 초점을 맞춘 이해관계자의 뷰포인트viewpoint에서 요구사항으로 처리한다. 이를 아키텍처 기술architecture description이라고 한다. 또한 표준에서는 시스템이 동작하는 환경^{environment}, **임무**^{mission}, (재사용성 측면에서의 정의인) **라이브러리 뷰포인트**^{library viewpoint}를 설명한다.

저자들은 도메인 모델링 외에도 비즈니스 프로세스 모델링에 점점 더 많은 관심을 기울이고 있다. 마틴 울드^{Martin Ould}는 비즈니스 프로세스 모델링을 위한 실용적인 프로세스를 제공한다[Ould, 1995]. 데즈먼드 디수자는 비즈니스 목표를 시스템 목표에 연결하여 비즈니스 프로세스를 소프트웨어 아키텍처에 연결하는 방법을 설명한다[D'Souza, 2006].

소프트웨어 아키텍처(특히 엔터프라이즈 아키텍처)와 비즈니스 전략 간의 관계는 『Enterprise Architecture as Strategy: Creating a Foundation for Business Execution』(Harvard Business School Press, 2006)[Ross, Weill and Robertson, 2006]에서 다룬다. 소프트웨어 개발자로서 자연스러운 미래 상태는 모든 시스템이 상호운용될 수 있어야 한다고 가정한다. 책의 주제는 통합 수준이 선택한 비즈니스 전략과 연계되어야 한다는 것이다.

CHAPTER 8

도메인 모델

도메인 모델은 도메인에 포함되는 지속적인 진실(예: 고객에게는 연락처가 있다)을 표현한다. 도메인 모델은 개념 모델conceptual model이나 추상 모델abstract model이라고도 부른다. 하지만, 시스템 구현과 관련이 없는 도메인의 세부 사항을 표현하는 아이디어는 동일하다. 예를 들어 인저Yinzer 시스템 도메인의 지속적인 개념에는 광고, 직무, 연락처, 고용이 포함된다.

도메인 모델에서 표현할 수 있는 가장 순수한 지식은 사람이 만들어낸 인공적인 진실보다는 자연에서 나온 진실이다. 이 둘 사이의 간극은 커서, 쉬워 보이는 광고 개념도 이를 쉽게 좁히지 못한다. 도메인 모델에는 진실인 지식이 포함된다. 물론 여러분의 프로젝트에 관한 지식만 포함된다. 여기에는 한 회사가 광고하는 구직 정보가 포함될 수 있다. 채용 공고의 표준 형식이 있을 때는 도메인 모델이 이를 포함할 수 있지만 기술 세부 사항을 고려하기 시작하면 무엇이 지속적인 진실인지 혹은 무엇이 설계 선택인지 결정하기가 더 어려워지므로 주의해야 한다.

이러한 모델이 도움이 되는 실제 상황의 몇 가지 일화를 다루며 이 장을 시작한다. 상태와 동작을 다루는 도메인 모델을 구축하는 메커니즘을 다룬다. 그리고 도메인 모델링과 더 광범위한 비즈니스 모델링의 차이점을 간략하게 다룬다.

도메인 모델링은 설계 프로세스에 필수인 통찰력을 얻는 방법을 제공한다. 특히 도메인 모델은 사람의 연락처 네트워크를 구성하는 일과 같이 설계와 관련이 없는 질문에 답하는 데 도움이 된다. 도메인 모델은 설계 세부 사항이 없고 간단한 표기법으로 그릴 수 있다. 따라서 여러분의 설계에 관심을 잃어가는 주제 관련 전문가subject matter expert와 상호작용하는 효과적인 방법이다.

도메인 모델은 개발자와 주제 관련 전문가가 공유하는 **보편 언어**ubiquitous language의 기반을 형성할 수 있다.

도메인 모델은 어떤 종류의 시스템을 구축하느냐에 따라 유용한 정도가 다르다. IT 도메인의 시스템에는 개발자가 아직 마스터하지 않은 복잡한 도메인이 있을 때가 많다. 웹 개발자나 장치 드라이버 작성자는 상대적으로 도메인이 단순할 수 있지만 복잡한 성능 및 확장성 요구사항이 있으므로 일반적으로 도메인 모델이 유용하지 않다. 그러나 어떤 종류의 시스템을 구축하든 조만간 도메인 모델이 도움이 되는 문제를 마주하게 될 것이다.

8.1 도메인과 아키텍처의 관계

도메인 모델링이 소프트웨어 아키텍처와 관련이 있는지, 또는 관련이 있더라도 이를 수행하는 것이 효과적일지가 명확하지 않을 수 있다. 일반적으로 제기되는 도메인 모델링 반대 의견은 다음과 같다.

- 이미 도메인을 알고 있다.
- 도메인이 너무 단순하여 모델링을 방해한다.
- 도메인은 아키텍처 선택과 관련이 없다.
- 요구사항 분석은 다른 사람의 일이다.
- 도메인을 배우는 가장 좋은 방법은 코드를 작성하면서 점진적으로 학습하는 것이다.
- 도메인 모델링은 끝이 정해지지 않은 분석 마비 활동이다.

이는 합리적인 문제 제기이며 때로는 도메인 모델링을 피해야 하는 타당한 이유가 된다. 그러나 다음 장으로 넘어가기 전에 두 가지 실제 사례와 앞에 언급한 도메인 모델링 반대 의견과의 관계를 살펴보자.

스마트폰 연락처 목록. 저자는 최근에 전화를 걸고 인터넷에 연결하고 이메일을 주고받으며 프로그램을 실행할 수 있는 스마트폰을 사용하기 시작했다. 전화번호나 이메일 주소가 있는 모든 사람을 포함한 하나의 연락처 목록이 있다. 이 연락처 목록은 웹 서버와 동기화되므로 스마트폰의 연락처 목록은 항상 업데이트된다. 여태까지는 그런대로 잘 동작했다.

스마트폰은 저자의 연락처 목록을 사용하는 유일한 기기가 아니다. 컴퓨터의 이메일 프로그램과 연락처 목록을 공유한다. 새로운 사람에게 이메일을 보낼 때마다 수신자가 이 공유된 연락처 목록에 추가된다. 다음에 무슨 일이 일어날지 짐작할 수 있는가?

이후에 처음 전화를 걸려고 했을 때 저자가 원하는 친구의 전화번호를 찾으려면 1,400개의 연락처를 스크롤해야 한다는 사실을 알았다. 이메일 프로그램에서 추가된 연락처들 때문에 목록에 있는 사람들은 대부분 전화번호가 없었지만, 스마트폰이라서 연락처를 클릭하여 이메일(또는 전화, 문자 메시지)을 보낼 수 있다.

이 문제는 사용자 인터페이스 문제 또는 통합 문제 등 여러 종류로 분류할 수 있다. 개발자는 연락처 목록의 전화번호 누락 문제를 해결하려고 노력했겠지만, 개발자가 도메인을 잘못 이해했을 가능성도 열어두자. 다르게 말하면, 사용자의 이메일 연락처 목록과 전화 연락처 목록이 동일한가? 사람들은 스마트폰의 연락처 목록에 어떤 전화번호를 추가할지 어떻게 결정하는가?

다음과 같은 사항을 고려해보자. 여러분의 스마트폰에 모든 지인의 모든 전화번호가 있는가? 아니면 개인 연락처와 중요한 직장 연락처 같은 일부만 스마트폰에 보관하는가? 직장 연락처 전체 목록을 저장하면 편리할 수 있지만 문제가 될 수도 있다. 연락처 목록을 전체 직장 주소록과 동기화한 다음 실수로 켄 크릴^{Ken Creel}(저자의 친한 친구) 대신 켄 스미스^{Ken Smith}(잘 모르는 직장 동료)에게 전화를 걸어 다짜고짜 "뭐하냐?"고 묻거나 더 당혹스러운 상황을 만들 수도 있다.

사용자 자격 할당. 두 번째 사례는 더 평범하고 덜 개인적인 이야기다. 저자는 금융 회사에서 여러 애플리케이션을 통합하는 작업 중이었는데, 한 가지 옵션은 사용자 권한을 처리하는 공급 업체 제품을 구입하는 것이었다. 자격 할당은 사용자가 새 데이터베이스 테이블을 만들거나 건물 3층에 출입하는 등의 작업 수행 권한을 부여하는 일이다. 컴퓨터 사용자로서 우리는 로그온하거나 쓰기 금지된 폴더를 찾을 때마다 충돌이 발생하므로 이 도메인을 잘 이해한다고 생각할 것이다.

점원과 같은 회사 내부 사용자의 다양한 프로필과 해당 프로필에 관한 표준 권한 집합이 있다. 회사 전체를 살펴보면 **활성 프로필**^{active profile}을 지원하는 시스템과 **템플릿 프로필**^{template profile}을 지원하는 시스템의 두 가지 종류가 있음이 분명해졌다. 활성 프로필을 사용하여 점원 프로필에 새 권한을 추가하면 회사의 모든 점원이 해당 권한을 부여받는다. 템플릿 프로필을 사용하면 새 권한이 새로 고용한 점원에게만 적용되며 이전 템플릿을 적용한 기존 점원은 변경되지 않는다.

적절한 아키텍처를 설계하려면 활성 프로필이나 템플릿 프로필을 지원하는 공급 업체 제품을 자세하게 알아야 했다. 또한 선택한 해결책에 따라 공급 업체 제품이 호환되지 않을 수 있다. 공급 업체는 메시징 형식과 서버 하드웨어 요구사항에 관한 자세한 질문에 답을 받아 판단할 수 있었지만, 이러한 프로필 처리 및 권한을 계층적으로 구성할 수 있는지를 포함하여 도메인 가정을 찾아내는 일은 엄청난 도전이었다.

우려 사항 재검토. 도메인 모델링 반대 의견 목록으로 돌아가서 두 가지 이야기를 살펴보자.

- **이미 도메인을 알고 있다**

  이는 보통 사실이지만, 개발자들이 도메인에 관해 배우기를 즐기는 '섹시한' 인터넷 및 시스템 도메인이 아닌 '지루한' 비즈니스 도메인에서는 사실이 아닐 수 있다.

- **도메인이 너무 단순하여 모델링을 방해한다**

  도메인은 전화번호와 이메일 주소가 있는 연락처 목록보다 훨씬 복잡하다. 그러나 저자가 스마트폰을 사용하는 방식에서는 소프트웨어와 도메인이 일치하지 않아 문제를 일으켰다. 물론 이메일 연락처와 전화 연락처가 합쳐지기 전에는 문제가 발생할지 분명하지 않았을 것이다.

- **도메인은 아키텍처 선택과 관련이 없다**

  공급 업체의 권한 관리 제품 간의 도메인 차이 때문에 시스템이 호환되지 않을 수 있음을 보여준다. 도메인이 아키텍처에 영향을 주지만 아키텍처가 도메인에 숨어 있다고 믿고 발견하기를 기다리는 것은 실수이다.

- **요구사항 분석은 다른 사람의 일이다**

  하지만 요구사항을 작성하는 사람은 도메인이 어떻게 아키텍처 문제를 일으킬 수 있는지 여러분만큼 알지 못할 수 있다. 혹은 여러분이 도메인 모델을 활용해서 그들을 지원해야 할 수도 있다.

- **도메인을 배우는 가장 좋은 방법은 코드를 작성하면서 점진적으로 학습하는 것이다**

  코드를 작성하여 도메인을 배워도 좋지만, 이 방법을 사용할 수 없거나 비현실적일 때가 있다. 권한 할당 제품 선택 예에서는 공급 업체의 개발자와 (유료) 컨설턴트 팀이 개념 증명proof of concept을 수행하는 데 몇 주가 걸렸다. 이때 먼저 종이에 모델링하는 방식이 압도적으로 비용 효율적이었으며 도메인 모델링 중에 나온 질문은 통합 테스트 정보 제공에 도움이 되었다.

- **도메인 모델링은 끝이 정해지지 않은 분석 마비 활동이다**

  이는 큰 리스크다. 전화 연락처 목록의 도메인 모델링을 시작으로 사람들이 친구가 되는 이유에 관한 모델을 구축하게 될지도 모른다. 여러분은 과도하지 않고 적정하게 도메인을 모델링해야 한다.

분석 마비가 정말 문제라면 어떻게 피해야 할까?

분석 마비 방지. 분석 마비를 방지하려면 수행할 도메인 모델링의 양을 제한해야 한다. 한 가지 기법은 모델을 만들기 전에 모델이 답할 질문을 결정하는 것이다. 다시 말해 모델이 질문에 답할 수 있게 되면 모델링을 중단한다. 하지만 어떤 질문을 해야 하는가?

일반적으로 도메인에 관해 물어볼 만한 흥미로운 질문은 상당히 많다. 그러나 도메인은 제한된 방식으로 아키텍처에 영향을 미치므로 가능한 한 질문을 줄인다. 아키텍처 실패로 이어지는 도메인 오해를 피하려는 목적이므로 실패 리스크에 관해 질문해야 한다. 두 가지 일반적인 리스크는 사용성usability과 상호운용성interoperability이다.

스마트폰 이야기에서 개발자는 이전에 분리된 두 개의 연락처 목록을 결합했다. 개발자는 이메일 프로그램과 스마트폰이 공유 연락처 목록을 통해 상호운용되도록 허용했지만, 연락처가 많은 사람의 사용성은 떨어졌다. 상호운용성 문제는 자격 할당 이야기에서도 발생했다. 기존 시스템에 연결할 자격 할당 시스템을 구현하는 대신 구매하려고 했기 때문이다.

분석 마비를 피하는 또 다른 기법은 도메인 모델의 깊이와 폭을 결정하는 것이다. 권한 부여 시스템 예를 고려해보자. 깊이와 관련하여 단일 시스템을 선택하고 처리하는 모든 종류의 권한을 살펴볼 수 있다. 폭과 관련하여 권한을 처리하는 회사의 모든 시스템을 조사하거나 샘플만 조사할 수 있다. 다시 말하지만, 리스크를 인식하는 위치에 따라 깊거나 넓게 (또는 둘 다) 선택할 수 있다.

결국 분석 마비를 피하려면 도메인 모델링을 더 하더라도 추가 가치를 얻기 어려운 상황을 인식해야 한다. 실제로는 프로토타이핑과 같은 다른 활동보다 가치가 작을 때 도메인 모델링을 멈춰야 하므로 선택이 더 어렵다.

다음 절에서는 적절할 때 도메인을 파고들어 문제를 발견할 수 있도록 도메인 모델을 만드는 방법을 설명한다. 도메인 모델은 상태와 동작을 모두 다루므로 이 절에서는 정보 모델information model, 스냅샷snapshot, 탐색navigation, 불변 사항invariant, 시나리오scenario를 사용하는 방법을 설명한다. 전체적으로 소셜 네트워킹과 구인 광고 서비스를 제공하는 인저Yinzer 시스템을 예로 든다.

8.2 정보 모델

도메인 모델에서 가장 쉽고 가치 있는 부분은 [그림 8-1]과 같은 타입type과 타입의 정의 목록이다. 이는 구인 광고와 비즈니스 네트워킹의 영역에 존재하는 것을 설명하고 정의 작성에 주의를 기울이며 이러한 타입 간의 관계도 설명한다. 도메인 전문가라도 이와 같은 정의를 작성하기가 어려울 수 있다. 예를 들면 '직무란 정확히 무엇인가?'라는 질문이 있을 수 있다. 그러나 정의하기가 어렵다는 사실은 개념을 명확히 하려고 노력 중임을 의미한다. 도메인 전문가가 아니라면 이러한 정의를 정리하면서 도메인 학습을 시작하면 좋다.

타입	타입의 정의
Ad(광고)	**광고(Ad)**는 회사에서 **직무(Job)**를 담당할 **사람(Person)**을 찾기 위한 권유다.
Company(회사)	**회사(Company)**는 **사람들(People)**에게 **직무(Job)**를 제공하는 고용주다.
Contact(연락처)	**연락처(Contact)**는 서로를 알고 있음을 나타내는 **두 사람(People)** 간의 관계다.
Employment(고용)	**고용(Employment)**은 그 **사람(Person)**이 **회사(Company)**의 **직무(Job)**에 종사한 적이 있거나 현재 종사함을 나타내는 관계다.
Job(직무)	**직무(Job)**는 **사람(Person)**이 일하는 **회사(Company)**에서의 역할이다.
Job Match(직무 일치)	**직무 일치(Job Match)**는 **직무(Job)**와 **사람(Person)** 사이의 관계로 특정 **사람(Person)**이 해당 **직무(Job)**에 적합함을 나타낸다.
Person(사람)	고용될 수 있는 누군가를 나타낸다.

그림 8-1 구인 광고와 비즈니스 네트워킹 도메인에 관한 텍스트 정보 모델. 인저 시스템의 설계와 구현은 이 도메인 모델과 일치해야 한다

정보 모델은 [그림 8-2]와 같이 그래픽으로 나타낼 수도 있다. 텍스트 버전보다 타입 간의 관계를 명시적으로 연관association이라는 관계로 표현한다는 이점이 있다. 다이어그램에서 볼 수 있듯이 한 개인은 네트워크라고 하는 연관 관계 속에 여러 연락처와 연결되어 있으며 두 사람 사이에 연락처가 존재한다. 이러한 그래픽 모델은 타입을 나타내는 UML 클래스와 함께 UML 클래스 다이어그램 구문을 사용한다. 콘텍스트나 범례의 설명으로도 명확하지 않다면 «type»을 사용하여 UML 클래스를 스테레오타입stereotype화할 수 있다.

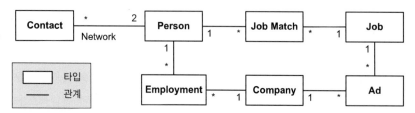

그림 8-2 UML 클래스 다이어그램을 사용하여 그래픽으로 나타낸 구인 광고와 비즈니스 네트워킹 도메인에 관한 정보 모델

구축할 시스템은 정보 모델이나 도메인 모델에 나타나지 않는다. 정보 모델은 설계를 의미하지 않는다. 광고는 자료 구조가 아니므로 사람이나 연락처가 다른 사람을 가리키는 포인터를 따라

탐색할 수 있는지 묻는 일은 의미가 없다. 정보 모델의 의도는 설계가 아닌 현실 세계의 일부를 설명하는 것이다. 대신에 주제 관련 전문가(SME)가 정보 모델을 분석하고 실수를 찾을 수 있다.

UML 사용에 관한 조언. UML은 풍부한 언어이지만 개발자가 아닌 사람들과 자주 공유하는 도메인 모델에서는 해당 표기법을 제한해서 사용기를 권장한다. 도메인 모델링에서는 UML 모델 요소의 단순한 부분 집합으로서 클래스class(타입으로는 스테레오타입), 객체object(타입으로는 인스턴스), 연관association, 링크link, 다중성multiplicity, 역할 이름role name만 사용하도록 모델을 제한해야 한다. 이렇게 하면 도메인 모델링을 표현할 때 UML의 복잡한 표기법에 집착하지 않고 주제 관련 전문가(SME)가 모델을 읽는 데 집중하도록 도움을 준다. 예를 들어 도메인 모델의 미묘한 차이를 표현해야 할 때는 도메인 모델을 읽을 사람이 UML에서 사용하는 채워진 다이아몬드와 비어 있는 다이아몬드의 차이[1]를 안다고 가정하는 대신 다이어그램의 메모에 텍스트로 작성하여 설명하는 편이 좋다.

[그림 8-2]에는 나타나지 않지만, 클래스(타입)의 속성attribute은 저장된 데이터를 표현하는 요소가 아니라는 점을 이해한다면 사용해도 무방하다. 예를 들어, 고용(`Employment`) 타입에 시작 날짜와 종료 날짜가 있거나 직무 일치(`Job Match`) 타입에 적합성 등급suitability rating이 있을 수 있다. UML **일반화**generalization 관계(한 타입이 다른 타입의 슈퍼타입supertype임을 보여줌)는 주제 관련 전문가(SME)처럼 프로그래머가 아닌 사람들은 이해하기 어려우므로 사용하지 않는다.

8.3 탐색 및 불변 사항

정보 모델은 도메인 모델의 다른 부분에서 사용할 어휘를 제공한다. **불변 사항** 또는 제약 조건은 항상 참이어야 하는 술부[2]로 표현된다. 일부 불변 사항은 이미 그래픽 모델의 다중성multiplicity[3]을 통해 표현된다. 예를 들어, 앞 모델의 다중성을 기반으로 정확히 두 사람 간에 연락처가 있다. 추가로 도메인에서 개인의 네트워크에 중복된 항목이 존재하지 않는다고 결정할

---

1 옮긴이_ UML 다이어그램에서 Composition과 Aggregation의 차이를 가리킨다.
2 옮긴이_ 영어 문장은 크게 주부(主部, subject)와 술부(述部, predicate)로 나뉜다.
3 옮긴이_ UML 클래스 다이어그램의 다중성은 클래스 간의 연관 표시에서 숫자로 표시한다.

수 있다. 정보 모델이 포함된 일반적인 문장을 사용하여 UML의 **노트**note나 별도의 문서에 이 불변 사항을 작성할 수 있다. 예를 들자면, '한 사람(Person)이 같은 사람(Person)의 연락처 (Contact)를 여러 개 가질 수 없다'와 같다. 이 예에서 불변 사항은 사람(Person), 네트워크 (Network), 연락처(Contact)와 같은 모델 타입을 참조한다.

모델에서 연관association을 가로질러 이동하는 것을 **탐색**navigation이라고 한다[D'Souza and Wills, 1998]. 사람(Person) 타입에서 시작해서 연락처(Contact) 타입으로의 연결을 따라 이동할 수 있다. 해당 연관의 끝에 '*'가 있으므로 해당 사용자의 연락처(Contact)가 없거나(0) 많은 연락처(Contact)가 많을 수 있음을 의미한다. 해당 연관에 표기된 네트워크 (Network)라는 단어를 **역할**role이라고 하는데, 이는 연락처(Contact) 모음을 참조하는 편리한 방법을 제공한다. '연락처(Contact)는 두 사람(Person)연결한다'라는 불변 사항은 항상 두 사람(Person)이 서로 다른 사람이어야 함을 포함한다.

불변 사항을 더 신중하게 작성했다면 타입 간의 연관을 직접 참조하거나 탐색을 사용하여 확인할 수 있다. 객체 제약 언어Object Constraint Language (OCL)를 사용하여 탐색을 정확하게 표현할 수 있다[Warmer and Kleppe, 2003]. 다음과 같이 불변 사항을 객체 제약 언어(OCL)로 작성할 수 있다.

```
context Person
inv: network.person->asSet()->size() = network->size() + 1
```

이 객체 제약 언어(OCL) 코드는 네트워크로 연결된 사람 수가 연락처 수에 1을 더한 값과 동일함을 나타낸다.

객체 제약 언어(OCL) 코드는 컴퓨터가 이를 읽고 확인하도록 하지 않는 한 비용 측면에서 효율적이지 않다. 그러나 불변 사항을 명확하고 정확하게 만드는 데 큰 도움이 된다. 자연어[4]로 기술한 불변 사항을 작성할 때 형식화formalization가 가능한지 고려해볼 수 있다. 불변 사항을 기술할 때 약간 부정확하면 자연어에 제약을 가할 수 있다. 이는 아키텍처 모델링 전반에 걸친 더 광범위한 주제다. 형식화하는 방법을 알면 형식주의formalism를 실제로 적용하지 않더라도 더 높은 품질의 모델을 만들 수 있다.

---

4 옮긴이_ 인공적으로 만든 인공어에 대비하여 사람들이 일상적으로 쓰는 언어를 가리킨다.

8.4 스냅샷

정보 모델은 구체적인 인스턴스가 아닌 일반적인 타입으로 설명하기 때문에 실수하기 쉽다. 예를 들어 윗지트론(Widgetron)이라는 회사에 다니는 브래들리(Bradley)라는 구체적인 사례를 보여주려고 할 때는 이 정보 모델이 적절하지 않다. 그 대신 [그림 8-3]과 같이 타입이 아닌 인스턴스를 보여주는 **스냅샷**snapshot (또는 **인스턴스 다이어그램**instance diagram)을 그릴 수 있다.

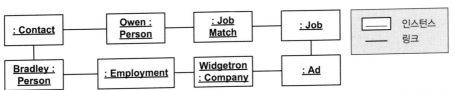

그림 8-3 구인 광고와 비즈니스 네트워킹 도메인에 관한 정보 모델의 스냅샷(즉, 인스턴스 다이어그램). 일부 인스턴스에는 이름(Bradley, Widgetron)이 있고 나머지는 익명이다

각 **링크**link가 연관association에 해당하듯이 스냅샷의 각 **인스턴스**instance는 정보 모델의 타입type에 해당한다. 익명의 연락처(Contact) 인스턴스는 브래들리(Bradley)라는 사람(Person) 인스턴스와 오언(Owen)이라는 사람(Person) 인스턴스에 연결된다. 이는 정확히 두 사람 사이에 연락처가 존재하는 정보 모델과 일치한다. 또한 스냅샷 표기법에 유의하자. 텍스트에 밑줄이 표시되고 콜론이 인스턴스 이름과 타입 이름을 구분한다. 다이어그램의 연락처 인스턴스처럼 인스턴스는 익명일 수 있다. 타입과 인스턴스 간의 관계인 분류 관계는 객체 지향 프로그래밍에서 클래스와 객체 간의 관계와 동일하다.

스냅샷에서 허용하거나 허용하지 않을 것을 정해두면, 정보 모델에서 실수를 방지할 수 있다. 스냅샷에서 브래들리(Bradley)를 연락처(Contact)에 연결하고 해당 연락처에서 다시 브래들리(Bradley)에게 연결되게 그릴 수 있다. 이를 허용하지 않기로 하고, 사람(Person)은 자신의 네트워크(Network) 연관으로 다시 연결하지 못하도록 앞에서 언급한 불변 사항으로 만들어 둘 수 있다. 여기서 이야기 한 정보 모델은 다소 간단하지만, 불변 사항을 결정해두지 않으면 정보 모델이 복잡해질수록 스냅샷을 올바르게 그리기가 어려워짐을 기억하자.

8.5 기능 시나리오

스냅샷은 모델의 인스턴스가 특정한 순간에 링크된 방식을 보여주고 정보 모델은 가능한 모든 스냅샷을 일반적으로 표현한다. 아직 표현할 수 없는 것은 도메인이 한 스냅샷에서 다른 스냅샷으로 변경되는 방법이다. [그림 8-4]와 같이 단순히 **시나리오**scenario라고도 하는 **기능 시나리오**functionality scenario는 정보 모델에서 변경을 만들어 내는 일련의 이벤트를 표현한다.

- 이름: 오언(Owen)의 윗지트론(Widgetron) 취직
- 초기 상태: 브래들리(Bradley)는 윗지트론(Widgetron)에서 근무한다.
- 액터: 오언(Owen), 브래들리(Bradley)
- 단계
  1. 오언(Owen)과 브래들리(Bradley)는 학회에서 만나 명함을 교환하고 서로의 연락처 네트워크의 일부가 된다.
  2. 브래들리(Bradley)의 회사인 윗지트론(Widgetron)은 소프트웨어 개발자 직무(Job) 광고를 게시한다.
  3. 브래들리(Bradley)는 오언(Owen)을 직무(Job)에 연결한다.
  4. 오언(Owen)은 윗지트론(Widgetron)의 소프트웨어 개발자 직무(Job)에 고용된다.

그림 8-4 구인 광고와 비즈니스 네트워킹 도메인에 관한 기능 시나리오. 이는 초기 상태에서 시작하고 액터(Owen, Bradley) 목록을 포함하며 정보 모델의 변경에 해당하는 4가지 단계를 설명한다. 다른 일이 발생할 수 있지만 모델이 변경되지 않는다면 일반적으로 시나리오에 포함하지 않아야 한다

기능 시나리오는 광고(Ad)와 연락처(Contract) 같은 정보 모델에 정의된 어휘를 사용한다. 각 시나리오는 시나리오에서 텍스트로 작성된 초기 상태에서 시작된다. 초기 상태는 스냅샷으로 그릴 수 있다. 시나리오의 각 단계는 모델을 변경한다. 모델 상태의 스냅샷을 그리면 단계마다 달라진다. 예를 들어, [그림 8-4] 시나리오의 첫 번째 단계 이후 스냅샷에는 오언(Owen)과 브래들리(Bradley)를 연결하는 새 연락처(Contact) 인스턴스가 포함된다.

시나리오의 각 단계에서 발생하는 모델 변경에 초점을 맞춰야 한다. 이는 시나리오를 타이트하게 다루기를 장려한다. 2단계 후에 브래들리(Bradley)가 오언(Owen)에게 전화하여 직무(Job) 기회에 관해 말해주거나 오언(Owen)이 면접용 정장을 세탁소에 보낼 수도 있지만, 모델은 이러한 타입에 관해 이야기하지 않으므로 그대로 두자. 그러나 시나리오에서 이런 상황이 중요하다고 판단하면 정보 모델에 추가해야 한다. 시나리오 각 단계의 전후 스냅샷을 고려하면

타입과 동작 간의 긴밀한 일치가 보장된다.

이는 도메인 모델이므로 오언(Owen)과 브래들리(Bradley)는 컴퓨터 내부에 포함된 데이터가 아닌 실제 사람을 나타낸다. 그들의 연락처 네트워크는 실제적이고 명함 더미이거나 기억일 수 있다. 이것이 도메인 모델과 디자인 모델의 근본적인 차이점이다. 도메인 모델의 요소는 실제 일과 사건을 나타내고 디자인 모델의 요소는 컴퓨터에 구현된 데이터나 컴퓨터 하드웨어를 나타낸다.

시나리오는 여러 경로를 일반화하지 않고 가능한 단일 경로를 설명한다. 실제로는 몇 가지 시나리오 만 작성하는 방법이 도메인을 설명하는 데 효과적일 수 있지만, 때로는 일반적인 모델이 필요하다. **UML 활동 다이어그램**UML activity diagram과 **UML 상태 다이어그램**UML state diagram을 사용하여 일반화된 동작을 설명할 수 있지만 시나리오보다 구축하는 데 더 많은 노력이 든다.

스냅샷과 같은 시나리오는 일반적인 유형이 아닌 구체적인 인스턴스를 다루므로 쉽게 만들 수 있다. 시나리오를 사용하면 일반화된 도메인 모델을 사용할 때보다 주제 관련 전문가(SME)를 더 쉽게 참여시킬 수 있어 더 많은 정보를 얻을 수 있기 때문에 더 좋다.

8.6 마치며

설계에서 도메인을 분리하면 몇 가지 이점이 있다. 예를 들어 현재 직원에게도 회사의 구인 광고를 노출해야 하는지 여부와 같이 설계와 무관한 질문이 많이 발생한다. 이는 흥미로운 질문이지만 데이터베이스 스키마를 모델링하거나 클래스 계층 구조를 설계할 때 답이 나오지 않는다. 도메인 모델은 외부 설계 세부 사항이 없으므로 이러한 질문을 조사하는 데 효과적이다. 도메인 모델을 코드 모델과 분리해야 하는 또 다른 이유는 주제 관련 전문가(SME)가 도메인에 관해 가르칠 수는 있지만 프로그래밍 언어나 자료 구조에는 관심이 없다는 점이다. 때로는 주제 관련 전문가마다 동일한 유형에 대해 다른 용어를 사용하기도 하는데, 도메인 모델을 사용하여 팀이 단일 어휘(보편 언어ubiquitous language라고도 함)를 사용하도록 할 수 있다[Evans, 2003].

도메인 모델을 구축하면 도메인을 더 잘 이해할 수 있다. 예를 들어, 도메인 모델은 다음과 같은 질문을 하도록 권장한다. 저자가 여러분의 연락처 네트워크에 있다면 여러분도 저자의 네트워크에 있어야 하는가? 처음에는 이러한 질문에 팀원마다 각기 다른 답을 할 수 있으므로 팀은 도메인에서 일어나는 동작에 관한 공유된 이해를 구축해야 한다. 그렇지 않으면 설계와 코드에 버그가 발생하게 된다.

실제 도메인에는 본질적으로 무한한 풍부함이 있다. 해당 도메인의 모델은 단순화이며 포함할 항목과 제외할 항목을 선택해야 한다. 도메인 모델이 도메인의 일부는 설명하고 다른 부분은 설명하지 않는다는 점을 인정해야 한다. 예를 들어, 현실 세계의 광고는 둘 이상의 직무에 관해 설명할 수 있지만 모델은 단일 직무에 관해서만 설명하도록 제한한다. 도메인 모델을 구축할 때는 대략적인 유형의 수와 처리하는 특수 사례에 따라 깊이와 폭을 결정해야 한다.

정보 모델은 단순화되었지만 정확하며 이를 사용하여 질문에 답할 수 있다. 예를 들어 브래들리(Bradley)의 네트워크에 있는 연락처나 오언(Owen)이 근무한 회사에 관해 대답할 수 있다. 그러나 대답해야 하는 질문을 미리 결정한 후 모델이 해당 질문에 대답할 수 있게 되면 모델링을 중지해야 한다. 답변을 원하는 질문은 특히 상호운용성interoperability과 사용성usability 등 우려되는 리스크와 관련이 있다. 예를 들어, 프로젝트의 두 하위 팀은 소프트웨어가 상호운용되도록 연락처 네트워크를 공유하고 이해해야 한다. 도메인의 일부를 모델링할 때는 잠시 멈추고 도메인을 이해하지 못하면 실패로 이어질 수 있는지 질문해보도록 하자.

8.7 참고 자료

이 책의 도메인 모델링은 Catalysis[D'Souza and Wills, 1998]의 도메인 모델을 기반으로 한다. Catalysis 도메인 모델은 여기에 표시한 것보다 훨씬 더 상세하고 복잡할 수 있다.

기능 시나리오는 유스 케이스use case와 유사하다(자세한 내용은 12.6절 참조). 『유스케이스 바로 쓰기』(피어슨에듀케이션코리아, 2002)[Cockburn, 2000]는 간결하게 유스 케이스를 만드는 방법에 관한 지침을 제공한다. 또한, 언제 작성을 중지해야 하는지 조언하기 때문에 저자가 가장 좋아하는 유스 케이스 관련 책이다.

CHAPTER 9

디자인 모델

도메인 모델, 디자인 모델, 코드 모델로 구성된 정준 모델 구조를 학습하여 신인 선수에서 운동 코치로 변신을 시작했다. 8장에서는 시스템이 존재하고 있는 현실 세계에 관한 사실을 모델링하는 세 가지 기본 모델 중 첫 번째인 도메인 모델을 살펴보았다. 9장에서는 시스템 설계를 모델링하는 두 번째 기본 모델인 디자인 모델을 다룬다. 도메인 모델에 광고, 직무, 연락처 네트워크가 포함되었을 때 디자인 모델은 이러한 타입을 컴퓨터 내에서 표현하고 조작할 수 있도록 시스템이 어떻게 설계되는지 보여준다. 도메인 사실은 개발자가 거의 제어할 수 없지만 시스템 설계는 잘 제어할 수 있다. 도메인에 지식과 설계 기법을 사용하여 도메인 사실과 조화를 이루는 시스템을 설계한다. 이 장에서는 뷰view, 캡슐화encapsulation, 중첩nesting을 사용하여 시스템 설계를 구성하는 방법을 보여주면서 아키텍처의 정신 개념 모델mental conceptual model을 확장한다.

소프트웨어 아키텍처에 관해 추론할 때 대부분의 시간을 디자인 모델에 쏟게 되므로 다양하게 표현이 가능한 것은 놀라운 일이 아니다. 세부 사항에 빠지지 않도록 이 장에서는 인저Yinzer 시스템 설계 및 해당 모델의 예를 보여주는 읽기 쉬운 디자인 모델을 개요 수준으로 제공한다. 이 장을 읽으면서 서로 다른 모델이 어떻게 결합해서 시스템을 설명하는지에 주의를 기울여야 한다. 이후의 내용에서는 모델 요소 및 관계와 이를 사용하는 방법에 관한 추가 세부 정보를 살펴본다. 이 장은 뷰타입viewtype, 동적 아키텍처dynamic architecture, 아키텍처 기술 언어architecture description language를 설명하며 마무리한다.

9.1 디자인 모델

7.4절에서 논의했듯이 도메인 모델, 디자인 모델, 코드 모델은 가능한 모든 세부 사항을 포함하는 포괄적인 모델이며 **마스터 모델**이라고 한다. 따라서 **디자인 모델**은 설계에 관한 모든 세부 사항을 포함하는 마스터 모델이다. 마스터 모델의 개념은 그리는 모든 다이어그램이 서로 어떻게 관련되는지 설명하므로 매우 편리한 추상화 개념이다.

그러나 실제로는 완전하고 포괄적인 디자인 모델을 구축하는 사람은 거의 없다. 설령 그렇게 구축하더라도 포괄적이라서 실제로 사용하기에는 비실용적임을 알게 될 것이다. 모델은 두드러진 세부 사항과 필요한 부분에 주의를 집중하여 추론이 집중적으로 진행되도록 하는 것이 좋다. 그러므로 모든 세부 사항을 포함하는 마스터 모델은 그다지 효과적이지 않다.

여러분은 포괄적인 디자인 모델을 머릿속에 두면서도 효과적으로 추론할 수 있는 제한된 수의 세부 사항을 보여주는 다이어그램을 스케치하는 능력을 갖추기를 바랄 것이다. 이러한 다이어그램은 마스터 모델과 일치해야 한다. 이러한 상충하는 요구사항을 조정할 때 뷰, 캡슐화, 중첩의 조합을 사용할 수 있다.

- **뷰(view)**

  선택한 세부 정보를 표시하는 모델의 투영projection이다. 뷰를 사용하여 포괄적인 디자인 모델의 초점을 선택적으로 좁힐 것이다.

- **캡슐화(encapsulation)**

  캡슐화는 요소의 인터페이스를 구현에서 분리한다. **인터페이스**라는 용어는 일반적으로 프로그래밍 언어 구성 요소 중 하나(예: 자바 인터페이스)를 가리키는 데 사용하므로 **경계 모델**boundary model이라는 용어를 사용하여 모델 요소의 인터페이스를 나타낸다. 내부의 구현을 **내부 모델**internal model이라고 한다. 경계 모델과 내부 모델은 모두 동일한 내용을 설명하지만 경계 모델은 요소가 내부에서 어떻게 보이는지에 관한 세부 정보를 숨긴다.

- **중첩(nesting)**

  모델의 요소에는 대부분 하위 구조가 있다. 요소의 내부 모델은 더 작은 요소로 구성된다. 이러한 각 요소는 경계 모델로 설명할 수 있으며 요소의 구현은 내부 모델로 설명할 수 있다. 결과적으로 하나의 요소는 중첩된 경계 모델과 내부 모델의 트리로 분해할 수 있다.

뷰, 캡슐화, 중첩을 사용하여 문제를 추론하는 데 필요한 세부 정보만 표시하는 모델을 구축할 수 있다. 관련된 관계를 이해했으므로 이러한 모델을 디자인 모델에 다시 연결할 수 있으며, 이는 전체 세부 정보가 포함된 마스터 모델 역할을 한다.

디자인 모델은 **지정**designation 관계에 의해 도메인 모델과 대응된다([그림 9-1] 참조). 즉, 도메인에 대한 선택된 사실은 설계에서도 사실로 지정된다. 따라서 인저Yinzer 도메인에서는 인저 시스템 설계에도 존재하도록 광고, 직무, 연락처 네트워크를 포함하도록 하고 이를 '모델의 존재를 지정한다'고 표현한다. 디자인 모델은 코드 모델과도 관련이 있다. 나중에 살펴보겠지만 디자인 모델과 코드 모델의 관계는 좀 더 복잡하고 대부분 **구체화**refinement와 유사하다.

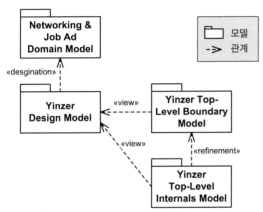

그림 9-1 인저 시스템의 최상위 내부 모델과 디자인 모델 및 경계 모델과의 관계. 경계 모델과 내부 모델은 선택한 세부 정보를 표시하므로 디자인 모델의 뷰다. 내부 모델은 경계 모델(여기서는 전체 인저 시스템)을 구체화하여 동일한 내용을 더 자세히 보여준다

9.2 경계 모델

경계 모델은 외부인이 시스템(또는 시스템 요소)에 관해 볼 수 있는 것으로 행위behavior, 교환 데이터interchange data, 품질 속성quality attribute을 포함한다. 경계는 인터페이스에 대한 약속이지 구현 세부 사항에 대한 것은 아니다. 경계 모델은 시스템 작동 방식을 이해하려면 사용자가 알아야 할 사항을 설명한다. 내부 세부 정보를 숨기는 시스템의 캡슐화된 뷰이므로 개발자가 내부 설계를 변경하더라도 사용자에게는 영향을 주지 않는다.

디자인 모델에는 시스템 및 도메인과 상호작용하는 방법을 설명하는 단일 **최상위 경계 모델**이 있다. [그림 9-1]은 인저 시스템의 최상위 경계 모델(Yinzer Top-Level Boundary Model)을 보여준다. 인저 디자인 모델(Yinzer Design Model)은 모든 설계 세부 정보를 포함하므로 인저 시스템 인터페이스^{system interface}(예: 인저 최상위 경계 모델)를 보여주는 뷰 또는 해당 인터페이스와 구현 세부 정보(예: 인저 최상위 내부 모델)를 보여주는 뷰를 작성할 수 있다. 이러한 뷰는 동일한 인저 디자인 모델의 뷰이므로 서로 일치해야 한다.

9.3 내부 모델

내부 모델은 경계 모델에서 생략된 세부 사항을 보여주는 디자인 모델의 또 다른 뷰다. [그림 9-1]은 경계 모델과 내부 모델을 디자인 모델의 관점으로 보여준다. 경계 모델과 내부 모델은 모두 디자인 모델의 뷰이지만 구체화^{refinement} 관계를 통해 서로 관련된다. 내부 모델은 경계 모델과 동일한 내용을 설명하고 더 많은 세부 정보를 추가한다. 이것이 바로 구체화 관계의 정의다.

결정적으로, 경계 모델에서 참인 것은 내부 모델에서 참이어야 한다. 따라서 경계 모델에서 이루어진 모든 약속을 내부 모델에서도 유지해야 한다. 경계 모델에서 인저 시스템이 99.5%의 시간 동안 온라인 상태이고 리눅스^{Linux} 시스템에 배포할 수 있다고 말하면 내부 모델에서도 마찬가지여야 한다.

경계 모델과 내부 모델은 모두 시나리오, 컴포넌트, 커넥터, 포트, 책임, 모듈, 클래스, 인터페이스, 환경 요소, 장단점과 같은 동일한 요소를 사용하여 설명된다. 컴포넌트 조립도^{component assembly}와 시나리오 같은 몇 가지 사항은 내부 모델에서 더 상세화된다.

9.4 품질 속성

고등학교 시절, 저자는 어머니의 상점에서 파는 베틀을 조립했다. 나무와 면으로 만든 베틀이라서 천을 짜면 덜커덩거리는 소리가 났다. 다른 상점에서 파는 베틀은 금속을 사용하여 훨씬 내구성이 좋았지만 금속성의 삐걱거리는 소리를 냈다. 이처럼 두 종류의 베틀 모두 천을 잘 만들었지만 내구성과 발생하는 소음이 달랐다.

소프트웨어 시스템은 기능과 다른 특성 간에도 이와 같은 차이가 있다. 일부 시스템은 더 빠르며 수정이 쉽거나 매우 안전한 시스템도 있다. 다음 절에서 인저 시스템을 예로 상세히 설명하는데, 그전에 시스템의 관찰 가능한 속성을 설명하는 **품질 속성**(QA라고도 함)이라는 다른 품질을 잠시 살펴보겠다.

소프트웨어 아키텍트는 기능보다 품질 속성에 더 초점을 맞추는 경향이 있다. 이는 기능이 중요하지 않아서가 아니라 많은 설계가 다른 품질로 동일한 기능을 얻을 수 있기 때문이다. 품질 속성은 대부분 기능과 직교하지만[1] 둘 사이에는 약간의 상호작용이 있다. 예를 들어 보안, 수정 가능성, 레이턴시, 배포가능성^{deployability}과 같은 품질 속성은 코드에서 창발하지 않는 경향이 있다. 대신 이러한 특성은 아키텍처와 설계에서 창발되어 나타난다.

이상적인 세계에서는 모든 시스템이 모든 품질 속성을 최대화하지만, 실제로는 일부 품질을 다른 품질보다 우선시해야 한다. 전화 스위치 장비는 40ms 이내에 발신음을 제공하고 99.999%의 가동 시간을 유지해야 한다. 그렇지 않으면 전화 교환수에게 벌금이 부과될 수 있다. 이러한 품질 속성 요구사항을 충족하려면 소프트웨어 개발자는 코드 유지 관리 등의 품질보다 레이턴시^{latency}와 가용성^{availability}을 우선시해야 할 수 있다. 은행 소프트웨어에서는 레이턴시보다 보안을 우선시할 수 있다.

9.5절에서는 인저 시스템의 설계를 설명한다. 연습 예제에는 각 요소, 관계, 다이어그램에 관한 자세한 내용이 없지만 12장과 13장에서 상세 내용을 확인할 수 있다.

9.5 인저 시스템 설계 살펴보기

이 절에서는 인저 시스템의 다양한 뷰를 살펴보며 디자인 모델을 어떻게 구성하는지 간략하게 알아본다. 경계 모델 및 내부 모델 모두에서 다이어그램과 요소는 동일하다. 하지만 다이어그램과 요소들을 약간 다르게 사용함을 알 수 있다. 경계 모델의 뷰로 시작하여 내부 모델의 순서로 살펴보자.

유스 케이스 다이어그램$^{use case diagram}$과 시스템 콘텍스트 다이어그램$^{system context diagram}$이라는 두 가지 뷰는 시스템 개요를 제공하는 데 특히 효과적이다. 유스 케이스 다이어그램은 기능(유스 케이스)을 잘 보여주고 시스템 콘텍스트 다이어그램은 인저 시스템과 상호작용하는 다른 시스템을 표시하는 데 유용하다.

------

1   예를 들어, 스포츠에서 공 색상은 보통 경기와 무관하지만 골프장에서 녹색 공을 쓰는 것은 좋은 생각이 아니다.

다음으로 컴포넌트, 포트, 커넥터, 책임responsibility, 설계 결정design decision, 모듈, 품질 속성 시나리오, 아키텍처 드라이버architecture driver, 트레이드오프tradeoff를 포함한 몇 가지 추상화를 소개한다.

마지막으로는 내부 모델을 다룬다. 인저 시스템 내부 설계의 컴포넌트 조립도를 보여주고 경계에서 기능 시나리오를 확장하여 각 단계가 어떻게 수행되는지 보여준다. 제약 조건과 아키텍처 스타일의 중요성도 다룬다.

9.5.1 유스 케이스 및 기능 시나리오

UML **유스 케이스 다이어그램**은 시스템의 기능과 상호작용하는 액터actor와 시스템을 간결하게 그림으로 표현한다. [그림 9-2]는 인저 시스템(Yinzer System), 여러 유스 케이스, 인저 시스템을 사용하는 인저 회원(Yinzer Member), 비회원(Non-Member), 타이머(Timer) 액터를 보여준다. 타이머 액터는 관련된 유스 케이스가 매일 특정 시간에 일괄 처리batch process로 실행됨을 나타낸다.

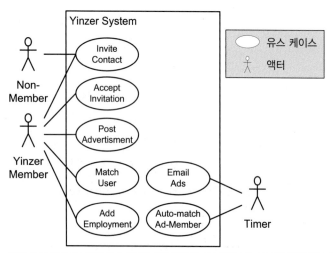

그림 9-2 인저 시스템의 유스 케이스 다이어그램. 시스템의 기능에 관한 광범위한 개요를 제공하는 데 효과적이다

각 **유스 케이스**는 사용 중인 기능의 특정 예가 아니라 시스템의 일반적인 기능을 설명한다. 예를 들어 연락처 초대(Invite Contact) 유스 케이스는 인저 시스템의 회원(Member)이 일반적으로 누군가를 자신의 연락처 네트워크의 일부로 초대하는 방법을 설명한다. 이와 대조적으로

기능 시나리오functionality scenario의 단계는 앨런(Alan)과 같은 특정 인저 시스템 회원이 유스 케이스를 실행하는 모습을 보여준다.

유스 케이스 다이어그램은 시스템이 수행할 수 있는 작업을 보여주지만 유스 케이스를 순서대로 실행하는 제약 조건constraint을 부과하지는 않는다. 연락처 초대(Invite Contract) 유스 케이스가 초대 수락(Accept Invitation) 유스 케이스보다 먼저 발생한다고 추측할 수 있지만 이는 추측일 뿐이다. 이벤트가 일어나는 순서를 설명하는 가장 쉬운 방법은 도메인 모델에서와 마찬가지로 기능 시나리오를 사용하는 것이다. [그림 9-3]은 캐빈(Kevin)이 윗지트론(Widgetron)에서 직무(Job)를 수락하는 방법에 관한 기능 시나리오다.

- 이름: 캐빈(Kevin)이 윗지트론(Widgetron)의 직무를 수락한다.

- 초기 상태: 앨런(Alan)과 오언(Owen)은 인저 회원(Yinzer Member)이고 캐빈(Kevin)은 비회원(Non-member)이다. 앨런(Alan)은 윗지트론(Widgetron)에서 근무한다.

- 액터: 앨런(Alan), 캐빈(Kevin), 오언(Owen)

- 단계

  1. 앨런(Alan)은 캐빈(Kevin)을 자신의 네트워크(Network)의 연락처(Contact)에 추가하기 위해 초대한다./시스템이 캐빈(Kevin)에게 이메일을 보낸다.

  2. 캐빈(Kevin)은 자신의 이메일에 있는 링크를 클릭하고 인저 시스템(Yinzer System)에 가입한 다음 앨런(Alan)의 연락처(Contact)로의 초대(Invitation)를 수락한다.

  3. 윗지트론(Widgetron)은 소프트웨어 개발자 직무(Job)를 위한 광고(Ad)를 게시한다./시스템은 오언(Owen)을 직무(Job)에 자동으로 연결하여 이메일을 보낸다.

  4. 앨런(Alan)은 광고(Ad)를 보고 캐빈(Kevin)을 직무(Job)에 연결한다./시스템이 캐빈(Kevin)에게 이메일을 보낸다.

  5. 캐빈(Kevin)은 그 일을 맡고 '윗지트론에서 근무함'으로 자신의 인저 프로필(Yinzer Profile)을 변경한다.

그림 9-3 인저 시스템의 기능 시나리오. 단계는 경계 모델(예: [그림 9-4]의 인저 시스템 컴포넌트)을 참조하므로 내부 컴포넌트를 사용하는 부분이 보이지 않고 시스템을 사용하는 액터까지만 언급된다

[그림 8-4]를 보며 이 시나리오를 도메인 모델의 시나리오와 비교해볼 수도 있다. 도메인을 모델링할 때 인저 시스템이 없었기 때문에 회원이 웹 애플리케이션을 사용하거나 이메일을 보내는 시스템에 관해 이야기할 수 없었지만 이제는 가능하다. 이메일 링크 사용(2단계)과 같은 몇 가지 커미트먼트commitment를 만들었지만 다른 설계 옵션은 열어 두었다. 도메인에서는 사람

(People)에 관해 이야기했지만 여기 설계에서는 인저 회원(Yinzer Member)에 관해 이야기했다. 이는 인저 시스템이 도메인에 존재하지 않으므로 인저 회원을 다른 사람과 구별할 수 없기 때문이다.

시나리오의 각 단계는 유스 케이스의 호출에 해당한다. 1단계는 연락처 초대(Invite Contact) 유스 케이스에 해당하고 2단계는 초대 수락(Accept Invitation) 유스 케이스에 해당한다. 유스 케이스 모델이 시스템에서 가능한 유스 케이스를 표현할 때 기능 시나리오는 유스 케이스를 호출하여 추적하거나 호출 경로를 보여준다. 유스 케이스 모델과 일부 기능 시나리오를 사용하면 시스템에서 일반적으로 사용할 수 있는 동작과 구체적인 예를 모두 설명할 수 있다.

유스 케이스를 실행하는 모든 가능한 경로의 집합은 설명하지 않았다. 시나리오에서는 초대를 수락하기 전에 연락처 초대가 발생하지만, 실제로도 항상 그런가? 유스 케이스 다이어그램과 시나리오만으로는 알 수 없다. 이런 부분이 중요하다면 유스 케이스를 실행하는 모든 가능한 경로를 보여주는 UML 활동 다이어그램을 만들 수 있다.

사용자 인터페이스를 설명하는 시나리오가 아니라면 몇 가지 가능한 사용자 인터페이스만 언급하기 바란다. 예를 들어, 시나리오의 1단계에서 앨런(Alan)은 캐빈(Kevin)을 연락처로 초대하지만 이것이 정확히 어떻게 수행되는지는 지정하지 않았다. 즉, 몇 단계를 거쳐야 하는지, 선택할 구성원 목록이 있는지, 이름을 입력하면 시스템이 자동 완성하는지를 언급하지 않았다. 이렇게 하면 시나리오를 일반적으로 유지하여 사용자 인터페이스를 변경하고 시나리오를 더 쉽게 이해할 수 있다. 아키텍처에 영향을 미치기 때문에 사용자 인터페이스를 확정해야 하지만 이 유스 케이스에 이러한 세부 정보를 추가하면 혼란이 발생하고 명확성이 떨어진다.

9.5.2 시스템 콘텍스트

[그림 9-4]에 표시한 **시스템 콘텍스트 다이어그램**system context diagram은 시스템 및 상호작용하는 액터와 시스템의 개요를 제공한다는 점에서 유스 케이스 다이어그램과 유사하다. 가장 큰 차이점은 유스 케이스 다이어그램에서 기능functionality이 훨씬 더 잘 보이고 시스템 콘텍스트 다이어그램에서는 외부 시스템에 대한 통신 채널을 나타내는 **커넥터**connector를 더 명확하게 보여준다는

점이다. 구축할 시스템과 외부 시스템 모두 포트와 함께 표시되어 시스템의 인터페이스를 관련 기능의 작은 청크로 분할한다. 예에서 볼 수 있듯이 시스템 콘텍스트 다이어그램은 웹, SMTP, IMAP 연결과 같이 사용한 기술에 관한 세부 정보를 나타낼 수 있다. 시스템 콘텍스트 다이어그램은 컴포넌트 조립 다이어그램component assembly diagram의 특별한 사례이다.

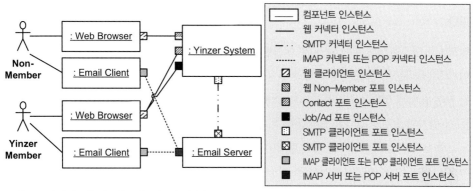

그림 9-4 인저 시스템 컴포넌트 인스턴스와 연결되는 모든 외부 시스템을 보여주는 인저 시스템의 시스템 콘텍스트 다이어그램

인저 회원(Yinzer Member)의 브라우저는 인저 시스템(Yinzer System)의 두 포트 인스턴스인 연락처(Contact), 직무/광고(Job/Ad) 포트 인스턴스에 연결되었다. 모든 웹 작업에 단일 포트를 제공하는 대신 이 설계는 시스템의 기능을 여러 포트로 나눈다.

이렇게 좀 더 명확해졌기 때문에 시스템 콘텍스트 다이어그램은 상호작용을 더 잘 묘사한다. 유스 케이스 다이어그램에서는 인저 회원(Yinzer Member)이 시스템과 상호작용한다고 표시했지만, 여기서는 웹 브라우저(Web Browser)와 이메일 클라이언트(Email Client)를 활용해 상호작용이 이루어진다. 시스템은 포트를 사용해 통신해야 하므로 포트가 웹 요청을 처리한다고 결정하면 인저 회원(Yinzer Member)에 직접 연결하는 대신 해당 연결의 다른 쪽 끝에 웹 브라우저(Web Browser)를 배치할 가능성이 높다.

9.5.3 컴포넌트

시스템 콘텍스트 다이어그램의 각 상자는 **컴포넌트 인스턴스**(인스턴스화 된 **컴포넌트 타입**)다. 이 책에서는 '컴포넌트는 시스템에서 실행되는 주요 계산 요소 및 데이터 저장소다'라는 『소프트웨어 아키텍처 문서화(개정 2판)』(에이콘출판사, 2016)[Clements et al., 2010]의 컴포넌트 정의를 사용한다. 컴포넌트는 포트와 커넥터를 사용하여 직접 또는 간접적으로만 통신할 수 있다.

컴포넌트 인스턴스를 표시하는 다이어그램을 그릴 때 모든 포트와 커넥터를 표시해야 한다. 다이어그램을 분석하고 결론을 내렸는데 나중에 다이어그램에서 생략한 다른 상호작용이 있다는 사실을 알게 되었다고 상상해보자. 이때 발생할 수 있는 문제점은 충분히 상상할 수 있으므로 이 원칙의 실천을 강력하게 권장한다. 컴포넌트가 통신하는 방법을 제한하고 다이어그램이 모든 통신 경로를 표시하도록 하면 다이어그램을 이용하여 시스템을 이해할 기회를 잡을 수 있다. 이 아이디어는 13.7.1절에서 자세히 설명한다. 커넥터나 컴포넌트를 생략한 단순화된 다이어그램을 그려야 할 때는 명확하게 알 수 있도록 다이어그램에 메모를 작성해두자.

시스템 콘텍스트 다이어그램은 컴포넌트 인스턴스로 표현하는 다른 시스템에 연결된 시스템의 **런타임** 모습을 보여준다. 이 예에는 인저 시스템의 단일 인스턴스, 두 개의 웹 브라우저 인스턴스, 두 개의 이메일 클라이언트 인스턴스, 이메일 서버의 인스턴스 등 여섯 개의 컴포넌트 인스턴스가 있다. 두 웹 브라우저 컴포넌트 인스턴스가 정확히 동일한 코드를 실행하더라도 인스턴스를 구별할 수 있다. 실제로 두 웹 브라우저의 컴포넌트 타입이 동일하더라도 한 브라우저는 회원용 웹 페이지를 제공하고 다른 브라우저는 비회원용 웹 페이지를 제공하므로 시스템은 인스턴스를 구별해야 한다.

컴포넌트 타입과 컴포넌트 인스턴스 간의 관계는 클래스와 객체 간의 관계와 동일하다. 소스 코드에서 클래스나 컴포넌트 타입의 선언을 찾을 수 있으며 런타임에 클래스 인스턴스(즉, 객체)와 컴포넌트 인스턴스를 찾을 수 있다.

도메인 모델에서 살펴본 불변 사항invariant을 사용하여 컴포넌트 인스턴스가 배열되는 방식을 제한할 수 있다. 예를 들어, '회원의 웹 브라우저가 HTML 4.01 이상을 지원해야 한다'와 같은 불변 사항을 작성할 수 있다.

9.5.4 포트 및 커넥터

[그림 9-4]에서 볼 수 있듯이 인저 시스템은 비회원의 웹 요청에 응답하는 **포트**, 작업 네트워크에 관한 웹 요청에 응답하는 포트, 광고에 관한 웹 요청에 응답하는 포트, 이메일을 보내는 포트 등 네 개의 포트를 사용해 통신한다. 포트 세 개는 서비스(웹 포트)를 제공하고 한 포트에는 서비스(이메일 포트)가 필요하다. 기본적으로 어떤 프로그래밍 언어로 작성해도 코드가 서비스를 **제공**provide한다고 표현할 수 있지만 시스템에는 이메일용 SMTP 서버가 **필요**require하다는 점도 알 수 있다. 모든 포트를 제공 포트provide-port나 필요 포트require-port로 분류할 수는 없지만, 대부분 이렇게 분류할 수 있다. 따라서 가능하다면 다이어그램에 이러한 분류를 포함시켜야 한다.

유스 케이스 다이어그램과 달리 시스템 콘텍스트 다이어그램은 각 유스 케이스를 시스템 컴포넌트의 포트를 통해 한정한다. 연락처 포트는 연락처 초대(Invite Contact), 초대 수락(Accept Invitation), 채용 추가(Add Employment) 유스 케이스를 지원한다. 구직/광고(Job/Ad) 포트는 광고 게시(Post Advertisement) 및 사용자 매치(Match User) 유스 케이스를 지원한다. 비회원 포트는 연락처 초대(Invite Contact) 유스 케이스의 일부를 지원한다.

포트는 둘 이상의 컴포넌트 간의 런타임 상호작용 경로인 **커넥터**로 연결된다. 시스템은 웹 커넥터, SMTP 커넥터, IMAP/POP 커넥터를 사용하여 표시된다. 그밖의 더 일반적인 커넥터에는 프로시저 호출procedure call, 이벤트event, 파이프pipe, 공유 메모리shared memory, 일괄 전송batch transfer이 있다.

시나리오가 시스템의 여러 동작 경로 중 하나만 보여주듯이 시스템 콘텍스트 다이어그램[2]은 시스템의 여러 가능한 구성 중 하나만 보여준다. 시간이 지나면서 시스템에 연결하는 시스템의 회원 및 비회원의 수와 신원identity이 변경되고 그에 따라 시스템 콘텍스트 다이어그램도 변경된다.

모델의 모든 요소에 **프로퍼티**property를 할당할 수 있지만 커넥터에서 가장 흔히 볼 수 있다. 속성을 사용하여 커넥터의 처리량이나 신뢰성을 결정할 수 있다. 예를 들어 SMTP 커넥터에는 초당 1,000개의 이메일, 암호화, 동기 속성을 포함할 수 있다.

2　12장에서는 인스턴스 대신 컴포넌트 유형을 사용하여 컴포넌트 조립도를 그리는 방법을 설명한다.

9.5.5 설계 결정

시스템 설계를 살펴볼 때 어떤 부분이 중요하고 합리적인 결정을 포함하는지 파악하기 어려울 수 있다. 중요한 부분을 제외한 다른 부분은 개발자가 고민하는 중요한 결정 사이를 채우는 허용 가능한 설계다.

예를 들어, 인저 시스템이 신 클라이언트$^{thin client}$[3]가 있는 클라이언트−서버 시스템을 사용한다고 하자. 그리고 이 시스템을 사용할 때 웹 브라우저를 사용하는 회원이 있는 인저 시스템의 콘텍스트 다이어그램을 보여주는 [그림 9-4]를 생각해보자. 클라이언트−서버$^{client-server}$ 시스템을 구축하는 것이 가장 중요한 결정이었고, 식 클라이언트$^{thick client}$[4]대신 신 클라이언트를 사용하는 선택은 여러 대안 중 하나였을 뿐일 수 있다.

시스템을 설명하는 가장 좋은 방법에 관해서는 아키텍처 전문가들 사이에서 논쟁이 있다. 어떤 사람들은 일련의 뷰가 가장 잘 표현한다고 믿고, 다른 사람들은 일련의 설계 결정$^{design decision}$이 가장 잘 표현한다고 생각한다. 이 책은 대부분 뷰 접근 방식을 따르지만 중요한 설계 결정을 문서화하도록 권장한다. 가장 중요한 설계 결정을 강조하는 것이 설계에 소요한 시간에 관한 통찰력을 제공하며 아키텍처를 설명하는 효과적인 방법이라는 점은 확실하다.

9.5.6 모듈

인저 시스템은 **모듈**이나 패키지로 구성할 수 있는 소스 코드로 구성된다. 그림으로 표현하면 폴더처럼 보이는 UML 패키지 요소$^{package element}$를 사용하여 다이어그램에서 모듈을 나타낼 수 있다. [그림 9-5]는 시스템 경계 모듈을 보여준다. 이 모듈 세트는 아키텍처 추상화와 잘 일치하므로 코드를 읽는 사람이 아키텍처를 쉽게 추론할 수 있다. 구조적으로 명확한 코딩 스타일$^{architecturally-evident coding style}$의 개념은 10.3절에서 자세히 설명한다.

---

3 옮긴이_ 시스템의 처리를 서버와 클라이언트가 나누어 하는 구조에서 클라이언트의 역할이 작음을 의미한다. 이때, 클라이언트를 가리키기도 한다.

4 옮긴이_ 시스템의 처리를 서버와 클라이언트가 나누어 하는 구조에서 클라이언트의 역할이 풍부함을 의미한다. 이때, 클라이언트를 가리키기도 한다.

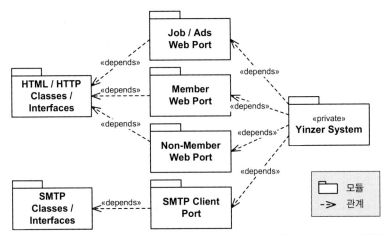

그림 9-5 외부에서 볼 수 있는 모듈과 종속성을 보여주는 인저 시스템의 경계 모델 뷰. 모듈의 구성은 10.3절에 설명할 구조적으로 명확한 코딩 스타일(architectural-evident coding style)을 미리 보여준다

시스템 사용자가 시스템을 사용하려면 해당 포트가 어떻게 작동하는지 알아야 하므로 각 포트에 대한 모듈이 있다. 각 포트는 외부 시스템과 상호작용하므로 교환하는 데이터 타입을 공개해야 한다. 두 웹 포트 모두 HTML과 HTTP 데이터를 교환한다. SMTP 클라이언트(SMTP Client) 포트는 이메일에서 SMTP 데이터를 교환한다. 다른 시스템과 교환하는 데이터 타입이 독점적이라면 구조를 공개해야 하지만 HTML, HTTP, SMTP는 정의된 표준이므로 정의를 생략할 수 있다. 인저 시스템(Yinzer System) 모듈도 표시되지만 시스템 경계에서 시스템의 구현 세부 정보를 표시하지 않고 필요한 인터페이스 요소만 표시하려고 비공개로 표시한다.

각 모듈 내부에서 클래스, 인터페이스, 헤더와 같은 소스 코드 산출물[artifact]을 볼 수 있다. 세부 정보는 선택한 프로그래밍 언어에 따라 다르다. 예를 들어 C에서는 .h 헤더 파일을, 자바에서는 인터페이스와 클래스를 예상할 수 있다.

모듈은 **종속성** 관계로 서로 대응된다. 두 모듈 간에 종속성이 있다는 말은 한 모듈을 변경하면 다른 모듈도 변경해야 할 수 있다는 의미다.

9.5.7 배포

인저 시스템은 하드웨어에 배포되며 하드웨어의 구성은 시스템 성능에 영향을 미친다. [그림 9-6]은 기본 및 백업 데이터 센터 모두에 배포된 시스템의 컴포넌트 인스턴스를 보여준다. **환**

경 요소environmental element의 예이거나 간단히 **노드**node라고도 한다. 이 그림은 사용자의 PC가 인터 넷을 통해 데이터 센터에 연결되고 기본 데이터 센터가 인트라넷을 통해 백업에 연결된다는 점 도 보여준다. 인트라넷은 **통신 채널**communication channel의 예로, 이를 **링크**라고도 하지만 '링크'라는 용어는 스냅샷에서 다른 것을 의미한다.

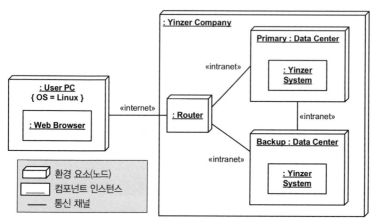

그림 9-6 인저 시스템의 환경 요소(사용자 PC, 라우터, 데이터 센터)와 통신 채널(인터넷 및 인트라넷 링크)을 보여주는 할당 뷰타입의 뷰. 하드웨어에서 호스팅되는 컴포넌트 인스턴스도 보여준다

이 다이어그램은 실행 중인 컴포넌트 인스턴스가 하드웨어에 할당되는 방식을 보여준다(예: 사용자 PC 하드웨어가 웹 브라우저 소프트웨어의 인스턴스를 실행 중임). 또한 소스 코드가 할당되는 방법을 보여줄 수도 있다. 예를 들어 사용자 PC에서 실행해야 하는 AJAX 스타일 웹 애플리케이션이 있을 때는 해당 환경 요소에 배포된 모듈을 표시할 수 있다.

기능 시나리오는 배포된 하드웨어 및 소프트웨어와 관련된 동작을 이해하는 데 사용할 수 있 다. 예를 들어, 시나리오는 소프트웨어를 새 서버로 마이그레이션할 때 수행하는 일련의 작업 이나 백업 중에 발생하는 작업을 설명할 수 있다. 보통 소프트웨어를 처음부터 실행하는 일은 기존 소프트웨어를 업그레이드하는 것만큼 어려울 수 있다. 단계를 설명하는 시나리오를 활용 해 소프트웨어 설치나 업그레이드 방법을 표현할 수 있다.

9.5.8 품질 속성 시나리오 및 아키텍처 드라이버

품질 속성에 관한 생각을 전달하는 가장 쉬운 방법은 시스템에 몇 가지 우선순위를 지정하는

것이다. 인저 시스템에서는 다음과 같이 우선순위를 지정할 수 있다.

규모확장성(scalability) 〉 수정가능성(modifiability) 〉 보안(security) 〉 사용성(usability)

이러한 순위는 작성하기 쉽고 팀 전체에 배포하기도 쉽다. 단순히 모든 사람에게 정보를 제공하거나 우선순위에 관한 토론이 일어나도록 할 수 있지만 어느 쪽이든 팀이 매일 수행하는 설계와 코딩 선택의 가이드가 된다.

품질 속성 시나리오(QA 시나리오)는 품질 속성 요구사항을 더 명시적이면서도 가볍게 설명할 수 있는 기법이다. 품질 속성 시나리오는 소스, 자극, 환경, 결과물, 응답, 응답 측정이라는 여섯 부분으로 구성된 템플릿을 사용하여 설명할 수 있다[Bass, Clements and Kazman, 2003]. 이 템플릿을 사용하면 요구사항이 명확해지고 테스트할 수 있다. [그림 9-7]은 인저 시스템의 한 가지 품질 속성 시나리오다. 대부분의 시스템에는 여러 품질 속성 시나리오가 있을 수 있다.

소스	인저 회원
자극	인저 서버에서 웹 페이지 요청
환경	정상 작동
결과물	전체 시스템
응답	서버에서 웹 페이지로 응답
응답 측정	1초 이내에 인저 시스템에서 웹 페이지 전송
전체 품질 속성 시나리오	인저 회원이 웹 브라우저에서 링크를 클릭한다. 시스템에 요청을 보내면 1초 이내에 응답으로 웹 페이지를 보낸다.

그림 9-7 인저 시스템의 전체 품질 속성 시나리오 예. 일부분을 생략할 수 있지만 오류를 충분히 거를 수 있는 시나리오를 작성하려고 노력해야 한다

품질 속성 시나리오[5]는 레이턴시처럼 명백히 측정할 수 있는 품질에 적합하고 유지보수성maintainability이나 사용성usability과 같은 품질에는 적합하지 않다. 예를 들어 개발자가 1주일 이내에 데이터베이스 공급 업체를 전환할 수 있어야 한다는 품질 속성 시나리오를 작성할 수 있

5　시나리오라는 용어는 소프트웨어 아키텍처를 논하는 여러 책에서 각각 다른 의미로 사용한다. 이 책에서는 새로운 정의를 도입하기보다는 기능 시나리오와 품질 속성 시나리오를 참조하여 두 가지 다른 시나리오를 구분한다. 용어가 다소 길 수 있으므로 시나리오나 QA 시나리오로 줄여 사용할 수 있다.

다. 이는 공급 업체 확장이 아닌 바닐라 SQL[6]을 사용하는 등의 결정을 내리도록 아이디어를 주겠지만 가상으로 수정한다고 해도 얼마나 오래 걸릴지 알기는 어렵다. 또한 이 수정가능성modifiability 시나리오는 설명하기 쉬웠지만 다른 시나리오는 훨씬 더 어려울 수 있다.

품질 속성 시나리오에 우선순위를 적용하여 아키텍처의 적합성을 조사할 수 있다. 이렇게 하려면 각 품질 속성 시나리오를 이해관계자와 개발자 모두가 평가해야 한다. 둘 다 품질 속성 시나리오를 {높음, 중간, 낮음} 등급으로 평가하며 이해관계자는 중요도를 평가하고 개발자는 난도를 평가한다. 이렇게 하면(높은 중요도, 중간 난도)와 같은 조합이 생성되며 일반적으로 (H, M)으로 줄여서 표현한다.

(H, L)로 평가한 일부 품질 속성 시나리오는 간단하게 구현할 수 있을 것이다. (L, H) 등급의 시나리오는 연기하거나 현재는 고려하지 않을 수 있다. 그러나 일반적으로 (H, H) 등급인 시나리오는 중요하고 달성하기 어려우므로 시스템을 설계할 때 개발자가 많은 주의를 기울여야 한다. 이러한 품질 속성 시나리오는 개발자가 아키텍처 옵션을 만들고 평가할 때 테스트 케이스로 사용하기 때문에 이를 **아키텍처 드라이버**[Bass, Clements and Kazman, 2003]라고 부른다. 3계층 스타일3-tier style의 사용과 같은 아키텍처 결정은 아키텍처 드라이버를 더 쉽거나 더 어렵게 만든다. 아키텍처 드라이버 목록은 일반적으로 작으며 특별히 어려운 시나리오가 포함될 수 있다. 아키텍처 드라이버와 평가 시스템의 개념은 15.6절에 설명할 아키텍처 트레이드오프 분석 방법architectural tradeoff analysis method (ATAM) 기법에서 비롯되었다.

9.5.9 트레이드오프

여러분은 시스템이 모든 품질 속성의 측면에서 이상석이기를 바랄 것이다. 즉, 완벽하게 안전하고 완벽하게 사용할 수 있으며 놀랍도록 빠른 성능을 내길 원한다. 그러나 일반적으로 하나의 품질 속성을 더 많이 얻으면 다른 속성을 덜 얻게 된다. 이를 트레이드오프라고 한다. 시스템 보안을 강화하면 사용성이 저하될 수 있다. 인저 시스템은 비회원에게 시스템의 웹사이트 접속 링크를 포함한 이메일을 보낸다. 이 링크를 클릭하는 사람은 누구나 이벤트 세부 정보를 볼 수 있지만 링크에는 난수가 포함되어서 추측하기 어렵다. 더 안전한 설계를 상상할 수 있지만 사용하기 어려울 수 있다.

....
6   옮긴이_ 여기서 바닐라는 기본에서 추가하지 않았다는 뜻으로 순정 SQL을 의미한다.

사용성과 보안 사이의 균형과 같은 일부 트레이드오프는 모든 시스템에 적용된다. 다른 트레이드오프는 시스템 도메인에서 발생한다. 기업이 광고에 필요한 직무 기술을 설명해야 하지만 이러한 요구사항이 구조화(예: 기술 분류)되거나 자유 형식(예: 일반 문자열)이 될 수 있는 인저 시스템의 도메인을 생각해보자. 구조화되면 구직자를 작업에 일치시키는 작업이 알고리즘적으로 더 쉽지만 사용자가 이해하기에는 더 어렵다. 자유 형식이면 사용자는 작업에서 벗어날 수 있지만 구직자와 직무를 일치시키는 메커니즘에는 추측이 더 많이 필요하다. 도메인 트레이드오프를 찾는 일은 흐르는 물에서 금덩어리를 찾는 일과 같다. 이는 아직 도메인 전문가가 아닌 사람들에게 신속하게 전달할 수 있는 귀중한 통찰력이다. 트레이드오프는 시스템이 달성하기 쉽거나 어려운 것에 영향을 준다.

이것으로 경계 모델 탐색을 마친다. 이제 내부 모델을 살펴보자. 내부 모델도 인저 시스템을 설명하지만 인터페이스 뒤에서 시스템을 어떻게 구현하는지 살펴볼 수 있다.

9.5.10 컴포넌트 조립도

컴포넌트 조립도component assembly는 컴포넌트 인스턴스의 특정 구성을 보여준다. 앞에서 설명한 [그림 9-4]의 시스템 콘텍스트 다이어그램system context diagram도 컴포넌트 조립도다. 일반적으로 컴포넌트 조립도는 컴포넌트, 포트, 커넥터 모음을 보여주지만 시스템 콘텍스트 다이어그램은 시스템과 다른 시스템의 연결을 보여주는 데 사용한다. 내부 모델에서는 컴포넌트 조립도를 사용하여 컴포넌트의 내부 설계를 표현한다.

인저 시스템 콘텍스트 다이어그램에서 인저 시스템(Yinzer System)이라는 컴포넌트가 존재하고 여기에 비회원(Non-Member), 연락처(Contacts), 구직/광고(Job/Ads), SMTP 클라이언트(SMTP Client)라는 4개의 포트가 있음을 이미 확인했다. 인저 시스템 내부 모델에도 4개의 포트가 있어야 하지만, 시스템 컴포넌트 내부에 관한 세부 정보도 표시된다. [그림 9-8]은 연락처(Contacts), 광고(Advertisements), 사용자(Users), 이메일(Emails)이라는 네 가지 내부 컴포넌트를 보여준다. 이 컴포넌트 조립도는 시스템 콘텍스트 다이어그램의 인저 시스템 컴포넌트 인스턴스와 논리적으로 겹쳐진다. 컴포넌트 조립도의 외부 상자는 왼쪽 상단 모서리에 레이블이 지정되어 인저 시스템의 인스턴스임을 나타낸다.

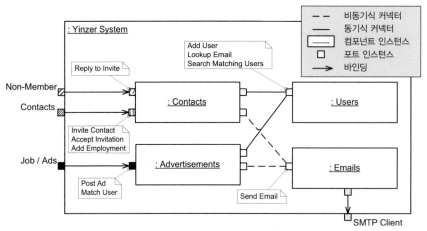

그림 9-8 내부 모델에서 인저 시스템의 컴포넌트 조립도. [그림 9-4]에 표시한 동일한 인저 시스템 컴포넌트 인스턴스를 보여주지만 4개의 내부 컴포넌트 인스턴스로 구체화하여 보여주고 외부 포트와 내부 포트 간의 바인딩을 보여준다

컴포넌트 조립도는 인저 시스템의 외부 포트와 연락처(Contacts), 광고(Advertisements), 이메일(Emails) 내부 포트 간의 **바인딩**을 보여준다. 외부 포트와 내부 포트 간의 바인딩은 외부 포트와의 모든 상호작용을 내부 포트에서 처리함을 의미한다. 바인딩은 커넥터가 아니며 바인딩에서 작업이 수행되지 않는다. 구직/광고(Job/Ads) 포트에 관해 외부 시스템에 알리지만 광고(Advertisements) 컴포넌트의 존재를 숨기려고 하는 캡슐화를 위해 바인딩이 존재한다. 두 포트가 동일할 때 포트를 바인딩하기 가장 쉽다. 하지만 내부 포트는 최소한 외부 포트와 호환(서브타입subtype)되어야 한다. 따라서 내부 포트에서는 외부 포트에는 보이지 않는 추가 오퍼레이션을 제공할 수 있다.

자바 프로그램에서 사용자는 클래스에 직접 의존하지 않고 지원하는 인터페이스에 의존할 때가 많다. 여기에서 컴포넌트와 유사한 상황을 볼 수 있다. 컴포넌트 사용자는 컴포넌트 자체보다는 포트에 의존한다. 이는 컴포넌트의 내부를 숨겨서 대체와 진화를 가능하게 하므로 개발자에게 유연성flexibility을 제공한다.

이전 그림과 비교하여 [그림 9-8]에서 약간의 차이를 발견했을 수 있다. 여기서는 UML 노트를 포트의 책임을 설명하는 데 사용하며, 이는 [그림 9-4]와 같은 세부 범례 대신에 쓸 수 있는 방법이다. 이 방법은 각 포트에 어떤 작업이 있는지 정확하게 볼 수 있다는 장점이 있지만 작성해야 할 항목이 많다면 실용적이지 않다.

경계 모델과 내부 모델은 재귀 패턴을 따른다. 시스템 콘텍스트 다이어그램에서 인저 시스템 컴포넌트가 존재하는 것을 보았지만 내부가 아닌 경계만 알고 있었다. 여기 내부 모델에서는 인저 시스템의 내부를 보고 연락처, 광고, 사용자, 이메일 컴포넌트의 경계를 볼 수 있지만 내부는 볼 수 없다. 이러한 컴포넌트에 대한 내부 모델을 계속 수정하고 표시할 수 있다. 적절한 시점에 구체화를 중단하고 클래스, 프로시저, 함수 등이 될 수 있는 실제 구현을 보여준다.

9.5.11 2단계 기능 시나리오

기능 시나리오는 이전에 도메인 모델과 경계 모델에서 사용했으며 내부 모델에서도 유사하게 작동한다. 중요한 차이점은 이제 내부 컴포넌트가 어떻게 협업하는지 보여줄 수 있다는 점이다. 이를 수행하는 한 가지 방법은 경계 모델 시나리오로 시작하여 내부 모델에서만 볼 수 있는 컴포넌트 간 상호작용을 설명하면서 세밀하게 보여주는 것이다. [그림 9-9]는 번호를 매긴 [그림 9-3]의 경계 모델 시나리오 단계가 문자로 순서를 매긴 지정된 내부 모델 컴포넌트를 통해 어떻게 상세하게 설명되는지 보여준다.

- 이름: 캐빈(Kevin)이 윗지트론(Widgetron)의 직무를 수락한다.
- 초기 상태: 앨런(Alan)과 오언(Owen)은 인저(Yinzer)의 회원이고 캐빈(Kevin)은 비회원이다. 앨런(Alan)은 윗지트론(Widgetron)에서 근무한다.
- 액터: 앨런(Alan), 캐빈(Kevin), 오언(Owen)
- 단계
    1. 앨런(Alan)은 캐빈(Kevin)을 자신의 네트워크(Network)의 연락처(Contact)에 추가하기 위해 초대한다./시스템이 캐빈(Kevin)에게 이메일을 보낸다.
        a) 연락처(Contacts) 컴포넌트는 사용자(Users) 컴포넌트를 사용하여 캐빈(Kevin)의 이메일 주소를 조회한다. 캐빈(Kevin)은 인저 시스템(Yinzer System)의 사용자가 아니다.
        b) 연락처(Contacts) 컴포넌트가 캐빈(Kevin)에게 보내는 이메일을 작성하여 인저 시스템(Yinzer System)과 앨런(Alan)의 네트워크에 가입하도록 초대하고 이메일(Emails) 컴포넌트에 보내 달라고 요청한다.
    2. 캐빈(Kevin)은 자신의 이메일에 있는 링크를 클릭하고 인저 시스템(Yinzer System)에 가입한 다음 앨런(Alan)의 연락처 초대(Contact Invitation)를 수락한다.
        a) 캐빈(Kevin)은 이메일에 포함된 링크를 클릭하고 브라우저를 사용하여 인저 웹사이트(비회원 포트를 통해)로 이동하고 초대에 응답한다.
        b) 연락처(Contacts) 컴포넌트는 캐빈(Kevin)을 연락처가 없는 인저 시스템(Yinzer System)의 사용자로 추가한다.
        c) 연락처(Contacts) 컴포넌트는 캐빈(Kevin)과 앨런(Alan)을 서로의 연락처에 등록한다.
    3. 윗지트론(Widgetron)은 소프트웨어 개발자 직무(Job)를 위한 광고(Ad)를 게시한다./시스템은 오언(Owen)을 직무(Job)에 자동으로 연결하여 이메일을 보낸다.
        a) 광고(Advertisements) 컴포넌트는 광고(Ad)에서 내용을 추출한다.
        b) 광고(Advertisements) 컴포넌트는 사용자(Users)에서 상호 일치하는 항목을 검색하여 오언(Owen)을 찾아낸다.
        c) 광고(Advertisements) 컴포넌트는 오언(Owen)에게 광고(Ad)를 알리는 이메일을 작성하고 이메일(Emails) 컴포넌트에게 광고를 보내도록 요청한다.
    4. 앨런(Alan)은 광고(Ad)를 보고 캐빈(Kevin)을 직무(Job)에 연결한다./시스템이 캐빈(Kevin)에게 이메일을 보낸다.
        a) 앨런(Alan)은 캐빈(Kevin)이 광고(Ad)와 일치하는지 알기 위해 광고(Advertisements) 컴포넌트를 사용한다.
        b) 광고(Advertisements) 컴포넌트는 캐빈(Kevin)에게 광고(Ad)를 알리고 앨런(Alan)의 추천을 알리는 이메일을 작성한다.
    5. 캐빈(Kevin)은 그 일을 맡고 '윗지트론(Widgetron)에서 근무함'으로 자신의 인저 프로필(Yinzer Profile)을 변경한다.
        a) 캐빈(Kevin)은 연락처(Contacts) 컴포넌트를 사용하여 자신의 프로필을 업데이트한다.

그림 9-9 인저 시스템 내부 기능 시나리오는 [그림 9-3]의 경계 기능 시나리오(번호가 매겨진 단계)를 기반으로 하여 내부 모델의 컴포넌트가 이를 수행하는 방법(문자가 있는 하위 단계)을 자세히 설명한다

9.5.12 책임

모델, 특히 그래픽 모델은 복잡한 부품을 가리킬 때 줄인 이름을 사용한다. 예를 들어 '게스트 웹 포트'라는 세 단어는 해당 포트가 수행하는 작업에 관한 최소한의 설명을 제공한다. 두 개발자가 설계에 동의한다고 생각하지만 나중에 게스트 웹 포트의 책임에 관해 서로 다른 가정이 있다는 사실을 발견하기 쉽다.

다행히 포트나 기타 아키텍처 요소의 **책임**responsibility을 나열하는 작업은 저렴하고 효과적이다. 이는 책임 주도 설계responsibility-driven design[Wirfs- Brock, Wilkerson and Wiener, 1990]의 개념을 따르며 객체 지향 설계에서 객체-책임-공동 작업자class responsibility and collaborator (CRC) 카드[7]를 사용한다[Beck and Cunningham, 1989]. 책임은 간단히 표에 기록하거나 UML 메모로 다이어그램에 기록할 수 있다.

9.5.13 가이드 레일로서의 제약 조건

소프트웨어 개발자는 도메인 요구사항의 제약을 받고 기술 해결책 제약을 받을 수도 있지만, 자발적으로 설계에 제약 조건을 추가할 수 있다. 이미 시스템을 만드는 일이 어려운데 제한 사항을 추가하면 더 어려워 보이므로 직관적이지 않아 보이지만, 개발자는 리스크를 제어하거나 시스템의 품질을 활성화하도록 자발적으로 설계를 제한한다. 이러한 제약 조건은 원하는 방향으로 시스템을 안내하는 **가이드 레일**guide rail 역할을 한다.

소형 컴퓨터에서 실행해야 하는 시스템을 상상해보자. 개발자는 시스템이 메모리에 맞도록 다양한 컴포넌트에 RAM 예산을 할당할 수 있다. 이번에는 다른 운영체제에서 실행하도록 이식할 시스템을 고려해보자. 개발자는 시스템에서 호출하는 함수를 제한하여 시스템을 다양한 운영체제(OS)의 다른 세부 정보에서 분리할 수 있다. 개발자가 RAM 예산을 할당하거나 OS 호출을 제한하여 시스템을 제한하지 않았다면 시스템이 작은 시스템에 적합하거나 다른 OS로 이식될 수 있음을 어떻게 알 수 있는가?

시스템을 분석하려면 제약 조건이 필요하다. **'제약 조건이 없다'는 말은 '분석이 없다'는 의미다.** 제약 조건이 없으면 RAM 예산을 초과하거나, 특정 OS에 의존하거나, 캐시 일관성 정책을 우회하거나, 잠금 해제를 무시하거나, 액세스 제한을 위반할 수 있다. 설계 중에 개발자는 조립된

7　옮긴이_ 커닝햄이 제안한 객체 지향 설계에서 사용되는 브레인 스토밍 툴이다.

부품 모음이 시스템으로 작동하는 방식에 관해 추론한다. 시스템의 일부가 해야 할 일과 하지 말아야 할 일을 제한한다. 제약 조건이 있어야 부품이 모여서 의도한 대로 작동하는지 확인할 수 있다.

인저 시스템의 설계는 제약 조건을 사용하여 품질 속성 시나리오를 충족하도록 한다. 원격 서버에 연결해서 메시지를 전달하므로 이메일을 보내는 데 몇 초가 걸릴 수 있지만 품질 속성 시나리오에서는 웹 페이지의 응답 시간을 1초 이하로 유지해야 한다. 이 설계는 웹 연결 컴포넌트와 이메일 컴포넌트 사이의 비동기식 커넥터를 사용해 보내는 이메일을 대기열에 추가하여 웹 연결 컴포넌트가 이메일이 전달되는 동안 대기하지 않도록 한다.

9.5.14 아키텍처 스타일

때로는 패턴으로 이름을 지정하는 방법이 유용할 정도로 일련의 제약 조건이 자주 발생한다. 이러한 패턴을 **아키텍처 스타일**architecture style이라고 하며 '사용 방법에 관한 일련의 제약 조건과 함께 요소 및 관계 타입의 전문화'로 정의된다[Clements et al., 2010]. 아키텍처 스타일은 개발자가 리스크를 제어하거나 품질 속성을 활성화하려고 설계를 제한한다.

플러그인 확장을 위해 열려 있는 시스템인 아파치Apache 웹 서버를 고려하자. 아파치는 웹 요청이나 응답을 처리하는 필터 체인(파이프와 필터pipe-and-filter 아키텍처 스타일)에 새롭게 코드를 삽입할 수 있도록 설계되었다. 파이프와 필터 스타일의 특징 중 하나는 각 필터가 격리된 작업을 수행하므로 파이프라인에 필터를 쉽게 추가할 수 있다는 점이다. 아파치는 타사 개발자가 수정하려는 목표를 더 쉽게 달성할 수 있는 아키텍처 스타일을 선택했다. 아키텍처 스타일은 설계를 제한했을 뿐만 아니라 이러한 특정 종류의 컴포넌트와 커넥터에 관해 이야기하고 필터 및 파이프라는 이름을 지정하는 용어를 제공했다.

대부분의 아키텍처 스타일은 컴포넌트 및 커넥터 타입과 컴포넌트의 조립으로 구성된다. 이를 활용해 시스템의 런타임 동작과 품질을 제어할 수 있다. 아키텍처 스타일은 (예: 계층 스타일의) 모듈과 환경 요소에도 적용할 수 있다.

지금까지 인저 시스템의 디자인 모델에 관해 살펴보았다. 설계에 사용하는 일반적인 모델의 개요를 제공했다. 설계 결정, 트레이드오프, 유스 케이스 다이어그램과 같이 경계 모델을 설명하는 데 사용한 대부분의 요소와 다이어그램은 내부 모델에서도 사용할 수 있다. 이 책의 나머지 장에서는 여기에서 다루는 아이디어를 사용하는 방법에 관한 추가 정보를 제공한다.

9.6 뷰타입

모든 뷰를 되돌아보면 구성 방식에서 패턴을 볼 수 있다. 일부 뷰는 서로 조정하기 쉽지만 그렇지 않은 뷰도 있다. 예를 들어 인저 기능 시나리오를 컴포넌트 조립도와 쉽게 조화시킬 수 있으며 이러한 뷰를 큰 어려움 없이 단일 뷰로 병합하는 일을 상상할 수 있다.

그러나 인스턴스화된 객체나 컴포넌트의 뷰와 같은 종류의 뷰는 소스 코드 뷰와 조화시키기가 어렵다. 런타임 시 어떤 컴포넌트 인스턴스가 어떤 구성에 나타날지 상상하려면 소스 코드를 샅샅이 뒤져 머릿속에서 동작시켜 봐야 한다. 즉, 한 손에는 소스 코드가 있고 다른 한 손에는 컴포넌트 조립도가 있을 때 해당 코드가 런타임에 컴포넌트 인스턴스 구성을 생성할 수 있는지 확인하는 데 시간이 걸린다. 기능 시나리오와 컴포넌트 조립도 뷰를 조정하기는 쉬웠지만 모듈과 런타임 뷰를 조정하는 확실한 방법은 없다. 조화가 쉽게 되는 여러 뷰를 함께 그룹화하고 싶을 것이다.

9.6.1 뷰타입 정의

이 그룹화는 **뷰타입**viewtype의 개념을 통해 이루어진다. 뷰타입은 서로 쉽게 조정할 수 있는 뷰의 집합 또는 범주이다[Clements et al., 2010]. 함께 사용하기 어려운 뷰는 다른 뷰타입에 속한다. 소프트웨어 아키텍처에서 뷰타입[8]은 최상위 경계 모델과 중첩된 내부 모델이나 경계 모델을 포함한 모든 설계 또는 코드 모델에 적용된다.

소프트웨어 시스템의 모든 뷰를 함께 쉽게 조정할 수 없다는 점은 안타까운 사실이다. 모든 뷰를 준수하는 시스템을 구축하기 때문에 '모든 뷰'는 여러분의 머릿속에서는 조정할 수 있어야 한다. 하지만 뷰 조정을 생각할 때는 자신이 아닌 다른 사람의 설계를 고려해보면 좋다. 다른 사람의 관점에서 결함과 불일치를 찾는 일이 얼마나 어려운지 고려하는 것이다.

---

8 뷰타입이라는 용어를 단일 이해관계자의 관점과 같은 단일 관점인 시스템의 관점인 뷰라는 용어와 혼동해서는 안 된다. 뷰타입은 유사한 뷰 그룹을 포함하고 뷰를 분류하므로 '이 뷰의 타입(즉, 범주)이 무엇인가?'라는 질문에 답할 수 있다.

9.6.2 표준 아키텍처 뷰타입

소프트웨어 아키텍처의 세 가지 표준 뷰타입은 모듈 뷰타입module viewtype, 런타임 뷰타입runtime viewtype, 할당 뷰타입allocation viewtype이다. **모듈 뷰타입**은 컴파일 타임에 볼 수 있는 요소의 뷰를 포함한다. 여기에는 소스 코드와 구성 파일 같은 산출물이 포함된다. 컴포넌트 타입, 커넥터 타입, 포트 타입의 정의는 클래스 및 인터페이스의 정의와 함께 모듈 뷰타입에도 있다.

런타임 뷰타입은 컴포넌트 및 커넥터 뷰타입component and connector viewtype(C&C viewtype)이라고도 한다. 런타임 뷰타입에는 런타임에 볼 수 있는 요소 뷰가 있다. 이는 기능 시나리오, 책임 목록, 컴포넌트 조립도와 같은 산출물을 포함한다. 컴포넌트, 커넥터, 포트의 인스턴스는 객체(클래스 인스턴스)와 마찬가지로 런타임 뷰타입에 있다.

할당 뷰타입에는 하드웨어에 소프트웨어 배포와 관련된 요소 뷰가 포함된다. 여기에는 배포 다이어그램, 서버와 같은 환경 요소 설명, 이더넷 링크와 같은 통신 채널 설명이 포함된다. 또한 지리적 요소를 포함할 수 있으므로 서로 다른 도시에 있는 두 개의 서버를 설명할 수 있다.

[그림 9-10]은 완전하지 않지만 세 가지 뷰타입을 목록 형식의 그림으로 보여준다. 모든 뷰가 범주에 깔끔하게 맞지는 않아서 두 개 이상의 뷰타입 사이를 가로지르는 뷰를 포함하는 하나의 추가 뷰타입인 스패닝 뷰타입spanning viewtype을 보여준다. 다음은 뷰타입에 걸친 트레이드오프의 예다. 더 큰 트랜잭션 처리량(런타임 뷰타입에 설명함)을 달성할 수 있도록 데이터베이스 스키마(모듈 뷰타입에 설명함)를 비정규화하기로 결정하여 스패닝 뷰타입에서 트레이드오프를 설명한다. 네 가지 뷰타입과 뷰타입에서 흔히 볼 수 있는 몇 가지 예제 내용이 [그림 9-11]에 요약되어 있다.

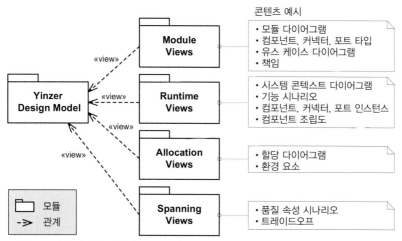

그림 9-10 인저 디자인 모델은 (개념적으로) 모든 설계 세부 사항을 포함하는 마스터 모델로 작동하므로 직접 사용하기에는 너무 크다. 뷰는 세부 정보의 선택된 하위 집합을 표시하며 변환할 수 있다. 뷰는 세 가지 표준 뷰타입(모듈, 런타임, 할당 뷰타입)과 스패닝 뷰로 분류된다

뷰타입	뷰타입 콘텐츠 예시
모듈 뷰타입	모듈, 계층, 종속성, 책임(예: CRC), 데이터베이스 스키마, 인터페이스, 클래스, 컴포넌트 타입, 커넥터 타입
런타임 뷰타입	객체 인스턴스, 컴포넌트 인스턴스, 커넥터 인스턴스, 동작 모델(상태 기계, 시나리오), 책임(인스턴스 기반)
할당 뷰타입	배포된 소프트웨어, 지리, 계산 노드
스패닝	트레이드오프(품질 속성, 비즈니스, 기타), 기능 시나리오, 품질 속성 시나리오

그림 9-11 세 가지 표준 뷰타입(모듈, 런타임, 할당 뷰타입)과 스패닝 뷰. 뷰타입 내의 뷰는 서로 조정하기 쉽지만 다른 뷰타입의 뷰와 조정하기는 어렵다

9.6.3 서로 다른 뷰타입에서의 타입 및 인스턴스

뷰타입에는 서로 조정하기 쉬운 뷰가 속해 있지만 다른 뷰타입의 뷰 사이에서는 상호 조정하기 어렵다. 소스 코드는 클래스, 인터페이스, 모듈, 컴포넌트 타입을 직접 표현하므로 조정하기 쉽고 모두 모듈 뷰타입의 일부다. 반면에 컴포넌트 타입의 뷰에서 어떤 컴포넌트 인스턴스가 나타날지 명확하지 않으므로 타입과 인스턴스는 서로 다른 뷰타입이다.

결과적으로 컴포넌트 **타입**은 모듈 뷰타입에 존재하고 컴포넌트 **인스턴스**는 런타임 뷰타입에 존재한다. 의외의 말일 수 있지만, 이 부분을 더 잘 이해하려면 클래스와 객체가 평행 관계에 있다고 생각하는 편이 좋다. 소스 코드를 보면 프로그래밍 언어로 직접 정의하므로 어떤 클래스가 존재하는지 쉽게 알 수 있다. 반대로 클래스 인스턴스(즉, 객체)는 프로그램이 실행될 때까지 생성되지 않아서 직접 볼 수 없다.

9.6.4 뷰타입을 가로지르며 추론하기

모듈 뷰타입과 런타임 뷰타입의 구분은 꽤 오랫동안 주목받았다. 1968년 에츠허르 데이크스트라Edsger Dijkstra는 약간 다른 용어를 사용하여 소스 코드를 보고 런타임에 코드가 어떻게 작동하는지 이해하기가 얼마나 어려운지 명확하게 표현하고 문제를 최소화하는 방법에 관해 조언했다 [Dijkstra, 1968].

> 우리의 지적 능력은 정적인 관계에 숙달하는 데 맞춰져 있으며… 시간이 지나면서 진화하는 과정을 시각화하는 능력은 상대적으로 제대로 개발되지 않았다. 따라서 우리는 (현명한 프로그래머가 우리의 한계를 알고 있듯이) 정적 프로그램과 동적 프로세스 사이의 개념적 차이를 줄이고 (텍스트로 표현되는) 프로그램과 프로세스 사이의 간격을 가능한 한 작게 만드는 데 최선을 다해야 한다.

이 내용을 일반화하여 요약하면 모듈 대 런타임이든 런타임 대 할당이든 관계없이 뷰타입에 관한 추론이 어렵다는 것이다. 결과적으로 두 가지를 수행해야 한다. 먼저 데이크스트라의 조언을 받아들여 모듈 뷰타입을 살펴볼 때 런타임 뷰타입을 더 쉽게 상상할 수 있는 스타일로 만들어야 한다. 10.3절은 다른 사람들이 아키텍처 요소를 보고 런타임에 어떻게 보일지 상상할 수 있도록 프로그램을 구조화하는 방법인 구조적으로 명확한 코딩 스타일을 설명한다.

둘째, 적절한 뷰타입에서 추론해야 한다. 각 뷰타입은 3.5절에서 논의했듯이 특정 종류의 질문에 따라 적절한 정도가 다르다. 얼마나 많은 인스턴스가 존재하고 서로 어떻게 통신하는지에 관한 질문은 런타임 뷰를 보면 가장 잘 대답할 수 있다. 소스 코드를 보고 어떻게 동작하는지 생각해서 이러한 질문에 답할 수 있지만, 약간 어렵고 부정확할 수 있다. 런타임 뷰타입를 보면서 답하는 방법이 더 간단하다.

9.6.5 뷰타입 결합

다양한 관심사마다 별도의 뷰를 제공하면 각 관심사를 개별적으로 이해하는 데 도움이 되지만 아키텍처를 전체적으로 이해하려고 할 때는 여전히 문제가 있다. 필립 크루첸^{Philippe Kruchten}의 4+1 아키텍처 뷰에서 '+1'은 다른 4개의 뷰를 묶어 주는 기능 시나리오^{functionality scenario}를 말한다.

시나리오는 뷰타입의 경계를 가로질러 절단해서 분리한 여러 뷰를 연결할 수 있다. 대부분의 시나리오는 시스템이 런타임에 수행하는 일련의 작업과 같이 단일 뷰타입 내에서 일련의 이벤트를 설명한다. 그러나 일부 시나리오는 시스템이 런타임 시 물리적 배포의 변경에 응답하는 방법 또는 아파치와 같은 웹 서버가 구성 파일(모듈 뷰타입)을 기반으로 컴포넌트 인스턴스(런타임)를 초기화하는 방법과 같이 여러 뷰타입에 걸쳐 있을 수 있다.

트레이드오프도 여러 뷰타입에 걸쳐 적용할 수 있다. 수정가능성은 주로 모듈 뷰타입에 관련되고 성능은 런타임 뷰타입에 관련된다. 하지만 두 품질 사이의 균형은 두 가지 뷰타입에 걸쳐 있다. 아키텍처의 고유한 뷰를 분리하여 문제를 나누고 각각의 뷰에서 전체 아키텍처를 설명하면서 시나리오와 트레이드오프를 사용하여 문제를 해결한다.

9.6.6 완전성에 관한 조언

다른 사람에게 시스템을 설명할 때 각 뷰타입의 대표 뷰를 포함하면 좋다. 그렇지 않으면 여러분에게 분명한 부분이 다른 사람들에게는 명확하지 않아서 혼돈을 줄 수 있다(예: 시스템을 한 컴퓨터에 배포해야 하는지 여러 컴퓨터에 배포해야 하는지). 각 뷰타입에 관해 생각하면 설계 중에 발생할 수 있는 좁은 시야를 피하는 데 도움이 된다.

지금까지 런타임 시 시스템을 나타내는 다이어그램을 보았지만 한순간만 표시되었다. 그러나 많은 시스템은 실행 시 런타임 구성을 변경한다. 다음 절에서는 동적 아키텍처 모델을 설명한다.

9.7 동적 아키텍처 모델

개발자는 런타임에 객체(클래스 인스턴스) 구성이 변경되는 시스템을 구축하는 데 익숙하다. 그러나 컴포넌트가 객체보다 크기 때문에 런타임 구성 변경 시에도 변경되는 경향이 적다. 런타임 재구성과 함께 제공되는 모든 가능성보다 단일 정적 구성을 분석하기가 더 쉬우므로 개발자는 런타임 아키텍처 변경을 최소화하려고 한다. 그러나 P2P 음성 채팅 시스템과 같이 컴퓨터가 네트워크에 참여하거나 네트워크를 떠날 때 지속해서 재구성되는 일부 설계는 런타임 변경이 필요하다.

많은 시스템은 시작이나 종료 중에만 컴포넌트 구성을 변경하고 나머지 기간 동안 컴포넌트 구성을 안정적으로 유지한다. 컴포넌트 조립도를 표시할 때 일반적으로 시스템의 이러한 정상 상태 구성을 표시한다. 시작과 종료의 역학에 관해 생각하지 않으면 오류가 쉽게 발생할 수 있으므로 이것이 사실을 단순화한 것임을 알아야 한다.

소스 코드에서 런타임 구성을 더 쉽게 구상하는 방법이 몇 가지 있다. 하나는 10.3절에서 논의할 구조적으로 명확한 코딩 스타일을 따르는 방법이다. 그리고 실행해야 하는 소스 코드에서 구성을 제거하는 대신 선언적 구성 파일declarative configuration file에 해당 내용을 포함하는 방법도 있다. 아파치 스트럿츠Apache Struts[Holmes, 2006], 엔터프라이즈 자바빈즈Enterprise JavaBeans[Monson- Haefel, 2001], NASA/JPL의 MDS[Ingham et al., 2005]와 같은 많은 프레임워크에서 이를 요구한다. 소스 코드를 정적으로 분석하여 런타임 구성을 파악할 수는 있지만 어려운 작업이다. 하지만 선언적 구성 파일은 분석하기 쉽다.

런타임 시 아키텍처가 변경되는 방식을 설명하는 **동적 아키텍처 모델**dynamic architecture model은 하나의 연구 영역이다. 다음과 같은 두 가지 이유로 가능하면 런타임에 아키텍처가 변경되는 설계를 피해야 한다. 첫째, 정적 아키텍처는 개발자가 이해하기 더 쉬우므로 수정가능성이 높아지고 버그가 더 적게 발생한다. 둘째, 정적 아키텍처는 품질 속성을 분석하기가 더 쉽다. 때로는 문제의 특성이나 품질 속성 요구사항 때문에 동적 아키텍처를 사용해야 할 수 있다. 이런 일이 발생하면 경험적 데이터, 모델링 개념, 엔지니어링 기법의 지원이 적은 소프트웨어 엔지니어링 연구의 첨단에 서 있는 여러분 자신을 발견하게 될 것이다.

9.8 아키텍처 기술 언어

다이어그램을 그릴 때 실제로 통합 모델링 언어(UML)와 같은 모델링 **언어**를 사용한다. 아키텍처 기술 언어architecture description language는 일반적으로 동적 아키텍처를 제대로 지원하지 않지만 정적 아키텍처는 잘 지원한다.

다이어그램을 그릴 때 이를 언어로 간주하지 않거나 텍스트 언어로 동일한 정보를 표현한다고 생각하지 않을 것이다. 간단한 언어는 a와 b를 번갈아 사용할 수 있다고 말하고 (ab)*와 같이 표현할 수 있다. 마찬가지로 아키텍처 다이어그램은 서버에 10개 이하의 클라이언트가 있는 한 원하는 수의 클라이언트-서버를 가질 수 있다고 말할 수 있다.

아키텍처 다이어그램을 그리는 도구를 선택하면 아키텍처 언어가 부과하는 제약 조건을 수용하게 된다. 범용 그리기 도구를 사용할 때는 거의 제약이 없지만 독자는 다이어그램에서 보라색 삼각형의 의미semantics/meaning를 궁금해할 수 있다. UML 다이어그램을 그리는 도구나 다른 **아키텍처 기술 언어**(ADL)를 지원하는 도구를 선택하면 컴포넌트를 나타내는 사각형과 같은 해당 언어의 요소를 사용해야 한다.

언어의 형식은 좋든 나쁘든 표현을 제한한다. 아키텍처 기술 언어를 잠시 사용한 후에는 컴포넌트 타입, 커넥터 인스턴스, 소스 코드 모듈 등의 관점에서 시스템 설계에 관해 생각하게 될 것이다. 이는 형식주의의 개념이고 그리기 도구에 의해 적용되기 때문이다. 이러한 개념은 소프트웨어 엔지니어링 커뮤니티에서 도움이 된다고 입증받았지만 언어가 아이디어를 표현할 수 없을 때 실망할 수 있다.

구문을 제한하는 도구를 사용한다고 해서 설계가 의미 있다는 보장은 없다. 노엄 촘스키Noam Chomsky는 '무색의 녹색 아이디어가 격렬하게 잠을 잔다Colorless green ideas sleep furiously'라는 의미가 없지만 통사론적으로 올바른 문장으로 이 원리를 잘 설명했다[Chomsky, 2002]. 도구는 다이어그램이 언어 제약(구문)을 준수하도록 보장하지만 의미를 보장하지는 않는다.

또 다른 옵션은 범용 그리기 도구를 사용하고 훈련을 해서 UML과 같이 언어에 맞는 다이어그램을 그리는 것이다. 그러나 처음 시작할 때는 언어를 직접 지원하는 도구를 사용하기를 권장한다. 제약 조건은 스스로 달릴 준비가 될 때까지 자전거의 보조 바퀴로 작동하기 때문이다. 이러한 도움이 필요하지 않다고 생각할 수도 있다. 그러나 저자는 (여러분과 같은) 수많은 똑똑한 사람에게 아키텍처를 가르쳤고, (자전거 타는 법을 배울 때처럼) 개념 모델이 확고해지기 전에 그들이 통사론적 실수와 의미론적 오류가 있는 다이어그램을 만드는 모습을 계속해서 보았다.

이 책의 실용적인 조언은 강력한 반대 의견이 없는 한 아키텍처 모델에 UML을 사용하라는 것이다. ADL과 달리 많은 공급 업체에서 UML 도구를 지원하며 UML을 이해하는 개발자도 많기 때문이다. 문제도 있지만 충분히 잘 작동하며 효과적으로 사용하는 방법에 관한 조언도 많다. 여러분의 요구에 더 잘 맞는 ADL이 있을 가능성도 있지만 기껏해야 단일 공급 업체의 도구 지원을 받을 수 있으며 모델을 읽는 방법을 아는 개발자도 거의 없다. UML은 도메인 모델, 디자인 모델, 코드 모델에서 작동한다는 추가 이점이 있으므로 언어를 전환할 필요가 없다.

9.9 마치며

소프트웨어 아키텍처 정준 모델 구조는 도메인 모델, 디자인 모델, 코드 모델이라는 세 가지 기본 모델을 기반으로 한다. 이들 각각은 전체 세부 정보가 포함된 마스터 모델로 취급된다. 뷰를 사용하면 선택한 세부 정보를 표시하거나 숨길 수 있으므로 세부 정보가 손실되지 않는다.

개념 모델은 소프트웨어 프로젝트에서 많은 비트의 정보를 처리하고 구성해야 하므로 유용하다. 한 비트는 신용 카드 처리 시스템과 상호작용하는 법적 프로토콜일 수 있다. 또 다른 비트는 모듈 빌드 시스템의 종속성일 수 있다. 그리고 레거시 시스템이 국제 주소를 나타내는 방법에 관한 또 다른 특징이 있을 수 있다. 시스템에서 작업한다는 말은 이러한 세부 정보를 관련 모델에 통합하고 해결책을 설계하도록 한다는 의미다.

이 장에서는 소프트웨어 아키텍처의 개념 모델을 자세히 설명했다. 설계를 관리할 수 있는 부분으로 분할하는 데 도움이 되는 정보, 문제 해결 방법에 관한 지식, 소프트웨어에 관해 추론하는 데 사용할 수 있는 컴포넌트와 같은 아키텍처 추상화 집합을 제공했다. 완전한 디자인 모델을 구축하지는 못할 것이다. 대신 뷰, 캡슐화, 중첩을 사용하여 디자인 모델을 더 작은 조각으로 자른다.

내부 모델은 경계 모델을 구체화한 것이다. 둘 다 디자인 모델의 뷰이지만 드러내는 세부 사항이 다르다. 경계 모델에서 참인 것은 모두 내부 모델에서도 참이어야 한다. 경계 모델에서 이루어진 모든 약속(예: 포트 수와 타입, 품질 속성 시나리오)을 내부 모델에서 유지해야 한다. 디자인 모델은 지정에 의해 도메인 모델과 관련되므로 도메인에 대해 선택된 사실은 설계에서도 사실이다.

경계 모델과 내부 모델은 모두 시나리오, 컴포넌트, 커넥터, 포트, 책임, 모듈, 클래스, 인터페이스, 환경 요소, 트레이드오프와 같은 동일한 요소를 사용하여 설명한다. 이들 중 일부는 컴포넌트 조립도나 기능 시나리오와 같은 내부 모델에서 자세히 설명한다.

뷰타입은 서로 쉽게 조정할 수 있는 뷰의 집합 또는 범주다. 세 가지 표준 뷰타입 또는 뷰 범주는 모듈 뷰타입, 런타임 뷰타입, 할당 뷰타입이다. 모듈 뷰는 클래스, 인터페이스, 컴포넌트 타입과 같이 개발자가 조작할 수 있는 타입의 산출물과 정의를 포함한다. 런타임 뷰타입은 객체, 컴포넌트 인스턴스, 커넥터 인스턴스와 같은 인스턴스를 포함한다. 인스턴스의 배열은 런타임에 변경될 수 있으며 클래스나 컴포넌트 타입의 여러 인스턴스가 있을 수 있다. 할당 뷰타입은 모듈 및 런타임 뷰타입의 요소가 하드웨어와 위치에 배치되는 방법을 설명한다.

소프트웨어가 무엇을 하는지(기능^{functionality})와 소프트웨어가 어떻게 기능을 제공하는지(품질 속성$^{quality\ attribute}$)에 주의를 기울여야 한다. 둘은 대부분 독립적이므로 두 개의 다른 시스템이 동일한 기능을 수행할 수 있다. 하지만 품질 속성이 달라서 하나는 빠르지만 다른 하나는 더 안전하게 기능을 수행할 수 있다. 아키텍처가 품질 속성에 큰 영향을 미치므로 아키텍처 전문가는 품질 속성에 주의를 집중하는 경향이 있다.

대부분의 모델은 요소의 정적 구성을 표시하지만 일부 아키텍처는 동적이며 런타임에 변경된다. 동적 아키텍처는 추론하기 어렵고 도구와 분석 지원이 제한적이다. UML과 같은 대부분의 아키텍처 기술 언어는 정적 아키텍처를 지원하지만 동적인 내용에 관한 지원은 제한적이다.

9.10 참고 자료

이 장에서 제안하는 설계 뷰는 아키텍처 모델의 기능과 품질 속성을 연결하는 방법을 보여준다. 얀 보쉬$^{Jan\ Bosch}$[Bosh, 2000]는 처음에 기능을 기반으로 시스템을 분할한 다음 원하는 품질 속성을 얻도록 조정할 수 있다는 점을 지적하면서 이러한 생각의 일부를 설명한다(분해 전략에 관한 자세한 내용은 11.3절에서 다룬다).

이 장의 기능적 모델링 접근 방식은 Catalysis[D'Souza and Wills, 1998]에서 영감을 얻었다. Catalysis 소프트웨어 프로세스는 구체화refinement를 광범위하게 사용하여 세부 사항을 상세히 살펴서 필수 문제를 처리한다. 그렇게 함으로써 유스 케이스, 시나리오, 오퍼레이션operation 간의 구분을 정리하여 이러한 것이 모두 다양한 수준의 구체화 작업임을 보여준다. 품질 속성 모델링에 관한 이 장의 접근 방식은『소프트웨어 아키텍처 이론과 실제』(에이콘출판사, 2015) [Bass, Clements and Kazman, 2003]와『소프트웨어 아키텍처 문서화(개정 2판)』(에이콘 출판사, 2016)[Clements et al., 2010]를 포함한 소프트웨어 엔지니어링 연구소(SEI)의 작업에서 영감을 받았다.

아키텍처 스타일은 단순한 아키텍처 패턴으로 볼 수 있지만 Acme 언어[Garlan, Monroe and Wile, 2000]와 Acme Studio 도구[Garlan and Schmerl, 2009]에서처럼 형식화되면 훨씬 더 많은 잠재력을 발휘할 수 있다. 이러한 인사이트는 아마도 다른 맥락에서 발생했을 것 이지만 소프트웨어 아키텍처에 대한 데이비드 갈란의 수업 과정[Garlan, 2003]에서는 제약 조건과 스타일이 아키텍트에게 필요한 도구이고 이러한 도구 없이는 분석이 불가능할 수 있다고 설명한다. 이 책의 14장에서는 아키텍처 스타일에 관해 자세히 설명한다.

UML이 아닌 모델링 언어를 사용하기로 했다면『Software Architecture: Foundations, Theory, and Practice』[Taylor, Medvidović and Dashofy, 2009]에 있는 철저한 비교가 도움이 될 것이다.

CHAPTER 10

코드 모델

소스 코드는 최종 결과물이자 해결책이 표현되는 매체다. 아키텍처 모델은 최종 결과물이 아니므로 코드와 연결할 수 있을 때만 유용하다. 따라서 아키텍처 모델과 코드 간의 관계를 이해하는 것이 중요하다.

언뜻 보기에는 그 관계가 간단해보일 수 있다. 예를 들어, 모듈이나 구성 요소에 관해 설명하는 모델은 해당 코드 요소와 쉽게 관련될 수 있다. 그러나 모델은 '이 데이터에 액세스할 때마다 잠금lock을 유지해야 한다'와 같이 코드와 관련되기 어려운 아이디어도 포함할 수 있다. 아키텍처상의 아이디어를 코드와 연관시킬 수는 있지만 그렇다고 일대일의 구조적 대응은 아니다. 아키텍처 모델과 코드 사이에는 **차이**가 있다.

이 장에서는 세 가지 주제를 다룬다. 첫 번째는 아키텍처 모델과 코드의 차이점이다. 두 번째는 불가피한 발산divergence을 처리하는 방법이다. 세 번째는 아키텍처에 관한 힌트를 코드에 포함하여 손실되는 설계 의도의 양을 줄이는 프로그래밍 스타일로, **구조적으로 명확한 코딩 스타일**architecturally-evident coding style이다.

10.1 모델 코드 격차

아키텍처 모델과 코드의 차이점을 이해하려면 각 모델에 포함된 내용 목록에서 시작하는 것이 좋다. [그림 10-1]은 아키텍처 모델과 소스 코드에서 흔히 볼 수 있는 요소의 종류를 요약한다. 요소 목록을 면밀히 살펴보면 어휘, 추상화, 디자인 커미트먼트, 일반/열거general/enumerated (즉, 내포/외연intensional/extensional) 진술의 존재 여부에 차이가 있음을 알 수 있다. 각각의 차이점을 살펴보자.

위치	요소의 예
아키텍처 모델	모듈, 컴포넌트, 커넥터, 포트, 컴포넌트 조립도, 스타일, 불변 사항, 책임 할당, 설계 결정, 설계 근거, 프로토콜, 품질 속성, 모델(예: 보안 정책, 동시성 모델)
소스 코드	패키지, 클래스, 메서드, 변수, 함수, 프로시저, 스테이트먼트

그림 10-1 아키텍처 모델과 소스 코드에서 흔히 볼 수 있는 요소의 종류 요약. 어휘, 추상화, 디자인 커미트먼트, 내포/외연 요소의 존재에 차이가 있다

어휘(vocabulary). 아키텍처 모델과 소스 코드의 요소 목록을 간단하게 비교해보면 서로 다른 어휘를 사용하여 동일한 내용을 이야기함을 알 수 있다. 예를 들어 아키텍처 모델에는 모듈이 있고 소스 코드에는 패키지가 있는데, 이는 이름 붙이는 방법의 차이이며 본질적으로 동일하다.

아키텍처 모델과 코드가 서로 다른 아이디어를 표현하기 때문에 어휘 차이가 존재한다. 아키텍처 모델을 UML로 표현하고 소스 코드의 UML 모델도 자동으로 생성하는 상황을 머릿속으로 생각해보자. 이 두 UML 모델을 비교하면 차이점을 찾을 수 있다. 예를 들어, 소스 코드 모델은 아키텍처 모델에서 발견한 컴포넌트 타입이나 인스턴스를 표현하지 않는다. 메서드 호출 커넥터와 이벤트 버스 커넥터는 모두 아키텍처 모델에 표시되지만 소스 코드 모델에는 메서드 호출만 표시된다. 이처럼 아키텍처 모델과 소스 코드는 서로 다른 아이디어를 표현하므로 서로 다른 용어를 사용한다.

추상화(abstraction). 아키텍처 모델은 두 가지 면에서 소스 코드보다 추상적인 경향이 있다. 첫째, 아키텍처 모델의 한 요소는 소스 코드의 여러 요소를 합한 것일 때가 많다. 예를 들어 아키텍처 모델의 컴포넌트 타입을 소스 코드의 12개 클래스에 매핑할 수 있다. 이와 유사하게, 아키텍처 모델은 클라이언트나 서버를 보여줄 수 있으며, 이는 각각 많은 클래스와 프로시저에 해당한다.

둘째, 동일한 요소를 설명할 때 아키텍처 모델은 일반적으로 소스 코드보다 적은 세부 정보로 해당 요소를 설명한다. 아키텍처 모델은 모듈과 컴포넌트 수준에 도달하면 설명을 중지할 수 있지만 소스 코드는 클래스, 메서드, 인스턴스 변수를 활용해 세부 정보를 계속 설명한다. 다른

종류의 요소를 배치하는 아키텍처 모델에서 소스 코드로 가는 점진적인 그래프를 상상해보자. 그러면 아키텍처 모델은 더 추상적인 요소를 포함하고 소스 코드는 덜 추상적인 요소를 포함하며, 이 둘은 그래프 중간에 일부 요소를 공유하여 서로 겹쳐질 것이다.

디자인 커미트먼트(design commitment). 또 다른 차이점은 아키텍처 모델과 소스 코드가 모두 동일한 디자인 커미트먼트를 포함하지 않는다는 점이다. 아키텍처 모델은 일부 기술(예: AJAX 및 REST)을 사용하기로 약속할 수 있지만 소스 코드는 훨씬 더 나아가 이러한 기술을 구현하는 방식의 결정 사항을 포함한다. 아키텍처와 디자인 모델은 부분적인 약속을 하지만, 소스 코드는 완전한 약속을 하거나 최소한 실행할 수 있을 만큼의 약속을 해야 한다. 예를 들어, 아키텍처 모델에서는 계정 조회가 0.25초 소요되는 품질 속성 시나리오의 설명으로 충분할 수 있지만, 소스 코드는 이를 수행하는 데 필요한 자료 구조와 알고리즘을 포함해야 한다.

내포와 외연(intensional–extensional). 아키텍처 모델과 소스 코드의 가장 큰 차이점은 아키텍처 모델에는 내포 요소intensional element와 외연 요소extensional element가 혼합된 반면 코드에는 외연 요소만 있다는 점일 것이다. **내포** 요소는 '모든 필터가 파이프를 사용해 통신한다'와 같이 보편적으로 한정qualified[1]되는 요소다. **외연** 요소는 '시스템은 클라이언트, 주문 처리자, 주문 저장 컴포넌트로 구성된다'와 같이 열거enumerated된다. [그림 10-2]는 어떤 아키텍처 요소가 내포적이고 외연적인지 보여준다.

내포/외연	아키텍처 모델 요소	소스 코드에 매핑
외연(열거된 인스턴스로 정의)	모듈, 컴포넌트, 커넥터, 포트, 컴포넌트 조립도	이들은 주로 더 높은 수준의 추상화(예: 하나의 컴포넌트가 여러 클래스에 해당)가 있지만 소스 코드의 요소에 깔끔하게 대응한다.
내포(모든 인스턴스에 걸쳐 한정하여 표현)	스타일, 불변 사항, 책임 할당, 설계 결정, 설계 근거, 프로토콜, 품질 속성, 모델	소스 코드는 이러한 사항을 따르지만 코드에 직접 표현되지는 않는다. 아키텍처 모델에는 일반적인 규칙이 있고 코드에는 예제가 있다.

그림 10-2 다양한 아키텍처 요소가 코드에 매핑되는 방법을 설명하는 표. 아키텍처의 외연 요소는 코드 요소에 상당히 깔끔하게 매핑되지만 내포 요소는 그렇지 않다

---

1   옮긴이_ 여기서는 '모든'이라는 단어로 요소들을 포함하는 범위가 지정됨을 의미한다.

암논 이든Amnon Eden과 릭 캐즈먼Rick Kazman[Eden and Kazman, 2003]이 식별한 아키텍처와 코드의 내포 요소와 외연 요소의 구분은 아키텍처 모델의 어느 부분을 소스 코드에 매핑하기가 더 어려울지 설명해주므로 중요한 개념이다. 소스 코드는 외연적이므로 컴포넌트와 컴포넌트 조립도 같은 아키텍처 모델의 외연 요소를 소스 코드에 쉽게 매핑할 수 있다. 연락처(Contacts)라는 인저 시스템 디자인 모델의 컴포넌트 타입을 생각해보자. 해당 컴포넌트는 소스 코드의 여러 클래스에 해당한다. 컴포넌트를 직접 표현할 수 있도록 프로그래밍 언어의 사소한 변경을 상상할 수도 있다. 예를 들어, ArchJava는 컴포넌트와 포트 같은 아키텍처 요소를 자바 언어에 추가한다[Aldrich, Chambers and Notkin, 2002].

반대로, 설계 결정, 스타일, 불변 사항과 같은 내포 요소를 (외연적인) 소스 코드에 연결하기는 어렵다. 내포 요소는 모든 요소에 적용되는 일반 규칙을 설정하지만 표준 프로그래밍 언어는 이러한 규칙을 직접 표현할 수 없다. 소스 코드는 규칙을 표현할 수 없지만 규칙을 준수해야 한다. 예를 들어 아키텍처 모델에 공급 업체별 API 사용을 피하라는 설계 결정(내포적 요소)이 있다면 C++ 소스 코드에서 해당 규칙을 표현할 수 없지만 코드에서 이러한 API를 사용해서는 안 된다. 소스 코드를 보면 내포 요소의 설계 의도를 볼 수 없지만 코드는 해당 설계 의도를 존중해야 한다.

모델 코드 격차(model-code gap). 아키텍처 모델과 소스 코드는 동일한 내용을 표현하지 않는다. 이 차이점을 모델 코드 격차라고 한다. 아키텍처 모델은 (프로그래밍 언어에서는 사용하지 않는) 컴포넌트와 같은 추상 개념을 포함한다. 또한 아키텍처 모델은 소스 코드로 전혀 표현할 수 없는 설계 결정과 제약 사항 같은 내포 요소도 포함한다.

결과적으로 아키텍처 모델과 소스 코드 간의 관계는 복잡하다. 아키텍처 모델의 외연 요소는 대부분 소스 코드의 외연 요소로 대응되는 구체화 관계refinement relationship다. 이는 [그림 10-3]에 나와 있다. 그러나 내포 요소는 소스 코드의 요소로 구체화되지 않는다.

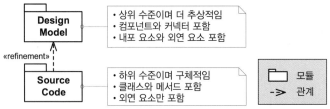

그림 10-3 디자인 모델의 외연 요소는 소스 코드에 대한 구체화 관계를 가진다. 내연 요소는 소스 코드에서 표현하기 어렵기 때문에 매핑되지 않으며 모델과 코드의 격차를 만드는 데 기여한다

모델 코드 격차에 관해 알게 되면 이를 피하고 싶을 수 있다. 그러나 이 격차의 근원적인 원인을 돌아보면 단기적으로는 일반적인 해결책에 대한 희망을 약간 얻을 수 있다. 아키텍처 모델은 추상적이고 내포적이므로 복잡성과 규모를 추론하는 데 도움이 되고, 소스 코드는 구체적이고 외연적이라서 실제로 실행할 수 있기 때문이다.

격차를 피하려는 시도(attempts to avoid the gap). 모델 코드 격차에 관해 들었을 때 사람마다 다르게 반응한다. 어떤 사람은 격차에서 오는 어려움을 아키텍처 추상화를 완전히 사용하지 않고 모두 파악할 수 있는 지역으로 후퇴할 기회라고 생각한다. 그러나 이는 큰 진흙 뭉치 아키텍처(14.7절 참조)에 가까운 구조와 다름없다. 이러한 구조에서는 복잡성^{complexity}과 규모확장성^{scalability}을 다루는 데 유용한 아키텍처 추상화를 사용하지 않으므로 복잡성과 규모확장성을 처리하기가 어렵다. 추상화를 사용하는 데도 어려움이 있지만 수많은 클래스를 관리하기가 더 어려울 것이다.

추상화 때문에 발생하는 아키텍처와 코드 사이의 격차를 피할 수 없다면 관리해야 한다. 격차를 관리하는 두 가지 기본 방법은 자동으로 또는 수동으로 하는 것이다. 자동적으로는 더 높은 수준의 다음 세대 언어로 작성하고 소스 코드를 생성할 수 있다. 이는 애플리케이션 빌더/생성기 및 모델 주도 엔지니어링^{model driven engineering}(MDE)에 해당하는 기술이다[Selic, 2003b]. 코드를 생성하면 일반 소스 코드를 작성할 때와 비교하여 아키텍처 모델과 고급 언어 간의 차이가 줄어들거나 제거된다. 이 접근 방식은 일부 분야에서 실용적이지만, MDE의 웅장한 비전은 아직 주류로서 사용될 준비가 되지 않았다.

추상화 격차는 수동으로 관리할 수도 있다. 즉, 개발자가 아키텍처 모델과 코드를 모두 이해한 다음 일관성을 유지해야 한다. 모델 코드 차이에는 아키텍처 요소를 프로그래밍 언어 요소와 정렬하고 코드에서 아키텍처 개념을 표현함으로써 도움이 될 수 있는 우발적인 복잡성이 포함된다. 10.3절에서는 구조적으로 명확한 코딩 스타일을 사용하여 이를 수행하는 방법을 설명한다. 그러나 실수로 발생한 정렬 오류를 제거한 후에도 (다음 절에서 설명하듯이) 모델을 코드와 주기적으로 동기화해야 한다.

10.2 일관성 관리

소스 코드에서 모델을 구축하든 모델에서 소스 코드를 추출하든 해결책에 관한 두 가지 다른 표현을 관리해야 한다. 처음에는 코드와 모델이 완벽하게 일치할 수 있지만 시간이 지나면서 달라지는 경향이 있다. 기능이 추가되고 버그가 수정되면서 코드가 발전한다. 모델은 과제나 계획 요구에 대응하여 진화한다. 모델이나 코드 중 하나 또는 둘 모두가 다른 방향으로 진화할 때 불일치를 생성하고 이때 발산^{divergence}이 생겨난다.

코드와 모델 간의 일부 불일치는 허용되지만 불일치의 특성에 따라 다르다. 모델이 온라인 성능을 설명할 수 있다. 추가한 일부 코드는 오프라인 통계 분석 기능용 코드와 같이 해당 모델을 방해하지 않는다. 반대로, 멀티스레드 코드에 대한 사소한 변경은 동시성 모델을 손상할 수 있다. 그러나 일반적으로 모델과 코드 간의 불일치를 피하고 싶을 것이며 이를 수행하는 여러 가지 방법이 있다([그림 10-4] 참조).

전략	설명
발산 무시	오래된 모델을 사용할 때는 무엇이 변경되었는지 기억하자.
임시 모델링	모델을 머릿속에 유지하고 필요하면 다시 만든다.
상위 모델만	아키텍처의 가장 기본적인 부분은 느리게 변경되므로 모델만 유지할 수 있다.
라이프 사이클 마일 스톤에 맞춰 동기화	반복, 배포 등의 마일스톤이 끝날 때 코드와 모델을 조정한다.
위기 시 동기화	무언가 잘못되었을 때 코드와 모델을 조정하거나 설계 검토를 한다. 의외로 흔히 사용한다.
지속적인 동기화	비용이 많이 들고 드물게 사용한다.

그림 10-4 아키텍처 모델과 소스 코드는 시간이 지나면서 진화하는 경향이 있다. 이 표는 발산을 처리하는 전략을 요약한다

발산 무시(ignore divergence). 모델을 처리하는 가장 일반적인 방법은 코드 불일치를 무시하는 것이다. 개발자가 오래된 모델을 사용할 때도 많지만 코드가 모델에서 어떻게 분리되었는지 기억하기만 하면 된다. 프레젠테이션 중에 다이어그램이 현재와는 다르고 변경 사항을 따로 이야기해준다는 경고와 함께 제공될 수 있다.

한 가지 변형은 소스 코드가 없는 초기 설계 단계에서만 모델을 사용하도록 계획한 다음 코드를 작성하기 시작하면 코드에만 주의를 집중하는 방법이다. 발산을 무시하는 전략은 실제로 매우 일반적이다. 심지어 발산을 무시하지 않으려는 의도가 있어도 실제로는 무시하게 될 때가 많다.

임시 모델링(ad hoc modeling). 개발자가 필요하다고 생각하는 즉시 모델을 문서로 만들지 않고 화이트보드에만 생성한다. 개발자는 아키텍처를 머릿속에 유지하고 커뮤니케이션이나 협업 목적으로 다시 만들 준비가 되어 있어야 한다. 현재 아키텍처와 제안된 변경 사항을 스케치하거나 선택한 부품의 뷰를 확대하여 그릴 수 있다. 애자일 개발을 따르는 팀(특히 아키텍처나 UML 모델링 경험이 있을 때)은 이 작업을 수행할 가능성이 더 높다.

상위 모델만(only high-level model). 일반적으로 모델이 더 일반적이거나 추상적일수록 코드 변경 사항을 수용하는 능력이 더 향상된다. 예를 들어 클라이언트와 서버만 설명하는 아키텍처 모델은 코드 변경에 대해 매우 탄력적이다. 프로젝트는 상위 수준의 다이어그램을 업데이트하고 세부 사항에는 임시 모델링을 사용하도록 선택할 수 있다. 이렇게 하면 문서 부담을 최소화하면서 새로운 개발자용으로 일부 다이어그램을 유지하거나 다른 팀과 통신할 수 있다. 실제로 이 기법은 일반적이다.

라이프 사이클 마일스톤에 맞춰 동기화(sync at lifecycle milestone). 개발자는 일정 시간 동안 코드를 발전시킬 수 있지만 모델을 업데이트하기 전에 반복^{iteration}, 단계^{stage}, 릴리스^{release}가 끝날 때까지 기다린다. 실제로 팀에는 마일스톤에 동기화하려는 좋은 의도가 있지만 끝없이 미룰 때가 있다.

위기 시 동기화(sync at crisis). 팀에 절실히 필요해질 때까지 모델을 무시할 때가 많다. 필요한 시점이 되어서야 격렬하게 업데이트하거나 다시 만든다. 이러한 절박한 요구는 설계 문제, 협업 문제, 설계 검토일 수 있다. 이때 시스템의 설계와 아키텍처를 복구하거나 리버스 엔지니어링하는 도구를 찾을 수 있지만, 이전 절에서 논의했듯이 주류 프로그래밍 언어가 아키텍처 모델에서 발견된 높은 수준의 설계 의도를 표현할 수 없어서 효율성이 제한된다.

지속적인 동기화(constant synchronization). 일부 팀은 항상 모델과 코드를 동기화하도록 선택하지만 많은 노력이 필요하다. 프로젝트에서 코딩을 하는 시기와 설계를 하는 시기가 엄격하게 나눠진 프로세스를 따르거나 프로젝트가 외부 관심에서 많은 관심을 받고 있다면 적절할 수 있다. 수반되는 노력이 크므로, 고수준 아키텍처 모델만 유지 관리하거나 소스 코드를 UML 다이어그램으로 그려주는 도구를 사용하지 않는 한 실제로는 비교적 드물게 사용하는 전략이다.

선택 방법(how to choose). 이러한 전략 중 프로젝트에 적합한 전략은 무엇인가? 문제를 해결하려고 모델을 사용한다는 점을 상기하자. 모델 자체는 고객이 만들어 달라고 요청하는 것이 아니므로 오래되어 코드와 갭이 발생한 모델이더라도 실제 소프트웨어를 만드는 데 도움이 되는지에 집중해야 한다. 보안 모델은 코드와 일치하지 않으면 쓸모가 없을 수 있지만, 아키텍처 드라이버를 나열하는 모델은 약간 오래되더라도 가치를 유지할 수 있다. [그림 10-5]는 적절한 전략을 선택하는 데 도움이 되는 도구 사용, 모델 세부 수준, 발산^{divergence}의 허용 오차^{tolerance}에 관한 세 가지 아이디어를 설명한다.

도구	도구 또는 더 높은 수준의 프로그래밍 언어를 사용하면 격차와 발산을 줄이고 동기화 작업을 줄일 수 있다.
세부 수준	모델의 세부 사항이 상세할수록 발산이 발생하는 속도가 빨라지고 더 많은 동기화 작업이 필요하다.
허용 오차	프로젝트의 편차 허용 오차를 이해해야 한다. 모델이 언제 코드를 정확하게 반영해야 하며 누가 이를 사용할 것인가를 알아야 한다.

그림 10-5 적절한 모델 코드 동기화 전략을 어떻게 선택할 수 있는가? 모델 코드 동기화 전략 목록에서 추출한 이 세 가지 아이디어가 도움이 될 수 있다

10.3 구조적으로 명확한 코딩 스타일

이 장의 나머지 부분에서는 구조적으로 명확한 코딩 스타일$^{architecturally-evident\ coding\ style}$이라는 소스 코드에 아키텍처에 관한 힌트를 포함하는 아이디어를 설명한다. 그 방법을 설명하기 전에 왜 좋은 생각인지 논의하는 것이 중요하다.

프로그램의 최소 요구사항은 프로그램이 실행되고 유용한 작업을 수행하는 것이다. 코드가 엉켜 있더라도 실행되고 유용한 작업을 수행한다면 누군가 이를 받아들일 수 있다. 일반적으로 얽힌 코드는 유지하기가 어렵기 때문에 기대치보다 품질이 많이 낮다. 작동하는 코드를 작성했지만 거의 이해할 수 없을 때는 해당 코드를 추가적으로 발전시키는 데 많은 노력이 필요하다.

결과적으로 거의 모든 개발자는 표준 제어 흐름 구조를 사용하고 변수에 의미가 담긴 이름을 지정한다(예: 't' 대신 'totalExpenses' 사용). 이는 코드에 남긴 단서와 힌트이므로 나중에 (여러분을 포함한) 읽는 사람이 설계 의도를 올바르게 추론할 수 있다. 컴퓨터와 컴파일러는 변수가 무엇인지 또는 제어 흐름이 GOTO 문의 미로인지 상관하지 않지만, 개발자는 이를 매우 중요하게 생각한다. 오늘날에는 표준 제어 흐름을 사용하는 것을 당연하게 여기지만, 몇 세

대 전에는 프로그래머들이 논쟁을 벌이던 부분이다. 또한 일부 개발자는 여전히 설명적인 변수 이름에 관해 불평한다.

최근에는 이 아이디어와 유사한 객체 지향 코딩 스타일에 관한 논의가 자세히 이루어진다. C#와 자바 같은 언어에서는 하나의 클래스와 하나의 복잡하고 긴 메서드를 사용하여 프로그램을 작성할 수 있다. 그러나 이렇게 하면 소스 코드 클래스에서 프로그램 도메인의 타입을 반영하는 표준 객체 지향 실천법에 어긋날 수 있다. 주소와 계정을 조작하는 프로그램에는 해당 주소와 계정 클래스가 있을 것으로 예상된다. 핵심 아이디어는 프로그램 작성자에게 도메인 작동 방식에 관한 정신적 모델이 있으므로 코드가 해당 모델을 존중하고 드러내서 유지 관리가 더 쉬워진다는 것이다.

개발자는 아키텍처 모델과 같은 다른 모델에 관한 단서를 코드에 포함해서 진행할 수 있다. 시스템의 아키텍처 스타일, 제약 조건, 컴포넌트, 속성 등에 관한 힌트도 포함할 수 있다. 이 모델이 도메인 모델처럼 코드에서 쉽게 추론할 수 있다면 코드를 유지보수하는 개발자의 업무 진행이 더 쉬울 것이다.

구조적으로 명확한 코딩 스타일로 프로그래밍할 때 개발자는 일종의 **설계 의도**인 시스템의 아키텍처 모델에 관한 힌트를 소스 코드에 포함한다. 그들은 프로그램이 작동하는 데 최소한으로 필요한 것을 넘어서 **코드 내 모델 원칙**model-in-code principle을 따른다. 아키텍처 설계 의도를 보존하면 다음과 같은 이점이 있다. 개발자가 코드에서 의도를 추론하는 데 소요하는 시간을 줄여 프로젝트 효율성을 지원하고, 문서나 다이어그램 대신 코드에 의도를 유지하여 문서 부담을 줄이며, 새로운 개발자를 위한 램프 업[2] 시간을 줄여, 향후 코드를 진화시킬 때 발생할 수 있는 문제를 방지한다.

10.4절에서는 어떻게 코드에 설계 의도를 포함하는지, 코드 내 모델 원칙이 정확히 무엇인지, 어떠한 아키텍처 설계 의도가 구조적으로 명확한 코딩 스타일을 표현하는 데 도움이 되는지와 같은 세부 정보를 살펴본다. 아키텍처 설계 의도를 표현하는 비공식적인 패턴 목록을 제공하며, 시스템에서 구조적으로 명확한 코딩 스타일을 사용하여 이메일을 처리하는 예로 이 장을 마무리한다.

---

2 옮긴이_ 신규 인력이 팀에 적응하여 생산적으로 일할 수 있도록 배우고 적응하는 과정. 온보딩

용할 수 있다.

두 컴포넌트가 통신을 원할 때는 커넥터 클래스의 인스턴스를 만든 다음 관련 메서드를 호출한다. 커넥터 내부에서 일어나는 일은 커넥터 종류에 따라 다르지만 네트워크를 통해 메시지를 보내거나, 공유 변수에 쓰거나, 메시지를 대기열에 넣거나, 다른 메서드를 호출할 수 있다.

명시적 커넥터를 사용할 때의 한 가지 장점은 컴포넌트와 구성 클래스에서 일부 책임을 이동할 수 있다는 점이다. 예를 들어, 명시적 커넥터 없이 공유 메모리를 사용한다는 말은 컴포넌트가 메모리의 안전한 동시 액세스를 담당한다는 의미다. 명시적 커넥터를 사용하면 이 책임을 커넥터로 이동할 수 있으므로 컴포넌트가 조금 더 간단해진다. 또한 나중에 커넥터 타입을 변경(예: 로컬 커넥터를 분산 커넥터로 교체)할 가능성을 열어둘 수 있다.

명시적 커넥터가 있다는 말은 컴포넌트 내부의 임의 클래스가 컴포넌트 외부에서 통신해서는 안 되며 대신 커넥터를 사용해 통신해야 한다는 의미다. 이러한 제한 덕분에 나중에 코드를 더 쉽게 읽을 수 있고 모든 메시지가 한 곳을 통과하므로 프로토콜 오류를 디버깅하기가 쉬워진다.

포트 타입(port type). 객체 지향 언어는 클래스가 제공하는 메서드를 설명할 수 있으므로 C++의 추상 슈퍼클래스나 자바의 인터페이스와 같은 객체 지향 메커니즘을 사용하여 컴포넌트의 제공된 동작을 표현할 수 있다. 컴포넌트 클래스는 이러한 인터페이스를 구현하여 제공된 인터페이스를 표현할 수 있다.

그러나 컴포넌트가 해당 환경에서 요구하는 사항을 설명할 수도 있다. 이를 수행하는 해당 객체 지향 메커니즘이 없으므로 포트를 나타내는 객체를 만들고 InventoryPort와 같은 이름을 지정할 수 있다. 컴포넌트와 커넥터 타입과 마찬가지로 포트라고 하는 슈퍼클래스나 인터페이스를 사용할 수도 있다. 컴포넌트 클래스에는 requiredInventoryPort와 같이 이 포트를 참조하는 인스턴스 변수가 있으며, 나가는 통신은 포트에서 전송된 다음 커넥터로 보낼 수 있다.

제공된 동작을 나타내는 포트 객체를 만들 수도 있다. 이는 퍼사드 디자인 패턴과 유사하게 동작한다[Gamma et al., 1995].

프로토콜(protocol). 명시적인 포트나 커넥터가 있으면 프로토콜을 표현할 수 있다. 포트 객체나 커넥터 객체는 런타임에 프로토콜을 확인하거나 적용하고 프로토콜 위반을 기록하거나 프로토콜을 위반하는 메시지를 거부하도록 만들 수 있다. 한 가지 가능한 선택은 상태 디자인 패턴state design pattern을 사용해서 프로토콜을 구현하는 것이다[Gamma et al., 1995]. 또한 인스턴스 변수를 사용하여 프로토콜 상태를 추적할 수도 있다. 이때 컴포넌트 객체에서 런타임 시 프로토콜의 상태를 쿼리할 수 있다.

애너테이션을 사용하여 프로토콜을 표현하고 정적 분석을 사용하여 소스 코드가 항상 프로토콜을 준수하는지 확인할 수도 있다.

경량 옵션은 코드를 읽을 사람들을 위해 포트 클래스에서 프로토콜을 문서화하는 것이다. 이 옵션은 적어도 한 곳을 통과하도록 통신을 중앙 집중화하고 주석comment으로 프로토콜을 문서화하는 자연스러운 장소를 제공한다.

프로퍼티(property). 아키텍처 모델에서는 여러 종류의 요소에 속성을 배치할 수 있다. 예를 들어 커넥터는 동기식 또는 비동기식일 수 있고, 모듈은 자바 5에 도입된 언어 기능에 의존할 수 있으며, 컴포넌트는 실행 시 50MB의 메모리가 필요할 수 있다.

이러한 속성을 표현하는 한 가지 방법은 자바나 C#과 같은 언어에서 작동하는 소스 코드에 애너테이션을 사용하는 것이다. 객체와 메서드를 포함하는 프로그래밍 언어의 첫 번째 클래스 요소에 애너테이션을 배치할 수 있다. 수정하는 아키텍처 요소가 많을수록 애너테이션을 배치할 수 있는 위치가 더 많아진다.

속성을 이름에 포함하는 방법은 모든 언어에서 작동한다(예: `asynchronousSendMessage`라는 메서드). 이 방법은 단일 메서드 이름에 여러 속성이 포함되어 다루기 어렵고 인터페이스 정의에서 메서드 이름을 제약할 때는 적절하지 않을 수 있다.

스타일과 패턴(style and pattern). 디자인 패턴 책[Gamma et al., 1995]에서는 패턴 어휘를 표준화하면 개발자가 더 효율적으로 의사소통할 수 있음을 언급한다. '비지터visitor'라는 이름을 포함한 코드는 비지터 디자인 패턴을 사용한다는 강력한 힌트다.

스타일은 일종의 패턴이므로 동일한 종류의 힌트를 사용하여 표시할 수 있다. 파이프와 필터pipe-and-filter나 클라이언트−서버client-server를 언급하는 코드를 읽는 개발자는 사용 중인 아키텍처 스타일에 관한 강력한 힌트를 받는다. 스타일에는 조각을 조합하는 방법에 관한 제약 조건이 있으며, 애너테이션을 사용하면 제약 조건이 충족되는지 확인하는 테스트나 분석을 코드로 작성할 수 있다.

파이프와 필터 같은 스타일 요소를 나타내는 슈퍼클래스나 인터페이스를 제공하여 힌트를 강화할 수 있다. 이러한 슈퍼클래스를 `intrastructure.pipeAndFilterStyle`과 같은 적절한 이름의 패키지에 배치하면 스타일 연결이 매우 명확해진다.

불변 사항과 제약 조건(invariant and constraint). 소스 코드가 불변 사항을 깬 영향이 지엽적으로 나타나지 않아 디버깅이 어렵다. 이러한 문제를 피하는 한 가지 방법은 불변 사항을 API에 녹여 넣는 것이다. 예를 들어, 해시 테이블 자료 구조에서 API는 키와 값을 동시에 추가하도록 요구해서 키에 매핑되는 값이 없는 상황을 방지할 수 있다. 그 반대의 경우도 마찬가지로 불변 사항을 유지한다. API를 사용하는 방법은 불변 사항이 지켜지도록 보장하지만 불변 사항을 보여주지는 않는다.

불변 사항을 보이게 하는 방법이 있다. 한 가지 옵션은 코드 주석comment이다. 하지만 코드를 읽는 사람들이 이를 읽지 않을 수 있고, 현재 상황과 맞지 않을 수 있으며, 불변 사항이 여러 객체에 걸쳐 있을 수 있어 지역적이므로 만족스럽지 않다. 개발자는 **assert()**문을 사용하여 코드에 불변 사항을 포함하거나 JML이나 Spec# 같은 제약 조건 모델링 언어를 사용할 수 있다. 불행히도 이러한 방법으로는 아키텍처 불변 사항의 표준인 객체에 걸쳐 있는 불변 사항을 표현하기 어려울 때가 많다.

프로그래밍 언어에는 정밀도가 필요하지만 일부 불변 사항은 정확하게 표현하기 어렵다. 예를 들어 파이프와 필터 시스템의 필터가 (일괄 처리를 하지 않고) 점진적으로 처리해야 한다는 제약 조건을 고려해보자. 이때 출력 포트를 여는 하나의 호출, 모든 데이터를 쓰는 하나의 호출, 포트를 닫는 하나의 호출을 피하고 싶다. 그러나 쓰기를 두 번 하면 충분히 점진적으로 처리되는가? 아니면 입력 포트에서 읽을 때마다 한 번씩 써야만 하는가? 여기서 문제는 '점진적'이라는 말의 정의가 약간 모호하다는 점이다. 하지만 여러분이 코드를 살펴보면 충분한지 아닌지 알게 될 것이다.

모듈 종속성(module dependency). 모듈 종속성은 팀에서 고려하는 일반적인 제약 조건이지만 프로그래밍 언어로는 표현하기 매우 어려울 수 있다. 대부분의 주류 언어에는 '모듈 A는 모듈 B에 의존해서는 안 된다'와 같은 종속성을 표현하는 좋은 메커니즘이 없다. 주석을 사용할 수 있지만 주석을 넣을 장소가 없을 때가 많다. 자바 7에는 모듈 종속성 표현을 포함하는 모듈 지원이 들어갈 예정이다. 현재는 종속성을 표현하고 확인하는 외부 도구가 존재한다 [Sutherland, 2008].

모듈 지원은 언어 외부에 있을 수 있다. 그러나 .NET에서는 코드를 다른 어셈블리[5]에 대한 종속성을 표현하는 어셈블리로 함께 묶을 수 있다[Fay, 2003]. 자바의 엔터프라이즈 자바빈즈는 웹 아카이브 파일에 유사하게 번들로 제공된다[Monson-Haefel, 2001].

모듈 액세스 제한(module access restriction)(가시성visibility**).** 모듈은 코드를 그룹화하고 캡슐화 경계를 적용하는 데 사용된다. 거의 모든 모듈 시스템(예: 자바 패키지)에서 콘텐츠를 공개하거나 비공개로 표시할 수 있지만 개발자는 비공개로 유지하려는 세부 정보를 공개해야 할 수도 있다. 예를 들어 이클립스Eclipse 프레임워크가 **InternalFoo**와 같은 패키지 이름을 지정하는 방식처럼 비공개 부분에 관한 힌트를 줄 목적으로 소프트 메커니즘을 사용할 수 있다. 스몰토크는 원래 퍼블릭이나 프라이빗 메서드를 강제하지 않았지만 프라이빗 메서드는 **Private**이라는 카테고리에 위치한다.

이와 같은 소프트 메커니즘은 개발자가 힌트의 의미를 알지만 우발적인 캡슐화 위반을 포착할 수 없을 때 잘 작동한다. 가시성을 강화하는 하드 메커니즘에는 가시성을 강화할 OSGi와 같은 프레임워크를 사용하여 아키텍처 상향 설계(2.8절 참조)를 하거나 자바 스펙 요구서(JSR)에 정의된 향상된 모듈 시스템을 사용하는 것이 포함된다.

모듈-컴포넌트 정렬(module-component alignment). 소스 코드에서는 모듈(즉, 코드 그룹)을 컴포넌트(즉, 런타임에 인스턴스화하려는 코드 그룹)와 정렬할 필요가 없다. 분산된 모듈의 코드, 즉 이 모듈의 코드 약간과 저 모듈의 코드 약간으로 구성되도록 컴포넌트를 정의할 수 있다. 그러나 일부가 아닌 전체 모듈로 컴포넌트를 구성하도록 모듈과 컴포넌트를 정렬하면 더 명확하다.

모듈 계층 구조를 제어할 수 있으므로 일반적으로 모듈 경계가 컴포넌트 경계와 일치하도록 모듈을 패키지화할 수 있다. 각 컴포넌트에 대한 하위 모듈을 포함하는 하나의 모듈(또는 패키지나 폴더)과 컴포넌트 간에 이동할 데이터 교환 타입을 포함하는 다른 모듈을 만들면 한 걸음 더 나아갈 수 있다. 이 패턴은 재사용된 모듈을 여러분이 선택한 모듈 계층 구조에 배치할 수 없어 지켜지지 못하기도 한다.

모듈을 런타임으로 매핑(module to runtime mapping). 런타임 시 어떤 컴포넌트 인스턴스가 존재하고 어떻게 연결되는지를 소스 코드를 읽어 파악하기는 어렵다. 아키텍처가 정적이라면

5　옮긴이_ 마이크로소프트의 공통 언어 기반(CLI)상에서 사용하는 컴파일된 코드 라이브러리다.

(즉, 설정 단계를 거친 다음 변경되지 않음) 설정을 수행하는 코드를 함께 배치하여 이해 작업을 더 쉽게 만들 수 있다. 설정은 일반적으로 컴포넌트와 커넥터의 인스턴스 생성, 커넥터를 통한 컴포넌트 연결, 처리 시작이라는 세 부분으로 구성된다. 일부 시스템은 간단하게 시작할 수 있지만 시작 시퀀스가 복잡한 시스템도 있으며, 이 동작이 분산되면 코드를 이해하기 어렵다.

설정 단계는 표준화할 수 있으므로 보통 상향 설계를 적용할 수 있다(2.8절 참고). 상향 설계를 사용하지 못할 때는 절차 코드가 실행되어 컴포넌트와 커넥터 인스턴스 집합이 생성된다. 그러나 상향 설계를 적용한 설정에서 부트스트랩 코드는 구성을 기술하는 선언 파일을 읽는다. 그런 다음 이에 따라 생성, 연결, 시작을 수행한다. 이렇게 하면 개발자가 더는 절차 코드를 머릿속에서 실행해볼 필요가 없고 선언 파일을 읽을 수 있으므로 시스템의 런타임 구성을 이해하는 작업을 크게 단순화할 수 있다. 상향 설계 개념을 설정할 수 있게 하는 프레임워크의 예로는 스트러츠Struts, EJB, OSGi/이클립스Eclipse가 있다.

그러나 모든 아키텍처가 정적이지는 않다. 음성 인터넷 프로토콜(VoIP) 애플리케이션은 컴퓨터가 참여했다가 떠나기 때문에 끊임없이 변화하는 노드 네트워크를 기반으로 한다. 이와 같은 동적 아키텍처에서 아키텍처 스타일을 이해하면 시스템의 런타임 구성을 이해하는 데 도움이 된다. 아키텍처 스타일을 활용해 컴퓨터가 연결할 수 있는 노드 수를 제한하거나 먼저 슈퍼노드supernode에 연결하도록 제한할 수 있다. '무엇이든 일어날 수 있다'고 생각하는 대신 아키텍처 스타일로 가능한 런타임 구성을 제한하는 방법을 파악할 수 있다.

동적 아키텍처를 더 잘 이해하려면 아키텍처의 동적인 내용 설명을 가능한 한 간단하게 만들 수 있다. 예를 들어, 더 복잡한 작업보다는 노드 추가/제거 및 노드 연결/연결 해제로 아키텍처 변경을 제한할 수 있다. 제약 조건 검사는 최대한 명확해야 한다. 단순화하면 아키텍처를 어떻게 변경할 수 있는지, 따라서 어떤 종류의 구성이 발생할 수 있는지를 이해하기가 수월해진다.

안티패턴(anti-pattern): 잘못된 보상. 다른 조언은 대부분 해야 할 일을 다루지만 이 조언은 피해야 할 일에 관한 것이다. 부적절한 곳에 이 보상을 숨겨 두면 다른 좋은 관행이 무너지기 쉽다. 책임 주도 설계responsibility-driven design에서는 설계에 포함된 요소에 책임을 할당하고, 이 요소가 담당하는 특정 작업을 수행하는 동안 다른 것을 다루지 않도록 해야 한다[Wirfs-Brock, Wilkerson and Wiener, 1990]. 예를 들어, 소스 코드를 읽는 개발자는 대부분 `getX()` 메서드에 부작용이 없고 `launchSpaceShuttle()`이라는 메서드가 이름에 걸맞는 작업을 수행한다고 가정한다. 코드를 읽는 사람에게 책임을 할당했다는 신호를 보내면 세부 사항에서 이를 따라야 한다.

결과적으로 코드를 읽은 사람이 무슨 일이 일어날지 보고 놀랄 것 같다면 미리 효과를 암시함으로써 당혹스러움을 피할 수 있다. 때로는 단순히 메서드 이름을 바꾸기만 해도 명확성을 얻을 수 있지만, 설계를 리팩터링해야 할 때도 있다.

컴포넌트 프레임워크 참고 사항(note on component frameworks). 앞의 패턴은 프로그래밍 언어에 직접 적용할 수 있지만, 코드를 구조화하는 구성 프레임워크를 사용해도 아키텍처 요소를 표현할 수 있다. 앞의 패턴이 아키텍처 요소를 소스 코드에 포함할 때 이러한 프레임워크는 클래스를 그룹화하고 일반적으로 매니페스트 파일manifest file에 설명된 별도의 언어를 사용하여 모듈로 패키징한다. 프레임워크는 시스템이 실행되는 동안 모듈을 관리할 수 있도록 런타임에 존재할 때가 많다.

예를 들어 OSGi 프레임워크는 번들(즉, 모듈), 서비스, 레지스트리, 번들 라이프 사이클, 보안, 표준화된 실행 환경을 정의한다[OSGi Alliance, 2009]. 번들은 각 파일의 목적을 설명하는 매니페스트 파일이 있는 단순한 JAR(Java ARchive) 파일이다. 매니페스트는 번들 이름, 버전, 필수 종속성과 제공된 종속성을 설명한다. 매니페스트 파일은 단순한 비표준 언어로 작성되므로 자바 소스 코드를 변경할 필요가 없다.

Microsoft .NET은 어셈블리를 사용하여 유사한 기능을 제공한다. 어셈블리의 매니페스트 파일은 어셈블리 이름, 버전, 소스 코드 파일 집합, 어셈블리의 필수 종속성과 제공된 종속성을 설명한다.

OSGi, .NET, Java EE(Java Enterprise Edition)과 유사한 컴포넌트 프레임워크를 사용한다면 이 장에서 설명하는 구조적으로 명확한 코딩 패턴을 많이 사용할 때 충돌할 수 있다. 어떤 면에서 매니페스트 파일의 선언적 특성은 패턴으로 제공되는 미묘한 힌트보다 개선되었으며, 프레임워크는 일반적으로 코드의 런타임 관리와 관련된 다른 이점을 제공하여 종종 시스템이 런타임에 새 모듈을 불러올 수 있도록 한다. 반면에 이러한 프레임워크는 구축할 수 있는 시스템의 종류를 제한하기도 한다. 예를 들어 Java EE는 N 계층 시스템을 잘 지원하지만 파이프와 필터나 P2P 스타일은 지원하지 않는다.

한계(limits). 여기에 있는 모든 조언을 따르더라도 코드에서 설계 의도가 누락될 수 있다. 이미 살펴봤듯이 불변 사항invariant은 표현하기 어려운데, 특히 많은 객체나 컴포넌트에 걸쳐 있을 때 그렇다. 아키텍처 결정도 분명히 드러나게 만들기 어렵다. 소스 코드에는 프로그램을 실행하는 데 필요한 모든 세부 사항이 있지만, 아키텍처에는 몇 가지 결정 사항만 커미트먼트로 포함했을 수 있다. 코드를 발전시킬 때 변경될 수 있는 부분에서 이러한 약속을 분리하기는 어렵다. 책임을 알리는 일도 어렵다. 코드 진화에는 일반적으로 새로운 기능 추가가 포함되며 개발자는 새 코드를 가장 잘 배치할 위치를 선택해야 한다.

10.8 이메일 처리 시스템 둘러보기

코드에서 아키텍처 모델을 표시하는 방법을 구체적인 예제로 살펴보면 유용하다. 따라서 이 절에서는 이메일을 처리하도록 설계한 시스템에 패턴을 적용한다. 시스템은 이메일을 읽고 요청을 이해한다고 충분히 확신할 때만 이메일 자체에 응답한다. 이메일을 이해하지 못하면 사람이 처리하도록 남겨둔다. 이와 같은 시스템은 배송 추적 번호 요청과 같이 반복적인 이메일을 많이 받는 회사에서 유용하다.

수신 이메일 처리는 [그림 10-7]과 같은 여러 처리 단계를 거친다. 첫 번째 단계는 원본 텍스트를 정리하는 것이다. 예를 들어 HTML과 기타 마크업을 제거하여 순수한 텍스트 메시지를 생성한다. 여기서 제목, 보낸 사람, 단락, 문장, 단어, 계좌 번호, 이름, 추적 번호를 나타내는 텍스트가 표시된다. 그런 다음 여러 특징 추출기(Feature Extract)가 메시지의 특징을 인식하도록 한다. 이러한 추출기는 계산 집약적일 수 있다. 마지막으로 특징 추출기의 결과를 결합하여 메시지를 이해하고 응답 이메일을 제공하거나 처리 불가 여부를 결정하는 분류기(Classify)에 전달한다. 이 시스템은 파이프와 필터pipe-and-filter 아키텍처 스타일(14.8절 참조)로 구현해서 전체 흐름과 특징 추출기의 병렬 처리를 가능하게 했다.

이 시스템은 순서도 구조로 하나의 큰 절차로 구현하거나 객체 지향 스타일로 구현할 수 있다. 대신 구조적으로 명확한 코딩 스타일을 사용하여 구현한다. 이 예제는 패키지를 구성하여 모듈 구조를 보여주고, 컴포넌트와 커넥터 타입을 표시하며, 코드를 읽는 사람이 시스템의 런타임 구조를 예상하는 데 도움이 되는 방법을 보여준다.

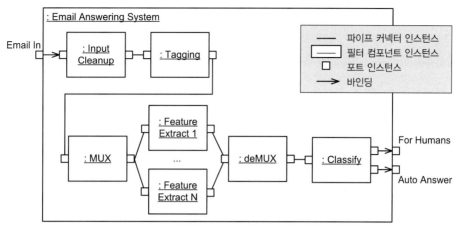

그림 10-7 이메일 응답 시스템용 컴포넌트 조립도. 이메일 수신 포트에서 이메일을 수락하고 분류한 다음 For Humans 포트나 Auto Answer 포트로 내보낸다

패키지 구조(package structure). 소스 코드 자체는 모듈 뷰타입에 있다. 간단히 볼 수 있으므로 어떤 코드가 있는지 발견하기가 어렵지 않다. 그러나 코드베이스가 커질수록 그 구조는 점점 더 중요해진다. 패키지와 모듈 세트를 구조화하여 아키텍처에 관한 힌트를 제공할 수 있다. [그림 10-8]은 이메일 시스템의 패키지 구조를 보여준다. 최상위 구조는 파이프와 필터 스타일과 관련된 공유 인프라가 무엇이며 특정 시스템이 무엇인지 명확히 한다. 시스템 내부에서 패키지 구성을 보고 개별 컴포넌트와 컴포넌트 간에 흐르는 데이터 타입을 쉽게 찾을 수 있다. 표시되지는 않았지만 세분화되어 시스템의 각 컴포넌트를 나타내는 컴포넌트 패키지를 찾을 수 있다.

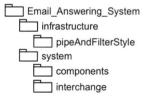

그림 10-8 이메일 응답 시스템의 패키지 구조. 모듈 구조가 디렉터리 구조에서 명확하도록 구성되었지만 모듈 종속성은 유추할 수 없다

패키지 구성은 아키텍처를 드러내는 데 도움이 되지만 한계가 있다. 컴포넌트에 대한 모든 코드를 단일 패키지에 함께 배치할 수는 있지만 일반적으로 실용적이지 않다. 예를 들어 Pipe 클

래스는 표준 자바 라이브러리의 java.util.concurrent 패키지에서 LinkedBlockingQueue 를 사용하므로 인프라 패키지에 직접 포함하는 대신 해당 패키지를 참조해야 한다. 코드 공유 가 많을수록 패키지 구조를 사용하여 컴포넌트를 구성하는 코드를 밝히기가 더 어려워진다.

또한 패키지 계층 구조는 종속성을 표시할 수 없으므로 java.util.concurrent 패키지의 종속성을 발견하려면 패키지의 소스 파일을 읽어야 한다. 또한 패키지 간에 원하는 제약 조건을 표현할 방법이 없다. 예를 들어, system.components 패키지가 system.interchange 패키지에 종속될 수 있지만 그 반대는 아니라고 표현하지 못하므로 코드를 발전시키는 개발자가 실수로 이러한 종속성을 추가할 수 있다.

보이는 컴포넌트 타입(visible component type). 이메일 처리 시스템의 일부 소스 코드는 시스템의 태그 지정이나 분류 컴포넌트 인스턴스와 같은 하나 이상의 컴포넌트 인스턴스로 런타임에 존재한다. 다른 코드는 사용할 함수로 존재하며(예: 통계 분석 패키지) 런타임 인스턴스가 없다. 소스 코드는 모듈(예: 통계 분석 패키지)뿐만 아니라 컴포넌트 타입(예: 태깅 컴포넌트)도 표시해야 한다.

[그림 10-9]는 Filter 클래스의 소스 코드다. Filter 클래스의 목적은 코드를 읽는 사람이 파이프와 필터 스타일을 사용하고 있음을 알도록 하는 것이다. TaggingFilter와 같이 다른 클래스의 이름에 'Filter'를 추가하는 옵션도 있지만, 명시적인 클래스를 사용하면 다른 이점이 있다. 최신 개발 환경(IDE)에는 대부분 클래스 계층 구조를 표시하는 기능이 있으므로 필터 클래스의 모든 하위 클래스 보기를 표시하여 정의한 모든 필터를 한눈에 볼 수 있다.

```
1 package infrastructure.pipeAndFilterStyle;
2 import infrastructure.Component;
3 /**
4 * 이 클래스는 하나 이상의 입력 포트에서 데이터를 읽고
5 * 하나 이상의 출력 포트에 데이터를 쓰는
6 * 골격에 해당하는 필터를 정의한다.
7 * 하위 클래스는 work() 메서드를 재정의해서 필터의 기능을 구현해야 한다.
8 */
9 abstract public class Filter extends Component implements Runnable {
10    /**
11    * run() 메서드는 스레드가 시작될 때 호출된다.
12    * 추상 메서드 work()가 종료되거나
13    * 스레드가 중단될 때까지 실행된다.
14    */
```

```
15    public void run() {
16          try {
17                  this.work();
18          } catch (Exception e) {
19                  System.exit(1);
20          }
21    }
22    /**
23     * 템플릿 메서드 --- 서브클래스를 구현해야 한다.
24     * 입력 포트에서 사용 가능한 데이터를 읽고
25     * 처리된 데이터를 출력 포트에 점진적으로 쓴다.
26     */
27    abstract protected void work() throws InterruptedException;
28 }
```

그림 10-9 필터 클래스의 소스 코드. 시스템의 모든 필터는 이 필터의 하위 클래스로, 하위 클래스가 완료할 템플릿 메서드 패턴을 설정한다

Filter 클래스는 Component 클래스의 하위 클래스다. 이는 컴포넌트를 정의하는 코드를 읽는 사람에게 주는 또 다른 힌트다. 아키텍처에 관한 이해, 특히 일부 코드가 컴포넌트를 구현하고 필터가 일종의 컴포넌트라는 점을 포함한다. Component 클래스에는 빈 구현이 있으므로 개발자에게 주는 힌트일 뿐이며 재사용할 수 있는 코드는 제공하지 않는다.

반대로 Filter 클래스는 코드를 제공한다. 필터를 슈퍼클래스로 사용하여 일부 아키텍처 상향 설계(2.8절 참조)를 수행하며 시스템에서 동시성 처리를 표준화하고 단순화한다. 각 필터는 자체 스레드에서 실행되며 입력을 점진적으로 처리한다. Filter 클래스가 템플릿 패턴을 설정하여 처리를 수행하려면 가상 work() 메서드를 구현하는 하위 클래스가 필요하다.

이상적으로 이 구현은 (단일 일괄 처리가 아니라) 점진적으로 필터를 처리한다는 제약 조건을 적용하지만 이 제약 조건을 적용하는 방법을 보기는 어렵다. 필터가 파이프를 통해서만 통신하도록 하면 도움이 될 수 있지만 코드에서 이 제약 조건을 표현하기는 어렵다. 제약 조건을 설명하는 주석comment을 작성할 수 있으며 Filter 클래스는 주석을 넣기 좋은 위치를 제공한다. 마지막으로 자바는 클래스가 단일 슈퍼클래스만 가지도록 한다. 이 시스템에서는 필터를 슈퍼클래스로 사용할 수 있었지만 다른 시스템에서는 불가능할 수도 있다. 다른 방법은 클래스가 많은 인터페이스를 구현할 수 있는 자바 인터페이스를 사용하는 것이다. 그러나 이렇게 하면 동시성 지원을 아키텍처에 포함하도록 상향 설계를 적용할 수는 없다.

보이는 커넥터 타입(visible connector type). 컴포넌트를 소스 코드에서 보기 어려울 때는 커넥터가 거의 보이지 않는다. 가장 일반적인 커넥터인 프로시저 호출은 가장 작은 객체 간에 전송되는 일반 메시지와 구별할 수 없다. 따라서 커넥터에 관한 힌트를 제공하는 일이 더 중요하다. 커넥터는 컴포넌트 간 통신을 표시하기 때문이다.

[그림 10-10]은 파이프 커넥터를 구현하는 소스 코드를 보여준다. 필터 컴포넌트와 유사하게 파이프는 빈 커넥터 클래스의 하위 클래스인 자체 클래스다. IDE를 사용하여 Connector의 모든 하위 클래스를 표시하면 시스템에서 사용할 수 있는 커넥터의 종류를 알 수 있다.

```
1 package infrastructure.pipeAndFilterStyle;
2 import infrastructure.Connector;
3 import java.util.concurrent.*;
4 /**
5 * Filter에서처럼 슈퍼클래스의 서브클래스로 만들지 않고 사용할 파이프를 구현한다.
6 * 데이터가 더는 없다면 파이프에서의 읽기가 차단된다.
7 * 파이프에 데이터를 쓰는 모듈은 다음을 위해 close()를 호출해야 한다.
8 * a) 파이프에 대한 향후 쓰기 방지
9 * b) 더는 데이터가 제공되지 않음을 파이프에서 데이터를 읽는 모듈에 알림
10 */
11 public final class Pipe<T> extends Connector {
12     private BlockingQueue<T> myPipe = new LinkedBlockingQueue<T>();
13     private boolean isClosed = false;
14
15     public T blockingRead() throws InterruptedException {
16             if (myPipe.isEmpty()) return null;
17             T t = myPipe.take();
18             return t;
19     }
20     public void blockingWrite(T t) throws InterruptedException {
21             if (isClosed()) throw new IllegalStateException();
22             myPipe.put(t);
23     }
24     public void close() throws InterruptedException {
25             this.isClosed = true;
26     }
27     public boolean isClosed() {
28             return isClosed ;
29     }
30     public boolean isClosedAndEmpty() {
31             if (isClosed() && myPipe.isEmpty()) return true;
```

```
32            else return false;
33        }
34    }
```

그림 10-10 Pipe 클래스의 소스 코드. Filter 클래스와 달리 하위 클래스가 아닌 파이프의 최종 구현을 제공한다. 모든 필터에서 사용할 수 있는 안전한 동시 대기열을 제공한다

추상 Filter 클래스와 달리 Pipe 클래스는 파이프의 구체적인 구현을 제공하며 하위 클래스로 설계되지 않았다. java.util.concurrent의 스레드 안전 BlockingQueue를 사용하여 메시지를 대기열에 넣고 뺀다. 필터가 다른 필터와 통신할 때 이 파이프 클래스를 독점적으로 사용하는 한, 필터는 대부분 동시성을 무시할 수 있고 문제가 발생하지 않는다. 이는 구조적으로 동시성 문제를 파이프와 필터 인프라 클래스에 끌어올리려는 의도(상향 설계)였다. 참고로 이 커넥터 구현은 보낸 메시지를 복제하지 않으므로 보낸 사람이 참조를 보유하고 보낸 후 메시지 객체를 변경한다면 수신자를 방해할 수 있다.

Pipe 클래스에는 읽기, 쓰기, 닫기로 구성된 간단한 API가 있다. 파이프가 닫힌 후 읽거나 쓰려 하면 클래스에서 예외가 발생한다. 프로토콜의 상태는 isClosed 불리언 필드에 명시적으로 표시된다. 시스템 소스 코드에는 명시적 컴포넌트와 커넥터가 있지만 명시적 포트는 생략되었다. 프로토콜이 더 복잡하거나 컴포넌트가 여러 컴포넌트에 대한 연결 상태를 추적해야 한다면 명시적 포트가 있는 편이 더 합리적일 것이다.

Pipe 클래스는 속성을 표시하여 한 가지 추가 힌트를 표시한다. 읽기와 쓰기 호출은 비동기식이 아니므로 읽을 준비가 된 메시지가 없거나 파이프가 가득 찼을 때 호출자가 차단할 수 있다. 따라서 메서드의 이름이 blockingRead와 blockingWrite다. 이 힌트는 호출의 동기적 특성인 하나의 속성만 강조하므로 잘 작동하지만 blockingFooBarBazRead와 같은 많은 속성을 표현하기에는 적절하지 않다.

쉬운 런타임 뷰타입 매핑(easy mapping to runtime viewtype). 지금까지 코드는 모듈 뷰타입의 요소(모듈, 컴포넌트 타입, 커넥터 타입)를 더 잘 보이게 하는 힌트를 제공했다. 9.6.4절에서 보았듯이, 시스템이 런타임에 코드를 보고 어떻게 동작할지 상상하기는 매우 어려울 수 있다. 소스 코드의 규칙을 따르면 모듈 뷰타입에서 런타임 뷰타입으로의 매핑을 더 쉽게 만들 수 있다.

[그림 10-11]은 시스템의 컴포넌트와 커넥터를 인스턴스화하는 소스 코드에서 발췌한 내용을

보여준다. 이 시스템에는 정적 컴포넌트 조립도가 있다. 즉, 프로그램이 실행될 때 컴포넌트와 커넥터의 구성이 변경되지 않는다(정적 및 동적 아키텍처에 관해서는 9.7절 참조). 모든 초기화와 설정 코드를 함께 배치하면 해당 코드를 읽는 개발자가 생성되는 인스턴스와 배열 방식을 직접 볼 수 있다.

```
1 ...
2 public static void main(String[] args) {
3     createPipes();
4     createFilters();
5     startFilters();
6     ...
7 }
8 protected static void createPipes() {
9     pipeCleanupToTagging = new Pipe<EmailMessage>();
10    pipeTaggingToMux = new Pipe<EmailMessage>();
11    ...
12 }
13 protected static void createFilters() {
14    filterCleanup = new InputCleanupFilter();
15    filterTagging = new TaggingFilter();
16    ...
17 }
18 protected static void startFilters() {
19    filterCleanup.run();
20    filterTagging.run();
21    ...
22 }
```

그림 10-11 임의의 소스 코드는 언제든지 새 컴포넌트 인스턴스를 만들고 재구성할 수 있지만 코드를 읽는 여러분이 런타임 구조를 상상하기는 어려울 것이다. 대신 여기에서 볼 수 있듯이 컴포넌트를 생성하는 코드를 함께 배치하고 컴포넌트를 유사한 위치에 배치하면 쉽게 사용할 수 있다

이는 동시성 문제를 상향 설계로 처리하는 예를 보여주지만 프로그램 자체가 컴포넌트와 커넥터의 인스턴스화를 제어한다. 구성 파일을 사용하여 인스턴스화해야 하는 서블릿을 선언하는 아파치 스트럿츠Apache Struts와 같은 시스템도 이 동시성 문제를 다룬다. 따라서 이 예제는 컴포넌트가 인스턴스화되거나 연결되는 유일한 장소임을 보장하지는 않는다.

예제 되돌아보기(reflection on example). 이 예제를 되돌아보면 코드가 아키텍처 모델의 개

념을 포함함을 알 수 있다. 모든 아키텍처 모델을 표현하지는 않으며 새로운 개발자가 의도한 제약 조건을 실수로 위반할 가능성이 여전히 있지만, 올바른 방향으로 안내하는 힌트도 많다. 예를 들어 코드는 파이프와 필터 아키텍처 스타일의 사용을 명확하게 표현한다. 이 스타일은 문제의 요구사항에 매우 적합하며 계산 집약적인 특징 추출 단계를 쉽게 병렬화할 수 있다.

동시성은 항상 까다로운 문제다. 이 코드는 문제를 한 번 해결하고 해당 해결책을 일관되게 적용하여 문제를 단순화한다. 필터는 스레드 안전$^{\text{thread-safe}}$ **6** 파이프로만 상호작용한다. 이 시스템에서는 스레드 수가 늘어나도 걱정이 커지지 않는다. 필터는 항상 입력에서 읽고 출력에 쓰도록 하는 스타일로 제한되며, 이 단순화는 많은 스레드 사용에 관해 추론할 수 있게 한다. 이 해결책을 수백 개의 스레드가 있지만 제약은 없는 시스템과 비교해보자. 이러한 시스템에서는 동시성 문제를 걱정할 수밖에 없다.

예제로 설명한 이메일 처리 시스템은 동시성 문제를 해결하려고 의식적으로 아키텍처 설계에 의존하므로 아키텍처 집중 설계(2.7절 참조)를 구현한다. 로컬에서 문제를 해결하지 않으며 스레드 안전성이 우발적으로 발생하지도 않는다. 동시성 문제를 단순한 설계가 아닌 인프라 패키지의 실제 실행 코드로 끌어올린다(아키텍처 상향 설계. 2.8절 참조). 실제로 이렇게 하면 필터 작업을 하는 개발자가 동시성에 관해 걱정하지 않고 필터 작업에만 집중할 수 있다.

10.9 마치며

아키텍처 모델은 종이에 그린 그림, 화이트보드 스케치, 개발자 간의 간단한 구두 의사소통을 포함한 다양한 형태를 취할 수 있지만 모델이 소스 코드와 일치하지 않으면 가치를 잃는다. 개발자는 (모델이 표현하는 것과 소스 코드가 표현하는 것 사이의) 모델 코드 차이를 극복해야 하는 과제에 직면한다. 가장 중요한 원인은 내포 요소$^{\text{intensional element}}$와 외연 요소$^{\text{external element}}$의 사용이 다르기 때문이다.

또한 모델과 코드의 어휘가 다르고, 서로 다른 추상화 수준에서 아이디어를 표현하며, 디자인 커미트먼트 수준이 서로 다르기 때문이기도 하다.

6　옮긴이_ 멀티 스레드 프로그래밍 시 여러 스레드에서 어떤 함수, 변수, 객체에 동시 접근해도 프로그램이 문제 없이 실행됨을 의미한다.

모델과 코드는 시간이 지나면서 달라지는 경향이 있으므로 차이가 존재한다는 사실을 인식하고 난 뒤에는 이를 관리해야 하는 문제에 직면한다. 팀은 다양한 전략을 따라 발산^{divergence}을 관리할 수 있으며 몇 가지 핵심 통찰력은 다음과 같다. 도구와 프로그래밍 언어 선택은 격차를 줄여 분산을 줄일 수 있고, 더 높은 세부 모델은 낮은 세부 모델보다 더 빠르게 발산되며, 프로젝트마다 발산 허용 오차가 다르다.

설계와 코드 사이를 전환하는 동안 설계 의도가 손실된다. 현재 개발자는 의도를 드러내는 이름을 사용하고 계약에 따라 설계 개념을 적용하는 등 코드에 힌트를 표현하여 설계 의도를 잃지 않는다. 코드 내 모델 원칙에서는 시스템의 코드에서 모델을 표현하면 이해력과 발전 가능성에 도움이 된다고 말한다. 개발자는 이미 도메인의 타입에 해당하는 클래스를 생성하여 작성한 코드에서 도메인에 관한 이해를 반영한다. 코드에서 도메인 모델을 분명하게 만드는 일은 해결책이 작동하는 데 꼭 필요하지는 않지만, 코드 이해를 돕고 향후 코드 변경을 더 쉽게 만들어준다. 개발자는 하드 메커니즘 및 소프트 메커니즘의 조합을 사용해서 모델을 전달한다.

구조적으로 명확한 코딩 스타일은 손실된 아키텍처 설계 의도의 양을 최소화하려고 한다. 코드에서 아키텍처 모델을 분명하게 만드는 일은 도메인 모델을 분명하게 만드는 일과 같은 이점이 있다. 아키텍처 모델은 개발자가 코드를 작성할 때 유지해야 하는 어려운 지식을 나타낸다. 이 장에서는 C++, 자바, C#과 같은 객체 지향 언어로 아키텍처 요소를 인코딩하는 데 사용할 수 있는 일련의 패턴을 제공했다.

이러한 패턴의 적용 여부를 판단하고 코드에서 표현할 아키텍처 모델을 선택해야 한다. 예를 들어, 이메일 처리 예제에서는 코드에 포트를 드러나게 하지 않았다. 장점이 별로 없는데도 불필요한 작업을 추가하기 때문이다. 하지만 통신에 사용되는 프로토콜이 복잡한 시스템에서는 포트가 이러한 프로토콜을 잘 표현하는 자연스러운 장소일 수 있다. 이러한 시스템을 설계할 때는 포트를 표현하는 일이 다소 중요해진다.

CHAPTER 11

캡슐화 및 파티셔닝

소프트웨어 개발자의 선택은 소프트웨어의 품질에 큰 영향을 미친다. 이 장에서는 개발자가 해야 할 가장 큰 선택인 소프트웨어를 작은 조각으로 분할하는 방법과 해당 조각에 대한 인터페이스의 모양에 관해 설명한다.

대부분의 시스템은 모듈이나 컴포넌트의 계층 구조로 구성된다. 이 계층 구조를 잘 구축하면 보는 사람에게 내용이 잘 전달되고 이해하기 쉽다. 이 장에서는 컴포넌트나 모듈을 분할하는 몇 가지 전략을 제공한다. 모든 인터페이스가 효과적으로 캡슐화되지는 않으며 인터페이스에 관한 설명은 단순한 오퍼레이션 시그너처operation signature 목록 이상이다. 이 장에서는 오퍼레이션의 동작을 이해하는 데 필요한 최소한의 추상화 집합을 설명하는 방법을 제공한다. 이 장의 주제는 분할과 캡슐화가 이해력과 밀접하게 연결된다는 점이다.

11.1 여러 수준의 스토리

대형 시스템에는 항상 상호작용하는 부분이 많다. 설계에 세심한 주의를 기울이지 않으면 이해하기 어렵다. 예를 들어 런던의 국립 과학 산업 박물관에 있는 오래된 기계를 보면 많은 부분이 복잡하게 서로 연결된 모습을 볼 수 있다. 이러한 기계를 오랫동안 쳐다보면 어떻게 작동하는지 이해할 수도 있지만, 쉬운 일은 아니다. 하지만 비슷한 기능을 하는 현대의 물건을 보면 더 잘 구조화되고 구성 요소가 캡슐화되었음을 알 수 있다.

오래된 기계와 새로운 기계 모두 잘 작동하므로 이는 기술적인 이점이 아니라 **인지적인**cognitive 이점이다. 시스템 자체는 우아하게 설계되었는지나 이해하기 어려운지를 신경 쓰지 않지만, 시스템을 만드는 개발자는 시스템 설계가 잘 되었기를 바란다. 개발자는 클래스, 모듈, 컴포넌트가 넘치는 바다에서보다는 체계적인 시스템에서 개발하기를 선호한다.

문제는 이해하기 쉬운 시스템을 어떻게 구축해야 하는가다. 일반적인 대답은 부품을 계층적으로 중첩nesting시켜 시스템을 구조화하라는 것이다. 그러나 계층적으로 중첩된 시스템이라도 여전히 이해하기 어려울 수 있으므로 이는 해결책의 일부일 뿐이다. 예를 들어, 시스템에 많은 컴포넌트가 있지만 한 수준의 중첩만 있으면 어떻게 될까? 아니면 모듈이 우연한 기능 그룹이라면 어떨까? 또는 모듈과 컴포넌트가 서로 밀접하게 연결되어 구현을 드러내는 캡슐화 경계가 좋지 않을 때는 어떠한가?

이해하기 쉽게 만들려면 **여러 수준에서 스토리**가 드러나도록 소프트웨어를 구성해야 한다. 각 중첩 수준은 해당 부분이 상호작용하는 방식에 관한 스토리를 제공한다. 이런 시스템에서는 시스템에 익숙하지 않은 개발자가 임의의 수준에서 시작해서 살펴보아도 휩쓸리지 않고 이해할 수 있다.

스토리 구성하기(structuring the story). 단순한 프로세스나 규칙 집합이 항상 이해하기 쉽고 여러 수준의 스토리를 전달하는 시스템을 만들어 내지는 않지만, 다음과 같이 올바른 방향으로 안내하는 일반적인 지침이 있다.

1 요소(주로 모듈, 컴포넌트, 환경 요소)를 계층적으로 중첩하여 추상화 수준을 만든다.
2 모든 수준에서 요소 수를 제한한다.
3 각 요소에 일관된 목적을 부여한다.
4 각 요소가 캡슐화되고 불필요한 내부 세부 정보가 드러나지 않는지 확인한다.

모든 중첩 수준에 이를 적용하면 개발자는 적절한 수의 요소를 보고 함께 작동하는 방식에 관한 스토리를 추론할 것이다. 예를 들어 인저 시스템 예제에서는 컴포넌트가 4개뿐이었다([그림 9-8] 참조). 개발자는 컴포넌트들이 어떻게 협업하는지 추론해서 문제를 해결할 수 있으며 제공된 시나리오를 사용하면 이를 훨씬 더 쉽게 할 수 있다. 이러한 각 컴포넌트에는 서브컴포넌트나 객체가 있을 것으로 예상해야 하지만 해당 컴포넌트나 객체도 이런 지침을 따른다면 해당 컴포넌트도 이해할 수 있다. 결과적으로 여러 수준으로 나뉜 스토리다.

여러 수준의 중첩을 유지하는 일은 관료적 부담bureaucratic burden이다. 시나리오에서 제공하는 스토리를 유지하여 얻는 인지적 이점도 있지만 이를 유지하는 유지 비용이 각 수준별로 요구된다. 각 프로젝트에서 자체적으로 인지적 이점과 유지 비용 사이의 균형을 맞추겠지만, 몇 가지 대략적인 휴리스틱이 존재한다.

특정 추상화 수준에서 합리적인 요소의 수는 5개에서 50개 사이이며 50개는 상당히 크다. 따라서 대부분의 컴포넌트를 5~50개의 서브컴포넌트(또는 클래스)로 구성해야 하며 대부분의 모듈에는 5~50개의 하위 모듈(또는 파일)이 있어야 한다. 요소의 수가 50개에 근접하면 리팩터링을 고려하여 개수를 다시 줄이도록 하자. 마찬가지로 요소가 거의 없을 때는 수준을 통합하여 '중간 관리를 제거'하는 리팩터링을 고려하자.

혜택과 어려움(benefit and difficulty). 아키텍처 모델을 사용하면 더 높은 추상화 수준에서 스토리를 전달할 수 있다. 첫 번째 프로그램을 작성했을 때 서브루틴의 발명으로 개발자는 메인 루틴과 서브루틴에 관한 스토리를 할 수 있었다. 마스터 작업은 각 서브루틴의 상세 내용을 읽지 않고도 추상 수준에서 이해할 수 있다. 모듈, 구조화된 프로그래밍, 객체 지향 프로그래밍의 발명은 점점 더 큰 코드베이스로 스토리를 전달할 수 있게 했다. 서브루틴 수준의 스토리는 여전히 존재했지만 각 모듈이 수행한 작업에 관한 스토리로 보강되었다. 소프트웨어 아키텍처의 개념을 활용해 더 큰 청크에 관한 스토리를 전달할 수 있다. 예를 들어 보안 방화벽 뒤에 계층이 하나 있는 3계층 시스템³⁻ᵗⁱᵉʳ ˢʸˢᵗᵉᵐ을 생각해볼 수 있다.

여러 수준의 스토리는 여러 이점을 제공한다. 첫째, 개발자는 **규모**에 더 잘 대처하고 거대한 시스템의 모듈, 컴포넌트, 환경 요소에 관해 추론할 수 있다. 이는 기존 시스템을 구성하여 인터넷 규모의 시스템을 구축하면서 점점 더 중요해지고 있다. 둘째, 개발자가 직면하는 복잡성이 줄어든다. 대형 시스템에는 동작하는 부분이 많지만, 여러 수준으로 나뉜 스토리는 주어진 순간에 이해해야 하는 **복잡성** 수준을 조절해 준다. 개발자는 서브컴포넌트를 블랙박스로 취급하고 현재 수준의 컴포넌트에 관해서만 추론해야 한다. 이렇게 하면 어느 수준이든지 '코드에 들어갈' 수 있다. 이러한 이점은 개발자의 시스템 유지 관리 능력에 도움이 되는데 이는 기술적이 아니라 인지적으로 도움이 된다고 할 수 있다.

그러나 비용이 약간 든다. 발전하는 시스템에서 스토리를 유지하려면 유지 관리가 필요하므로 여러 수준에서 스토리를 유지하는 작업은 원예ᵍᵃʳᵈᵉⁿⁱⁿᵍ와 비슷하다. 유지 비용뿐 아니라 이를 넘어서는 효과적인 캡슐화가 필요한데 이는 어렵고 한참 후에 효과를 알 수 있는 일종의 지연된 만족differed gratification이다.

11.2 계층 구조 및 분할

여러 수준에서 스토리를 만드는 일은 시스템을 구성하는 데 유익한 방법이다. 이는 시스템을 분리된 조각으로 나누는 **분할**partition 개념을 활용한다. 예를 들어, 우주선은 페이로드와 발사체로 분할할 수 있으며 소프트웨어는 클라이언트-서버로 분할할 수 있다. 전체 시스템과 구성 부분은 관련되어 있으며 때때로 **계층적 중첩**hierarchical nesting이나 **계층적 분해**hierarchical decomposition라고도 한다. 부분과 전체의 관계를 **분할** 관계라고 하며 13.2절에서 자세히 설명한다.

비계층적 시스템(non-hierarchical system). 분할이 유용하기는 하지만, 때로는 분할하려는 노력에 저항하는 문제를 마주하게 된다. 다른 방식으로 파티션을 나누려고 할 때마다 다른 문제를 일으키는 무언가를 발견하게 된다.

대니얼 드보르자크Daniel Dvorak은 이러한 문제의 예를 보여준다. 그는 서버실에서 하드 디스크를 사용할 때와 우주선에서 사용할 때를 비교한다[Dvorak, 2002]. 하드 디스크를 켜려면 항상 전원이 필요하고 열이 발생하며 하드 디스크 내부에 토크가 가해진다. 서버실에서는 이러한 효과를 무시하고 하드 디스크를 컴퓨터의 계층적으로 캡슐화된 부분으로 취급할 수 있다. 그러나 우주선에 동일한 하드 디스크를 배치할 때는 이러한 효과를 캡슐화할 수 없다. 하드 디스크가 다른 장치의 부족한 전력을 소모하고 우주선의 한 부분을 부적절하게 가열하며 우주선에 토크를 가해 경로를 변경해버릴 수 있다. 드보락의 요점은 모든 시스템을 (캡슐화된 블랙박스로 취급하는 서브컴포넌트를 사용하여) 계층적으로 분해할 수는 없다는 점이다.

우주선 문제를 보면 계층 구조의 아이디어가 얼마나 강력한지 쉽게 이해할 수 있다. 계층적 중첩은 매우 효과적이라서 자연 시스템이든 엔지니어링 시스템이든 거의 모든 시스템에서 이를 사용한다.

하향식 설계(top-down design). 시스템의 부품이 계층적으로 중첩된다고 해서 하향식 프로세스에 따라 구성해야 한다는 의미는 아니다. 계층적 분해에 관해 듣고서 본능적으로 그렇게 생각할 수 있지만, 설계를 하향식으로 진행하는 일은 거의 없다. 내부 모델이 경계 모델보다 더 상세하다고 해서 먼저 구현할 수 없다는 의미는 아니다. 많은 다른 프로세스가 계층적으로 중첩된 컴포넌트와 모듈 집합으로 구성된다.

하향식 설계로 시작하더라도 파헤쳐 보면 이전 설계 결정을 수정해야 하는 세부 사항을 찾을 수 있다. 일반적으로는 하향식과 상향식을 함께 사용하여 작업하고 설계를 조정한다. 하향식 설계는 5.6절에서 논의한 아키텍처 안티패턴이다.

지배적인 분해(dominant decomposition). 사람마다 책장에 책을 정리하는 방법이 다르다. 누군가는 관련 서적을 옆에서 바로 찾아볼 수 있도록 책을 주제별로 모아둔다. 다른 누군가는 공간을 효율적으로 사용하려고 책을 크기별로 정리한다. 문제는 시스템이 한 가지 방법을 사용하도록 선택해야 한다는 점이다. 책은 주제, 색상, 크기, 저자 등을 기준으로 정리할 수 있지만 단일 관심사가 **지배적 분해**dominant decomposition가 된다.

결과적으로, 주된 관심사와 관련된 문제는 해결하기 더 쉽고 다른 관심사와 관련된 문제는 해결하기 더 어려울 것이다. 예를 들어 책을 크기별로 정리하면 가장 큰 책은 찾기 쉽지만 특정 작가의 책은 찾기가 어렵다. 한 가지 관심사가 다른 관심사를 지배하는 문제를 '지배적 분해의 폭정tyranny of the dominant decomposition'이라고 한다[Tarr et al., 1999].

시스템을 모듈과 컴포넌트로 분해하면 사서가 도서관에서 하는 것처럼 시스템에 조직이 구성된다. 대부분의 시스템은 기능을 주된 관심사로 선택하지만 다른 관심사가 우세한 시스템도 있다. 모듈이나 컴포넌트를 더 작은 조각으로 분해하는 전략을 의식적으로 생각해본 적이 없을 수도 있다. 다음 절에서는 사용 가능한 전략을 의식적으로 인식하고 문제에 가장 적합한 전략을 선택하는 방법을 살펴보자.

11.3 분해 전략

프로젝트가 끝나면 내부 구조가 있는 모듈과 컴포넌트를 만들게 된다. 이는 다른 모듈과 컴포넌트, 그리고 결국 객체로 구성될 것이다. 그러나 이러한 세분화와 내부 구조는 어떻게 결정하는가? 대부분의 개발자는 정해진 전략을 따르지 않고 직관에 의존한다고 말한다. 숙련된 개발자의 전략을 연구하면 진행 속도를 높이고 일반적으로 설계의 품질을 높일 수 있다.

프레임워크가 설계 선택을 강요하거나 회사 스타일 지침에서 특정 설계를 요구할 때는 분해를 수행하는 데 선택의 여지가 거의 없다. 하지만 상대적으로 선택을 제한하지 않는 상황도 있다. 다음 예제는 인저 시스템을 예로 들어 다양한 전략을 설명한다. 지금부터 다룰 분해 전략은 [그림 11-1]에 요약해두었다.

분해 전략	요소
기능	관련 기능의 덩어리
아키타입	도메인의 두드러진 타입
아키텍처 스타일	스타일로 이름 붙여진 요소의 집합
속성 주도 설계(ADD)	테이블에 설명된 전술
포트	각 포트에 해당하는 요소
직교 추상화	다른 영역의 요소(예: 수학, 그래프 이론)
직소 퍼즐	기존 요소와 새로운 요소를 접착제로 사용

그림 11-1 컴포넌트와 모듈에 대한 분해 전략 요약. 하향식으로 설계를 진행하는 일은 거의 없으며 내부 모델이 경계 모델보다 더 상세하다고 해서 먼저 구현할 수 없다는 의미는 아니다

11.3.1 기능

기능을 기반으로 시스템을 분해하는 전략이 아마도 가장 확실할 것이다. 필요한 기능 목록을 작성하고 관련 기능을 함께 모으자. 인저 시스템에서 기능을 컴포넌트로 묶을 때 다음 두 가지 옵션을 고려할 수 있다.

1 웹사이트, 데이터베이스, 이메일, 비즈니스 네트워킹, 구인 광고
2 회원 운영, 비회원 운영

두 가지 분해 방법이 모두 합리적으로 보이지만 서로 다른 설계 문제를 낳는다. 첫 번째 옵션은 인프라를 웹사이트, 데이터베이스, 이메일이라는 세 가지 컴포넌트로 통합한다. 이는 비즈니스 네트워킹과 구인 광고 컴포넌트에서 이러한 컴포넌트를 공유함을 의미한다. 두 번째 옵션은 회원 또는 비회원 운영이 인프라 기능과 교차하기 때문에 컴포넌트 공유를 더 어렵게 만든다. 아마도 회원 운영Member Operation과 비회원 운영Non-Member Operation 모두 서브컴포넌트로 더 분해될 것이다.

주요 관심사로 기능을 선택하는 전략은 극단적인 상황을 제외하고 일반적으로 필요한 품질 속성을 달성할 수 있게 한다. 인저 시스템의 최우선 순위가 규모확장성scalability이라고 상상해보자. 논란의 여지가 있을 수 있지만, 두 번째 분해 전략은 단일 데이터베이스를 재사용하지 않음으로써 더 쉬운 확장성을 제공하여 요구하는 규모확장성을 더 잘 지원한다고 할 수 있다.

11.3.2 아키타입

얀 보쉬Jan Bosch가 말한 아키타입archetype[Bosch, 2000]이나 존 치즈먼John Cheesman과 존 대니얼스John Daniels가 말한 **핵심 타입**core type[Cheesman and Daniels, 2000]을 파악하면 책임 할당에 도움이 된다. 아키타입/핵심 타입은 연락처, 광고, 사용자, 이메일과 같은 도메인의 두드러진 타입이다. 이는 원래 [그림 9-8]에서 사용한 분해 전략이다.

아키타입의 특징은 독립적으로 존재하며 다른 타입과의 필수 연관성이 거의 없다는 점이다. 그렇다면 직무 일치(`Job Match`)(사람과 직업을 연결하기)의 개념이 아키타입이 될 수 있는가? 이는 시스템에 오래 유지되지 않고 광고에 크게 의존하므로 아마도 그렇지 않을 것이다.

기능적 분해와 마찬가지로 아키타입은 극단적인 상황을 제외하고 일반적으로 필요한 품질 속성을 달성하는 데 도움이 된다.

11.3.3 아키텍처 스타일

시스템의 분해된 컴포넌트가 아키텍처 스타일에 정의된 요소가 되도록 할 수 있다. 파이프와 필터 스타일의 시스템에는 각각 시스템에 적합하게 특수화된 필터 및 커넥터(파이프 역할) 컴포넌트가 있다. 10.3절에서는 해당 스타일이 이메일에 응답하는 시스템을 구축하는 데 사용되는 파이프와 필터 시스템의 예를 보여준다.

일반적으로 처음에는 아키텍처 스타일을 기반으로 시스템을 분해한 다음 다른 스타일을 사용하여 해당 컴포넌트 중 하나를 분해한다. 예를 들어, 사용자 인터페이스 계층, 비즈니스 논리 계층, 지속성 계층이 있는 3계층 스타일을 사용하여 인저 시스템을 구축할 수 있다. 비즈니스 논리 계층은 광고(`Job Ad`)와 비즈니스 네트워킹(`Business Networking`) 서브컴포넌트를 사용하여 기능에 따라 분해할 수 있다.

아키텍처 스타일을 주요 관심사로 선택하면 목표 품질 속성을 달성하는 데 매우 효과적이다. 각 스타일에는 파이프와 필터 스타일의 수정가능성과 같이 촉진하는 품질이 알려져 있기 때문이다.

11.3.4 품질 속성 및 속성 주도 설계(ADD)

일반적으로 소형 시스템은 기능에 집중하고 대형 시스템은 품질 속성 달성에 더 많은 주의를 기울여야 한다. 시스템이 클수록 서브컴포넌트의 품질 속성 요구사항이 엄격할 가능성이 높다. 소프트웨어 공학 연구소의 속성 주도 설계Attribute-driven design(ADD) 프로세스는 품질 속성을 사용하여 모듈의 재귀적 설계를 추진하는 방법을 설명한다[Bass, Clements and Kazman, 2003]. [그림 11-2]는 속성 주도 설계(ADD) 프로세스의 절차를 보여준다. 이 프로세스는 모듈에 대해 정의되었지만 컴포넌트에 간단히 적용 가능하다.

---

1. 분해할 모듈 선택
2. 모듈 수정
   a) 아키텍처 드라이버 선택
   b) 적절한 아키텍처 패턴 선택 또는 발명
   c) 모듈 생성 및 책임 할당
   d) 모듈 인터페이스 정의
   e) 기능 시나리오 및 품질 속성 시나리오확인
3. 모든 모듈에 대해 반복

그림 11-2 품질 속성 드라이버를 다루는 전술을 안내하는 소프트웨어 엔지니어링 연구소(SEI)의 속성 주도 설계 프로세스 개요

속성 주도 설계(ADD)의 핵심 아이디어는 먼저 품질 속성 시나리오로 표현되는 이 컴포넌트에 가장 중요한 품질 속성을 결정한 다음 이러한 품질을 달성하는 데 적합한 패턴이나 설계를 선택하는 것이다. 속성 주도 설계(ADD)에 사용되는 패턴에는 개발자가 알고 있는 아키텍처 스타일, 디자인 패턴, 도메인별 패턴이 포함될 수 있다.

속성 주도 설계(ADD)가 아키텍처 스타일에 기반한 단순 분해와 중요하게 차이나는 부분은 품질 속성을 **전술**tactic에 매핑하는 테이블에 의존한다는 점이다. 3.4절에서 전술을 간략하게 언급했는데, 디자인 패턴보다 크고 아키텍처 스타일보다 작은 일종의 패턴으로 설명한다. 전술의 예로는 핑/에코ping/echo, 활성 다중화active redundancy, 런타임 등록runtime registration, 사용자 인증authenticate user, 침입 탐지intrusion detection가 있다[Bass, Clements and Kazman, 2003]. 전술표는 품질 속성에서 몇 가지 일반 전술general tactic로 매핑된 다음 몇 가지 특수 전술specialized tactic로 매핑된다. 개발자는 이 표를 사용하여 찾아낸 아키텍처 드라이버를 활성화하는 적절한 전술을 선택할 수 있다.

11.3.5 포트

모든 컴포넌트에는 다른 컴포넌트와 통신하는 데 사용하는 포트가 있다. 각 포트는 기능이나 책임의 고유한 그룹을 나타내므로 해당 포트의 상호작용을 처리하거나 다른 컴포넌트에 대한 중재자 역할을 하는 컴포넌트를 제공하는 것이 합리적일 수 있다[Gamma et al., 1995]. 각 포트에 해당하는 컴포넌트를 만들어도 해결책이 완전해지지는 않으므로 개발자는 다른 컴포넌트를 추가해야 한다.

인저 시스템 예제에서는 비회원(Non-Member), 연락처(Contacts), 구직/광고(Job/Ads), SMTP 클라이언트(SMTP Client)라는 4개 포트 각각에 해당하는 컴포넌트를 만들 수 있다. 이는 보안 우려 때문에 회원과 비회원의 액세스를 분리하려 할 때 도움이 된다. 또는 무료 및 유료 사용자와 같은 다양한 타입의 사용자에게 다양한 서비스 수준을 제공하는 데 도움이 될 수 있다.

11.3.6 직교 추상화

강력하지만 자주 간과하는 전략은 컴포넌트의 책임을 알고리즘 형식주의가 도움이 될 수 있는 도메인과 같은 다른 도메인으로 다시 변환하는 것이다[D'Souza and Wills, 1998; Bosch, 2000]. 예를 들어, 작업 주문을 처리하는 시스템은 종속성의 방향성 그래프로 변형해서 메이크^{MAKE} 프로그램과 같은 컴포넌트로 처리할 수 있다. 또한 컴퓨터 그래픽 작업은 계산 속도가 훨씬 더 빠른 행렬 연산 작업으로 변환할 수 있다. 틀림없이 맵리듀스$^{map-reduce}$ 아키텍처 스타일(14.14절 참조)에서는 데이터 처리 문제를 특정 분산 컴퓨팅 추상화로 변환한다.

일부 도메인에는 해당 분야의 전문가가 고안한 안정적인 추상화 집합이 있다(예: 컴파일러, 데이터베이스의 도메인). 이러한 도메인에서는 해당 도메인별 지식을 활용하고 추상화를 시스템을 분해하는 기반으로 사용하는 것을 고려해보자. 추상화는 도메인의 피상적인 조사에서 분명하지 않은 기본 진실을 드러내거나 추상화를 사용하여 더 높은 성능을 구현할 수 있게 한다.

이 전략을 적절히 적용하면 큰 승리를 얻을 수 있다. 그러나 이를 적용하려면 현재 도메인을 더 완벽하게 조사된 다른 도메인과 연결하는 통찰력이 필요하다. 인저 시스템 예에서는 여기서 말하는 직교 추상화와 명백한 연결이 없거나 통찰력이 올바르게 발휘될 부분을 찾지 못했다.

11.3.7 직소 퍼즐

때로는 여러 서브컴포넌트가 이미 존재하고 이를 재사용하려는 욕구가 설계를 주도한다. 관계형 데이터베이스, 기존 공급 업체 컴포넌트, 다시 패키징할 수 있는 이전 프로젝트의 일부 코드가 있을 수 있다. 이러한 조각을 조합하여 필요한 기능과 품질을 부분적으로 다루고 커넥터나 어댑터 형태로 새 코드를 추가하여 작업을 완료할 수 있다. 이런 종류의 설계는 각기 다른 세트에서 나온 조각들로 이뤄진 퍼즐을 조립하는 일과 같다.

11.3.8 분해 선택

대부분의 시스템에서는 어떤 분해를 선택해도 괜찮지만 품질 속성 요구사항에 적합한 분해를 선택하면 작업이 더 쉬워진다. 아키텍처 스타일과 속성 주도 설계(ADD) 접근 방식은 품질 속성 요구사항과 가장 직접적으로 연결된다.

이러한 접근 방식을 되돌아보면 패턴이 나타남을 알 수 있다. 이러한 접근 방식 중 일부는 품질 속성, 기능, 아키텍처 스타일, 포트와 같은 아키텍처 요소를 선택하여 주요 관심사로 만든다. 때로는 문제 도메인에서 직교 추상화를 선택하는 것이 가장 좋고, 때로는 기존 상용 기성품(COTS) 컴포넌트가 내부 설계를 주도할 만큼 강력한 재사용 후보가 된다.

11.4 효과적인 캡슐화

캡슐화는 분해와 밀접한 관련이 있다. 분해가 문제를 더 작은 문제로 나눠야 한다고 주장하지만 **캡슐화**encapsulation는 더 작은 문제의 해결책을 부분적으로 숨겨야 한다고 말한다. 토스터를 사용할 때는 발열체가 금속인지 세라믹인지 상관하지 않고 설정에 맞게 토스트가 만들어지는지만 보면 된다. 토스터를 사용하는 사람이 금속이나 세라믹 발열체에 필요한 전압을 알아야 한다면 구현 선택 사항을 캡슐화하지 못했다고 간주할 수 있다. 안타깝게도 제대로 캡슐화되지 않은 부분이 있는 프로그램은 매우 일반적이다.

모듈이나 컴포넌트의 효과적인 API는 구현 세부 정보를 숨기고 사용자에게 각 API가 수행하는 작업에 관한 간단한 이해를 제공해야 한다. sort() 작업을 포함하는 컬렉션이 있다고 가정해보자. 컬렉션이 데이터를 보관하는 데 사용하는 자료 구조나 정렬에 사용하는 알고리즘을 모르더라도 컬렉션이 정렬되지 않은 요소로 구성되었을 때 이를 정렬해주는 sort() 작업이 제공됨을 알 수 있다. 효과적인 캡슐화는 구현 세부 정보를 숨기고 사용자의 API 이해도를 높인다.

인지 부담 감소(cognitive burden reduction). 캡슐화는 복잡성을 줄이므로 아키텍처는 캡슐화가 필요하다. 예를 들어, 라디오가 신호를 튜닝하고 명확하게 전달하는 데는 많은 어려운 작업이 필요하지만, 사용자는 켜기/끄기/채널 선택 기능만 이해하면 된다. 구형 광석 라디오^{crystal} radio처럼 복잡한 인터페이스를 배워도 되지만 그 시간에 다른 것을 배우면 더 효과적일 수 있다.

시스템의 복잡성과 규모가 커질수록 캡슐화가 더 유용해진다. 인터페이스를 이해하는 한 내부를 이해할 필요가 없는 블랙박스로 부품을 처리할 수 있다. 캡슐화는 시간을 절약하고 정신적인 에너지를 보존하지만, 캡슐화가 효과적으로 동작하는 상황에만 그렇다.

캡슐화 실패(encapsulation failure). 저자가 회사에서 근무할 때 근무 시간표 프로세스가 변경된 적이 있다. 변경 전에는 휴가를 사용할 때만 근무 시간표를 제출했다. 하지만 회계 부서의 요청에 따라 매주 정규 근무, 휴가, 공휴일 등 다양한 계정에 시간을 배정하는 양식을 채워 제출하도록 프로세스가 변경되었다. 양식을 작성하는 방법에 관한 교육을 한 시간 동안 받았다. 휴가를 갈 때마다 여러 계좌에서 인출하고 입금하는 방법에 관한 지침을 다시 읽어야 할 정도로 아주 복잡했다.

이는 모든 캡슐화가 효과적이지는 않다는 교훈을 준다. 회계 부서는 소프트웨어 개발자가 회계사의 작업을 수행할 필요도 없고 계정 액세스 권한도 없었으므로 캡슐화된 시스템을 설계했다. 그러나 인터페이스가 감추었어야 할 추상화가 드러났기 때문에 캡슐화가 비효율적이었다. 회계사가 사용하는 추상화(예: 계정의 차변 및 대변)를 노출하여 모든 직원을 희생시키면서 회계사의 작업을 더 쉽게 만들었다. 이는 아마도 과거에 사용했던 이해하기 힘들었을 API와 비슷해보일 것이다. API를 제공하는 모듈 개발자의 입장에서는 이렇게 하는 것이 쉽다. 하지만 API 사용자 입장에서는 불필요한 내용과 세부 사항이 많이 보여 다루기 어렵다고 판단할 수 있다. 이때는 API를 통한 분리가 충분히 두텁치 못하다고 볼 수 있다.

회계 예제는 캡슐화가 '적용'과 '미적용'의 이분법적 접근이 아니므로 컴포넌트의 캡슐화 여부만으로는 도움이 되지 않음을 알려준다. 대신 **효과적인 캡슐화**와 잘못된 캡슐화를 구분해야 한다. 인터페이스가 일부 세부 정보를 숨길 수 있지만 여러분이 숨기려는 세부 정보가 맞는가? 숨기고 싶은 정보가 있다면 인터페이스가 가능한 한 작은가? 이와 같은 질문이 필요하다. 효과적인 캡슐화는 유익하지만 올바른 판단이 필요하다.

파나스 모듈(Parnas module).[1] 사고 실험으로 모듈 내부의 자료 구조에 대한 게터[getter]와 세터[setter] 같은 간단한 모듈의 오퍼레이션을 상상해보자. 어떤 의미에서 인터페이스는 캡슐화되지만 설계 비밀이나 선택 사항을 숨기는 데는 비효율적이다. 사용자를 방해하지 않고 내부 자료 구조나 알고리즘을 변경하기가 매우 어렵다.

1972년 데이비드 파나스[David Parnas]는 효과적인 캡슐화를 나타내는 안정적인 모듈을 만드는 방법에 관한 논문을 썼다[Parnas, 2001]. 이 접근 방식의 핵심은 변경될 가능성이 있는 세부 정보를 모듈 내부에 숨겨서 이러한 세부 정보이 변경 사항이 모듈의 인터페이스에 영향을 미치지 않도록 해야 한다는 것이다. A와 B라는 두 가지 설계 대안을 고려한다고 가정해보자. 파나스는 두 대안을 동일한 API로 구현할 수 있도록 모듈과 인터페이스를 설계하도록 제안한다. A와 B 중 어느 설계를 사용했는지에 관계없이 설계 비밀을 숨긴다. 사용자에게 영향을 미치지 않고 다른 설계로 전환할 수 있도록 이 비밀을 인터페이스 뒤에 캡슐화해야 한다.

파나스 모듈은 관련 코드를 그룹화하는 목적이 아니라 결합을 최소화하려고 비밀을 숨긴다. 그러나 실제로 이 조언을 따르는 시스템은 많지 않다. 3계층 시스템에서 사용자 인터페이스(UI)와 데이터베이스에 나타나는 항목(예: 주문, 고객)에 새 속성을 추가할 때 모듈을 몇 개 변경해야 하는가? 파나스 모듈을 만드는 대신 관련성, 아키텍처 스타일, 작성자, 배포 요구사항과 같은 다른 기준을 코드를 모듈화하는 데 사용한다.

판단과 리스크(judgement and risk). 효과적인 캡슐화는 달성하기 어렵다. 다른 목표를 달성하려고 파나스의 조언을 위반할 때가 많으며 시간 기록 시스템을 설계한 회계사는 시스템을 효과적으로 캡슐화했다고 생각했다. 그렇다면 어떻게 캡슐화를 효과적으로 할 수 있는가?

이상적으로는 모든 모듈과 컴포넌트에 잘 캡슐화된 인터페이스를 만들고 싶지만 좋은 API를 구축하려는 노력은 비용이 많이 든다. 모듈을 구축한 팀에서만 사용하는 API도 있지만, 일부 API는 모듈의 외부 사용자가 사용한다. 이런 외부 API는 실수했을 때의 리스크가 더 크므로 더 많은 노력을 기울이게 된다. 이 외부 API 사용자는 구현 세부 정보에 의존하거나 API 작동 방식을 이해하기 어려울 수 있기 때문이다.

---

1 옮긴이_ 데이비드 파나스가 주장한 모듈 설계 기법(modular design technique)을 말한다. *https://en.wikipedia.org/wiki/David_Parnas*

아키텍처를 선택하는 일은 시스템을 특정 방식으로 분할하는 것이다. 이에 따라, 어떤 기능은 외부에 보이게 하고 또 다른 상세 구현 세부 정보는 숨기게 된다. 이때, 이 상세 구현 세부 정보를 캡슐화하게 되는 것이다. 예를 들어 모듈이나 컴포넌트를 다른 시스템으로 이동할 가능성이 있다면 커넥터가 로컬에서의 연결과 원격 연결을 지원하도록 API를 설계할 수 있다. 다른 팀의 개발자가 시스템에 컴포넌트를 추가할 가능성이 있다면 이들을 위한 플러그인plug-in API를 아키텍처로 선택할 수 있다.

효과적으로 캡슐화하려면 여러분과 다른 사람들이 앞으로 모듈을 어떻게 사용할지 예상하고 계속 열어 둘 구현 옵션을 고려해야 한다. 이러한 예측을 하기는 어렵고 오류가 발생하기 쉬우며 비용이 많이 든다. 옵션을 열어 두려면 노력이 필요하고 일반적으로 설계가 복잡해진다.

여기서도 리스크를 사용하여 아키텍처를 추진한다는 아이디어를 적용할 수 있다. 때로는 자료 구조를 노출하거나 게시된 윈도우 API와 같이 사용하기 어려운 API를 사용하면 큰 리스크가 될 수 있다. 반면에 일부 모듈 API가 비효율적인 캡슐화로 끝나더라도, 사용자가 직접 사용하지 않거나 리팩터링이 저렴한 API라면 괜찮을 수 있다. 다음 절에서는 캡슐화된 API를 만드는 데 드는 비용이 상당한 프로세스를 설명하므로 판단 리스크 추정을 사용하여 노력할 가치가 있는 시기를 결정해야 한다.

11.5 캡슐화된 인터페이스 구축

캡슐화를 하려면 모듈이나 컴포넌트의 경계나 인터페이스를 내부와 별도로 설명해야 한다. 이 절에서는 추상 자료형의 개념을 기반으로 컴포넌트 인터페이스를 만드는 방법을 설명한다. 먼저 스택의 추상 자료형이 작동하는 방식을 설명한 다음, 이 아이디어를 컴포넌트로 확장한다.

11.5.1 스택 추상 자료형

사람들이 추상 자료형abstract data type (ADT) 관련 예를 들 때 일반적으로 스택stack을 사용한다. 실생활에서 볼 수 있는 스택의 사례로 흔히 구내식당에 있는 스프링이 달린 '접시 보관기'를 이야기한다. 하지만 어떤 사람은 이 접시 보관기를 본 적이 없을 수도 있다. 스택은 중간이나 하단이 아닌 상단에서만 접근할 수 있는 간단한 자료형이다. 항목을 스택 맨 위로 푸시(push)하거나 스택 맨 위에서 항목을 팝(pop)해서 가져올 수 있다. 때로는 항목을 제거하지 않고 맨 위에 있는 항목을 들여다보는 픽(peek) 오퍼레이션도 있다.

추상 자료형(ADT)에는 두 가지 유용한 이점이 있다. 첫 번째는 구체적인 소스 코드 구현 대신 추상 자료형(ADT)에만 의존하는 알고리즘을 발명하고 분석할 수 있다는 점이다. 이렇게 하면 특정 구현에 의존하지 않고 알고리즘이 $O(log\ n)$ 시간에 실행됨을 보여줄 수 있다. 대부분의 개발자는 새로운 알고리즘을 발명하거나 분석하지 않지만 두 번째 이점인 캡슐화를 사용한다. 캡슐화는 개발자가 메커니즘을 사용하기 위한 인터페이스를 공개하지만 이를 구현하는 내부를 숨기는 아이디어다.

인터페이스를 지정하는 간단한 방법은 메서드에 대한 메서드 시그너처^{method signature}를 제공하는 것이다. 푸시와 팝에 대한 시그너처는 다음과 같다.

```
void push(Object o)
Object pop()
```

이와 같은 시그너처를 사용하면 매개변수로 전달해야 하는 항목과 반환값으로 반환되는 항목을 쉽게 확인할 수 있다. 놀랍게도 스택 자체의 상세 내용이 숨겨졌다. 이전에 스택 추상 자료형(ADT)을 본 적이 있으니 여기서 수행하는 오퍼레이션을 추론할 수 있지만, 이것이 새로운 추상 자료형(ADT)이라면 작동 방식을 이해하지 못할 것이다.

사전 조건^{pre-condition}과 사후 조건^{post-condition} 사양을 제공하여 이러한 시그너처를 더 명확하게 만들 수 있다. 사전 조건은 메서드를 성공적으로 완료하려면 참이어야 하는 사항을 명시한다. 사후 조건은 메서드 완료 시 참이 되는 사항을 나타낸다. 다음은 시그너처를 확장하여 작업 사양을 생성하는 방법의 예다.

```
void push(Object o)
```

- **사전 조건**: 스택이 가득 차지 않음
- **사후 조건**: o가 스택의 맨 위에 있다는 점을 제외하고 스택은 변경되지 않음

```
Object pop()
```

- **사전 조건**: 스택이 비어 있지 않음
- **사후 조건**: 반환된 객체가 이전에 더는 스택 상단에 있지 않은 점을 제외하고 스택은 변경되지 않음

이러한 사양은 불완전하고 정확하지 않을 수 있지만 단순한 시그너처 설명보다는 개선되었다. 스택이 명시적으로 언급되고 푸시(스택이 가득 차지 않았을 때)와 팝(스택이 비어 있지 않을 때)의 성공 사례 동작을 사후 조건에 설명했다.

스택 사용자는 푸시와 팝 작업이 수행하는 오퍼레이션에 대한 멘탈 모델이 필요하다. 해당 멘탈 모델은 적어도 다음과 같은 개념을 포함한다. 스택이 존재하고 스택 맨 위를 제외하고는 변경할 수 없으며 스택이 가득 차거나 비어 있을 수 있다. 푸시와 팝 메서드가 스택의 상태를 조작하므로 개념 모델은 정보와 동작을 모두 포함한다.

이 스택 추상 자료형(ADT)을 살펴보면 세 가지 큰 아이디어를 파악할 수 있다.

1 정보와 행위의 모델은 일관성이 있어야 한다. 작업 사양은 정보 사양을 참조해야 한다. 메서드가 호출되면 정보를 상태에서 다른 상태로 변환한다.
2 모델은 클라이언트에게 최소 충분해야(즉, 넘치지도 모자라지도 않아야) 한다. 클라이언트는 필요 이상으로 자세한 내용을 이해할 필요가 없다.
3 모델과 일치하는 한 구현은 임의로 달라질 수 있다. 예를 들어 모델처럼 동작하는 한 스택을 배열, 연결 목록, 데이터베이스, 분산 메모리 캐시로 구현할 수 있다.

11.5.2 추상 자료형으로서의 모듈 및 컴포넌트

모듈이나 컴포넌트의 경계 모델은 추상 자료형과 공통점이 많다. 둘 다 구현이 숨겨진 캡슐화 경계를 설명한다. 모듈 모델을 작성할 때 인터페이스는 자바 인터페이스나 C의 .h 파일로 정의된다. 컴포넌트 모델을 생성할 때 인터페이스는 포트로 정의된다. 사용자를 위한 스택 추상 자료형(ADT)의 인터페이스 모델을 생성할 수 있듯이 인저 시스템의 포트 사용자를 위한 인터페이스 모델을 생성할 수 있다. 예제에서는 단일 작업만 살펴보지만 여러 작업을 지원해야 할 때도 절차가 같다.

회원이 다른 회원의 연락망에 포함되도록 초대를 수락하는 인저 시스템의 절차를 고려해보자. 이 절차의 메서드 시그너처는 다음과 같다.

```
void acceptInvitation(Member requestor, Member requestee)
```

초대의 개념은 매개변수로 간주하지 않는다. 다른 방법은 초대 개념의 객체를 매개변수로 만드는 것이다. 어느 쪽이든 사용자의 멘탈 모델에는 초대의 개념이 있어야 한다. 스택 추상 자료형 (ADT)와 마찬가지로 다음과 같이 사전 조건과 사후 조건이 추가된다.

```
void acceptInvitation(Member requestor, Member requestee)
```

- **사전 조건**: 요청자(requester) 및 초청수신자(requestee)에게 초대가 있음
- **사후 조건**: 초대가 더는 존재하지 않고 요청자(requester)와 초청수신자(requestee)가 서로의 연락처 네트워크에 있음

이는 인저 시스템의 동작을 설명하지만 사용자에게 필요한 멘탈 모델만 암시한다. 반환값, 매개변수, 사전 조건 및 사후 조건에서 참조하는 용어에 초점을 맞춰 서로 관련되는 방식을 보여주는 명시적 타입 모델을 만들 수 있다. 지금 해당 타입 모델을 그릴 수 있지만, 먼저 타입 모델을 테스트하는 데 사용할 수 있는 몇 가지 스냅샷을 만든다. 이 초기 단계는 구체적이라서 더 도움이 된다. [그림 11-3]은 스냅샷 한 쌍을 보여준다. 첫 번째는 앨런(Alan)이 캐빈(Kevin)을 자신의 연락처 네트워크에 참여하도록 초대했음을 보여주고 두 번째는 앨런(Alan)과 캐빈(Kevin)이 초대 수락(acceptInvitation) 작업 후 서로의 연락처에 포함되었음을 보여준다.

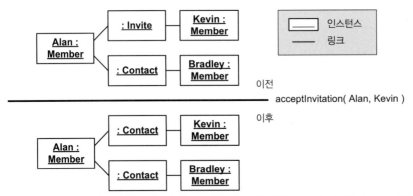

그림 11-3 캐빈(Kevin)이 앨런(Alan)의 초대(Invite)를 서로의 연락처(Contact) 네트워크(Network)의 일부로 수락하기 전후의 모델 상태를 보여주는 스냅샷. 첫 번째 스냅샷의 초대(Invite) 인스턴스는 두 번째 스냅샷의 연락처(Contact) 인스턴스로 대체된다

정확한 타입 모델을 만드는 데 도움이 되는 가이드로 스냅샷 쌍pair of snapshots을 사용해야 한다. [그림 11-4]는 스냅샷과 일치하는 타입 모델을 보여준다. 원하지 않는 모델을 그림으로 보여주는 스냅샷을 방지하는 몇 가지 불변 사항이 있음에 유의하자.

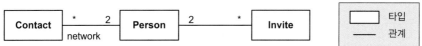

{불변 사항: Contact 또는 Invite는 서로 다른 두 Person을 연결해야 함}
{불변 사항: 여러 Contact 또는 Invite는 서로 중복되지 않음}
{불변 사항: Person은 하나의 Network에 이미 포함된 Person을 Invite할 수 없음}

그림 11-4 초대 수락 작업을 지원하기에 최소 충분한 타입 모델. 그래픽 표기법은 필요한 모든 제약 조건을 표현하는 데 충분하지 않으므로 불변 사항을 메모로 표시한다

이 모델만 가능한 것은 아니다. 액션과 사전 조건 및 사후 조건과 일치하는 다른 스냅샷과 타입 모델을 고안할 수 있다. 예를 들어 초대(Invite) 타입을 제거하고 대기 중인 초대인지 수락된 연락처인지를 나타내는 불리언 속성을 연락처(Contact)에 추가해도 된다. 두 모델 모두 작동하며 개발자가 내부 모델에서 임의의 구현을 만들 수 있다.

이 인저 시스템의 포트에 더 많은 작업이 있을 때는 다시 프로세스를 따라 타입 모델을 정교화한다. 그 결과는 제공된 조치를 사용하려면 포트 사용자가 알아야 할 사항을 설명하는 모델이다. 추상 자료형(ADT)과 포트에 대해 이 프로세스를 살펴보았지만 객체에 대한 메서드를 설명하거나 모듈의 함수를 설명하는 아이디어도 동일하다.

간단히 말해서 프로세스는 다음과 같다.

1 컴포넌트(또는 객체, 모듈 등)에서 포트를 선택한다.
2 해당 포트의 각 작업(또는 메서드, 기능 등)에 대해 시그너처와 사전 조건 및 사후 조건을 작성한다.
3 작업의 결과로 인스턴스가 어떻게 변경되는지 보여주는 하나 이상의 스냅샷 쌍을 스케치한다(기능 시 나리오를 재사용해서 스냅샷 구축을 도울 수 있음).
4 스냅샷 쌍을 타입 모델로 일반화한다.

이 프로세스를 수행하면 내부 세부 정보가 숨겨지고 인터페이스 사용 방법이 표시된다. 즉, 효과적인 캡슐화를 제공한다. 결과 타입 모델은 포트의 동작을 설명하기에 최소 충분해야 하며 컴포넌트 내부의 구현 방법을 설명하지 않는다. 또한 타입 모델에서 정의되지 않은 작업 설명에 사용된 용어가 없고 그 반대도 없다는 점에서 일관성이 있어야 한다.

11.6 마치며

소프트웨어를 구축할 때 시스템을 더 작은 부분으로 분할하는 방법을 선택할 수 있다. 대부분 계층적으로 중첩된 부품 세트로 설계한다. 파티셔닝 및 캡슐화와 관련하여 선택한 사항은 시스템 품질에 큰 영향을 미친다. 여러분이 분할하는 방법을 선택하면 일부 기능이나 품질을 더 쉽게 달성할 수 있지만 그와 다른 기능이나 품질은 달성하기 어려워진다.

특정 스타일의 계층 구조를 따르면 시스템을 여러 수준의 스토리로 이해할 수 있다. 다른 개발자가 작동 방식을 추론할 수 있으며 주어진 추상화 수준에서 너무 많은 객체, 모듈, 컴포넌트에 휩쓸리지 않을 것이다.

설계는 분해를 구성하는 주요 관심사를 갖게 된다. 이 장에서는 기능, 아키타입, 아키텍처 스타일, 속성 주도 설계(ADD), 포트, 직교 추상화, 직소 퍼즐과 같은 몇 가지 분할 전략을 설명했다. 이는 하향식 설계 경로를 따라야 한다는 의미처럼 보일 수 있지만, 하향식과 상향식을 섞어서 작업하고 발견한 문제를 조정하는 편이 더 효과적이다.

분할된 각 부분에는 인터페이스가 있으며 해당 인터페이스는 내부 구현의 일부 세부 정보를 숨겨야 한다. 회계 시스템에서 사용한 근무 시간표 스토리가 보여주듯이 모든 캡슐화가 효과적이지는 않으며 부적절한 추상화가 API 경계를 넘어 유출될 수 있다. 파나스 모듈^{Parnas module}은 하나의 해결 방법일 수 있다. 파나스는 모듈 외부에 제공하는 인터페이스 뒤에 모듈 내부의 설계 비밀을 숨겨, 개발자가 내부 설계를 변경하더라도 사용자에게 영향이 없도록 하는 방법을 제안했다.

캡슐화의 가장 큰 이점은 다른 개발자의 인지 부담을 줄여준다는 점이다. 다른 개발자들은 컴포넌트나 모듈을 블랙박스로 취급할 수 있으며 인터페이스 너머를 볼 수는 없다. 또한 단순한 인터페이스가 이해하기 쉬우므로 효과적인 캡슐화는 이해도를 높이는 데 기여한다.

그러나 캡슐화된 인터페이스를 구축하려면 노력이 필요하다. 이 장에서는 메서드 시그너처, 사전 조건 및 사후 조건, 오퍼레이션이 수행하는 작업을 이해하는 데 필요한 타입 모델을 포함하는 인터페이스에 관한 전체 설명을 작성하는 프로세스를 보여주었다. 이러한 노력이 언제 적절한지 결정하려면 판단이 필요하다. 그러나 이 아이디어를 적용하면 API를 다르게 보고 분석하게 된다. 이를 통한 이점을 얻으려고 전체 프로세스를 통해서 처리하지 않아도 된다.

11.7 참고 자료

추상 자료형(ADT)의 개념은 CLU와 Alphard 프로그래밍 언어를 사용하는 1970년대 초반으로 거슬러 올라간다[Liskov, 1987; Shaw, 1981]. 이러한 아이디어를 컴포넌트에 적용하는 방법은 다른 논문에서 설명한다[D' Souza and Wills, 1998, D' Souza, 2006]. 여기서는 최소 타입 모델minimal type model을 사용하여 타입 모델 생성을 주도하려고 사전 조건 및 사후 조건을 기반으로 포트 작업을 설명하고 스냅샷 쌍snapshot pair을 사용하기도 한다.

이 장에서는 이론적 관점에서 상당히 다른 두 가지 별개의 추상화 형태인 ADT와 객체를 의도적으로 결합했다. 이 주제에 관한 윌리엄 쿡William Cook의 에세이는 차이점을 강조한다[Cook, 2009].

1990년대부터 주제, 측면, 관심사의 다차원적 분리가 프로그래밍 언어에 도입되었다. 아키텍처 모델링과 관련성이 높은 두 논문에서는 시스템을 요소로 나누는 일반적인 문제와 지배적 분해의 영향을 논의한다[Harrison and Ossher, 1993, Tarr et al., 1999].

허브 사이먼Herb Simon은 시스템 내부와 외부의 구별이 일반적으로 자연에서 발생하는 조직 패턴으로 발생하므로 순전히 인간의 발명이 아닐 수도 있음을 설명했다[Simon, 1981]. 많은 생물학적 시스템에서 아키텍처 모델처럼 중첩된 계층 구조가 관찰된다.

CHAPTER 12

모델 요소

이 장에서는 모듈^{module}, 컴포넌트^{component}, 커넥터^{connector}, 포트^{port}, 역할^{role}, 품질 속성^{quality} ^{attribute}, 설계 근거^{rationale}, 환경 요소^{environmental element}, 시나리오^{scenario}, 불변 사항^{invariant}, 트레이드 오프^{tradeoff}, 스타일^{style}과 같은 요소를 생성하는 데 필요한 아키텍처 모델과 요소의 용어를 설명한다. 이러한 용어는 아키텍처 모델링에 필요한 핵심 요소의 집합이며, 산업과 학계에서 이 핵심 요소의 집합을 광범위하게 사용한다. 특수한 요소가 있는 뷰도 많으므로 이 장에서 설명하는 요소의 집합은 포괄적이지 않다.

9장에서는 이와 동일한 요소에 관해 설명했지만 자세히 다루지 않았다. 9장의 주요 목표는 아키텍처의 개념 모델을 명확하게 하는 것이었고, 요소의 세부 사항을 파헤치면 큰 그림을 이해하는 데 부담이 된다. 이 장에서는 코너 케이스를 살펴보고 관련 요소를 비교하고 대조하며 사용법에 관한 조언을 제공한다. 결과적으로 이러한 아이디어 검토는 중복으로 보이지만 필요할 때 이 장을 다시 참고할 수 있다는 장점이 있다. 그러므로 이 책을 처음 읽을 때는 이 장을 건너뛰고 나중에 다시 읽어도 된다.

여기에 있는 다이어그램은 UML 구문을 따르거나 매우 유사하다. 이 책에서는 UML 전문가만이 화살촉 모양이나 글꼴의 기울기와 같은 미묘한 차이를 이해한다고 생각한 채 UML의 복잡한 부분을 너무 깊이 살피지 않도록 권장한다. 미묘한 구분이 필요하다면 다이어그램을 읽을 사람들이 범례의 설명을 참조하도록 하자.

이 장 전체에서 다루는 예제는 여러 사람이 쉽게 이해할 수 있는 도메인이어야 하므로 일반적인 도서관 문제[Wing, 1988]를 사용한다. 이 문제에서 다루는 도서관은 단순하다. 사서가 책을 대출해주고, 반납을 받고, 도서관에 책을 추가하고, 저자나 주제별로 책의 목록을 찾고, 대출자가 대출한 책의 목록을 찾고, 마지막으로 책을 대출한 사람의 목록을 찾을 수 있다. 대출자(도서관 회원)는 웹에서 자신이 대출한 책을 확인할 수 있다.

12.1 할당 요소

소프트웨어는 하드웨어에서 실행되며 해당 하드웨어는 서버실server closet, 데이터 센터, 회계 부서, 위성 등에 어딘가에 있어야 한다. [그림 9-6]과 같은 할당 다이어그램은 모듈과 컴포넌트 인스턴스를 배포한 위치를 보여준다. 이러한 다이어그램은 보안 위반과 신뢰성 같은 위치와 관련된 오류를 추론하는 데 도움이 된다.

소프트웨어 엔지니어링 분야의 저자들은 할당 모델allocation model과 할당 다이어그램allocation diagram에 무엇을 포함해야 하는지에 대해 대부분 동의하지만 요소의 명칭에 대해서는 거의 동의하지 않는다. UML에서는 소프트웨어를 배포할 수 있는 위치를 **노드**node라 부르며 노드 간의 통신 채널을 **연결**connection이라고 한다[Booch, Rumbaugh and Jacobson, 2005]. 소프트웨어 공학 연구소(SEI)의 저자들은 두 가지 모두를 **환경 요소**라고 한다[Bass, Clements and Kazman, 2003]. 그리고 최근의 책에서는 이를 **하드웨어 호스트**hardware host와 **네트워크 링크**network link라고 한다[Taylor, Medvidović and Dashofy, 2009]. **노드**node라는 용어는 다소 일반적이며 **연결**connection이라는 용어는 **커넥터**connector와 혼동하기 쉽고 **호스트**host라는 용어는 라우터와 같은 일부 하드웨어에 사용하기에 적절하지 않다. 그래서 이 책에서는 **환경 요소**environmental element와 **통신 채널**communication channel이라는 용어를 사용한다.

할당 요소의 예로는 사용자 인터페이스의 실행 코드, 데이터베이스의 실행 코드, 데이터베이스 스키마를 정의하는 구성 파일이 있다. 이러한 예에는 컴포넌트 인스턴스와 모듈이 모두 포함된다. 이러한 요소는 환경 요소에 배포된다. 가장 명백한 환경 요소는 개별 랩톱이나 서버 팜과 같은 하드웨어다. 환경 요소는 서로 중첩될 수 있으므로 서버 팜 내부에 수백 대의 서버 컴퓨터가 있음을 보여줄 수 있다.

하드웨어 외에도 사람과 조직을 환경 요소로 취급하면 편리하다. 이렇게 하면 회계 부서의 서버와 재무 부서의 서버가 나뉜 서버 팜(하드웨어)을 보여주는 다이어그램을 그릴 수 있다. 엄밀히 말하면 회계 부서에 소프트웨어를 배포할 수는 없다. 하지만 회계 부서에서 소유한 일부 서버에 속성을 추가하는 일과 동일하다고 생각하자. 회계사들이 소프트웨어를 직접 실행하지 않는다는 점을 안다면(컴퓨터가 실행함) 이렇게 생각하는 것이 시간을 절약하는 방법이다.

환경 요소, 모듈, 컴포넌트의 속성은 호환성 표시와 같은 다른 목적으로 사용할 수 있다. 컴포넌트에 메모리가 2GB 필요하거나 실행되는 하드웨어에서 인터넷에 접근해야 할 수 있다. 이러한 제약 조건과 기능은 요소의 속성으로 표현할 수 있으며 도구로 확인할 수도 있다. 도구가 없더라도 속성은 다른 개발자가 볼 수 있도록 이러한 제약 조건을 표현하는 공간을 제공한다.

12.2 컴포넌트

소프트웨어 아키텍처의 주요 추상화인 컴포넌트는 '시스템에서 실행되는 주요 계산 요소 및 데이터 저장소principle computing element and data storage'로 정의된다[Clements et al., 2010]. 컴포넌트는 커넥터를 사용해서만 통신하며 커넥터 자체는 상당한 작업을 수행할 수 있다.

이 절에서는 컴포넌트 타입 및 컴포넌트 인스턴스, 모듈과 컴포넌트 간의 관계, 서브컴포넌트 사용, 컴포넌트 모델링에 존재하는 불확실성 및 모호성, 컴포넌트 기반 개발(CBD) 등 컴포넌트와 관련된 몇 가지 주제를 설명한다. 다음 절에서는 컴포넌트 조립도component assembly에 사용하는 컴포넌트를 다룬다.

타입 및 인스턴스(type and instance). 컴포넌트는 클래스나 객체와 마찬가지로 동일한 타입–인스턴스 관계, 일반화를 따른다. 오늘날 객체 지향 프로그래밍 언어에서는 프로그래밍 언어로 클래스를 정의하고 런타임에 객체를 본다. 컴포넌트를 직접 지원하는 프로그래밍 언어가 있으면 해당 언어로 **컴포넌트 타입**을 선언하고 런타임에 관련 **컴포넌트 인스턴스**를 볼 수 있다. 클래스와 컴포넌트 타입은 소스 코드에서 직접 볼 수 있으므로 모듈 뷰타입module viewtype에 정의된다. 객체와 컴포넌트 인스턴스는 런타임까지 볼 수 없으므로 런타임 뷰타입runtime viewtype에 표시된다.

컴포넌트 타입과 컴포넌트 인스턴스의 구분이 명확해야 하지만 사람들은 구별하지 않고 '컴포넌트'라고 말하곤 한다. 일반적으로 컴포넌트 인스턴스를 의미하지만 명확하지 않을 때는 확인해봐야 한다. 다수의 객체 인스턴스가 있는 클래스와 달리 컴포넌트 타입은 시스템에서 한 번만 인스턴스화될 때가 많다.

다음은 컴포넌트 타입과 인스턴스 간의 차이점을 강조하는 예다. 문제 발생에 대비해서 미러링된 데이터베이스 서버를 갖추도록 도서관 시스템을 설계했다고 상상해보자. 이 설계에는 데이터베이스에 적어도 두 개의 컴포넌트 인스턴스가 있으며, 그중 하나는 다른 하나에 문제가 발생했을 때 혼자 역할을 수행할 준비가 되어 있다. 두 데이터베이스 컴포넌트 인스턴스는 똑같은 작업을 수행한다. 즉, 도서관 관련 정보를 저장하므로 컴포넌트 타입이 같고 동일한 실행 프로그램을 실행한다. 그러나 두 인스턴스가 같은 코드를 실행하고 동일한 데이터를 보유하더라도 두 인스턴스를 구분할 수 있으므로 인스턴스에 구분자identity가 있다고 한다.

[그림 12-1]은 컴포넌트 타입과 인스턴스가 다이어그램에 표시되는 방식을 보여준다. 인스턴스에는 항상 밑줄이 표시되고 타입 이름 앞에 콜론이 있으므로 타입을 인스턴스와 구별할 수 있다. 이 예에서 컴포넌트 타입은 **Library System**이고 인스턴스에는 이름이 없으므로 **익명 인스턴스**anonymous instance라고 한다. 분리된 상태에서 포트 타입과 포트 인스턴스를 시각적으로 구분할 수는 없지만 연결된 상태에서는 구분할 수 있다.

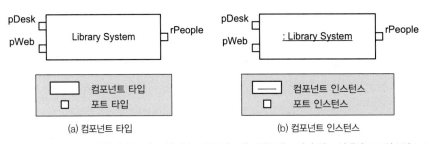

그림 12-1 컴포넌트 타입 및 인스턴스. 컴포넌트 인스턴스에는 밑줄이 그어져 있고 선택적으로 인스턴스 이름 앞에 콜론이 있다

모듈과 비교. 컴포넌트는 모듈(예: 소스 코드, 구성 파일)과 동일하게 구성되지만 런타임에 컴포넌트의 인스턴스를 볼 수 있다. 이러한 컴포넌트 인스턴스는 포트와 커넥터를 활용해 제한적이고 잘 이해된 방식으로 상호작용한다. 이를 임의의 이유로 함께 그룹화할 수 있는 구현 산출물implementation artifact(예: 클래스, 인터페이스)의 모음인 모듈과 비교하자(예: 수학 함수, 레거시 포트란 루틴, 데이터 교환 타입, 다른 곳에서 작성한 코드). 이는 런타임에 거의 인스턴스화되지 않으며 다른 모듈과 상호작용하는 방법에 관한 제약 조건이 없다. [그림 12-2]는 이들 간의 몇 가지 중요한 차이점을 요약한다.

	컴포넌트	모듈
모듈 뷰타입에 존재	타입: 예, 인스턴스: 아니오	예
런타임에 존재	타입: 아니오, 인스턴스: 예	드물게
여러 인스턴스	자주	드물게
캡슐화에 사용	예	예
다음을 사용해 통신	포트 및 커넥터	인터페이스

그림 12-2 컴포넌트와 모듈 간의 차이점을 강조하는 몇 가지 기능을 보여주는 표. 모듈과 컴포넌트 타입은 모두 소스 코드로 구성된다. 그러나 모듈은 거의 인스턴스화하지 않지만(예: 수학 라이브러리의 인스턴스가 하나만 있을 수 있음) 컴포넌트에는 보통 여러 개의 인스턴스가 있다

모듈과 컴포넌트가 모두 있는 이유가 궁금할 수 있다. 컴포넌트가 모듈의 인스턴스가 아닌가? 달리 말하면, 클래스와 객체(class:object)의 대응 관계가 모듈과 컴포넌트(module:component)의 관계와 같지 않은가? 때로는 같지만 일반적으로는 그렇지 않다. 많은 모듈(예: 수치 처리 모듈math module)이 인스턴스화되지 않으며 런타임에 존재나 구조에 관해 생각하는 것이 의미 없을 때가 많다.

그러나 잘 구성된 모듈은 컴포넌트 타입과 매우 유사할 수 있다. 사용자 인터페이스 모듈과 백엔드 모듈이 있는 시스템을 상상해보자. 시스템 개발자는 런타임에 인스턴스화될 항목에 해당하도록 모듈을 구성했다. 이는 좋은 방법이지만 항상 가능하지는 않다. 따라서 컴포넌트와 모듈의 개념은 이 예에서처럼 항상 같지 않으므로 분리해야 한다. 컴포넌트를 모듈의 특수한 사례로 간주하여 런타임에 인스턴스화(많을 때는 두 번 이상)하도록 하고, 다른 모듈과 제한된 방식으로 상호작용하도록 처리하면 구분하는 데 도움이 된다.

서브컴포넌트 및 구현. 모든 시스템에는 시스템 자체인 하나 이상의 컴포넌트가 있다. 11.1절에서 설명했듯이 각 컴포넌트를 개별적으로 이해하고 추론하기가 쉬우므로 시스템 내에 추가 컴포넌트를 중첩하는 것이 좋다. 중첩된 컴포넌트를 **서브컴포넌트**subcomponent라고 할 수 있지만 이는 관점의 문제다. 여러분의 컴포넌트는 다른 사람의 서브컴포넌트 일 수 있다.

중첩은 여러 번 반복할 수 있지만 영원히 계속되지는 않는다. 선택한 특정 시점에서 중첩이 중지되고 컴포넌트가 더 많은 컴포넌트가 아니라 클래스, 함수, 프로시저 등으로 구현된다. 시스템에 있어야 하는 컴포넌트 수와 사용할 중첩 컴포넌트 수준의 수를 결정하는 데 많은 요소가 영향을 준다. 예를 들면 컴포넌트의 크기, 포함할 기성 컴포넌트의 가용성availability, 자연스러운 구분 지점(예: 다른 소스 코드 언어, 물리적 배포 위치)이 있다. 궁극적으로 개발자는 경험이

쌓일수록 더 쉽게 판단을 내린다. 일반적으로 단일 클래스나 몇 줄의 코드로 구현된 서브컴포 넌트는 거의 없다.

불확실성과 모호성. 예전에는 객체와 클래스가 의미하는 바가 명확하지 않아 논쟁의 여지가 있었고 많은 여러 대안이 논의되었다. 오늘날 주류 언어는 일반적으로 합의된 정의를 체계화했다. 아직 프로그래밍 언어로 컴포넌트 타입과 인스턴스를 정의할 수 없으므로 용어를 사용하는 사람들 사이에 상당한 불확실성과 모호성이 존재한다. 일반적인 오해를 다음과 같은 몇 가지 영역으로 나눠보았다.

- **타입 및 인스턴스**

  컴포넌트에 관해 이야기하는 모든 사람이 충분히 주의하여 컴포넌트 타입과 인스턴스를 구별하지는 않는다. 컴포넌트는 한 번만 인스턴스화될 때가 많아서 이 두 개념을 통합하여 이야기하기 쉽다. 하나의 사용자 인터페이스, 하나의 비즈니스 로직 컴포넌트, 하나의 데이터베이스만 있는 시스템도 있다. 이때 세 가지 컴포넌트 타입과 세 가지 컴포넌트 인스턴스가 있으며 각 컴포넌트 타입에 대한 인스턴스가 하나씩 있다. 객체 지향 프로그래밍에서 단일 인스턴스가 있는 클래스는 일반적이지 않지만 이러한 패턴에 싱글턴Singleton 디자인 패턴이라는 이름을 붙일 만큼 자주 사용한다[Gamma et al., 1995]. 컴포넌트는 일반적으로 클래스보다 훨씬 크므로 일반적으로 한 번만 인스턴스화한다.

- **컴포넌트만 사용하기**

  컴포넌트라는 용어만 사용하지 말고 컴포넌트 타입이나 컴포넌트 인스턴스를 구분하여 말하는 것이 바람직하다. 컴포넌트 인스턴스가 음절이 더 많아 자주 컴포넌트로 단축하여 말하게 된다. 상황에 따라 이렇게 줄여서 말할 수도 있지만 이를 듣는 청중에 따라 선택하도록 하자.

- **파일 및 데이터베이스**

  일반적으로 동작하는 코드의 큰 묶음은 컴포넌트로 구분하지만 다른 항목들은 그렇게 명확하지 않을 때가 있다. 코드가 아닌 하나의 파일이 컴포넌트인가? 때로는 단일 파일이나 파일 시스템을 컴포넌트로 표시해서 다른 컴포넌트와 상호작용함을 명확하게 보여줄 수 있다. 이렇게 명확하게 표시하지 않으면 나중에 다이어그램을 읽는 사람이 컴포넌트가 파일을 읽거나 쓰는 다른 연결을 보고 컴포넌트임을 알고 놀랄 수 있다. 데이터베이스는 어떠한가? 데이터베이스는 항상 컴포넌트로 표시하지만 데이터베이스 타입은 '오라클'이나 '데이터베이스'가 아니어야 한다. 대신 해당 타입은 용도에 맞게 구성한 방법(예: InventoryDB, PayrollDB)에 따라 달라야 한다.

- **모듈 및 컴포넌트**

  이 책은 모듈과 컴포넌트에 뚜렷한 의미가 있는 아키텍처의 개념 모델을 설명하지만 많은 사람이 이러한 용어를 같은 의미로 사용하곤 한다.

컴포넌트 기반 개발 및 컴포넌트 마켓플레이스. 1990년대에 많은 사람이 컴포넌트 기반 개발component-based development (CBD)의 핵심인 미래에 생겨날 컴포넌트 마켓플레이스에 관해 이야

기했다. 최종 사용자에게 제공될 제품으로 소프트웨어를 판매하는 대신 소프트웨어 개발자가
사용할 제품으로 개별적으로 판매되는 컴포넌트 개발을 수용한다는 아이디어였다[Heineman
and Councill, 2001]. 패러렐즈Parallels[1]는 일부 회사에서 완전한 컴퓨터를 판매하고 다른 회사
에서는 컴퓨터에서 동작하는 조립된 컴포넌트를 판매하는 컴퓨터 하드웨어 시장을 기반으로
하여 비즈니스를 시작했다. 지금까지 컴포넌트 시장은 작았다. 예를 들어 데이터베이스는 컴포
넌트로 판매되지만 이는 시장의 규칙이 아니라 예외적인 상황으로 받아들여진다.

컴포넌트 시장이 번성하지는 않았지만 많은 소프트웨어 애플리케이션이 컴포넌트 기반 개발
(CBD) 기반이며 스크립팅 언어는 그래픽 사용자 인터페이스(GUI)와 관계없이 핵심 기능을
프로그래밍 방식으로 접근할 수 있게 한다. 또한 많은 회사가 내부적으로 회사 내부의 다른 팀
에서 사용하는 컴포넌트를 생산한다.

마켓플레이스에서 판매용으로 포장된 컴포넌트라는 개념은 이 책에서 사용하는 컴포넌트의 정
의와 다르다. 클레멘스 슈페르스키Clemens Szyperski는 완전 패키지 특성을 강조하는 컴포넌트의 정
의를 제공했다. '소프트웨어 컴포넌트는 계약상 지정된 인터페이스와 명시적 콘텍스트 종속성
만 있는 구성 단위다. 소프트웨어 컴포넌트는 독립적으로 배포할 수 있으며 타사에서 구성할
수 있다.'[Szyperski, 2002] 모든 컴포넌트 기반 개발(CBD) 컴포넌트가 컴포넌트의 정의를
충족하지만 그 반대는 아니므로 이러한 컴포넌트 기반 개발(CBD) 컴포넌트를 아키텍처 컴포
넌트의 특수 사례로 생각하면 이해하기 쉽다.

12.3 컴포넌트 조립도

컴포넌트 및 커넥터 다이어그램component and connector diagram 또는 간단히 **런타임 다이어그램**runtime diagram
이라고도 하는 **컴포넌트 조립도**component assembly는 컴포넌트, 포트 및 커넥터 인스턴스 또는 타입
의 조립도를 보여준다. 이러한 여러 항목의 배열은 컴포넌트 설계이며 이를 다르게 배열하면
다른 품질을 획득할 수 있다.

시스템 콘텍스트 다이어그램(system context diagram). 시스템 콘텍스트 다이어그램은 설계
중인 시스템에 초점을 맞춘 컴포넌트 조립도이다. 시스템이 컴포넌트 인스턴스로 표시되고 시

1　옮긴이_ VMWare와 유사한 가상화(virtualization) 해결책을 제품으로 판매하는 회사

스템이 연결되는 외부 시스템도 포함된다. [그림 12-3]은 도서관 시스템의 시스템 콘텍스트 다이어그램을 보여준다.

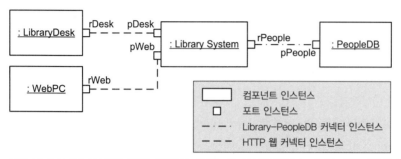

그림 12-3 도서관 시스템의 시스템 콘텍스트 다이어그램. 시스템 콘텍스트 다이어그램은 개발할 시스템(여기서는 도서관 시스템)과 연결되는 외부 시스템을 보여주는 일종의 컴포넌트 조립도다. 여기에 표시한 도서관 시스템(Library System) 컴포넌트 인스턴스는 [그림 12-4]에서 구체화한다

구체화(refinement). 컴포넌트 조립도는 내부 디자인을 보여주는 다른 컴포넌트를 구체화하는데 사용할 수도 있다. [그림 12-4]는 [그림 12-3]에서 도서관 시스템(Library System) 컴포넌트를 구체화하여 서브컴포넌트로 구현하는 방법을 보여준다. 컴포넌트 조립도는 익명 컴포넌트 인스턴스로 표시된 5개의 내부 컴포넌트와 이들 사이의 커넥터 인스턴스로 구성된다.

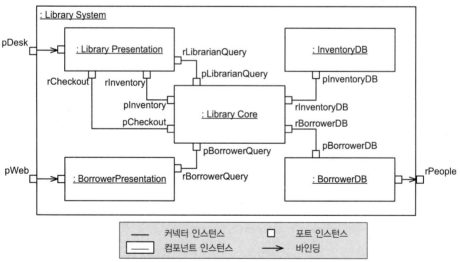

그림 12-4 도서관 시스템(Library System) 컴포넌트 인스턴스의 컴포넌트 조립도. 외부 포트는 내부 포트에 바인딩된다. [그림 12-3]의 컴포넌트 인스턴스와 동일하며 이 다이어그램은 내부 세부 정보를 추가로 보여준다

다이어그램은 도서관 시스템(Library System)을 컴포넌트 조립도를 둘러싸는 컴포넌트 인스턴스로 표시한다. 이 둘러싸는 컴포넌트를 외부 컴포넌트external component 또는 둘러싸는 컴포넌트enclosing component라고 하며 이름을 보통 왼쪽이나 오른쪽 모서리에 표시한다. 바인딩을 사용하면 외부 컴포넌트의 포트가 내부 컴포넌트의 호환되거나 동일한 포트에 바인딩된다. 여기서는 도서관 Library System 컴포넌트의 세 포트가 내부 컴포넌트의 포트에 바인딩되었다.

이 구체화는 계속해서 재귀적으로 중첩될 수 있다. 예를 들어, [그림 12-4]에서 BorrowerPresentation 컴포넌트를 가져와서 그 구체화refinement를 보여주는 컴포넌트 조립도를 만들 수 있다. 외부 상자(포함 컴포넌트)에는 ':BorrowerPresentation'이라는 레이블이 붙어있고 BorrowerPresentation의 두 포트가 내부 서브컴포넌트에 바인딩된다.

구체화 의미론(refinement semantics). 컴포넌트 조립도를 사용하여 기존 컴포넌트를 구체화할 때는 컴포넌트 조립도에서 포트 정의, 품질 속성 시나리오, 불변 사항을 포함하는 둘러싸는 컴포넌트의 사양을 준수해야 한다. 이 내부 설계는 기능을 추가하거나 지정된 성능 불변 사항의 지정된 범위를 초과할 수는 있지만 더 나빠질 수는 없다.

구체화를 진행하는 동안 이론적으로는 세부 사항을 추가할 수 있지만 예상치 못한 작업을 수행하면 이후에 다이어그램을 볼 사람들을 화나게 할 리스크가 있다. 예를 들어, 포트가 두 개인 컴포넌트를 표시했다가 나중에 구체화 과정에서 이전에 언급하지 않은 세 번째 포트를 추가한다면 당연히 다이어그램을 보는 사람들이 놀랄 것이다.

구체화refinement는 컴포넌트의 상위 세부 모델이 하위 세부 버전과 항상 호환되기를 요구한다. 보수적 규칙(폐쇄 의미론closed semantics이라고 하며 13.7.1절에서 자세히 논의함)은 이러한 놀라움을 방지해준다. 규칙은 다음과 같다.

- 포트의 수와 타입은 변경되지 않는다.
- 외부에서 볼 수 있는 제약 조건과 동작(예: 불변 사항, 품질 속성 시나리오)은 변경되지 않는다.

폐쇄 구체화 의미론closed refinement semantics을 고수하는 것이 일반적으로 최선의 선택이지만 실제 컴포넌트에 포트가 수십 개 있을 수 있으므로 때로는 이를 지키기 어렵다. 이렇게 모든 포트를 표시하는 일은 간단하고 명확한 상위 수준의 다이어그램을 표시하려는 욕구에는 적절하지 않을 수 있다. 예를 들어, '큰 그림'을 소개하는 다이어그램에서 생략할 수 있는 부가적인 기술 세부 정보(예: 관리, 로깅)를 위한 포트가 컴포넌트에 있을 수 있다.

이 딜레마의 간단한 해결책은 포트를 생략하면서 일부 포트를 생략했다는 메모를 다이어그램에 추가하는 것이다. 이렇게 하면 사람들이 해당 포트를 보여주는 더 자세한 다이어그램을 봐도 놀라지 않을 것이며 해당 포트가 없다는 결론을 내리려고 하지도 않을 것이다.

이 규칙을 따르면 다이어그램을 보는 사람들이 '이건 어디에서 왔지?'라며 놀라지 않게 된다. [그림 12-3]과 [그림 12-4]의 도서관 시스템 컴포넌트 간 구체화와 같이 이 책에서 컴포넌트 구체화의 예를 보면서 놀라지 않을 것이다. 변경할 수 있는 항목과 새로운 세부 사항의 도입을 제한하는 규칙 집합을 따르기 때문이다.

표현력(expressiveness). 일부 컴포넌트 조립도는 다른 조립도보다 표현력이 더 뛰어나다. 다시 [그림 4-4]를 살펴보면 사용된 다양한 타입의 커넥터가 명확하게 표시되지만 [그림 12-4]는 그렇지 않음을 알 수 있다. 다양한 타입의 포트나 커넥터가 있다면 시각적으로 구분하여 다이어그램의 범례에 추가하기를 권장한다. 포트를 설명하는 대안적이고 더 간결한 방법은 [그림 12-4]에서 볼 수 있듯이 다이어그램에서 각 포트 타입에 레이블을 사용하고 각 포트 타입의 사양을 별도로 제공하는 것이다.

설계 이해. 컴포넌트 조립도는 컴포넌트의 내부 작동 방식을 모두 설명하지 않는다. 컴포넌트 조립도는 컴포넌트, 커넥터, 포트 타입을 참조하므로 다이어그램을 읽는 사람이 이들 각각을 이해해야 한다. 컴포넌트, 커넥터, 포트 타입을 이해한다는 말은 해당 속성, 불변 사항, 책임, 타입 모델, 동작 모델을 이해한다는 의미다.

다시 말해, [그림 12-3]의 시스템 콘텍스트 다이어그램은 독자가 설계를 이해하려면 알아야 하는 내용의 시작일 뿐이다. 이 다이어그램에는 설계와 함께 진행되는 포트, 불변 사항, 스타일, 품질 속성 시나리오, 디자인 결정 등에 관한 설명이 구두나 문서로 제공되어야 한다. 컴포넌트 조립도는 초기 설계에 좋은 방법이지만 이 자체만으로는 시스템을 이해하기에 충분하지 않다.

동적 아키텍처의 스냅샷. 거의 모든 시스템에는 동적 아키텍처가 있다. 즉, 런타임 중에 컴포넌트의 구성이 변경된다. 시스템은 일반적으로 대부분의 런타임 중에 안정적인 정상 상태 구성으로 빠르게 수렴하므로 정적이라고 생각할 수 있지만, 시작과 종료 중에 변경 사항이 있다. 컴포넌트 조립도는 보통 인스턴스의 단일 런타임 구성을 표시하며 일반적으로 정상 상태 시스템 구성이다. 그러나 다음에 설명하듯이 인스턴스 대신 타입을 번갈아 표시할 수 있다.

시스템의 시작과 종료 동작을 분석하려면 정상 상태 구성을 보는 것만으로는 충분하지 않으며 다른 시간의 해당 구성을 나타내는 여러 컴포넌트 조립도를 사용해야 한다. 또한 완전히 동적인 아키텍처를 분석하려면 많은 컴포넌트 조립도가 필요하다.

컴포넌트 타입 사용. [그림 12-3]의 시스템 콘텍스트 다이어그램과 [그림 12-4]의 구체
화refinement 사항은 모두 컴포넌트, 커넥터, 포트 인스턴스를 사용하여 그린다. 타입 대신 인스턴
스를 사용하면 이러한 다이어그램을 매우 쉽게 읽고 이해할 수 있다. 그러나 이러한 다이어그
램은 허용하려는 여러 가능한 구성 중 하나에 불과하다. 시스템에는 Library System 컴포넌
트 인스턴스와 PeopleDB 컴포넌트 인스턴스가 하나씩만 있으며 LibraryDesk와 WebPC 컴포
넌트 인스턴스는 여러 개 있을 수 있지만 시스템 콘텍스트 다이어그램에서는 이 부분이 명확하
지 않다.

인스턴스 대신 타입을 사용하는 컴포넌트 조립도가 이를 표시할 수 있다. [그림 12-5]는 라이
브러리 시스템의 시스템 콘텍스트 다이어그램이지만 인스턴스 대신 컴포넌트, 커넥터, 포트 타
입을 사용한다. 허용되는 컴포넌트와 포트의 다중성을 나타내는 숫자도 있다.

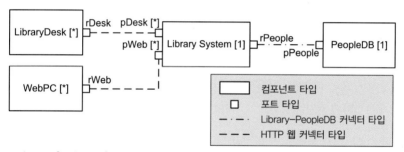

그림 12-5 [그림 12-3]에서와 같이 인스턴스 대신 컴포넌트 타입이 포함된 도서관 시스템의 시스템 콘텍스트 다이
어그램. 이 다이어그램은 Library System과 PeopleDB 컴포넌트의 인스턴스가 하나만 있을 수 있음을 나타낸다.
LibraryDesk와 WebPC 컴포넌트의 인스턴스는 여러 개일 수 있으며 도서관 시스템에 대한 연결은 고유한(공유되지
않음) 포트에서 종료된다

컴포넌트 조립도를 그릴 때는 보통 다이어그램이 너무 명확하기 때문에 인스턴스를 고수하고
싶지만 때로는 타입을 사용하여 그릴 수도 있다. 타입을 사용하여 컴포넌트 조립도를 만드는
데 어려움을 겪을 때는 인스턴스를 사용하여 하나를 그리고 의도를 설명하는 메모를 추가하면
좋다. 시스템 콘텍스트 다이어그램이라면 인스턴스와 함께 다이어그램을 사용하고 'Library
System과 PeopleDB 컴포넌트는 인스턴스가 하나만 있다. LibraryDesk 및 WebPC 컴포넌트
는 여러 인스턴스가 있을 수 있다. 이때, 각각의 컴포넌트에는 공유되지 않은 pDesk 또는 pWeb
포트가 있다' 라는 메모를 추가하는 것이 가장 간단할 수 있다.

12.4 커넥터

컴포넌트는 주요 계산 요소 및 데이터 저장소이며 포트를 사용해서만 통신한다. 한 컴포넌트의 포트는 '두 개 이상의 컴포넌트 간 런타임 상호작용을 위한 경로'로 정의된 **커넥터**connector를 통해서 다른 컴포넌트의 포트에 연결된다[Clements et al., 2010]. 커넥터는 [그림 12-4]를 포함하여 컴포넌트를 보여주는 대부분의 다이어그램에 표시된다.

컴포넌트에서 본 패턴에 따라 모듈 뷰타입에서 커넥터 타입을 찾고 런타임 뷰타입에서 커넥터 인스턴스를 찾을 수 있다. 컴포넌트와 마찬가지로 사람들이 단순히 '커넥터'라고 말할 때 '커넥터 인스턴스'를 의미한다고 가정할 수 있지만 확실하게 확인하는 편이 좋다.

커넥터의 중요성. 커넥터를 과소평가하기 쉽다. 아마도 가장 일반적인 것이 로컬 메서드 호출이기 때문이거나, 컴포넌트와 같은 상자가 아닌 단순한 선으로 모델에 표시되기 때문일 것이다. 하지만 컴포넌트보다 커넥터가 아키텍처 스타일을 주도한다[Shaw and Garlan, 1996; D'Souza and Wills, 1998]. 대부분의 스타일은 컴포넌트가 임의의 계산을 수행하도록 허용하지만 커넥터가 수행할 수 있는 작업과 토폴로지를 제한한다. 커넥터는 클라이언트가 서버를 호출할 수 있지만 그 반대로는 호출할 수 없도록 한다. 커넥터는 데이터베이스 컴포넌트의 두 복사본이 복제되고 장애 시 조치 내용이 준비되도록 한다. 커넥터는 상용 기성품(COTS) 컴포넌트를 기존 시스템과 통합하게 하거나 통합되지 못하게 한다.

커넥터를 사용하면 컴포넌트가 통신할 수 있지만 덜 중요한 작업으로 해석해서는 안 된다. 커넥터는 실제 작업을 수행하며 실제 작업은 반드시 발생해야 하는 커뮤니케이션일 때가 많다.

보통 애플리케이션의 가치는 컴포넌트가 아닌 커넥터에 있다. 대형 금융 기관의 한 설계자가 저자에게 이렇게 말했다. 여러 프로그램이 주어진 작업을 수행할 수 있지만 다른 프로그램과 얼마나 잘 상호운용되는지는 다르다. 컴포넌트 자체보다 커넥터를 만드는 데 시간이 더 오래 걸릴 수 있다.

실제 작업은 커넥터에서 수행할 수 있다. 커넥터는 컴포넌트 간의 데이터 타입을 변환convert 할 수 있다. 프로토콜에 따라 조정하고 여러 컴포넌트 간의 중재 역할도 할 수 있다. 이벤트를 브로드캐스팅하여 중복 이벤트를 정리하거나 이벤트의 중요도에 따라 우선순위를 지정할 수도 있다. 암호화, 압축, 동기화/복제, 스레드 안전 통신과 같은 중요한 품질 속성을 가능하게 하는 작업을 수행할 수 있다. 커넥터가 이러한 부분에 기여하지 않으면 시스템이 신뢰성reliability, 내구성durability, 레이턴시latency, 감사가능성auditability과 같은 품질을 달성한다고 상상하기 어렵다.

일반 타입(common type). 커넥터의 개념은 매우 일반적이며 파이프, 일괄 전송batch transfer, 증분 복제기incremental replicator와 같은 더 복잡한 메커니즘뿐만 아니라 프로시저 호출과 이벤트 등의 일반적인 통신 방법을 포함한다. 또한 인터럽트 및 공유 메모리와 같은 간접 통신 수단을 다룬다. 커넥터의 구현 예로는 원격 프로시저 호출remote procedure call, rsync 프로그램, SOAP over HTTP, 엔터프라이즈 서비스 버스enterprise service bus가 있다. [그림 12-6]은 일반적인 커넥터 타입의 목록이다. 복잡한 커넥터는 대개 더 간단한 커넥터를 사용하여 만든다.

커넥터 타입	참고 사항
로컬 프로시저 호출	컴포넌트가 모두 같은 메모리 공간에 있을 때 가장 일반적인 커넥터다.
원격 프로시저 호출	구체적인 예로는 SOAP과 HTTP 요청이 있다. 로컬 및 원격 프로시저 호출 커넥터는 모두 일종의 요청–응답 커넥터다.
SQL 또는 기타 데이터 저장소	데이터를 불러오고 저장하는 데 사용하는 선언적 언어다.
파이프	컴포넌트 간의 간단한 생산자–소비자 관계다.
공유 메모리	빠르지만 의사소통이 복잡하다.
이벤트 브로드케스트	소비자는 생산자가 아닌 이벤트에만 의존한다.
엔터프라이즈 서비스 버스	대규모 시스템 조립을 위한 애플리케이션 내 통신을 표준화한다.
데이터 드롭	단일 소스의 공유 데이터에 대한 배포 메커니즘이다.
증분 복제	상태 동기화를 처리한다.

그림 12-6 일반적인 커넥터 타입 목록과 참고 사항

커넥터 대체가능성(connector substitutability). 아키텍처 분야의 학계 전문가들은 컴포넌트와 동일하게 다룰 수 있기 때문에 커넥터가 아키텍처의 일급 요소first-class element[2]라고 주장한다. 컴포넌트에는 포트에서 정의한 인터페이스가 있으며 동일한 인터페이스를 지원하는 다른 컴포넌트로 교체할 수 있다는 사실에 이미 익숙할 것이다.

커넥터가 아키텍처 언어에서 일급 요소일 때도 커넥터를 바꿀 수 있는가? 예를 들어, 컴포넌트가 파이프 커넥터로 통신할 때 커넥터의 클라이언트에 영향을 주지 않고 파이프를 이벤트 버스로 바꿀 수 있는가? 아키텍처 모델에서 대답은 '예'이지만 이 속성은 코드로 변환하면 손실될

---

2 옮긴이_ 일등 시민(first-class citizen)에 해당하는 개념으로 프로그래밍 언어 설계에서 다른 객체들에 적용할 수 있는 연산을 모두 지원하는 항목을 말한다.

때가 많다. 컴포넌트를 구현하는 소스 코드는 대개 인터페이스를 구현하고 클라이언트는 해당 인터페이스에 의존한다. 그러나 커넥터를 구현하는 소스 코드는 인터페이스를 거의 구현하지 않으므로 클라이언트는 특정 커넥터 구현에 의존한다. 여기에는 이벤트를 이벤트 버스에 넣거나 원격 메서드 호출을 하는 클라이언트가 포함된다.

개발자는 구현을 진행하는 중에 커넥터의 대체가능성을 유지할지를 선택해야 한다. 예를 들어 컴포넌트가 로컬 프로시저 호출 대신 원격 프로시저 호출을 사용하고 있음을 안다면 사용자에게 더 나은 오류 처리와 보고 기능을 제공할 수 있다.

그러나 대부분의 시스템은 대체 가능한 커넥터의 이점을 누릴 수 있다. 어떤 시스템도 섬이 아니며 현재의 독립형 시스템standalone system은 미래의 더 큰 시스템에 통합된다. 10.3절에서 논의한 바와 같이 코드에서 커넥터의 일급 상태first-class status를 제공하는 작업은 쉽고 성능에 거의 영향을 미치지 않는다. 코드에서 대부분의 통신은 컴포넌트 내부에서 이루어지며 변경되지 않는다. 그러나 클라이언트-서버 간의 연결에서처럼 컴포넌트 간에 통신이 발생하면 커넥터를 사용하는 사용자를 방해하지 않고 구현을 변경할 수 있도록 커넥터를 일급으로, 그리고 대체할 수 있게 만드는 것을 고려하기를 권장한다.

적합한 커넥터 선택. 원칙적으로 컴포넌트 간에 모든 종류의 커넥터를 사용할 수 있지만 실제로는 한 종류의 커넥터 또는 다른 종류에 대한 기본 설정이 있다. 예를 들어 간단한 메서드 호출이 작동할 때 이벤트 버스를 사용하면 비효율적이거나, 많은 스레드와 공유 메모리 통신을 사용하면 복잡할 수 있지만, 작동하게 만드는 것을 상상할 수 있다. 겉보기에 비슷하지 않은 통신 수단을 모두 '커넥터'라는 범주에 넣으면 적절한 타입의 커넥터를 선택하는 문제에 집중하기가 더 쉽다.

커넥터를 아키텍처 언어의 일급 요소로 취급하면 선택한 아키텍처와 마찬가지로 커넥터 선택이 적절하거나 부적절할 수 있음을 쉽게 알 수 있다. 기본적으로 모든 커넥터가 로컬 메서드 호출이며 실제로 가장 좋은 선택이라고 가정할 수 있지만, 통신이 시스템이나 프로세스에 걸쳐 있을 때는 사용할 수 없다. 또한 시스템을 분석하거나 새로운 속성을 보장해야 할 때는 반드시 최선의 선택이 아니다. 메서드 호출은 저수준 커넥터이므로 더 스마트한 커넥터보다 해결해야 할 문제에 거의 영향을 주지 않는다.

도서관 예에서 각 커넥터에는 **LibraryDesk**에서 **Library System**으로 체크인과 체크아웃 요청을 전달하는 일과 같이 수행할 도메인별 작업이 있다. 해당 도메인별 작업의 요구사항을 적절한 품질과 기능을 제공하는 커넥터 타입과 일치시켜야 한다. 예를 들어, 로컬 프로시저 호출 커넥터나 공유 메모리 커넥터를 선택했다면 LibraryDesk와 Library System 컴포넌트가 동일한 시스템에 있어야 한다. 파이프를 선택했다면 입력 스트림을 쉽게 변환할 수 있지만 LibraryDesk로 돌아가는 반환값에 대한 별도의 커넥터가 필요하다. 비동기식 이벤트 커넥터를 사용하면 여러 시스템에서 수신 이벤트의 균형을 더 쉽게 조정할 수 있지만 일반적으로 미래의 알 수 없는 시간에 돌아오는 응답을 처리하는 데 복잡성이 수반된다.

2장에서는 거시적 규모에서 아키텍처 선택이 어떻게 품질(예: 처리량, 사용성^{usability}, 수정가능성)이 다른 시스템을 생성하는지를 설명했다. 여기 미시적 규모에서도 커넥터 선택이 다른 품질을 산출한다는 사실을 알 수 있다.

속성. 다른 아키텍처 요소와 마찬가지로 커넥터에는 속성이 있다. 커넥터의 일반적인 속성에는 성능(처리량 및 레이턴시), 보안, 신뢰성, 동기/비동기식 전달, 전달 보장, 압축, 버퍼링이 포함된다.

다이어그램에는 보통 커넥터의 모든 관련 세부 정보를 표시하기에 충분한 공간이 없으므로 세부 정보는 일반적으로 다른 곳에서 제공된다. 다른 사람에게 커넥터를 설명할 때 [그림 12-7]에 설명한 공통 커넥터 속성을 설명하면 도움이 된다. [그림 12-8]은 Library System과 사람의 레코드를 포함하는 외부 데이터베이스([그림 12-3]의 커넥터) 간의 커넥터를 문서화하는 예다.

속성	노트
커넥터 이름	잘 설명하는 적절한 이름이 없을 때는 양 끝 컴포넌트의 이름을 사용할 수 있다.
역할	각 역할의 이름을 지정하고 포트 호환성을 명확하게 해야 한다.
토폴로지	대부분의 커넥터는 바이너리이지만 일부는 삼항 또는 다방향이다.
기능성	커넥터는 데이터 변환 수행, 일관성을 위한 데이터 수정 또는 패치(예: 특수 문자 인용, 댕글링 HTML 태그 닫기), 스트림 암호화 및 해독을 할 수 있다.
타입 모델	포트와 마찬가지로 커넥터에는 사용자가 이해해야 하는 도메인이 있다. 타입 모델을 문서화할 때 타입이 개념적 타입인지 데이터 교환 타입인지 명확하게 하자. 모델이 그림으로 표현되었다면 후자는 «interchange»로 스테레오타입화할 수 있다.
행위 모델	많은 커넥터는 단순히 열리거나 닫혀 있지만 더 복잡한 프로토콜이 있을 때는 UML 상태 다이어그램(또는 유사한 것)을 사용하여 그림이나 텍스트로 문서화할 수 있다.
기타 속성	신뢰성, 성능, 리소스 요구사항, 보안, 구현 기술, 표준이 포함될 수 있다.

그림 12-7 커넥터 속성의 예. 다이어그램은 커넥터에 대해 관심을 가질 수 있는 모든 속성을 거의 표시하지 않는다. 커넥터를 설명할 때 이러한 공통 속성을 고려하자

커넥터 이름	LibrarySystem–PeopleDB 커넥터
역할	rPeople 포트와 호환 pPeople 포트와 호환
토폴로지	바이너리(양방향)
기타 속성	프로토콜: SQL 전송: TCP/IP 처리량: 10,000명의 레코드/초 동기식
기능성	미정
타입 모델	pPeople 역할에 있는 PERSON 테이블의 행이 포함하는… rPeople 역할의 Person 클래스가 포함하는…
행위 모델	커넥터는 **CLOSED** 상태에서 시작하여 open() 호출 후 **OPEN** 상태로 전환된 다음 close() 호출 후 **CLOSED** 상태로 전환된다.

그림 12-8 [그림 12-3]의 Library System 컴포넌트와 PeopleDB 컴포넌트 사이의 LibrarySystem–PeopleDB 커넥터에 관한 설명

커넥터가 다이어그램에 표시되면 각 커넥터의 타입이 명확한지 확인하자. 커넥터 타입이 적다면 선 스타일(예: 굵음, 가늘, 파선)을 변경하는 방법이 효과적이지만 타입이 많을수록 UML 스테레오타입을 사용하여 커넥터의 타입을 나타내는 편이 더 명확하다.

다이어그램에 애너테이션을 달아서 커넥터의 기술과 관련된 속성을 나타내고 싶을 수 있으며 설계의 초안에서 이를 쉽게 수행할 수 있다. 그러나 어떤 커넥터의 처리량을 나타내는 속성을 추가하고 커넥터가 동기식인지 비동기식인지 커넥터에 설명을 추가할 수 있다. 이와 같은 속성 설명에 대한 오버로드에 대한 두 가지 해결책이 있다. 첫째, 다이어그램의 속성에서 설명을 생략하고 범례나 외부 설명에 적어 놓는 방법이다. 두 번째는 여러 버전의 다이어그램에 각각 다른 목적으로 애너테이션을 다는 방법이다. 예를 들어, 한 다이어그램에는 처리량과 관련된 속성을 표시하는 애너테이션을 달고 다른 다이어그램에는 보안에 도움이 되는 애너테이션을 달 수 있다.

커넥터에 화살표를 붙이는 방법도 좋아 보이지만, 화살표가 의미하는 바를 혼동할 수 있다 (15.4절 참고).

역할(role). 포트에 연결된 커넥터의 끝을 역할이라고 한다. 커넥터를 포트에 성공적으로 연결하려면 역할과 포트가 호환되어야 한다. 역할은 그래픽 다이어그램에 거의 표시되지 않는다

(즉, 포트와 커넥터만 표시됨). 하지만, [그림 12-11]에는 역할이 표시된다. 커넥터의 구체화를 보여주려면 커넥터의 역할을 표시해야 하기 때문이다.

직관적으로 임의의 포트에 임의의 커넥터를 연결할 수 없음을 알고 있다. 즉, 포트에 대한 커넥터의 역할 타입 검사를 머릿속으로 하고 있음을 의미한다. 아키텍처 기술 언어(ADL)는 이러한 직관을 형식화하고 포트와 역할을 선언하여 호환성을 명시적으로 확인할 수 있도록 한다.

다방향 커넥터 및 버스 커넥터. 대부분의 커넥터는 바이너리이므로 두 가지 역할이 있다. 바이너리 커넥터는 두 컴포넌트가 통신할 수 있도록 한다. 다방향$^{N-way}$ 커넥터에는 세 가지 이상의 역할이 있어 여러 포트 간에 다방향 통신을 할 수 있게 한다. 가장 잘 알려진 예는 이벤트 버스 또는 발행-구독 커넥터다. 이벤트 버스는 많은 컴포넌트를 연결할 수 있으므로 [그림 12-9]에서 볼 수 있듯이 일반적으로 다른 컴포넌트와 약간 다른 표기법으로 표현한다.

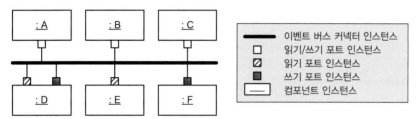

그림 12-9 읽기 포트나 쓰기 포트 또는 둘 다 가질 수 있는 여러 컴포넌트 인스턴스를 연결하는 이벤트 버스 인스턴스를 보여주는 예제 컴포넌트 조립도. 모든 인스턴스가 버스에 연결된 이러한 다이어그램에서는 어떤 인스턴스가 서로 통신할지를 알 수 없다

이벤트 버스는 애플리케이션을 유연하게 재구성할 수 있어서 설계자에게 도움이 된다. 버스의 모든 컴포넌트는 잠재적으로 버스의 다른 컴포넌트에 메시지를 보낼 수 있다. 그러나 이러한 유연성^{flexibility}은 이러한 내용을 문서로 만들 때, 의미를 모호하게 할 수 있다. [그림 12-9]를 보면 어떤 컴포넌트가 서로 통신하고 어떤 컴포넌트가 통신하지 않는지 알 수 없다. 즉, 컴포넌트 A가 컴포넌트 B와 통신할 수 있음을 알 수 있지만, 실제로 통신하는지는 알 수 없다.

부분적인 해결책은 D, E, F 컴포넌트 인스턴스와 같이 차별화된 읽기와 쓰기 포트를 사용하는 방법이다. 이렇게 하면 추가 정보가 생성되지만 누가 누구와 대화하고 있는지는 알 수 없다. 더 나은 해결책은 다이어그램에 (어떤 컴포넌트가 통신하는지, 어떤 컴포넌트가 통신하지 않는지를 매우 명확히 표현하는) 일반적인 지점 간 연결$^{point-to-point}$ 스타일을 사용하고 커넥터가 실제로 동일한 공유 이벤트 버스임을 다이어그램에 기록하는 방법이다. 또한 여러 개의 다방향$^{N-way}$

커넥터를 사용하여 컴포넌트의 하위 집합별로 공동 작업 중임을 표현하는 해결책도 있다.

목표 커넥터(goal connector). 두 종류의 커넥터를 비교해보면 유용하다. 첫 번째는 단순히 할당한 작업을 수행하는 **마이크로매니지드 커넥터**micromanaged connector다. 실패가 발생하면 충분히 관리하지 않았기 때문이다. 이 커넥터는 여러분이 이야기한 대로만 수행한다. 마이크로매니지드 커넥터는 간단한 작업을 수행하는 간단한 커넥터다. 두 번째 타입의 커넥터인 **목표 커넥터**goal connector에는 달성할 책임이 있는 할당된 목표goal or objective가 있다. 목표 커넥터를 만드는 개발자는 문제를 조사하고 발생할 만한 실패 사례를 발견하고 커넥터가 이를 처리하는지 확인하여 실패를 방지해야 한다. 목표 커넥터는 일반적으로 실제 도메인 작업을 수행해야 해서 복잡하며 완료 여부를 확인할 책임이 있다.

장애가 발생했을 때 조치를 목적으로 준비된 컴포넌트의 백업 복사본을 유지하는 간단한 작업을 고려해보자(그림 12-10). 부 데이터베이스는 주 데이터베이스와 동일한 상태를 유지해야 하므로 주 컴포넌트와 부 컴포넌트 사이에 통신이 있어야 한다.

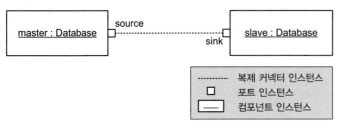

그림 12-10 복제 커넥터로 연결된 주 컴포넌트와 부 컴포넌트를 보여주는 컴포넌트 조립도. 커넥터에 목표를 제공하면 복제와 관련된 도메인과 실패했을 때 처리 방법에 관해 생각할 수 있다

주 데이터베이스가 변경될 때마다 부 데이터베이스로 프로시저 호출을 하는 방법이 먼저 떠오를 수 있다. 두 컴포넌트를 같은 시스템에 함께 배치했다면 이렇게 해도 작동할 수 있지만, 신뢰성을 높이려 백업을 별도의 시스템에 보관할 때가 많으므로 원격 프로시저 호출이나 이벤트 사용을 고려할 수 있다. 그러나 이렇게 하면 더 많은 우려가 발생할 수 있다. 메시지가 도착하지 않으면 어떻게 되는가? 주/부 컴포넌트 사이의 레이턴시가 허용되는가? 주 데이터베이스가 복제를 동기식 또는 비동기식으로 처리하는가? 데이터를 압축해야 하는가? 아니면 데이터의 차분을 효율적으로 보낼 수 있는가? 최악의 경우, 주 데이터베이스가 과도기 상태에서 실패하면 마지막으로 알려진 양호한 상태로 부 데이터베이스를 되돌려야 하는 트랜잭션 문제가 있는가?

이 커넥터에 목표를 할당하면 이를 사소한 데이터를 이동시켜주는 역할만 수행하는 것으로 취급할 가능성을 줄일 수 있다. 커넥터가 더 단순해지면 컴포넌트 중 하나 또는 둘 모두가 추가 책임을 맡게 되어 응집력cohesion과 목적goal이 희석된다. 커넥터에 동기화 목표를 할당하면 컴포넌트를 단순화하여 컴포넌트를 더 쉽게 구축 및 유지 관리할 수 있고 이해하기도 쉽다. 또한 추상화 수준을 높여 시스템 설명을 단순화한다.

도메인 커넥터(domain connector). 커넥터를 장려하는 또 다른 흥미로운 방법은 **도메인 커넥터**를 사용하는 것이다. 컴포넌트를 도메인으로 처리하고 도메인을 연결하는 작업을 커넥터에 할당하여 이를 수행한다. 마이클 잭슨Michael Jackson은 환자의 센서가 체온과 맥박을 보고하는 환자 모니터링 시스템을 설명했다. 시스템은 응급 상황이 발생했을 때 간호사에게 경고를 보내는 역할을 한다[Jackson, 2000]. 그는 환자가 심장 마비를 겪고 있다는 경보와 환자가 실수로 센서를 제거했다는 덜 긴급한 경보의 두 가지 종류가 필요함을 보여주었다.

커넥터를 사용하여 도메인을 연결하는 관점에서 이 예를 살펴보자. 첫 번째 도메인은 정확한 센서 판독값 수집이다. 환자의 체온과 맥박을 감지하려고 수집, 디지털에서 아날로그로의 변환, 스무딩, 신호 변환 등의 작업을 할 수 있다. 두 번째 도메인은 경보다. 경보의 심각도와 사람들에게 알리는 방법이 다양할 것이다. 낮은 심각도 경보는 빛을 깜박이고, 중간 심각도 경보는 근거리 신호음을 울리고, 높은 심각도 경보는 이 모든 작업에 더해 원격으로 신호음을 울리도록 구성할 수 있다.

이러한 방식으로 도메인을 정의하면 각 컴포넌트가 다른 컴포넌트나 환자 모니터링 시스템에 국한하지 않은 단일 도메인을 처리하므로 환자 모니터링 이외의 다른 콘텍스트에서 이러한 컴포넌트를 재사용할 수도 있다. 커넥터는 절연체 역할을 하여 한 컴포넌트에서 다른 컴포넌트로 도메인 세부 정보가 스며드는 일을 방지한다.

두 도메인별 컴포넌트가 상호작용할 때마다 해당 코드가 컴포넌트 중 하나 또는 둘 다에 있든 커넥터에 있든 관계없이 두 도네인을 모두 다루는 코드를 작성해야 한다. 이때 환자가 실수로 센서를 제거했다면 중간 심각도 경보를 트리거하고 심장 마비를 겪고 있다면 높은 심각도 경보를 트리거하는 코드를 작성해야 한다. 이 코드를 감지나 경보 컴포넌트에 배치하면 도메인이 혼합된다. 대신 커넥터에 배치하면 한쪽 끝은 센서 이벤트를 받고 다른 쪽 끝은 경보 이벤트를 발생시킨다. 센서와 알람의 도메인을 모두 다루는 코드가 있을 수밖에 없지만, 커넥터에 이 코드를 두면 컴포넌트에서 분리하여 격리할 수 있다.

커넥터 구축 작업을 하는 사람은 커넥터가 제공할 수 있는 이벤트를 설명하는 좋은 인터페이스를 만들 가능성이 더 높다. 명백한 인터페이스는 심박수와 온도 이벤트를 인식하지만, 커넥터 개발자는 센서 연결이 끊어지는 등의 다른 이벤트가 필요함을 알아차릴 가능성이 더 높다. 모니터링 컴포넌트에 원시 데이터를 제공하는 간단한 커넥터를 구축할 때는 이벤트 도메인을 신중하게 고려할 가능성이 없어서 연결이 끊긴 센서의 개념을 간과하기가 쉽다. 여기서 얻을 수 있는 통찰은 커넥터가 실제 작업을 수행하도록 하면 작업할 도메인이 더 간단해지고 각 도메인을 개별적으로 더 잘 이해할 수 있으므로 두 가지 이점을 모두 얻을 수 있다는 점이다.

이 예에서 센서 도메인과 알람 도메인 간의 변환은 다소 간단하지만 다른 예에서는 복잡할 수 있다. 커넥터가 크고 복잡해도 괜찮은가? 그렇다. 컴포넌트를 미세 조정하여 내부 설계를 표시하는 방법을 이미 살펴보았으며 커넥터에 동일한 미세 조정 프로세스를 사용할 수 있다. 실제로 커넥터는 컴포넌트를 사용하여 구현할 수 있다. 예를 들어 엔터프라이즈 서비스 버스는 내구성과 순차 전달 같은 속성을 보장하고 통신 인프라가 복잡하므로 많은 분산 컴포넌트와 데이터 저장소를 사용하여 구현한다.

커넥터는 소프트웨어 아키텍처의 컴포넌트와 동일하게 취급해야 한다. 커넥터에 간단한 일을 주면 여러분은 스스로 해를 입히고 응집력을 손상시키고 결합도coupling를 증가시켜 컴포넌트를 오염시킬 수 있다. 이를 해결하는 구체적인 전략은 커넥터에 목표를 할당하고 커넥터를 사용하여 도메인을 연결하는 것이다.

구체화(refinement). 커넥터 구체화는 본질적으로 컴포넌트 구체화와 동일하다. 컴포넌트를 구체화할 때 컴포넌트의 경계 모델을 컴포넌트의 내부 모델에 연결시킨다. 경계 모델에서 외부에서 볼 수 있는 기능은 포트, 불변 사항, 품질 속성 시나리오와 같이 내부 모델이 유지해야 하는 약속이다.

[그림 12-11]은 원래 [그림 12-10]에서와 유사한 복제 커넥터replication connector의 구체화refinement를 보여준다. 컴포넌트를 구체화할 때 외부 포트는 동일해야 한다(12.3절 참조). 커넥터 구체화에서 역할role은 동일해야 한다. 따라서 이전에 컴포넌트 조립도에서 튀어나온 포트를 보았을 때 복제 커넥터에서 튀어나온 소스 역할과 싱크 역할을 볼 수 있다. 바인딩은 소스 역할이 서브 컴포넌트 내부의 역할에 해당하는 방식을 보여준다.

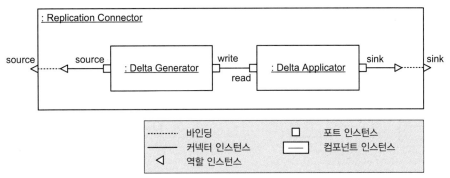

그림 12-11 [그림 12-10]의 복제 커넥터 구체화. 일반적으로 커넥터보다 컴포넌트를 구체화하지만 크고 복잡한 커넥터는 내부의 컴포넌트로 구성된다

이 그림은 어떠한 포트에도 연결되지 않은 댕글링 역할dangling role**3**을 하는 커넥터를 보여주므로 다른 그림과 다르다. 다른 모든 다이어그램은 포트에 바인딩된 커넥터를 보여준다. 이때 역할은 그림으로 표시되지 않는다.

모델링 유연성(modeling flexibility). 컴포넌트와 마찬가지로 커넥터는 실제 작업을 수행할 수 있으며 구체화refinement를 통해 내부 구현을 공개할 수 있다. 이 조합은 커넥터 모델링 방법에 대한 옵션을 제공한다. 예를 들어, [그림 12-12]에 있는 세 가지 대안은 모두 컴포넌트 A와 C의 통신을 보여준다. 옵션 (a)에서 컴포넌트 B는 연결을 중개하고 파일에 기록한다. 이 모델은 정전 중에도 메시지를 잃지 않는 내구성이 있는 이벤트 버스의 구현과 일치한다. 파일이 생략된 옵션 (b)로 모델링할 수도 있다. 파일은 여전히 사용할 수 있지만 B하고만 통신하므로 컴포넌트 B의 내부 모델에 표시하도록 선택할 수 있다. 그리고 옵션 (c)에서와 같이 매우 간단하게 모델링할 수 있다. 이때, 파일과 컴포넌트는 A와 C 사이 커넥터 내부 모델의 일부이다. 설계는 세 가지 모델링 옵션 모두에서 같지만 (b)와 (c)는 더 많은 세부 정보를 숨길 수 있다는 점이 중요하다.

---

3   옮긴이_ 댕글링(dangling)은 연결된 포인터나 레퍼런스가 없는 객체를 의미한다. 이와 유사하게 커넥터에서도 포트와 연결되지 않음을 나타낸다.

(a) 가장 자세한 정보. 임시 파일 및 컴포넌트 B 표시

(b) 컴포넌트 B의 내부로 모델링된 임시 파일 (c) 가장 간결함. 임시 파일과 컴포넌트 B는 커넥터의 일부임

그림 12-12 컴포넌트 B와 임시 파일이 중간에 포함되는 컴포넌트 A와 C 간의 연결을 모델링하는 다양한 옵션

이처럼 모델링 옵션 중에서 선택하는 일은 어렵고 상세한 맥락 없이 좋은 선택을 하기는 불가능하다. 아키텍처 모델이 수학의 이야기 문제와 비슷하다는 점을 기억하자. 서로를 향해 달리는 두 기차 이야기를 듣고 언제 만나게 될지 물으면 질문에 답하는 데 도움이 되지 않는 세부 사항을 모델에서 추출할 것이다. 즉, 어떤 모델링 옵션이 가장 적합한지 결정하려면 모델이 답해야 하는 질문에 초점을 맞춰야 한다.

예를 들어, A와 C가 구매한 컴포넌트이고 B를 개발할 때는 B를 명시적으로 표시하는 모델을 선택할 가능성이 높다. 모델에 발생할 만한 보안 위협을 분석해야 한다면 중간 파일을 보고 변조할 수 있는지 알고 싶을 것이다. 컴포넌트 B를 이벤트 버스로 사용하여 컴포넌트 A와 C의 구성을 분석할 때는 B와 파일을 모두 숨긴다.

객체 지향 프로그래밍이 주류가 된 1990년대에는 개발자가 객체의 특성에 관한 농담을 자주했다. '객체란 무엇인가?'라고 질문하면 '여러분이 원하는 것은 무엇이든 객체다'라고 대답할 것이다. 하지만 일단 객체 지향 프로그래밍을 경험하고 나면 무언가를 객체로 모델링해야 할지와 단순히 기존 객체의 속성으로 만들지를 직관적으로 구분할 수 있게 되어서 이런 농담이 더는 재미있지 않게 된다. 아키텍처 모델링이 주류가 되면서 동일한 변화가 일어날 것이며, 모델링 유연성에 관해 농담하는 대신 개발자는 질문에 답하는 데 도움이 되는 모델을 구축할 것이다.

12.5 설계 결정

개발자가 소프트웨어를 설계하고 개발할 때 설계 결정을 내린다. 그리고 이러한 결정 중 일부는 다른 결정보다 더 중요하다. 즉, 일부 결정은 중추적pivotal이다. 이러한 중추적인 **설계 결정**design decision은 그 시점 이후의 결정을 형성하고 설계 공간을 제한한다. 이러한 설계 결정은 가볍게 내려지지 않으며 일반적으로 개발자에게는 결정의 기초가 되는 광범위한 근거rationale가 있다.

개발자는 시스템 설계에 관한 결정을 매일 내리며 일반적으로 시스템에 관한 통찰력을 거의 제공하지 않는다. 몇 가지 결정만 중추적인 설계 결정으로 간주할 가치가 있다. 덜 중요한 결정을 적어 놓거나 구두로 토론하는 등의 시간 낭비에 주의해야 한다.

중추적인 설계 결정을 강조하면 시스템이 왜 그런 모습이 되었는지를 다른 사람들이 이해하는 데 도움이 된다. 이론적 근거는 기능적 요구사항, 품질 속성 요구사항, 설계 공간에 존재하는 트레이드오프를 포함하여 시스템을 형성하는 힘에 설계 결정을 연결한다. 설계 결정에는 공식적인 구조가 없지만 일반적으로 결정decision과 근거rationale로 구성된다. 도서관 시스템 예의 설계 결정은 다음과 같다.

> **설계 결정(design decision):** 시스템은 자바를 사용하여 구축한다. 팀원들은 자바와 정적 타입을 기반으로 하는 고급 언어를 사용해본 경험이 있다. 우리는 이러한 언어가 수정가능성을 향상할 수 있다는 점을 매우 중요하게 생각한다. C는 진화하기가 더 어려울 수 있고 성능상의 이점은 우선순위가 아니며 (잠재적인) 포인터 때문에 발생한 버그가 신뢰성을 해칠 수 있다.

결정은 그 자체로 흥미롭지만, 시스템을 만들어낸 보이지 않는 힘을 통해 통찰을 살펴볼 수도 있다. 설계 결정을 듣기 전에는 이 팀이 여러분이 좋아하는 언어를 사용하지 않은 이유가 궁금했을 수 있다. 자바를 사용하기로 했다는 사실만으로는 이러한 이유를 파악하지 못한다. 설계 결정을 듣고도 여전히 팀의 선택에 동의하지 않을지 모르지만, 설계 결정에는 해당 언어를 선택한 근거가 있으므로 적어도 이유를 알 수 있다.

중추적인 설계 결정을 적어두면 설계가 완료된 이후에도 도움이 될 수 있다. 다른 사람은 설계나 코드를 보더라도 어떤 설계 결정이 임의적이고 중추적인지 알 수 없다. 설계를 근본적으로 바꾸지 않고 임의의 결정을 변경할 수 있지만, 중추적인 결정은 변경할 수 없다. 설계 결정을 명시적으로 표현하면 10.4절에서 설명했듯이 설계 의도의 손실을 방지할 수 있다.

12.6 기능 시나리오

기능 시나리오functionality scenario는 시스템의 동작을 설명한다. 다른 아키텍처 모델에서는 시스템을 컴포넌트, 모듈, 포트, 인터페이스, 할당 요소 등의 집합으로 설명한다. 기능 시나리오는 이러한 요소가 시간이 지나면서 어떻게 변경되고 어떻게 서로 상호작용하는지에 관한 이야기를 제공한다. 예를 들어, [그림 12-3]과 [그림 12-4]의 앞부분에 있는 것과 같은 도서관 시스템의 컴포넌트 조립도는 동작이 아닌 존재하는 컴포넌트 인스턴스만 표시한다. 기능 시나리오는 해당 컴포넌트 조립도 모델이나 다른 모델이 시간에 따라 어떻게 변경되는지 설명할 수 있다. 기능 시나리오는 [그림 12-13]과 같이 텍스트로 작성하거나 UML 시퀀스 다이어그램과 같은 그림으로 작성할 수 있다.

- 이름: 모비딕 관련 도서관 시나리오
- 초기 상태: 래리는 사서다. 바트는 대출자다.
- 액터: 래리, 바트
- 단계
  1. 래리는 '낚시'에 관한 모든 책 목록을 요청한다. / 일치하는 책이 없다.
  2. 래리는 허먼 멜빌의 '모비딕'을 도서관에 추가한다. 책의 레코드가 추가된다.
  3. 래리는 허먼 멜빌의 모든 책 목록을 요청한다. / '모비딕'이 반환된다.
  4. 래리는 '낚시'에 관한 모든 책 목록을 요청한다. / '모비딕'이 반환된다.
  5. 래리는 바트의 요청으로 바트에게 '모비딕'을 대출해준다. 반납일은 9월 6일로 설정한다.
  6. 래리는 '모비딕'을 마지막으로 대출한 사람 목록을 요청하고 바트라는 결과를 받는다.
  7. 래리는 바트가 현재 대출한 책 목록을 요청한다. / '모비딕'이 반환된다.
  8. 래리는 바트가 돌려준 '모비딕'을 도서관에 반납한다.
  9. 래리는 '모비딕' 책을 도서관에서 제거한다.

그림 12-13 도서관에 책을 처음 추가하고, 대출과 반납을 하고, 최종적으로 도서관에서 제거하는 동작을 보여주는 기능 시나리오. [그림 12-3]에 있는 도서관 시스템(Library System)의 시스템 콘텍스트 다이어그램에 적용된다

이름	시나리오 이름에는 특별한 제한이 없으며 도움이 되는 설명을 붙인다.
대상 모델	시나리오를 적용하는 모델이다. 기능 시나리오는 대개 컴포넌트 조립도와 포트 타입 모델에 적용하지만, 시간이 지나면서 변경될 만한 요소가 있는 모든 모델에 적용할 수 있다.
초기 상태	초기 상태는 시나리오가 시작되기 전 모델의 상태를 설명한다. 예를 들어, 초기 상태는 도서관이 보유한 책 목록과 기존 대출 내용을 설명할 수 있다.

액터	시나리오 단계에 참여하고 시작하는 액터 목록이다.	
단계	단계는 다음으로 구성된다.	
	액터	각 단계에는 단계를 시작하는 액터가 있다. 예약되거나 시간이 지정된 이벤트는 타이머 액터로 모델링할 수 있다.
	동작	각 단계는 대상 모델에 정의된 동작의 호출을 나타낸다. 예를 들어 라이브러리 시나리오의 1단계는 ListBooksAbout(topic) 동작에 해당한다.
	참조한 모델 요소	각 단계는 모델 요소를 참조할 수 있다. 예를 들어, 도서관 시나리오의 5단계는 모델에서 정의해야 하는 '도서'와 '반납일'을 참조한다.
	반환값	각 단계에는 도서관 시나리오의 1단계처럼 슬래시 뒤에 설명하는 선택적 반환값이나 응답이 있다.

그림 12-14 기능 시나리오의 일부. 기능 시나리오는 대상 모델을 참조하며 시나리오 이름, 초기 상태, 액터 목록, 단계로 구성된다. 단계는 시작하는 액터, 수행한 동작, 참조한 모델 요소, 선택적 반환값으로 나뉜다

[그림 12-13]은 '모비딕'이라는 책을 도서관에 등록하고 폐기하기까지의 기능 시나리오 예제다. 시나리오는 모델을 통한 정상적 행위의 추적 하나를 보여주지만 가능한 모든 행위를 설명할 수는 없다. 예를 들어, 이 기능 시나리오는 대출자가 대출한 책을 분실했을 때 어떤 일이 발생하는지를 언급하지 않는다.

유스 케이스use case는 동작을 설명하는 인기 있는 방법이다. 대체로 기능 시나리오와 동일하지만 몇 가지 중요한 차이점이 있다. 유스 케이스는 시스템 사용자가 볼 수 있는 높은 수준의 활동이다. 유스 케이스는 대개 시스템 외부 액터의 목표를 달성하도록 정의하므로 내부 시스템 활동은 유스 케이스로 간주하지 않는다. 기능 시나리오가 동작의 단일 추적인 반면에 유스 케이스는 여러 추적을 설명하는 변형 단계를 포함할 수 있다. 이러한 잠재적인 차이 때문에 이 책에서는 기능 시나리오라는 용어를 사용하여 절차를 설명하지만, 이러한 차이점을 명확히 안다면 이를 **유스 케이스**라고 부를 수 있다.

이름[4]이 비슷하지만 기능 시나리오와 품질 속성(QA) 시나리오는 상당히 다르다. 품질 속성 시나리오는 기능 시나리오의 단일 단계와 유사하다. 품질 속성 시나리오라는 용어는 『소프트웨어 아키텍처 이론과 실제』(에이콘출판사, 2015)[Bass, Clements and Kazman, 2003]에서 유래했다. 기능 시나리오(또는 단순한 시나리오)라는 용어는 『Objects, Components and Frameworks with UML: The Catalysis Approach』(Addison-Wesley, 1998)[D'

---

4 이 책은 기존의 용어를 변경하지 않는 편이 바람직하다 판단해서 용어 변경을 자제한다.

Souza and Wills, 1998]에서 유래했으며, 시나리오를 사용하여 여기에 제시된 접근 방식과 기법에 영감을 주었다. 문맥상 명확하다면 기능 시나리오를 **시나리오**로 부를 수 있다.

구조(structure). 기능 시나리오는 소설과 유사한 이야기 형태라서 읽기 쉽지만 시나리오는 논 픽션이다. 구조화되어 있으며 다른 모델에 관한 확인할 수 있는 참조가 있다. 앞의 시나리오에 서 5번째 단계에 '사서 래리가 컴퓨터 시스템에서 엘프를 소환한다/엘프가 바트를 결박한다'와 같은 내용을 넣을 수 없다. 이는 (아마도) 도서관 시스템이 하는 일이 아니기 때문이다.

여기서는 엘프가 아니라 도서관과 책에 관한 이야기를 한다. 디자인 모델이 이 이야기에서 사 용할 **어휘**vocabulary를 정의하고 책에 관해 이야기할 수 있지만, 엘프에 관해서는 아니다. 다른 디 자인 모델은 스토리의 **동작**action을 더욱 제한한다. 예를 들면, 책의 추가와 대출 같은 동작이 있 으며 대출자를 결박하는 동작은 포함하지 않는다. 다른 디자인 모델과 연결할 수 있도록 기능 시나리오는 [그림 12-14]에 있는 5개 부분(시나리오 이름, 대상 모델target model, 초기 상태, 액 터, 단계)으로 구성된다.

기능 시나리오의 메타모델meta-model은 [그림 12-15]에 있으며 앞의 설명을 공식화한다. 각 기 능 시나리오에는 하나의 대상 모델과 일련의 단계가 있음을 보여준다. 각 단계(**Stage**)에는 이 를 시작하는 액터(**Actor**)와 호출되는 단일 동작(**Action**)이 있다.

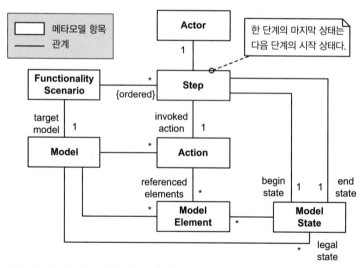

그림 12-15 기능 시나리오의 메타모델. 기능 시나리오는 일련의 단계로 구성된 동작의 추적이다. 각 단계는 액터가 시 작한 행위의 발생이며 한 정상적인 상태에서 다른 정상적인 상태로 모델을 전환한다

각 단계는 모델을 시작 상태(begin state)에서 종료 상태(end state)로 전환한다. 동작은 모델에 속하며 모델의 일부 요소를 참조한다.

동작이란 정확히 무엇인가? 각 모델에는 변경할 수 있는 방법이 있으며 동작은 이 모델을 조작하는 메커니즘이다. 일부 모델에서는 동작이 분명하다. 시나리오를 인터페이스가 있는 모듈에 적용할 때 동작은 인터페이스에 정의된 오퍼레이션operation이다. 포트가 동작을 정의하므로 컴포넌트 조립도는 유사하게 작동한다. 그러나 동작이 덜 명확하고 더 추상적일 때도 있다. 예를 들어, 시나리오는 한 사람이 수행하는 한 가지 단계인 라우터 재구성을 논의할 수 있다. 개발자가 코드를 컴파일하는 일도 동작이 될 수도 있고 새로운 데이터 센터를 시작할 수도 있다. 모델에 이미 명확하게 정의된 동작이 있을 때는 정확한 시나리오를 작성하기가 쉽지만 모델이 덜 형식적이면 좋은 시나리오를 작성하는 데 더 많은 규칙이 필요하다.

2단계 시나리오(two-level scenarios). 시나리오는 일관된 추상화 수준으로 작성해야 한다. 구조에 따라 작성하면, 시나리오가 대상 모델의 요소만 참조하므로 추상화 수준을 지켜 적용할 수 있게 된다. 이는 2단계 시나리오 자체에 일관된 추상화 수준이 있기 때문인 것으로 보인다. 이는 깔끔해보이지만 한 추상화 수준의 시나리오가 다른 수준의 시나리오와 어떻게 관련되는지 이해하기 어렵게 한다. 예를 들어, 도서관 시스템의 시나리오는 시스템과 공개적으로 볼 수 있는 동작([그림 12-13] 참조)을 참조할 수 있지만, 도서관 시스템의 내부 컴포넌트는 참조할 수 없다. 별도로 도서관 시스템 내부의 서브컴포넌트를 참조하는 다른 시나리오를 작성할 수 있다.

서로 다른 추상화 수준에서 두 시나리오가 어떻게 연결되는지 확인하려면 두 시나리오를 병합하고 관련시킬 수 있다. [그림 12-16]은 이전 시나리오의 첫 두 단계와 내부 서브컴포넌트에 발생하는 상황을 설명하는 두 번째 열을 보여준다. 첫 번째 열은 도서관 시스템 내부의 서브컴포넌트를 볼 수 없는 좀 더 추상적인 시나리오다. 두 번째 열은 서브컴포넌트가 추상 시나리오에 설명한 동작을 수행하는 방법을 설명하는 더 자세한 시나리오다.

- 이름: 모비딕 관련 도서관 시나리오
- 초기 상태: 래리는 사서다. 바트는 대출자다.
- 액터: 래리, 바트
- 단계

1. 래리는 '낚시'에 관한 모든 책 목록을 요청한다./일치하는 책이 없다.	Library Presentation(LP)은 사용자 양식에서 입력을 추출하고 삭제한다. LP는 Library Core(LC)에서 '낚시'에 관한 책을 조회한다. LC는 제목에 하위 문자열 '낚시'가 있는 Book 테이블 모든 항목의 Inventory Database(ID)를 쿼리한다. LC는 책 객체 목록을 LP로 반환한다. LP는 결과 화면으로 책 객체 목록을 렌더링한다.
2. 래리는 허먼 멜빌의 '모비딕'을 도서관에 추가한다. 책의 레코드가 추가된다.	LP는 사용자 양식에서 입력을 추출하고 삭제한다. LP, LC에 '모비딕' 책을 추가한다. LC는 ID에 '모비딕' 책의 존재를 쿼리한다. ID는 '아니오'라고 말한다. LC는 새 책 '모비딕'을 ID에 삽입한다. LC는 '모비딕' 책의 새 인쇄본을 ID에 삽입한다. LP는 성공 화면을 렌더링한다.

...

그림 12-16 [그림 12-13] 시나리오의 처음 두 단계를 자세히 설명하는 2단계 기능 시나리오의 일부. 오른쪽 열은 라이브러리 시스템의 서브컴포넌트인 LP(Library Presentation), LC(Library Core), Inventory Database(ID)를 참조한다

기능 시나리오 일반화(generalizing functionality scenario). 기능 시나리오는 하나의 추적trace일 뿐이다. 즉, 모델, 액터와 동작을 포함하는 하나의 합법적 시퀀스일 뿐이다. 가능한 모든 추적을 표현하는 일반 모델을 구축해야 할 수도 있다. 예를 들어 일반 모델은 컴포넌트 간의 프로토콜을 문서화하거나 분석하는 데 유용하다. 그룹 외부에서 사용할 컴포넌트를 제공할 때는 몇 가지 예제 시나리오를 넘어서는 문서를 제공할 수 있다.

상태 다이어그램state diagram, 활동 다이어그램activity diagram, 시퀀스 다이어그램sequence diagram 등 일반 동작을 설명하는 많은 옵션이 있다. 시퀀스 다이어그램은 전통적으로 추적을 설명하는 데 사용해왔지만 추적을 일반화할 때는 '최대 5회 루프'와 같은 애너테이션을 추가할 수 있다.

일반적인 행위 모델behavior model은 구축하기 어렵고 비용이 많이 들 수 있다. 이를 어느 정도 옳게 만들기는 쉽지만 예외적인 경로를 포함하여 100% 올바르게 만들기는 어렵다. 프로토콜을

엄격하게 분석하거나 정확한 문서를 제공하려면 일반적인 행위 모델이 필요할 수 있다. 일반적인 행위 모델은 시나리오 상상으로 돌려 볼 수 있어서 분석에 이점이 있으므로 최소한 하나의 시나리오를 포함해야 한다. 시나리오는 여러 상황에서 비용이 적게 들고 효과적이며, 이야기와 같은 형식이라서 아키텍처 전문가와 비전문가 모두 쉽게 접근할 수 있으므로 가능하다면 시나리오를 사용하기를 권장한다.

12.7 불변 사항(제약 조건)

제약 조건constraint이라고도 하는 **불변 사항**invariant은 시스템을 제한하여 시스템이 어떻게 되어야 하는지를 지정한다. 아키텍처 스타일architecture style의 특징은 시스템의 요소에 적용되는 제약이다. 예를 들어 파이프와 필터 스타일pipe-and-filter style은 파이프에 있는 항목의 순서를 제약하고 파이프와 필터를 연결하는 방법(토폴로지topology)를 제약한다.

개발자는 설계를 더 잘 이해할 수 있도록 설계에 가이드 레일(제약 사항)을 적용한다. 제한하지 않은 시스템은 무엇이든 할 수 있으므로 무엇을 할 수 있는지를 추론하기 불가능하다. '클라이언트는 데이터베이스에 직접 연결해서는 안 되며 비즈니스 계층에만 연결해야 한다'와 같은 단순한 제약 조건을 활용해 개발자는 캐싱와 성능에 관한 더 나은 추론을 할 수 있다. 요컨대, '제약 없음'은 '분석 없음'과 같다.

클래스 다이어그램의 불변 사항은 UML 노트로 작성하며 객체 제약 언어Object Constraint Language(OCL) 표현식을 중괄호 안에 넣어 작성할 수 있다. 구조적 제약은 주로 다이어그램과는 별도로 텍스트로 기록한다. 정적 불변 사항은 구조를 다루고 동적 불변 사항은 행위를 다룬다.

정적 불변 사항(static invariant). 정적 불변 사항은 생성할 수 있는 인스턴스(예: 객체, 컴포넌트 인스턴스, 커넥터 인스턴스)의 배열이나 수량에 관한 제한이다. 예를 들어 모든 트럭에 짝수의 바퀴가 있어야 한다는 불변 사항이 있을 수 있다. 이때 트럭과 바퀴를 나타내는 타입이 있고 불변 사항은 트럭과 바퀴의 인스턴스가 배열되는 방식을 제한한다. 또 다른 예로 사용자에게서 수집한 모든 데이터가 별도의 서버실에 있는 둘 이상의 하드 드라이브에 있어야 한다는 불변 사항을 들 수 있다. 정적 불변 사항은 많은 모델과 다른 형태로 나타날 수 있다. UML 클래스 다이어그램에서 연관association에 대한 '집합의 크기cardinality[5]'는 {sorted}와 같은 순서 제약 사항ordering constraint과 마찬가지로 정적 불변 사항이다.

동적 불변 사항(dynamic invariant). 동적 불변 사항은 인스턴스의 행위에 관한 제한이다. 동적 불변 사항의 예는 다음과 같다. 인쇄 드라이버만 프린터에 명령을 보낼 수 있고, 서랍을 닫는 행위는 여는 행위와 쌍을 이루며, 사용자가 티켓을 제출하면 항상 응답 이메일을 전송한다. 실제로 인간이 행위behavior를 정확하게 추론하기는 어려우므로 정적 불변 사항이 더 많이 문서화되곤 한다.

12.8 모듈

모듈module은 소스 코드(예: 클래스, 함수, 프로시저, 규칙), 구성 파일, 데이터베이스 스키마 정의와 같은 구현 결과물artifact을 모아 둔 것이다. 모듈 뷰타입module viewtype에만 나타난다.

모듈은 관련 코드를 함께 그룹화하여 인터페이스를 표시하지만 구현을 숨길 수 있다. 이런 식으로 모듈은 클래스와 유사하지만, 일반적으로 많은 클래스와 기타 결과물을 포함하므로 규모가 더 크다. 모듈의 인터페이스는 모듈에 포함된 항목의 인터페이스와 다르다.

일부 컴퓨터 언어는 모듈을 명시적으로 지원하므로 모듈을 프로그래밍 언어로 선언할 수 있다. 예를 들어 에이다Ada의 모듈은 패키지라고 하며 해당 인터페이스는 패키지 본문(즉, 구현)과 별도로 선언한다. C와 같은 다른 언어에서는 암시적으로 지원하기도 한다. 여기서 개념적으로 패키지에 있는 파일은 파일 시스템의 동일한 디렉터리에 배치된다.

모듈에는 모듈 내부의 구현 결과물에 적용되는 **프로퍼티**property가 있다. 예를 들면, 어떤 언어로 작성했는지, 어떤 표준을 준수하는지, 검토되었는지, 테스트 도구가 있는지, 어떤 플랫폼에서 작업하지 등이다. 이러한 특성은 UML 스테레오타입stereotype(예: «Java», «encrypted»)을 사용하거나 다이어그램 범례에서 정의한 고유한 표기법을 사용하여 다이어그램에 표시할 수 있다. 테이블이나 목록에서 텍스트로 모듈을 나타낼 때 속성을 추가하는 일은 간단하다.

모듈은 서비스를 제공하고 요구할 수 있다. 예를 들어 신용 카드 청구 모듈은 지불 서비스를 제

---

5 옮긴이_ 여기서 연결을 집합으로 보면, 정렬의 예에서는 입력과 출력 집합의 크기가 같다고 할 수 있다.

공할 수 있지만 작업을 완료하려면 호환되는 신용 카드 공급자가 필요하다.

모듈은 다른 모듈에 종속될 수 있으며 많은 종류의 **종속성**dependency이 있다. 가장 일반적인 종속성은 한 모듈의 코드가 다른 모듈의 코드를 호출한다는 점일 것이다. 또한 클래스의 필드가 스키마에 유지되므로 한 모듈의 클래스가 다른 모듈의 데이터베이스 스키마에 종속될 수 있다는 점도 종속성의 예다.

한 모듈은 다른 모듈에 포함될 수 있으며 이러한 관계를 **중첩**nesting 또는 포함containment이라 한다. 가시성에 따라 중첩된 모듈과 해당 내용에 다른 모듈이 액세스할 수 없게 할 수 있다. [그림 12-17]은 모듈 간의 중첩과 종속성이 있는 UML 다이어그램이다. 모듈은 선택적으로 내용을 표시하므로 세 클래스를 포함하는 모듈은 한 클래스의 일부 메서드를 표시하지만 다른 두 클래스의 메서드는 표시하지 않을 수 있다.

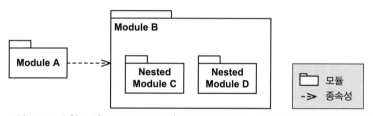

그림 12-17 중첩 모듈(Nested Module) C와 D를 포함하는 모듈 B에 모듈 A가 의존하는 UML 모듈 다이어그램

모듈의 구조적 개념은 대부분의 프로그래밍 언어에서보다 광범위하므로 개발자가 프로그래밍 관용구programming idiom**6**를 적용하여 모듈의 전체 개념을 구현해야 할 때도 있다. 예를 들어 아키텍처 관점에서 모든 모듈에는 속성이 있지만 프로그래밍 언어가 이러한 속성을 직접 표현할 수 있는 프로그래밍 언어는 거의 없으므로 프로그래머가 코드의 주석comment으로 표현할 수 있다.

계층(layer). 계층 시스템은 하위 계층이 상위 계층에 대한 가상 머신 역할을 하도록 모듈을 구성한다. 종속성은 (거의) 상위 계층이 하위 계층을 사용하고 종속할 수 있지만 그 반대는 아니다. 계층화는 모듈을 구성하는 특정 스타일이며 14.6절에서 자세히 설명한다. 모든 시스템이 계층 스타일을 따르지는 않지만 누군가 강제로 맞추려고 시도한 다이어그램을 가끔 볼 수 있다. 간단히 말해 모든 시스템에는 모듈이 있지만 모든 시스템에 계층가 있지는 않다.

---

6 옮긴이_ 자주 반복되지만 프로그래밍 언어에 내장되지 않은 간단한 작업, 알고리즘이나 데이터 구조의 코드 조각이다. 'Hello, World!' 출력 코드도 이에 해당한다.

12.9 포트

컴포넌트 안팎의 모든 통신은 컴포넌트의 포트를 통해 수행된다. 컴포넌트가 지원하는 해당 포트는 공개적으로 사용할 수 있는 모든 메서드와 응답에 사용하는 모든 공개 이벤트를 포함한다. 컴포넌트가 다른 컴포넌트에 메시지를 보내거나, 데이터베이스에 쓰거나, 인터넷에서 읽을 때 포트를 사용한다.

운영체제에도 포트 개념이 있지만 컴포넌트의 포트와 운영체제의 포트는 서로 독립적이다. 그래서 두 개념을 정렬하여 1:1 관계가 되도록 만들거나 완전히 다르다고 취급할 수 있다.

포트는 오퍼레이션operation[7]으로 행위behavior를 나타낸다. 클라이언트는 특정 순서인 프로토콜로 작업을 호출해야 할 때가 많다. 포트는 특히 프로토콜의 상태를 추적하도록 상태를 저장할 수 있다. 포트에도 프로퍼티property가 포함될 수 있는데 이는 애너테이션으로 표기할 수 있다. [그림 12-3]과 [그림 12-4]를 포함한 이 장의 많은 다이어그램에서 포트를 볼 수 있다.

제공 포트 및 필요 포트(provided port and required port). 포트를 지정하는 방법은 다양하다. 가장 쉬운 방법은 포트 이름을 지정하는 것이다. 포트는 **제공 포트**와 **필요 포트**로 분류할 수 있다. 즉, 다른 컴포넌트에 서비스를 제공하거나 다른 컴포넌트의 서비스에 의존한다는 의미다.

다이어그램에서 포트의 색상이나 음영으로 제공 포트인지 필요 포트인지를 나타내거나 [그림 12-1]에서와 같이 포트 이름에 'p'나 'r' 접두사를 붙일 수 있다. 제공 포트와 필요 포트는 주로 쌍으로 제공되며, 한쪽 연결 포트는 서비스를 '제공'하고 다른 포트에는 서비스가 '필요'하다.

그러나 대부분의 쌍으로 제공되는 포트 사이에서 일어나는 상호작용이 한쪽에서 순수하게 제공하거나 요구하지 않기 때문에 실제 컴포넌트를 볼 때 간단하게 제공/필요로 나누는 이분법의 구분은 어렵다. 또한 서비스를 제공하거나 서비스가 필요하다는 점은 포트의 한 속성일 뿐이다. 통신을 시작하는 쪽, 데이터 흐름의 기본 방향과 형식과 같은 데이터 자체의 품질도 포트의 속성이다. 이러한 문제가 있지만 일반적으로는 포트에 대략적으로 제공 포트나 필요 포트라는 레이블을 지정해두면 유용하다.

다중 포트 타입(multiple port type). 컴포넌트 타입에 모든 작업을 노출하는 하나의 포트 타입

---

7 옮긴이_ 메서드와 같은 의미로 사용한다.

만 있어도 되지만 많은 컴포넌트 타입에는 둘 이상의 포트가 있다. 포트 타입이 하나만 있으면 해당 포트 타입으로 모든 통신을 라우팅해야 하므로 여러 가지 이유로 다중 포트를 사용하는 편이 좋다.

- **책임(responsibility)**

  컴포넌트가 커지면 단일 포트에는 거대하고 다양한 책임이 생긴다. 이를 더 작고 간단하며 이해하기 쉬운 여러 포트로 나누면 도움이 된다.

- **프로토콜(protocol)**

  포트는 상태를 저장할 수 있으므로 단일 포트를 사용하면 여러 상태 기계state machine을 결합하여 복잡한 문제에 대응할 수 있다.

- **결합도(coupling)**

  컴포넌트는 각 사용자에게 제한된 뷰만 노출해서 결합도를 줄인다. 도서관 시스템 예제(그림 12-3)에서 LibraryDesk는 WebPC보다 ([그림 12-4]에서 알 수 있듯이) 더 많은 오퍼레이션에 접근할 수 있다. 결과적으로 WebPC와 Library System이 분리된 포트를 사용함으로 서로 간의 결합도가 줄어든다. 특히 LibraryDesk 관련 작업은 WebPC에 영향을 주지 않고 변경할 수 있다.

- **사용성(usability)**

  더 작거나 간단한 포트를 제공하면 각 포트의 사용자가 이해해야 하는 내용을 단순화할 수 있다.

- **호환성(compatibility)**

  각 포트에는 호환성을 확인할 수 있는 타입이 있다. 컴포넌트는 동일한 계산을 수행할 수 있지만 한 포트에서는 JSON 형식으로, 다른 포트에서는 XML 형식으로 결과를 제공한다. 동일한 컴포넌트는 기존 클라이언트를 지원하도록 동일한 인터페이스의 다른 버전을 제공할 수 있다.

비공식적으로, 개발자가 다이어그램이나 코드에서 사람이 읽을 수 있는 포트 타입 이름을 볼 때 시스템에 관한 일부 지식이 전달된다(구조적으로 명확한 코딩 스타일에 관해 10.3절에 설명한 방식으로 동작한다). 그러므로, 여러 포트가 있으면 지식과 설계 의도를 전달할 기회가 더 많아진다.

다중 포트 인스턴스(multiple port instance). 포트 타입에는 여러 인스턴스가 있을 수 있다. 예를 들어, 도서관 시스템에서 많은 WebPC 인스턴스를 도서관 시스템에 연결할 수 있다. 그러면 [그림 12-18]에서처럼 옵션이 생성된다. 옵션 (a)에서 각 컴포넌트 인스턴스는 서버의 다른 포트 인스턴스에 연결된다. 옵션 (b)에서 모든 컴포넌트 인스턴스는 서버의 단일 포트 인스턴스에 연결된다. 옵션 (c)에서 각 클라이언트−서버에는 단일 포트 인스턴스가 있지만 바이너리 커넥터 대신 다방향(여기서는 3방향) 커넥터를 사용한다.

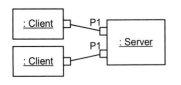

(a) 여러 포트를 보여주는 컴포넌트 조립도

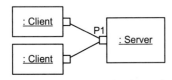

(b) 공유 포트를 보여주는 컴포넌트 조립도

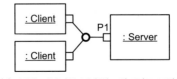

(c) 3방향 커넥터를 보여주는 컴포넌트 조립도

그림 12-18 여러 클라이언트를 처리하는 세 가지 옵션을 보여주는 컴포넌트 조립도. 서버에는 (a)각 클라이언트에 연결된 하나의 포트 또는 (b)여러 클라이언트가 공유하는 하나의 포트 또는 (c)여러 클라이언트에 연결된 다방향 커넥터가 있을 수 있다

단일 포트 공유 여부를 어떻게 선택하는가? 다중 포트 인스턴스로 포트의 상태를 추적하기가 더 쉬우며 기본적으로 이 옵션을 선택해야 한다. 공유 포트는 지름길이며 HTTP와 같이 커넥터 프로토콜이 무상태stateless이고 커넥터 간에 데이터 유출 관련 보안 문제가 없을 때 좋은 선택이 될 수 있다. 클라이언트가 API의 개별 부분을 사용할 때는 한 클라이언트에 관한 변경 사항이 다른 클라이언트에 영향을 미친다. 따라서 포트를 공유하면 결합도가 높아지므로 적합하지 않다. 또한 의미상 모호함이 있음을 알아야 한다. 예를 들어 컴포넌트가 포트로 메시지를 보낼 때 연결된 컴포넌트 중 하나로 이동하는가? 아니면 모든 컴포넌트로 이동하는가?

바이너리 또는 다방향N-way 커넥터는 언제 선택하는가? 다시 말하지만, 공유 커넥터를 통한 이벤트의 전달보다 바이너리 커넥터가 보안 측면에서 유리하므로 보안이 포트 타입 선택에 영향을 미칠 수 있다. 이벤트 버스는 이벤트 세트가 동일하게 유지되는 동안 설계자에게 컴포넌트를 쉽게 추가하고 제거할 수 있는 옵션을 제공하는 특별한 종류의 다방향 커넥터다. 다른 종류의 다방향 커넥터는 합의된 답변을 얻으려고 여러 서버를 쿼리하는 일과 같은 특수한 상황에 적합하다. 또한 여러 서버를 쿼리하여 레이턴시를 줄이거나 부하를 분산하는 데 사용하기도 한다. 일반적으로 여러 유사한 서버의 연결을 관리해야 하는 컴포넌트가 있을 때는 커넥터가 이러한 이벤트 처리를 더 잘 처리할 수 있는지 고려하자.

포트 및 인터페이스(port and instance). 주류 프로그래밍 언어는 포트를 직접 지원하지 않지만 10.3절에서 논의했듯이 구조적으로 명확한 코딩 스타일을 채택하여 포트를 표시할 수 있다. 반면에 인터페이스는 직접 표현할 수 있다. 프로그래밍 언어에서 인터페이스는 일반적으로 단순히 오퍼레이션의 목록과 같다. 포트와 인터페이스는 클라이언트가 하나의 구현이 아니라 포트와 인터페이스에 의존한다는 점에서 유사하지만 인터페이스에는 보통 인스턴스나 상태가 없다. 또한 아키텍처 모델에는 필수 포트라는 개념이 있지만 필수 인터페이스 개념을 지원하는 프로그래밍 언어는 거의 없다.

포트는 하나 이상의 인터페이스를 지원할 수 있다. 예를 들어 도서관 시스템에는 **pDesk** 포트가 있으며 [그림 12-19]와 같이 **ICheckout**과 **IQuery** 인터페이스를 지원(즉, 제공)할 수 있다. 이 그림은 **IPeople** 인터페이스가 필요한 **rPeople** 포트도 보여준다.

상태 저장 포트 및 프로토콜(stateful port and protocol). 포트에는 상태가 있을 수 있으며, 이는 일반적으로 연관된 프로토콜이 있어서 발생한다. 예를 들어 파일은 **open()**, **close()**, **read()**, **write()**와 같은 오퍼레이션을 지원하지만 클라이언트는 원하는 순서로 이러한 오퍼레이션을 호출할 수 없다. **close()**를 호출한 다음 **write()**를 호출하면 문제가 발생할 수 있다.

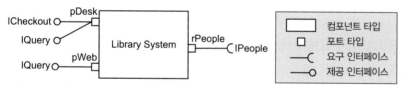

그림 12-19 제공된 포트 두 개(pDesk, pWeb)와 필수 포트 하나(rPeople)가 있는 도서관 시스템 컴포넌트. 이러한 포트는 UML 공과 소켓 표기법을 사용하여 제공된 필수 인터페이스와 함께 표시한다

사용자에게 익숙하지 않은 도메인에서는 포트의 상태 시스템을 기록해두기를 권장한다. [그림 12-20]은 쇼핑 카트 서비스를 제공하는 하나의 포트 **pCart**가 있는 **Store** 컴포넌트를 보여준다. 포트는 **newCart()**, **addItem(Item)**, **removeItem(Item)**, **checkout()**과 같은 여러 오퍼레이션을 지원한다. 이 그림은 오퍼레이션의 순서를 제한하는 상태 기계를 보여준다. 이 예는 단순화되었으며, 더 자세한 예에는 일정 시간 후에 만료되어 버려진 장바구니, 체크아웃 중 항목 제거 등이 포함된다. 상태 시스템이 복잡할수록 그림이나 텍스트로 기록하는 편이 더 유용하다.

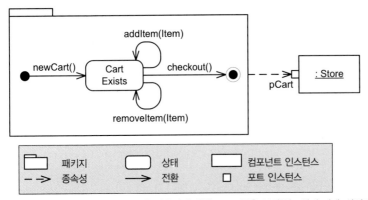

그림 12-20 포트에서 오퍼레이션을 사용하기 위한 프로토콜을 보여주는 상태 기계. 상점의 pCart 포트 사용자는 먼저 newCart()를 호출한 다음 addItem(Item)과 removeItem(Item)을 여러 번 호출한 후 checkout()을 수행할 수 있다

프로토콜 실수 리스크를 우선시한다면 포트 프로토콜을 신중하게 모델링해야 한다. 객체 지향 프레임워크 내에서 작업할 때는 콜백 메서드의 프로토콜을 이해해야 한다. 이는 애플리케이션 실행을 중단시킬 수 있는 실수가 발생하기 쉬운 곳이기 때문이다.

포트 타입 모델(port type model). 다양한 이유로 컴포넌트에 여러 포트를 배치할 수 있다. 한 가지 중요한 이유는 특정 클라이언트에 간단하고 제한된 작업 집합을 제공하는 것이다. 컴포넌트는 많은 작업을 지원하고 복잡한 도메인을 이해할 수 있지만 단일 포트는 이러한 작업 중 일부와 더 간단한 도메인만 노출할 수 있다. 포트를 활용해 컴포넌트를 효과적으로 캡슐화하는 아이디어는 11.4절에서 설명했다.

[그림 12-21]은 `Library Core` 컴포넌트([그림 12-4]의 앞부분에 있음)와 포트 4개를 보여준다. 또한 `pInventory` 포트의 타입 모델을 보여준다. 해당 포트를 사용하는 클라이언트는 `Library`, `Copy`, `Book`이라는 세 가지 타입만 이해하면 된다. 즉, 대출과 대출자를 포함한 다른 포트를 통해 라이브러리 코어가 표시하는 다른 타입을 이해할 필요가 없다. `pInventory` 포트를 사용하는 클라이언트는 `Copy` 타입에서 `is_removed` 속성으로 표시되는 `Copy`가 라이브러리에서 제거되었는지를 이해해야 하지만, 클라이언트는 `Copy`의 다른 속성을 알 필요가 없다.

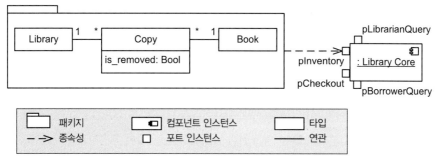

그림 12-21 포트 중 하나가 사용하는 타입을 보여주는 타입 모델. 포트의 클라이언트는 컴포넌트의 전체 타입 모델 중 일부만 이해하면 된다. Library Core 컴포넌트 인스턴스는 [그림 12-4]에 있다

이 그림은 컴포넌트 UML 아이콘이 애너티이션^{annotation}으로 달린 (스테레오타입) Library Core 컴포넌트를 보여준다. UML은 타입과 컴포넌트 모두에 동일한 다이어그램 요소(분류자 요소^{classifier element})를 사용하지만 두 가지를 동일한 다이어그램에서 거의 볼 수 없어서 혼동할 가능성이 거의 없다. [그림 12-21]에서 타입과 컴포넌트를 모두 포함하므로 아이콘은 이를 명확하게 구분하는 역할을 한다.

대부분의 아키텍처 모델에서 포트의 타입 모델은 매개변수로 포트로 들어오고 나가는 데이터 타입을 나타내지 않는다. 이럴 때는 «interchange»로 타입을 스테레오타입화할 수 있다. 이는 데이터 교환에 사용하는 자료 구조 레이아웃에 대한 커미트먼트임을 의미한다. 정확히 API 수준에서 아키텍처 모델을 사용할 때의 장단점에 관한 설명은 15.8절을 참조하자.

바인딩 및 연결(binding and attachment). 컴포넌트를 서로 내부에 중첩할 때 외부 포트가 중첩된 컴포넌트의 포트에 매핑되는 방식, 즉 **바인딩**^{binding}을 명확히 해야 한다. [그림 12-22]는 컴포넌트 A 내부에 중첩된 컴포넌트 B와 C, 컴포넌트 A의 포트 P1과 컴포넌트 B의 포트 P1 사이의 바인딩을 보여준다. 서브컴포넌트의 포트는 포함하는 컴포넌트의 포트와 호환되어야 한다. 따라서 이때 P2는 P1과 호환되어야 한다. P2에 더 많은 작업을 추가할 수 있지만 P1의 모든 오퍼레이션을 지원해야 하며 오퍼레이션의 의미를 변경할 수 없다.

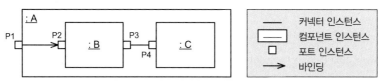

그림 12-22 컴포넌트가 여러 중첩 컴포넌트로 구현되면 외부 포트는 내부 포트에 바인딩되어야 한다. 이 다이어그램에서 외부에서 볼 수 있는 포트 P1은 포트 P1과 호환되어야 하는 내부 포트 P2에 바인딩된다

일반적으로 바인딩은 커넥터가 아니며 바인딩에서 작업을 수행할 수 없다. 대신 캡슐화를 유지하기 위해 바인딩이 존재한다. 컴포넌트 A의 사용자는 서브컴포넌트 B와 C의 존재를 모르므로 포트 P2의 존재도 모른다.

프로그래밍 언어에는 요소를 선택적으로 숨기고 표시하는 가시성 제약visibility restriction (예: 자바의 public과 private 제어자)이 있을 수 있으므로 소스 코드 구현은 컴포넌트 조립도의 모양과 다를 수 있다. 구현은 컴포넌트 B와 C의 구현을 숨기면서 포트 P2에 해당하는 인터페이스를 표시할 수 있다. 이때 포트 P1에는 런타임이 없으므로 바인딩도 마찬가지다. 바인딩은 다음과 같이 생각할 수 있다. 바인딩을 사용하면 중첩된 내부 컴포넌트의 포트가 외부 컴포넌트에서 '고정sticking out'되고 클라이언트에서 보이도록 할 수 있다.

여기에는 두 가지 주의 사항이 필요하다.. 첫째, UML에서 **위임 커넥터**delegation connector (즉, 바인딩)는 커넥터의 서브타입subtype이지만 설명에서는 런타임에 존재하거나 존재하지 않을 수 있음을 언급한다. 둘째, 때때로 여러 내부 포트로 메시지를 선택적으로 라우팅하는 일과 같이 런타임에 바인딩에서 수행되는 작업을 볼 수 있다.

커넥터의 호환되는 역할에 포트를 **연결**attach할 수 있다. [그림 12-22]에서 포트 P3는 커넥터가 (외부에서는 보이지 않는) 역할에 연결되었음을 보여준다. 반대로 그림에서 포트 P1은 연결되지 않았다고 표시된다.

12.10 품질 속성

품질 속성quality attribute은 **비기능적 요구사항**non-functional requirement이나 비기능적 속성non-functional property이라고 하는 일종의 **추가 기능 요구사항**extra-functional requirement이다. 이 맥락에서 '추가'가 '비'보다 어원적으로 더 정확하므로 '추가 기능'을 '비기능적'이라는 용어보다 더 많이 사용한다.[8] 이러한 비기능적 요구사항은 기능적 요구사항을 무효화한다는 뜻이 아니라 기능적 요구사항을 넘어섬을 의미한다.

품질 속성 이해 여부는 시스템의 아키텍처가 달성할 수 있는 품질에 영향을 미치므로 소프트웨어 아키텍처의 핵심이다. 엔지니어링 분야의 대부분과 마찬가지로 품질을 억제하기는 쉽지만

---

8   옮긴이_ 저자의 선호도를 보여주는 부분으로, 실제로는 비기능적 요구사항이라는 용어도 많이 사용한다.

촉진하기는 어렵다. 잘 관리하지 않으면 품질(예: 보안)을 망칠 수 있다. 또한 품질을 촉진하려면 신중한 계획이 필요하다.

이상적으로는 '95%의 신용 카드 거래를 7초 이내에 승인한다'와 같이 원하는 품질을 테스트할 수 있는 조건을 지정한다. 실제로 일부 품질, 특히 사용성usability, 보안, 수정가능성, 이식성과 같은 덜 정량적인 테스트를 작성하기는 어렵다. 12.11절에서는 테스트할 수 있는 품질 속성 시나리오를 작성하는 방법을 설명한다.

일부 품질 속성은 특정 뷰타입이나 뷰를 사용해서 가장 잘 분석할 수 있다. 저자의 친구인 팀Tim은 이 점을 생생하게 표현했다. 팀은 방대한 소스 코드에서 시스템의 처리 속도를 절반으로 줄여 빠르게 실행하게 하는 한 줄의 코드를 찾도록 요청했다. 이때 코드를 보는 대신 실행 추적execution trace(런타임 뷰)을 보고 문제를 빠르게 해결했다.

기능에 대한 직교성(orthogonality to functionality). 처음에는 직관에 반한다고 생각할 수 있지만, 기능과 품질 속성은 대부분 직교 문제이므로 서로 독립적이다. 워드 프로세서와 같은 특정 시스템을 느리거나 빠르게 동작하도록 만들 수 있는가? 안전한가? 테스트할 수 있는가? 이러한 모든 품질 속성에 관한 가설적인 질문을 함으로써 그것이 사실임을 스스로 확신할 수 있다. 진정으로 직교하는 관심사는 색상과 무게와 같이 서로 관계가 없다. 빨간색 또는 파란색, 무겁거나 가벼울 수 있으며 상호 간에 연결되는 부분이 없다. 그러나 클수록 더 무거워지는 경향이 있으므로 크기와 무게는 밀접한 관계가 있다. 기능과 품질 속성은 약간의 상호작용만 하므로 대부분 직교한다. 'O(n)보다 빠르게 목록을 정렬'하는 예와 같이 둘 다가 아니고 둘 중 하나만 충족하도록 기능 요구사항과 품질 요구사항 중에서 하나만 선택할 수 있다. 그러나 일반적으로 설계 공간이 크므로 기능과 품질 속성이 독립적으로 다를 수 있다.

분류(taxonomy). 성능과 같은 광범위한 범주로 품질 속성에 관해 이야기할 수 있지만 일반적으로 해당 범주 내에서 더 구체적이어야 한다. 예를 들어 처리량과 레이턴시는 성능 품질의 일종이지만 각각은 다르다. 처리량을 증가시키는 새로운 신용 카드 처리 시스템이 바람직하지만 각 인증의 레이턴시가 더 길 때는 그렇지 않을 수 있다. [그림 12-23]에는 뷰타입별로 구성된 몇 가지 일반적인 품질 속성이 있다. 대부분의 품질 속성은 세분화된 품질로 나눌 수 있다. 품질 속성의 더 큰 분류는 소프트웨어 엔지니어링 연구소(SEI) 테크니컬 리포트를 참조하자 [Barbacci et al., 1995; Firesmith, 2003].

뷰타입	품질 속성	
런타임	성능performance	레이턴시latency
		처리량throughput
		능률efficiency
		규모확장성scalability
	의존성dependability[9]	가용성availability
		신뢰성reliability[10]
		안전성safety
	보안security	기밀성confidentiality
		무결성integrity
		가용성availability
	사용성usability	개념적 무결성conceptual integrity/일관성consistency
비런타임 (모듈과 할당)	수정가능성modifiability	모듈성modularity
		상호운용성interoperability
		이식성portability
		통합성integratability
		개념적 무결성conceptual integrity/일관성consistency
		확장성extensibility
		구성가능성configurability
	재사용성reusability	
	지원가능성supportability	
	배포가능성deployability	
	테스트가능성testability	

그림 12-23 추가 기능 요구사항이나 공통 품질 속성의 일부 용어 분류. 품질 속성은 대부분 기능과 직교한다

12.11 품질 속성 시나리오

품질 속성 시나리오quality attribute scenario는 추가 기능 요구사항을 간결하게 표현한다. 이는 『소프트웨어 아키텍처 이론과 실제』(에이콘출판사, 2015)[Bass, Clements and Kazman, 2003]에서 자세

---

9 옮긴이_ '의존성'으로 번역한다. (광의의) 신뢰성으로 받아들일 수 있다. 『소프트웨어 아키텍처 이론과 실제』(에이콘출판사, 2015)에서는 '믿음성'을 사용한다.

10 옮긴이_ dependability에 대비하여 협의로의 신뢰성이다.

히 설명하며 아키텍처 트레이드오프 분석 방법architectural tradeoff analysis method(ATAM)[11] 및 속성 주도 설계attribute drive design(ADD) 프로세스(11.3.4절)의 필수 부분이다.

대부분의 프로젝트에서 개발자는 일반적으로 시스템의 예상 기능을 충분히 잘 알지만 품질 속성 요구사항은 추론하거나 추측해야 할 때가 많다. 시스템의 아키텍처는 처리량, 보안 등 품질 속성에 큰 영향을 미친다. 따라서 품질 속성 시나리오나 이와 동등한 것으로 무장하지 않은 개발자는 자신의 직감에 따라 아키텍처를 선택해야 하며 이해관계자는 꽤 늦게까지 문제를 발견하지 못할 수 있다. 시스템을 구축할 때 개발자마다 우선시하는 부분이 다를 수 있다. 사용성이 높은 시스템보다 보안이 높은 시스템을 선호하거나 수정하기 쉬운 시스템보다 처리량이 우수한 시스템을 선호할 수 있다.

구조(structure). 품질 속성 시나리오는 시스템 작동 방식을 설명한다는 점에서 기능 시나리오와 비슷하다. 기능 시나리오가 일련의 단계로 구성되어 각 단계가 시스템을 변환할 때는 품질 속성 시나리오가 단일 단계로 구성된다. 최소한 품질 속성 시나리오는 자극stimulus과 반응response을 설명한다. 자극의 예로는 버튼을 누르는 사용자, 시스템을 공격하는 침입자, 처리 요청된 일괄 처리batch process, 수정을 요청하는 이해관계자가 있다. 반응의 예로는 생성 데이터, 관리자에게 공격 알림, 작업 완료, 시스템에 통합된 변경 사항이 있다.

품질 속성 시나리오의 전체 구조에는 소스, 자극, 환경, 산출물artifact, 응답, 응답 측정response measure이 포함된다. [그림 12-24]는 도서관 시스템(Library System)의 품질 속성 시나리오 예다.

소스	시스템 이해관계자 또는 개발자
자극	PeopleDB를 바꾸고 싶음
환경	설계 타임
산출물	코드
반응	Library System 코드를 변경하지 않고 PeopleDB를 교체함
반응 측정	3일 이내
전체 품질 속성 시나리오	시스템 이해관계자가 PeopleDB를 호환되는 다른 것으로 교체하려고 한다. Library System 코드를 변경하지 않고 3일 이내에 변경한다.

그림 12-24 도서관 시스템에 관한 품질 속성 시나리오의 예. 일부분을 생략할 수 있지만 반증할 수 있는 시나리오를 작성하려고 노력해야 한다

---

11 옮긴이_ 15.6.2절 참고

반증가능성(falsifiability). 최소한의 품질 속성 시나리오를 작성할 때도 이를 반증[12]할 수 있도록 노력해야 한다. 품질 속성 시나리오가 반증되지 않는다면 시스템이 품질 속성을 지원할 수 있는지 (또는 지원하지 않는지) 확신할 수 없다. 시스템은 '사용자 친화적user friendly'이어야 하지만 누가 판단할 것인가? 반응 측정은 결과를 반증할 수 있게 만들어 테스트 가능하게 하기 때문에 중요하다.

반증할 수 있는 품질 속성 시나리오를 작성하는 일은 처리량과 같은 정량적 품질 속성에서는 쉽지만 사용성이나 수정가능성과 같은 QA에서는 어색하고 어렵다. 성능과 관련된 품질 속성 시나리오를 작성할 때 시스템이 수행해야 하는 작업의 본질을 드러낸 것처럼 느껴진다. '100번의 쿼리를 1초안에 처리하고 응답한다', '1초 안에 응답한다', '총시도의 90%에 대해서 성공적으로 응답한다', '5초 안에 응답한다'가 그 예가 될 수 있다. 반면에 앞에서 본 성능에서의 예와 유사하게 수정가능성 시나리오를 작성할 수는 있지만, 본질이라기보다는 특별한 상황에 더 가깝다. 예를 들어, 3~4개의 수정가능성 시나리오를 처리하는 것을 보여 수정가능성이 높다고 할 수 있다. 하지만 다른 시나리오에서는 설계한 시스템을 추후 개선하기 매우 어려울 수 있다. 불완전하더라도 반증할 수 있는 품질 속성 시나리오는 단순히 '사용자 친화적으로 만들기'라고 적은 품질 시나리오보다는 낫다.

시나리오 찾기(finding scenario). 우리 문화의 진가를 알아보려면 다른 문화를 보며 여행하는 방법이 가장 좋다는 말이 있다. 그리고 이는 품질 속성에서도 맞는 말이다. 항상 IT 시스템을 개발한다면 품질 속성의 우선순위를 머릿속에 정리해 둘 수 있으며 이 순위는 시스템, 웹, 임베디드 개발자가 정리한 순위와 다를 수 있다. 다른 시스템을 살펴보면 구축 중인 품질을 이해하고 우선순위를 다시 지정하는 데 도움이 된다.

품질 속성 시나리오는 가만히 있어도 주어지는 것이 아니라 여러분이 능동적으로 찾아야 하는 대상이다. 아키텍처가 프로젝트에 큰 리스크라면 부지런히 검색해야 한다. 빈 종이보다는 틀린 추측이라도 제공하는 것이 더 낫다. 그렇기 때문에 여러분이 찾은 최고의 품질 속성 시나리오 추측을 이해관계자들에게 뿌려 수정하도록 요청함으로써 더 나은 응답을 이끌어 낼 수 있다. 이러한 과정을 품질 속성 워크숍quality attribute workshop(15.6.2절 참조)이라고 한다. 아키텍처 트레이드오프 분석 방법architectural tradeoff analysis method(ATAM)(15.6.2절 참조)과 같은 구조화된 프

---

12 옮긴이_ 어떤 사실이나 주장에 반대되는 근거를 대어 틀렸음을 증명하는 일. 여기서는 품질 속성 시나리오의 기술로 품질 속성을 확보할 수 있는지 확인한다.

로세스는 품질 속성 시나리오를 요청하는 좀 더 공식적인 방법이다.

아키텍처 드라이버(architecture driver). 아키텍처 드라이버는 이해관계자에게 중요하고 달성하기 어려운 품질 속성 시나리오다. 이는 기능 시나리오일 수도 있다. 가장 어려운 시나리오와 가장 중요한 시나리오의 교차점을 나타낸다. 따라서 시스템을 설계할 때 가장 주의를 기울여야 하는 시나리오다.

아키텍처는 요구사항을 지원해야 하지만 시스템 요구사항이 너무 많아서 생각에 집중하기가 어려울 때도 있다. 아키텍처 드라이버 목록을 짧게 유지하면 생각에 집중하고 아키텍처가 가장 어렵고 중요한 요구사항을 지원하도록 할 수 있다.

아키텍처 드라이버는 기존 QA 및 기능 시나리오 목록에서 선택한다. 이해관계자는 일반적으로 높음(H), 중간(M), 낮음(L) 척도로 중요도에 따라 각 시나리오를 평가한다. 또한 개발자는 달성하기 어려운 정도에 따라 각 시나리오를 평가한다. 결과로 (H, M)과 같은 튜플이 만들어진다. 아키텍처 드라이버는 일반적으로 이해관계자에게 중요하고 구축하기 어려운 시나리오인 (H, H) 튜플이다.

『소프트웨어 아키텍처 이론과 실제』(에이콘출판사, 2015)[Bass, Clements and Kazman, 2003]의 저자들이 아키텍처 설계 프로세스를 추진하는 데 사용하는 것을 지지해서 아키텍처 드라이버라는 이름이 붙여졌다(속성 주도 설계(ADD), 11.3.4절 참조). 이 책은 비슷한 목표이지만 완전히 같지는 않은 아키텍처 활동을 선택하는 데 리스크를 사용하는 것을 지지한다. 리스크 주도 모델은 '우리 팀은 어떤 활동을 해야 하며 언제 중단해야 하는가?'라는 질문에 답하는 데 도움이 된다. 아키텍처 드라이버는 '내 아키텍처가 어떤 기술적 품질을 갖춰야 하는가?'라는 질문에 더 잘 대답할 수 있다. 시스템이 트랜잭션 부하를 처리하지 못하는 리스크와 같은 일부 시나리오가 리스크로 고려될 수 있으므로 중복이 있다. 그러나 모든 리스크가 시나리오로 명확하게 분류되지는 않는다. 예를 들어 새로운 프레임워크와의 통합은 리스크일 수 있지만 분명히 QA 또는 기능 시나리오는 아니다.

12.12 책임

시스템을 설계할 때 시스템 요소에 책임을 할당한다. 모든 뷰타입에서 모든 모델의 요소에 책임을 할당할 수 있다. 예를 들어 사용자 인터페이스 모듈(모듈 뷰타입)은 사용자 인터페이스 렌더링을 담당하고, 컴포넌트 인스턴스(런타임 뷰타입)는 콜로라도에 있는 직원 관련 데이터를 담당하며, 알링턴에 있는 시설(할당 뷰타입)은 오프사이트 백업offsite backup[13]을 담당할 수 있다. 요소의 책임을 이름에 암시할 때가 많다.

시스템 요소에는 기능 및 품질 속성 책임이 모두 있을 수 있다. 개발자는 기능적 책임을 먼저 생각하는 경향이 있지만 품질 속성 책임을 간과해서는 안 된다. 데이터베이스는 콜로라도에 있는 직원에 관한 데이터를 저장하는 역할을 할 수 있지만 0.5초 이내에(또는 99.99% 가동 시간 내에) 쿼리를 처리하는 역할을 할 수도 있다.

의도 체인(chain of intentionality). 책임 할당은 아키텍처 의도 체인의 아이디어와 연결된다 (2.1절 참조). 특히, 의도 체인은 요소에 할당해야 하는 책임과 합리적인 구현을 위해 열어open 둘 수 있는 책임을 결정하는 데 도움이 된다.

다음은 최고 수준의 아키텍처 의도가 책임 할당으로 어떻게 흘러가는지 보여주는 예다. 시스템의 아키텍처 드라이버 중 하나가 1초 내에 쿼리를 처리하며 사용자 인터페이스, 비즈니스 로직, 지속성persistence[14] 계층을 포함한 3계층 아키텍처 스타일을 결정했다고 가정해보자. 쿼리가 1초 내에 처리되도록 해야 하므로 왕복 시간이 안전하게 1초 미만이 되도록 각 계층과 커넥터에 성능 예산performance budget을 할당한다. 각 요소의 성능 예산은 아키텍처 드라이버에서 발생하는 책임 할당이다.

반대로, 여러분은 모든 요소에 모든 품질 속성에 대한 책임을 할당하는 일을 하지 않는다. 이 예에서 시스템에는 보안 관련 아키텍처 드라이버가 없으므로 보안 책임이 할당되지 않았다. 따라서 보안 책임을 모듈에 할당할 이유가 아키텍처 의도 체인에 없는 한 아무것도 할당하지 말자. 물론 컴포넌트의 세부 사항을 보고 보안 책임이 있어야 한다고 생각했는데도 보안 관련 아키텍처 드라이버가 없다면, 아키텍처 드라이버를 놓쳤을 수 있다는 단서가 된다.

---

13 옮긴이_ 온사이트 백업은 로컬 백업을 의미하고 오프사이트 백업은 원격 백업을 의미한다.
14 옮긴이_ 시스템이 생성한 프로세스보다 오래 지속되는 시스템 상태의 특성이다. 실제로는 상태를 컴퓨터 데이터 저장소에 데이터로 저장함으로써 달성된다. 데이터베이스의 특징이기도 하다.

보편적 책임과 열거된 책임(universal and enumerated responsibility). 책임 할당은 제약이며, 책임을 작성(또는 생각하거나 구두로 전달하는 등)하는 방식에 따라 제약의 강도가 결정된다. 책임은 보편적 또는 열거형(즉, 10.1절에서 논의한 대로 내포^{intensional} 또는 외연^{extensional})으로 작성할 수 있다. 다음과 같은 보편적(내포적) 책임 할당을 고려하자.

(a) 모든 입력 유효성 검사는 사용자 인터페이스(UI) 계층에서 수행해야 한다.

이 책임은 모든 요소에서 정량화되며 사용자 인터페이스(UI) 계층만 입력 유효성 검사를 수행해야 한다고 말한다. 이는 일반적인 규칙이므로 시스템이 새로운 계층을 추가하도록 발전하더라도 해당 계층이 입력 유효성 검사를 수행하는 일을 여전히 금지한다. 이 보편적 책임 할당을 다음의 열거된(외연) 책임 할당과 비교해보자.

(b) 사용자 인터페이스(UI) 계층은 신용 카드 체크섬 및 정수 범위를 확인한다.

만약 (b)가 현재 가능한 입력 유효성 검사의 모든 경우를 포함한다면 (a)와 동일하게 보일 수 있다. 그러나 (b)는 열거된 목록이므로 시스템에 새 계층을 추가하고 나면 무슨 일이 일어날지에 관해서는 언급하지 않는다. 다음 기능이 다른 계층에서 유효성 검사를 구현할 수 있는지에 관한 지침을 제공하지 않는다.

보편적인 책임 할당은 더 강력한 제약으로, 이를 원하지 않을 수도 있다. 그러나 더 강력한 제약 조건을 원한다면 (다른 사람들이 (b)와 같은 열거형에서 패턴을 추론해야 하는지를 궁금해하도록 두는 대신) (a)와 같이 보편적으로 설명해야 한다.

12.13 트레이드오프

품질 속성은 보통 서로 상충한다. 응답 시간이 최대한 빨라지도록 시스템을 설계하면 수정가능성, 이식성, 보안이 희생될 수 있다. 이러한 트레이드오프는 때때로 문제에 내재되지만 특정 설계에 의존할 때가 더 많다.

설계 공간(기능적 요구사항을 충족하는 모든 가능한 설계 집합)을 조사하면 품질 속성을 다른 양으로 촉진하거나 억제하는 설계를 찾을 수 있다. 여러분은 채용할 수 있는 설계의 지저분한 세트를 직면하게 된다. 트레이드오프를 발견하면 혼란에서 명확성을 생성하고 문제에 대한 이해를 단순화하고 압축하게 된다. '일반적으로 플랫폼에 대한 의존성(이식성)은 속도와 균형을 이룬다. 시스템을 더 빠르게 만들려면 이식을 더 어렵게 만드는 플랫폼별 API를 직접 사용해야 한다'는 점을 알게 될 것이다. 이러한 트레이드오프는 작업 중인 문제에 대한 요약된 통찰력이라 할 수 있는 보물이다.

품질 속성 외의 다른 것들도 상충한다. 더 자세한 수준에서 설계 결정은 다른 세트를 희생시키면서 하나의 기능 세트를 가능하게 할 수 있다. 더 높은 수준에서 품질 속성은 비즈니스 의사 결정과 상충할 수 있다. 예를 들어, 일부 회사는 기능이 더 적지만 매우 유용한 제품을 생산한다. 기능을 추가하면 복잡성이 추가되므로 실제로 바람직하지 않을 수 있다.

트레이드오프는 (아마도) 시스템에 관한 가장 압축된 지식일 것이므로 시스템에 관해 문서화한다면 트레이드오프가 되어야 한다. 새로운 개발자는 설계 공간을 형성하는 짧은 장단점 목록을 읽기만 해도 시스템과 도메인에 관한 통찰력을 얻을 수 있다.

12.14 마치며

이 장에서는 아키텍처 모델링에서 사용할 중요한 모델 요소를 다뤘다. 모델 요소는 시스템 콘텍스트 다이어그램, 모듈 다이어그램, 계층 다이어그램, 할당 다이어그램, 컴포넌트 조립도와 같은 아키텍처 모델에 사용한다. 이 장에서는 모델 요소를 모델의 표준 스택에 결합하는 방법을 설명하는 7장과 디자인 모델에 관한 개요를 제공하는 9장을 보강 설명했다. 이 장과 13장은 각각 모델 요소와 관계를 다루는 유용한 참조 자료다.

아키텍처 모델에서 모든 모델링 기법을 사용하려고 노력해서는 안 된다. 저자는 C++에 관한 책을 한 번 읽은 사람이 작성한 C++ 코드를 유지했던 적이 있다. 해당 코드는 다중 상속과 언어의 다른 부분으로 가득 찼다. 이는 여러분이 원하는 방향이 아니다. 책에서는 보통 단순한 개념보다 까다로운 개념에 더 많은 시간을 소비한다. 그렇지만 시스템과 모델에서 여기서 강조하는 동일한 실수를 저지르지 말자. 컴포넌트와 기능 시나리오 같은 간단한 개념이 지배해야 한다. 그러나 때때로 아이디어를 모델링하는 가장 좋은 방법은 다방향[N-way] 커넥터(또는 기타 까다로운 개념)를 사용하는 것이며, 이제 이를 사용하는 방법을 배웠다.

CHAPTER 13

모델 관계

이 책에서는 모델 간의 관계를 확인했다. 예를 들어 도메인 모델, 디자인 모델, 코드 모델의 정준 모델 구조canonical model structure는 지정designation 및 구체화refinement 관계를 사용한다. 구체화는 경계 모델을 내부 모델에 연결하는 데도 사용한다. 뷰는 모든 곳에서 사용한다. 지금까지 이러한 관계를 직관적이고 비공식적으로 설명했다.

그러나 어느 시점에는 여러분이 소프트웨어를 설계하고 만드는 기반이 지금까지의 설명보다 더 견고하다는 점을 알고 싶을 것이다. 이 장은 관계에 대한 이해의 정확성을 더욱 높이지만, 가독성을 유지하려고 완전히 형식적으로 작성되지는 않았다. 책을 처음 읽는 다면 이 장을 건너뛰었다가 나중에 다시 읽어도 된다.

모델 관계에 대한 완전한 이해는 아키텍처의 모델에 대한 개념적 이해를 풍부하게 하고 결과적으로 모델에서 버그를 감지하는 능력을 높여준다. 이 책에서 배운 개념 모델은 몇 가지 모델링 선택을 한다. 특히 폐쇄 구체화 의미론closed refinement semantics과 요구사항으로서의 뷰view as requirement 대신 마스터 모델master model을 사용한다. 이 장을 마치면 이러한 항목을 선택한 이유를 이해하고 다른 선택 항목을 사용하는 모델을 이해할 수 있다.

모델링 관계는 소프트웨어 아키텍처나 통합 모델링 언어(UML)보다 일반적이므로 여기서는 UML을 거의 볼 수 없다. 대신 실제 집을 설계도에 연결하고 평면도의 다이어그램을 3차원 모델에 연결하는 등 집을 예로 사용하여 관계를 설명한다.

다음 절에서는 [그림 13-1]에 요약된 모델 간의 9가지 관계를 설명한다. 바로 투영(뷰)^{projection} (view), 분할^{partition}, 구성^{composition}, 분류^{classification}, 일반화^{generalization}, 지정^{designation}, 구체화^{refinement}, 바인딩^{binding}, 종속^{dependency}이다. 이 장은 모든 관계를 함께 사용하는 방법을 보여주는 예제로 마무리한다. 가장 일반적으로 사용하는 관계인 투영에서 시작한다.

관계	시작-끝	설명
투사	모델-모델	선택적 변환이 있는 세부 사항의 하위 집합
분할	모델-모델	모델 구체화
구성	모델-모델	모델 결합
분류	타입-인스턴스	인스턴스 분류
일반화	슈퍼타입-서브타입	카테고리 간의 공통된 것을 도출
지정	월드/모델-모델	모델 간 대응
구체화	모델-모델	간결한 세부 사항에서 상세한 세부 사항까지
바인딩	모델-모델	패턴에 적합
종속	모델-모델	하나의 변경으로 인해 다른 것이 변경될 수 있음

그림 13-1 이 장에서 설명하는 관계의 요약

13.1 투영(뷰) 관계

지도 제작자들은 지구의 곡면을 평평한 지도에 투영하는 다양한 방법을 발명했다. 각 방법에는 구형 표면을 평면 표면에 매핑(예: 투영)하는 수학적 함수가 필요하다. 1569년에 발명된 메르카토르 도법^{Mercator projection}이 가장 잘 알려졌으며, 경도와 위도의 모든 선이 직각으로 교차한다는 특성이 있다. 지구 표면에서 이러한 교차는 적도에서만 발생하므로 메르카토르 도법은 적도에서 멀리 떨어진 땅의 크기를 실제보다 과장하여 표현한다. 그린란드를 아프리카보다 더 크게 잘못 묘사하지만, 한 곳에서 다른 곳으로 이동하려는 선원이 둘 사이에 선을 긋고 해당 나침반 방위에서 쉽게 항해할 수 있는 유익한 속성이 있다. 피터스 도법^{Gall-Peters projection}은 국가의 정확한 크기를 나타내지만 쉬운 항해를 가능하게 하는 속성은 희생된다.

뷰view라는 용어와 같은 의미로 사용할 수 있는 **투영**projection은 비공식적으로는 특정 관점에서 볼 때 어떤 모습을 보여주는 것으로 생각할 수 있다. 더 공식적으로는 모델 세부 정보의 정의된 하위 집합을 보여준다. 투영은 국가 경계를 생략한 지도와 같은 세부 정보를 제거할 수 있다. 또한 메르카토르나 피터스 도법이 항해를 쉽게 하거나 영역 표시를 정확히 하려고 변환을 선택하는 방법에서 볼 수 있듯이 모델을 변환할 수도 있다. 그러나 투영법은 아직 존재하지 않는 정보를 추가할 수 없다. 지구본을 종이에 투영해서 새로운 대륙을 발견할 수는 없다.

투영은 주택 설계도를 만들 때 사용한다. 3차원 주택을 설계하는 동안 주택의 2차원 도면이 생성된다. 각 2D 도면은 [그림 13-2]와 같이 집 전체의 투영이다.

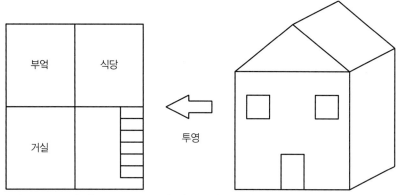

그림 13-2 3차원(3D) 주택 모델의 2차원(2D) 평면도(예: 투영)

3D 주택 계획의 내부 표현을 저장하고 요청하는 모든 2D뷰를 계산할 수 있는 컴퓨터 지원 설계computer-aided design(CAD) 프로그램을 고려하자. 3차원 내부 표현에 모든 가능한 뷰가 아직 존재하지 않으니 '투영은 아직 존재하지 않는 정보를 추가할 수 없다'는 규칙과 모순된다고 생각할 수 있다. 그러나 CAD 프로그램이 내부 표현을 변환하여 뷰를 표시하는 것은 괜찮다. 이때 단면을 계산하고 표시해야 할 수 있다. 규칙은 새로운 방이나 차고와 같이 3차원 내부 표현에서 도출할 수 없는 뷰를 금지한다.

다양한 그래픽 뷰를 사용하지만 가장 유용한 뷰는 텍스트나 표 형식의 뷰다. [그림 13-3]은 비용을 나열한 집의 뷰를 보여준다. 그림으로 그릴 수 있지만 스프레드시트 프로그램을 사용하는 편이 더 쉽고 좋다.

지붕	$17
덱	$12
...	...
도로	$35
전체	$100

그림 13-3 주택 건설 비용의 테이블 뷰와 같이 많은 뷰가 임시로 생성된다

13.1.1 뷰 간의 일관성

뷰가 둘 이상이면 여러 뷰에서 일관성을 유지하는 어려운 문제가 발생한다. 3D CAD 프로그램을 사용하여 3D 객체를 편집할 때는 프로그램이 뷰를 기계적으로 계산하고 실수하지 않기 때문에 뷰의 일관성 문제가 발생하지 않는다. 그러나 설계자는 보통 2D뷰로 작업하고 자신의 두뇌를 사용하여 다양한 뷰를 일관되게 유지한다.

저자의 동생은 건물을 짓는 프로젝트에서 이 문제에 직면한 적이 있다. 동생이 짓던 학교의 정면 뷰front-facing view에서는 설계한 대로 지은 빗물받이가 보였다. 그러나 지면을 향한 탑다운 뷰top-down view로 지형을 따라 내려다보자 빗물받이가 지면이 아닌 땅 아래로 몇 피트 들어간 곳에 있음을 발견했다. 저자의 동생이 이 불일치를 발견했을 때는 이미 현장에 불도저가 있었다. 여러분은 이러한 불일치를 이보다는 더 빨리 발견해야 한다.

뷰 일관성은 소프트웨어 아키텍처에서 어려운 문제이다(16.1절 참조). 기법을 사용하여 2차원 평면도와 2차원 측면 뷰와 같은 특정 뷰 사이의 일관성을 확인할 수 있지만, 뷰의 수가 늘어나면 일관성을 확인해야 할 부분도 증가하므로 가능하다면 일반적인 기법을 사용해야 한다.

뷰를 일관되게 유지하는 일은 어려운 문제이므로 꼭 뷰를 사용해야만 하는 이유를 알아두고 이에 따라 뷰를 작성하도록 해야 한다. 뷰는 복잡성과 규모라는 두 가지 난제에 대처하는 데 도움이 된다. 전체 모델 세부 정보의 하위 집합을 표시함으로써 뷰는 반드시 이해해야 하는 양을 줄여준다. 뷰는 주로 속도, 기류, 탐색가능성과 같은 모델의 단일 관심사를 강조한다. 예를 들어 전기 기사가 회로를 추적하려고 배선도를 사용할 때 전문가는 전체 모델 대신 뷰를 사용할 수 있다. 뷰 일관성 문제는 15.2절에서 다시 살펴보자.

13.1.2 뷰의 대상

[그림 13-4]의 뷰와 같은 집의 두 가지 뷰부터 시작하겠다. 이 두 평면도를 보면 계단이 일치하지 않음을 알 수 있다. 계단이 1층 뷰에서는 오른쪽, 2층 뷰에서는 왼쪽에 있다. 여러 뷰를 작성할 때는 뷰 충돌 문제가 빈번하게 발생한다.

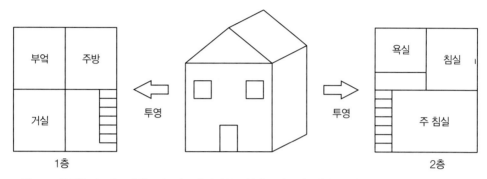

그림 13-4 동일한 마스터 모델에는 마스터 모델의 다른 부분에 주의를 집중시키는 여러 뷰가 있을 수 있다. 각 평면도는 계단을 다른 위치에 배치했는데, 여기서 질문이 발생한다. 뷰와 주 주택 모델 중 어디에 오류가 있는가?

그러나 충돌이 의미하는 바에 관한 여러 해석이 있어서 까다로울 수 있다. 관점은 확고한 요구사항이므로 충돌은 요구사항이 변경될 때까지 집을 지을 수 없음을 의미할 것이다. 또는 설계자가 설계 실수를 하고 아직 깨닫지 못했을 수도 있다. 지금부터 요구사항, 마스터 모델의 투영, 현실의 투영이라는 세 가지 뷰 해석에 관해 알아보자.

요구사항으로서의 뷰(view as requirement). 한 가지 접근 방식은 각 뷰가 요구사항을 표현한다고 해석하는 것이다. 전체 뷰 세트는 시스템의 요구사항을 나타낸다. 예를 들어, 주택을 설계할 때 건축가는 수로가 정렬되도록 부엌 위에 욕실을 배치하고 마스터 침실이 동쪽을 향하도록 요구할 수 있다. 건축가는 이들 각각에 대한 뷰를 만들어 집을 제한한다. 예를 들어 주택 비용을 제한하는 건축주의 뷰와 주택 크기를 제한하는 도시의 주택건설기준규정 뷰와 같이 다양한 이해관계자용 뷰를 얻을 수 있다.

이 접근 방식을 요구사항으로서의 뷰view as requirement 해석이라고 하자. 각 뷰는 해결책에 대한 요구사항을 표현하므로 모든 뷰의 요구사항을 충족하는 모델을 설계하고 이후에 집을 지을 수 있는지 궁금해 해야 한다. [그림 13-4]에서는 각 뷰에 대한 해결책이 있지만 결합된 뷰에 대한 해결책이 없다. 저자의 친구인 딘Dean은 '주머니에 꼭 맞는 20인치 디스플레이를 원한다'라는 예를 들어 요구사항 충돌 문제를 설명한다.

마스터 모델(master model). 뷰 일관성 문제에 접근하는 또 다른 방법은 각 뷰를 설계자의 머릿속에 있는 완전한 설계의 투영으로 해석하는 것이다. 이 접근 방식을 마스터 모델 접근 방식이라고 하자. 설계자가 뷰를 기계적으로 파생할 수 있는 완전한 마스터 모델이 있다고 가정하기 때문이다. 뷰가 일치하지 않으면 설계에 결함이 있기 때문이다. 집 평면도의 모순을 설계자 머릿속 마스터 모델의 결함으로 해석한다. 자신의 계획이나 모델이 일관적이라고 믿다가 계획을 실행하려고 할 때 비로소 잠재적인 오류를 발견한 적이 있을 것이다.

마스터 모델에는 뷰를 투영하는 데 필요한 모든 세부 정보와 실제 산출물을 설계하는 데 필요한 모든 세부 정보를 포함해야 한다. 실제로 설계자는 종종 마스터 모델을 머릿속에 두고 다양한 뷰를 생성한다. 예를 들어, 설계자는 집의 3D 모델이 아닌 2D 뷰만 그리기도 한다. 그러나 요청하면 머릿속에 있는 마스터 모델을 기반으로 원하는 2D 뷰를 모두 생성할 수 있다.

현실의 투영(project reality). 뷰에 대한 세 번째 해석은 다른 모델의 투영이 아니라 실제 산출물의 투영이라는 것이다. 이 해석을 사용하면 주택의 평면도 설계도는 건축할 미래 주택의 투영(요구사항으로서의 뷰 사용)이나 실제 주택의 투영(마스터 모델 접근법 사용)이다. 이 해석은 숙련된 수학자들이 작업에서 단계를 건너뛰거나 결합하는 방식과 같이 투영projection과 지정designation의 아이디어를 하나의 단계로 결합한다.

이 책은 마스터 모델 접근 방식을 사용하며 다이어그램은 마스터 모델의 투영 뷰를 보여준다. 이렇게 하면 만들 수 없는 뷰 세트를 생성할 가능성을 피하고 모델과 현실 세계 간의 대응 관계를 보여주는 명시적인 단계를 유지할 수 있다.

13.1.3 뷰의 분석 지원

잘 선택한 뷰는 모델 분석에 도움이 될 수 있다. 이를 통해 얻은 분석은 공식적인 문서에서는 얻기 어려운 정보이며 시각적이다. 예를 들어 집을 지을 때 일할 건설근로자의 업무 일정을 짤 때는 건설근로자 목록과 근무 가능 날짜로 시작할 것이다. 목록을 시간 순으로 정렬하지 않으면 일정 충돌이 분명하지 않다. 하지만 타임라인 차트에 배치하면 충돌하는 일정이 튀어나온다. 이렇게 표시될 때 우리의 두뇌가 겹치는 부분을 더 쉽게 감지하기 때문이다. 인간의 두뇌에 내재한 도구를 활용하여 아키텍처 분석을 수행하는 방법은 15.6.1절에서 자세히 설명한다.

다른 분석은 컴퓨터를 이용하여 알고리즘적으로 수행할 수 있다. 새 집에 면적, 창문 수, 에너지 효율을 기준으로 지방세를 부과한다면 특수 뷰를 사용하여 다양한 설계 옵션의 세금 부담을 계산할 수 있다. 고용한 각 전문 건설근로자(예: 난방이나 전기기술자)는 집의 사용자 정의 뷰를 사용하여 수행하는 전문 분석 기술이 있을 가능성이 높다.

13.1.4 뷰를 뷰타입으로 그룹화하기

9.6절에서 유사성을 기준으로 뷰를 그룹화할 수 있음을 배웠다. 집의 모든 물리적 뷰는 상세한 3D 설계를 사용하여 조정할 수 있다. 그러나 세금 부채, 집 부지 밑의 광업권, 뒷마당에 닭을 키울 수 있는지 여부 등 다양한 법적 관점에서 집을 볼 수도 있다. 이것이 3D 물리적 모델에 어떻게 들어 맞는지 상상하기는 어렵지만, 아마도 이웃과의 법률적인 문제를 검토할 수 있는 모델을 만들고 이에 맞는 뷰 추가를 고려할 수 있을 것이다. 이렇게 그룹화한 뷰를 뷰타입이라고 한다. 뷰타입의 특징은 다른 뷰타입과 조정하기 어렵다는 점이다. 소프트웨어 아키텍처의 표준 뷰타입은 모듈 뷰타입, 런타임 뷰타입, 할당 뷰타입이다.

13.2 분할 관계

어릴 적 저자와 형제들은 잔디를 깎는 집안일을 도왔다. 일이 많았고 잔디깎기 기계를 사용했으므로 구역을 앞마당과 뒷마당으로 **분할**partition하고 돌아가면서 담당하며 잔디를 깎았다. 이 작업은 앞마당과 뒷마당 전체에 해당했다. 아버지는 마당 전체의 잔디를 깎기만 하면 우리 형제가 일을 어떻게 나누는지 신경 쓰지 않았다. 여기서 분할이 겹치는 부분 없이 합해서 전체가 되는 편리한 속성을 엿볼 수 있다.

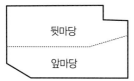

그림 13-5 파티션은 전체를 겹치지 않는 부분으로 나눈다. 아버지는 우리가 잔디를 깎는 한, 우리끼리 마당을 어떻게 나누는지 신경 쓰지 않았다

코너 케이스를 생각해보면 '앞마당만 표시하는 뷰와 뒷마당만 표시하는 뷰를 정의하면 파티션과 같지 않을까?'라고 생각했을 것이다. 실제로 이러한 뷰는 분할과 동일한 결과를 산출한다. 그러나 모든 파티션은 조각이 겹치지 않고 원본을 덮는 완전한 세트로 구성되어야 하지만 투영projection에는 그러한 요구사항이 없다.

13.3 구성 관계

구성composition은 분할과 거의 반대되는 개념이다. 분할은 모델을 가져와 더 작은 모델로 나누는 방법을 설명하고, 구성은 더 작은 모델을 가져와 더 큰 모델을 만든다. 차이점은 구성으로 결합한 부분이 전체를 구성하는 부분일 필요가 없다는 점이다. 따라서 앞마당, 뒷마당, 이웃 마당(즉, 우리 마당의 원래 분할 부분이 아닌 마당)을 구성할 수 있다. 거대한 마당을 만들어 보자. 모델링에서 이는 공유하려는 모델의 일부가 있을 때 매우 유용하다(예: 프런트엔드와 백엔드 모두에서 사용하는 공유 데이터 타입).

13.4 분류 관계

분류 시스템classification system을 사용하면 무언가를 선택하고 어떤 카테고리에 속하는지 결정할 수 있다. 철학자 플라톤의 정의에 따르면 이상적인 분류 체계에는 세 가지 속성이 있다[Bowker and Star, 1999]. 첫째, 모호하지 않다. 둘째, 각 항목은 하나의 범주category에만 해당한다. 셋째, 모든 항목을 범주로 분류할 수 있다. 완벽한 기하학적 형태와 같은 플라톤의 이상에 관한 다른 아이디어와 마찬가지로, 이러한 속성을 엄격하게 준수하는 분류 시스템[1]을 거의 볼 수 없다.

플라톤의 규칙에도 불구하고 사람들은 사물을 동시에 여러 범주로 분류하는 일을 매우 편안하게 생각한다. 집에서 사용하는 석고보드용 나사는 체결 장치fastner 범주와 마그네틱magnetic 범주

---

1 분류의 또 다른 방법은 범주를 대표하는 예를 프로토타입으로 하여 이를 범주로 정의하고 해당 프로토타입과의 유사성에 따라 포함 여부를 결정하는 것이다. 엘리노어 로쉬(Elanor Rosch)의 경험적 연구에 따르면 이 방법이 우리의 두뇌가 작동하는 방식일 가능성이 높다. 우리는 참새처럼 작고 빠르게 움직이며 날아다니는 물체를 새라고 생각한다. 이 방법으로는 타조와 펭귄을 새라고 판단하기 적절치 못하여 새의 범주에 속한다고 인식하는 데 더 오래 걸린다. 하지만 까마귀는 매우 전형적인 새이고 딱새는 훨씬 더 그렇다. 이 분류 시스템에서 분류는 포함 또는 미포함의 불리언값이 아니라 포함의 정도(degree of inclusion)다[Rosch and Lloyd, 1978].

에 속한다. 플라톤에 따르면, 한 항목이 한 범주에 속해야 하므로 이 방법은 분류 체계가 될 수 없다. 이 문제는 실제로 두 가지 분류 시스템(기능에 따른 분류 및 전자기학에 따른 분류)이 있다고 결정하거나 단순히 하나의 범주를 삭제하여 해결할 수 있다.

이 책은 **타입**type이라는 단어를 사용하여 범주를 나타내고 **인스턴스**instance가 사물 자체를 의미하도록 한다. 그리고, 인스턴스에 여러 타입이 있을 수 있도록 한다. **분류**classification는 타입과 인스턴스 간의 관계다. 분류 관계는 컴포넌트 타입 및 인스턴스, 클래스 및 객체, 기타 범주 및 분류된 항목 쌍에 적용할 수 있다.

클래스class와 **타입**type이라는 용어를 같은 의미로 사용하려는 유혹을 물리쳐야 한다. 이는 무언가(타입)를 분류하는 개념과 객체 지향 프로그래밍 언어에서 해당 개념을 구현하는 것(클래스) 사이에 혼동을 일으킬 수 있기 때문이다. 대부분의 객체 지향 프로그래밍 언어에서 해당 클래스가 다른 많은 클래스에서 파생(다중 상속)되어도 객체는 하나의 클래스를 가진다.

13.5 일반화 관계

분류는 유형이 인스턴스를 분류하는 방법을 설명하지만 일반화generalization는 한 유형이 다른 유형을 포함하는 방법을 설명한다. [그림 13-6]에서 볼 수 있듯이 저자의 집(집의 인스턴스)이 현대 주택(Modern Houses) 범주에 속한다면 '전기 배선이 된 집(Eclectic House)' 유형이기도 함을 의미한다. 집(House)은 현대 주택(Modern House)을 일반화하는 '전기 배선이 된 집(Eclectic House)'을 일반화하므로 (단지 평범한) 집(House)이기도하다. 더 일반적인 유형을 **슈퍼타입**supertype이라고 하고 덜 일반적인 유형을 **서브타입**subtype이라고 한다.

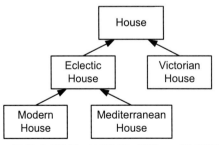

그림 13-6 일반화는 여기에 있는 집(House)과 빅토리아 시대의 주택(Victorian House) 같은 두 타입 간의 관계다. 일반화를 사용하면 여러 유형을 하나의 분류로 구성할 수 있다

리스코프 치환 원칙Liskov substitution principle[Liskov, 1987]은 쉬운 일반화 테스트를 제공한다. 서브 타입은 슈퍼타입으로 대체할 수 있어야 한다. 현대 주택(Modern House)이 '전기 배선이 된 집 (Eclectic House)'의 서브타입이므로 '전기 배선이 된 집(Eclectic House)'에서 잘 수 있다 면 현대 주택(Modern House)에서도 잘 수 있다. 객체 지향 프로그램에서는 이 서브타입 지정 테스트를 통과하지 못하는 하위 클래스를 만나게 된다.

슈퍼타입과 서브타입은 [그림 13-6]과 같이 **분류**taxonomy라고 하는 계층 구조로 구성할 수 있 다. 일반적인 분류법의 예로 기하학적 모양의 분류와 생물을 분류하는 데 사용하는 린네 분류 학Linnean taxonomy이 있다.

의심할 여지없이 분류법은 유용하지만 몇 가지 주의 사항이 있다. 일반적으로 분류법의 초기 구성은 쉽지만 완성도가 높아질수록 점차 어려워진다. 분류되는 인스턴스가 변경되고 분류를 사용하는 방식이 변경되어서 시간이 지나면 분류가 취약해질 수 있다. 많은 유용한 범주가 확 립된 분류법의 상호교차crosscut가 발생한다. 예를 들어, 새, 파리, 박쥐, 비행기는 비행체flying thing 로도 분류할 수 있다. 마지막 주의 사항은 분류가 주관적이라는 점이다. 석고보드용 나사는 체 결 장치fastner 범주로 목적에 따라 분류하거나, 자석에 붙는 물건이니 마그네틱magnetic 범주로 배 치할 수도 있음을 기억하자.

우리는 한 타입이 다른 타입을 일반화generalization하는 방법을 살펴보았다. 한 타입을 이용하여 다른 타입을 분류classification하는 일도 가능하다. 학교에서 문장을 도식화하고 품사를 명사noun 와 동사verb로 분류할 때 타입을 분류했다. 현대 주택(Modern House)과 '전기 배선이 된 집 (Eclectic House)' 유형은 일반화 관계로 서로 관련되지만 모두 분류 관계로 명사(Noun) 타 입과 관련이 있다. 모델 분야에서는 이를 메타모델링meta-modeling이라고 한다. UML에는 모든 UML 상자와 라인을 분류하는 Meta Object Facility라는 정의된 메타모델이 있다.

13.6 지정 관계

지정designation을 사용하면 두 도메인 사이(예: 현실 세계와 문제 도메인 모델 사이)를 연결할 수 있다. 벽돌로 만든 집은 폭풍이 몰아치는 동안 여러분이 젖지 않도록 하지만, 종이에 펜으로 그 린 '집'이라는 라벨이 붙은 상자는 그렇지 않다. 그러나 도메인 모델에서는 사용자의 의도에 따라 상자 그림으로 현실 세계의 벽돌집을 표현한다. 지정 관계는 두 가지를 구분하고 이 둘이 대응함을 선언한다. 다르게 말하면, 지정은 문제 도메인 모델과 디자인 모델이 서로 대응함을 표현할 수 있다.

모델에 포함하는 모든 것에 지정 관계를 적용할 필요는 없다. 가능한 한 적게 지정해야 한다. 마이클 잭슨은 이를 **좁은 다리**narrow bridge라고 한다[Jackson, 1995]. 그리고 연관된 나머지를 정의할 수 있다. 따라서 모델 하우스가 실제 주택에 해당하는 방식을 지정하면 집의 벽 배열이나 집의 넓이, 내야 하는 세금을 결정하는 방식을 정의할 수 있다. 지정은 스프레드시트에 입력하는 원시 데이터와 같이 모델의 기반 역할을 하는 데 필요한 최소한의 변수 집합으로 생각할 수 있다. 스프레드시트의 방정식은 정의definition 역할을 하며 입력 데이터를 기반으로 필요한 나머지를 계산한다.

현실 세계에서 일어나는 일을 추적하는 데 컴퓨터 시스템을 자주 사용하므로 놀랍게도 지정은 매우 일반적이다. 실물과 해당 실물의 컴퓨터 표현이 있어야 한다. 여러분은 점원이나 고객 서비스 담당자와 의사소통하는 데 어려움을 느끼면서 그들의 지정 관계가 잘못되었다는 점을 이야기해봤을 수 있다. 예를 들면, 서비스 담당자가 여러분이 이사 가기 전 주소에 살고 있다고 하거나, 미납 요금이 있다고 생각하는 상황이다. 이렇게 실제와 모델의 지정된 것을 잘못 결합하면 오류의 원인이 될 수 있다.

13.7 구체화 관계

구체화refinement는 [그림 13-7]과 같이 동일한 항목의 정교하거나 단순한 세부 표현 간의 관계다. 연필로 그린 집을 사실적인 집 그림으로 다듬을 수 있다. 또 다른 정의는 구체화에서는 상위 수준 모델에서 도출한 모든 결론이 하위 수준 모델에서도 사실이라는 것이다.

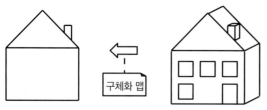

그림 13-7 구체화는 동일한 항목의 정교하거나 단순한 세부 표현 간의 관계. 이 다이어그램에서 구체화는 집의 정교한 세부 표현(오른쪽, 3D)을 단순한 세부 표현(왼쪽, 2D)과 연관시키는 데 사용한다. 더 정교한 세부 표현이 항상 더 유용하지는 않다. 구체화 맵은 많이 사용하지 않지만 하나의 표현에서 다른 표현으로 요소가 연관됨을 보여준다

구체화는 두 표현 간의 관계이므로 정교하거나 단순한 세부 표현 중 어느 쪽이 먼저 생성되는지를 생각하지 말자. 단순한 세부 표현이 적은 버전(추상 버전^{abstract version}이라고도 함)으로 시작하여 세부 표현을 추가하거나, 반대로 세세한 부분을 그리면서 집 전체 그림을 그려갈 수 있다. 어느 쪽이든 동일한 것을 두 가지로 표현한다. 하나는 정교한 세부 사항, 하나는 단순한 세부 사항을 포함한다.

더 정교한 세부 사항의 표현이 항상 더 유용하지는 않다. 전체 문서 대신 보고용 요약^{executive summary}, 전체 회의 기록 대신 회의록, 10만 라인의 구현 대신 아키텍처 모델을 사용하는 상황을 생각해보자.

구체화 맵(refinement map). 두 표현이 같은 대상에 관한 것이라면 각각의 요소 사이에 대응이 있어야 한다. 집 스케치의 지붕은 상세화 그림에서도 지붕에 해당한다. 이러한 대응 모음을 구체화 맵이라고 한다. 대부분의 대응은 단순하므로 구체화 맵을 항상 작성하지는 않는다.

13.7.1 개방 및 폐쇄 구체화 의미론

추상 모델을 구축한다면, 이를 사용하는 사람들은 자신이 무엇에 의존할 수 있는지 알아야 한다. 예를 들어, [그림 13-7]의 왼쪽과 같이 차고가 없는 집의 다이어그램을 친구에게 보여주면 친구가 더 자세한 모델이 차고를 나타내지 않을 것이라고 가정할 수 있는가? 구체화된 모델에 세부 사항을 추가할 수 있으면서, 다른 사람들에게 새로 도입할 세부 사항에 대한 확신을 주기를 원한다. 개방이나 폐쇄 구체화 의미론을 적용하여 의도를 전달할 수 있다.

- **개방 의미론(open semantics)**

  개방 의미론을 사용한 구체화는 원하는 새로운 항목을 도입할 수 있다. 집에 새로운 차고나 층은 물론이고 닭장과 풍차를 추가할 수도 있다.

- **폐쇄 의미론(closed semantics)**

  대조적으로 폐쇄 의미론은 흔히 변경되지 않는 항목의 종류를 나열하여 새롭게 도입할 수 있는 항목의 종류를 제한한다.

집의 예에서는 폐쇄 의미 체계를 사용하여 새 차고나 층이 도입되지 않도록 구체화를 범주 관점에서 제한할 수 있다. 새로운 창이나 굴뚝과 같이 목록에 언급되지 않은 사항은 추가해도 되므로 세부 정보를 변경할 때 추가할 수 있다. 일반적인 선택은 세부 표현이 단순한 모델에 이미 표시한 항목 종류의 추가를 금지하는 것이다. 예를 들어, [그림 13-7]의 왼쪽에는 굴뚝이 있으므로 폐쇄 구체화 의미론은 구체화 과정에서 굴뚝을 추가하는 일을 금지하지만, 창은 없으므로 원하는 수의 창을 추가할 수 있다. [그림 13-8]은 개방 및 폐쇄 의미론을 구체화한 집의 예다.

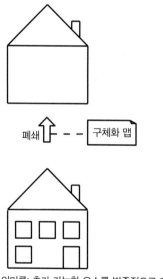

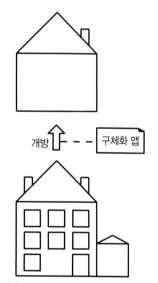

(a) 폐쇄 의미론: 추가 가능한 요소를 범주적으로 제외

(b) 개방 의미론: 무엇이든 추가 가능

그림 13-8 구체화 의미의 종류에 따라 도입할 수 있는 세부 사항이 결정된다. 이 예에서 폐쇄 의미 론은 새로운 차고, 굴뚝, 층을 도입하지 않도록 구체화 시 추가할 수 있는 요소를 범주 관점에서 제한한다. 개방 의미론에는 그런 제한이 없다. 소프트웨어 아키텍처에서는 폐쇄 의미론을 따르고 새 포트가 추가되지 않도록 하기를 권장한다

13.7.2 중첩

아키텍처 모델에서 구체화의 두 가지 일반적인 용도는 다른 모델 내에 모델을 중첩하고 세부 정보를 확대/축소하는 것이다. **중첩**nesting할 때 요소(예: 컴포넌트, 모듈, 환경 요소)의 경계 모델과 동일한 요소의 내부 모델을 구성한다. 세부 수준이 다른 동일한 모델이 두 개 있으므로 이들 간의 관계는 구체화 refinement다. 요소의 각 모델에는 오퍼레이션operation, 불변 사항invariant, 품질 속성quality attribute을 포함하여 정확히 동일한 인터페이스/API가 있다. 내부 모델이 더 많은 세부 정보를 표시한다는 점에서만 다르다. 즉, 내부 설계를 보여준다. 집 예제로 돌아가서 중첩을 사용하여 집의 두 모델을 표시할 수 있다. 하나는 내부에 방이 있고 다른 하나에는 없다.

13.7.3 세부 정보 확대/축소

구체화를 사용하는 또 다른 방법은 주어진 문제에 대해 조금 더 일반적이거나 추상적인 버전을 생각할 수 있도록 세부 사항에 거리를 두는 것이다. 예를 들어 바바라에게는 사과가 5개, 랄프에게는 3개가 있다고 해보자. 총 사과 수를 계산할 때 사람이나 사과에 관해 전혀 생각하지 않고 답을 구할 수 있다. 미세 조정은 이러한 세부 사항에서 거리를 두고 문제와 관련된 필수 사항을 명확하게 파악하는 데 사용할 수 있다.

세부 사항에서 벗어난 유명한 예에는 쾨니히스베르크의 다리 문제Seven Bridges of Königsberg가 있다. 프레겔Pregel 강은 쾨니히스베르크를 통과하며 1735년에는 이 강의 두 섬을 오가는 다리가 7개 있었다. 쾨니히스베르크 사람들은 각 다리를 단 한 번씩만 건너서 원래 자리로 돌아오는 길을 찾으려 했다. 레온하르트 오일러Leonhard Euler는 그러한 경로가 없음을 보여주었다. 그는 도시가 쾨니히스베르크이고 다리가 있다는 점과 같은 불필요한 세부 사항을 추상화하였고 이를 통해서 그래프 이론을 만들었다.

[그림 13-9]는 구체화의 중첩nesting 및 확대/축소 사용을 모두 보여준다. 왼쪽에는 경계 모델이 단일 컴포넌트(또는 모듈, 환경 요소 등)만 표시하는 방법을 보여주는 반면 내부 모델은 서브 컴포넌트 B, C, D가 있는 해당 컴포넌트와 내부 설계를 보여준다. 오른쪽에는 두 모델, 즉 컴포넌트 A의 확대된 모델과 동일한 컴포넌트의 축소된 모델을 사용하여 더 자세한 API를 설명하는 데 사용되는 구체화를 보여준다.

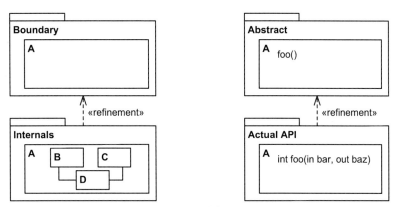

(a) 내부 모델은 A 내부에 중첩된 요소(B, C, D)를 보여준다. (b) 실제 API가 확대되어 자세한 시그너처가 표시된다.

그림 13-9 구체화는 중첩(숨겨진 내부 요소 표시) 및 확대/축소(추가 세부 정보 표시)에 사용할 수 있다

이 책의 예에서는 세부 정보를 축소^{zoom-out}²하는 데 구체화를 사용한다. 컴포넌트와 모듈의 API는 소스 코드에서 예상하는 것보다 더 추상적이며 시나리오의 각 단계가 메서드 호출이 될 만큼 충분히 상세하지 않다는 점을 알 수 있다.

13.7.4 도전과 장점

구체화를 사용할 때마다 세부 사항이 생략되므로 몇 가지 단점이 있다. 첫 번째는 전체 세부 정보를 추가할 때 진행한 설계가 무효화될 수 있는 리스크다. 조슈아 블로치^{Josh Bloch}는 지난 50년 동안 거의 모든 퀵 정렬 구현에 존재했던 버그를 발견했다[Bloch, 2006]. 문제는 의사코드로 보면 (x + y) = 2와 같은 식으로 평균을 구하지만 변수에 할당된 비트 수의 정밀도를 넘으면 실제 구현에서는 동일한 식에서 오버플로가 발생할 수 있다는 점이다. 이 리스크를 해결하는 표준화된 방법은 누락된 세부 정보가 문제를 일으켰는지 찾아서 더 추상적인 모델에 다시 추가하는 것이다. 추상 모델은 이제 더 상세하고 복잡해졌겠지만, 이전 모델은 (달 착륙 계획을 이면지에 스케치한 것과 같이) 문제를 해결하기에는 너무 축소되었다.

---

2   옮긴이_ 책에서는 상세 내용을 숨기고 추상화하는 일을 의미한다.

두 번째 단점은 추상 모델을 API 수준 문서로 사용할 수 없다는 점이다. 하지만 필요하다면 더 자세한 모델을 구축할 수 있다. 실제로 API 수준 모델은 코드가 변경될 때마다 구식이 되기 때문에 흔하게 사용하지 않는다. 모델 코드 일관성을 관리하는 전략은 10.2절에서 설명한다.

구체화^{refinement}를 사용할 때의 가장 큰 장점은 이 책 전체에서 설명하는 복잡성과 규모를 공략하는 무기로 사용할 수 있다는 점이다. 사람은 제한된 크기의 정보만 기억하고 다룰 수 있어서 크고 복잡한 시스템을 완전히 이해하기가 어렵다. 더 크고 복잡한 소프트웨어 시스템을 구축하려면 이러한 문제를 머릿속에서 처리할 수 있도록 변형해야 한다. 미세 조정으로 복잡성을 단순화하고 크기를 압축하여 다루기 쉽게 만들 수 있다.

13.8 바인딩 관계

인근 지역과 집은 패턴을 따른다. 예를 들어, 한 동네에는 집 뒤에 차고가 있는 골목이 있고 다른 동네에는 골목이 없어 차고가 집 앞에 있다. 마찬가지로, 집의 아키텍처 스타일은 오르내리기창[3]이나 미닫이창을 채용할 수 있다. 더 작은 규모에서 전기 콘센트는 전기 표준에 설정된 패턴을 따른다.

이러한 모든 예에서 일반적인 패턴이 설정되면 개별 요소가 패턴의 자리 표시자에 연결된다. 두 모델 간의 바인딩 관계는 원본 모델에서 개념을 가져오고 자리 표시자를 대상 모델의 요소와 연결한다.

집과 차고가 있는 모델(원본 모델)이 있다고 상상해보자. 이 모델에서는 집을 기준으로 차고를 자유롭게 배치할 수 있다. 차고는 전면, 골목, 측면을 향할 수 있다. 다음으로, 차고가 집에 인접한 동네의 패턴을 상상해보자. 패턴에는 세 가지 요소가 있다.

- 차고가 집과 접해야 한다는 제약 조건
- 차고 자리 표시자
- 집 자리 표시자

이 패턴을 소스 모델에 바인딩할 때 두 가지 자리 표시자를 집과 차고에 바인딩하고 이제 모델

3　옮긴이_ 비행기의 창문처럼 위아래로 여닫는 창의 형태

에 '접합' 제약 조건도 추가한다. 그 결과 집이 차고에 접해야 하는 새로운 모델이 탄생한다.

바인딩의 세부 사항을 명시적으로 작성하는 일은 지루할 수 있지만 내용 전달은 더 분명해진다. 패턴이나 스타일로 바인딩할 때 패턴과 소스 모델 사이에 무엇이 해당되는지 설명해야 한다. 결과로 도출된 모델에는 패턴과 소스 모델 모두의 모든 요소와 제약 조건이 포함된다.

13.9 종속성 관계

한 모델을 변경하면 다른 모델이 변경될 수 있을 때 종속성 관계가 존재한다. 예를 들어, 주택 건설 예상 가격과 현재 원자재 가격 간의 종속성을 표현할 수 있다.

13.10 관계의 사용

이 장에서 각 관계relationship를 설명하며 관계를 분리해서 사용하는 방식을 보았지만, 그 효용성은 합쳐져서 표현될 때 더 명확하다. [그림 13-10]은 주택과 차고를 만드는 설계의 맥락에서 대부분의 관계를 보여준다. 각 모델은 폴더 아이콘과 유사한 상자 안에 표시된다.

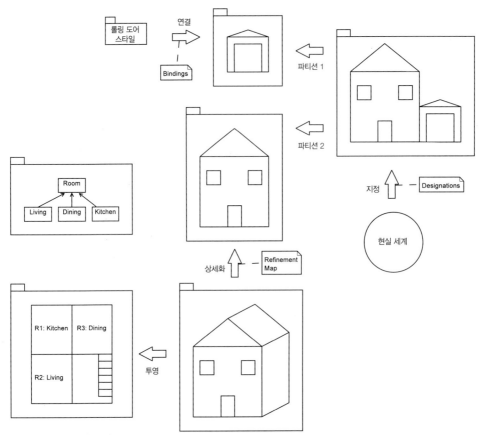

그림 13-10 요약된 다이어그램은 이 장에서 논의한 대부분의 관계를 보여준다. 현실 세계는 우리의 전체 모델과 일치하므로 지정 관계다. 차고와 집의 모형으로 나누어진다. 집 모델은 세부 사항을 표시하도록 구체화된 다음 여러 방의 모델을 구성하는 한 층의 뷰를 표시하도록 투영된다

오른쪽에서 주택과 차고 2D모델은 **지정**designation 관계를 사용하여 현실 세계로 매핑된다. 즉, 현실 세계의 집과 차고가 모델의 요소에 해당하는 것으로 표시된다. 다음으로 2D 모델을 **분할**partition하여 차고와 집을 별도로 표시한다. 상단에서 차고 모델은 요소를 패턴의 요소에 **바인딩**binding하여 롤링 도어 스타일(패턴)을 사용한다. 집의 모델은 (**폐쇄 의미론**을 사용하여) 더 상세한 3D 모델로 **구체화**refinement된다. 3D 집 모델은 1층의 평면도 뷰를 표시하도록 **투영**projection된다. 평면도는 R1이라고 표시한 Kitchen 타입의 방, R2로 표시한 Living 타입의 방, R3라고 표시한 Dining 타입의 방을 보여준다. R1과 Kitchen 간의 관계는 **분류**classification로서 타입-인스턴스 관계이며 인스턴스는 R1이고 타입은 Kitchen이다. 그리고 이 평면도 모델은 부엌, 식

당, 거실이 모든 종류의 방임을 보여주는 방의 **분류학**taxonomy를 기반으로 한다.

이 다이어그램을 어떻게 확장할 수 있는지 쉽게 알 수 있다. 누군가가 차고에 관한 더 자세한 정보를 요청하면 차고의 세부 모델을 만들고 차고를 보여주는 칸막이에 정교하게 연관시킬 수 있다. 마찬가지로 추가 투영은 다른 관점에서 뷰를 표시하거나 분석을 가능하게 할 수 있다.

13.11 마치며

이 장에서는 투영(뷰), 분할, 구성, 분류, 일반화, 지정, 구체화, 바인딩, 종속성과 같은 건물 모델에 사용할 관계를 다루었다. 이미 이러한 관계를 비공식적으로 사용했을 가능성이 크다. 항목을 좀 더 구체적으로 살펴보면 각각의 용도를 더 잘 이해하고 모델링 오류나 혼란을 피할 수 있다. 또한, 개방 의미론이나 폐쇄 의미론, 마스터 모델이나 요구사항으로서의 뷰view as requirement와 같은 선택해야 할 옵션이 있음을 이해해야 한다.

[그림 13-10]의 마지막 예에서는 서로 관련된 다이어그램 모음으로서 일반적인 상황을 잘 보여준다. 이 장에서 설명하는 관계를 이해하면 이러한 다이어그램을 일관되고 이해하기 쉬운 모델로 통합하여 보여주는 데 도움이 된다.

13.12 참고 자료

마이클 잭슨Michael Jackson은 투영, 분할, 정의, 지정을 포함한 여러 관계에 관한 자세한 토론을 제공한다[Jackson, 1995]. 데즈먼드 디수자Desmond D'Souza와 앨런 윌스Alan Wills는 구체화refinement 관계를 중심으로 분석, 설계, 코드에서의 사용에 대해 Catalysis 접근 방식을 기반으로 설명한다 [D'Souza and Wills, 1998]. 구체화는 아키텍처 모델링의 필수 요소이며 올바른 아키텍처 구체화의 정규적 처리 방법도 찾을 수 있다[Moriconi, Qian and Riemenschneider, 1995].

CHAPTER 14

아키텍처 스타일

패턴pattern은 반복되는 문제에 재사용할 수 있는 해결책이다[Gamma et al., 1995]. 패턴은 프로그래밍 언어 관용구programming language idiom와 같은 저수준의 세부 사항일 수 있으며, 일반적인 객체와 클래스 패턴을 표현하는 디자인 패턴design pattern과 같은 중간 수준이나 더 높은 수준일 수도 있다. 아키텍처 스타일architectural style은 아키텍처 수준에서 발생하며 컴포넌트와 모듈 같은 아키텍처 요소에 적용되는 일종의 패턴이다. 아키텍처 스타일은 요소와 제약 조건으로 구성된 언어를 정의한다.

아키텍처 스타일(흔히 단순한 스타일로 축약해서 사용함)은 사용할 수 있는 요소 타입(예: 모듈, 컴포넌트, 커넥터, 포트)의 집합을 정의한다. 해당 스타일을 준수하는 시스템은 설계 공간을 제약하는 세트에 포함된 해당 타입(때로는 다른 타입을 제외한 해당 타입만)을 사용해야 한다. 스타일은 시스템의 런타임 토폴로지, 모듈 간의 종속성, 커넥터 간의 데이터 흐름 방향, 컴포넌트의 가시성과 같이 타입을 사용할 수 있는 방법을 제약하는 제약 조건 집합을 추가로 정의한다. 스타일은 요소에 대한 책임을 정의할 수도 있다.

일부 산업 표준은 아키텍처 스타일로 생각할 수 있다. 예를 들어 엔터프라이즈 자바빈즈(EJB)는 사양과 여러 공급 업체 구현으로 구성된다. 빈Bean[1]과 애플리케이션 컨테이너와 같은 요소 세트와 이들 간의 관계를 정의한다.

아키텍처 스타일은 (가장 다양한 스타일을 찾을 수 있는) 런타임 뷰타입에서 처음 사용하기 시

---

1   옮긴이_ 엔터프라이즈 자바빈즈의 서버 측 컴포넌트를 의미한다.

작했다. 하지만 스타일 개념이 확장되어 모듈과 할당 뷰타입에서도 사용하게 되었다.

이 장에서는 아키텍처 스타일의 적당한 카탈로그를 제공하며 대부분은 다른 책에서 설명하는 리스트에서도 설명하는 내용이다. 여기에 있는 설명은 사용자가 부과하는 제약 조건과 그 결과로 달성하는 시스템 속성 간의 연결을 강조한다. 그러나 카탈로그로 이동하기 전에 이 장에서는 아키텍처 스타일의 장점, 실제로 볼 수 있는 스타일(구현 스타일embodied style)과 카탈로그에 있는 스타일(개념 스타일platonic style) 간의 차이점, 스타일과 아키텍처 집중 설계 간의 연결, 아키텍처 패턴과 아키텍처 스타일의 차이부터 설명한다.

14.1 장점

제약 조건은 시스템을 원하는 위치로 이동하도록 지정하는 가이드 레일(2.2절 참조) 역할을 할 수 있다. 예를 들어, 웹 시스템의 보안을 개선하면서 '모든 입력을 삭제해야 한다'는 제약 조건을 부과할 수 있다.

스타일의 제약 조건 내에서 작업하기가 어려울 수 있다. 여러분(또는 다른 사람)이 어제 부과한 제약 조건이 오늘은 부적절할 수 있다. 시스템을 스타일 내에서 구축하면 다른 스타일로 변경하는 데 상당한 노력이 필요할 수 있다. 어떤 스타일이 최선의 선택인지 미리 쉽게 결정할 수 있다면 괜찮겠지만 그렇게 하기는 어렵다. 제약 조건을 적용하면 스타일의 제약 조건을 유지하려고 명확하지 않은 설계를 찾아야 할 수 있으므로 시스템 유지 관리가 더 어려워진다. 그렇다면 제약 조건을 부과하거나 스타일을 사용해야 하는 이유는 무엇인가?

미리 만들어 놓은 제약 조건 집합(prefabricated set of constraints). 스타일은 알려진 이점과 단점이 있는 사전제작된 제약 조건 집합으로 생각할 수 있다. 사전제작으로 만들면 설계와 디버깅 작업을 절약할 수 있다. 여러분의 필요에 완벽하게 맞출 수는 없지만 이미 존재하는 알려진 속성이 있다는 장점이 있다.

일관성과 이해가능성(consistency and understandability). 스타일의 제약 조건으로 얻은 일관성은 시스템의 깔끔한 진화를 촉진하여 유지 관리를 더 쉽게 한다. 임의로 여러 좋은 아이디어를 구현하는 대신 일관되게 구현한 하나의 좋은 아이디어를 얻을 수 있다.

소통(communication). 발행–구독과 같은 단순한 스타일 이름은 다른 개발자에게 설계 의도를 간결하게 전달하므로 개발자 간의 소통이 향상된다. 이름이 지정된 디자인 패턴(예: Factory, Observer, Strategy)과 마찬가지로 아키텍처 스타일의 이름을 아는 개발자는 훨씬 더 효율적으로 소통할 수 있다.

설계 재사용(design reuse). 스타일을 사용할 때는 사전 제작된 제약 조건 세트를 재사용한다. 결과적으로 해당 스타일로 작성하는 모든 엔지니어는 해당 스타일을 발명하거나 선택한 선배 엔지니어의 설계 지식을 재사용할 수 있다. 더 나아가 아키텍처 상향 설계architecture hoisting 라고 하는 실행 코드에 이러한 스타일의 제약 조건을 적용할 수 있다. 예를 들어, NASA/JPL MDS$^{Mission Data System}$ 프로젝트는 시스템 엔지니어링과 소프트웨어 엔지니어링을 연결하는 데 잘 작동하는 컴포넌트와 관계의 세트를 설계했다. 그런 다음 스타일 제약 조건을 강제하는 이 스타일을 구현으로 끌어올려 적용했다[Barrett et al., 2004]. 그 결과 프로젝트의 모든 엔지니어가 선임 엔지니어의 설계 지식을 재사용할 수 있었다.

품질 속성 보장(ensure quality attributes). 제약 조건이 없는 임의 코드에는 모든 작업을 수행할 수 있다는 문제가 있다. 유지보수성maintainability, 규모확장성scalability, 보안security과 같은 특정 품질이 있는 코드가 필요할 때는 이를 제약해야 한다. 예를 들어 저자가 정기적으로 사용하는 소프트웨어는 스크립팅 언어로 작성한 사용자 작성 플러그인으로 확장할 수 있는 기능이 있다. 이러한 플러그인을 많이 다운로드할 수 있지만 거의 작동하지 않는다. 왜 그럴까? 소프트웨어는 여러 플랫폼에서 실행되지만 플러그인은 크로스 플랫폼 라이브러리를 사용하도록 제약되지 않기 때문이다. 제약되지 않은 플러그인은 항상 C:\TEMP와 같은 특정 플랫폼에서만 동작하는 부분을 포함하여 다른 플랫폼에서는 동작하지 않는다. 간단히 말해서, 소프트웨어가 플러그인을 여러 다른 플랫폼에서 실행하기를 원한다면 플러그인 코드가 하는 일을 제약해야 한다.

분석(analysis). 제약 조건이 없는 임의 코드에는 분석할 수 없다는 문제도 있다. 상용 기성품(COTS) 시스템을 여러분의 시스템에 통합할 수 있는지를 결정하라는 요청을 받았다고 하자. 이때, 해당 시스템에 제약 조건이 없다면 진흙탕과 같은 코드를 파헤쳐야 한다. 반면에 시스템이 여러분의 시스템과 동일한 아키텍처 스타일(아마도 클라이언트-서버)을 사용하고, 여러분의 시스템과 동일한 표준의 메시지 포맷을 사용함을 안다면 더 쉽게 (분석하고) 결정할 수 있다. 요컨대, 제약 조건constraint이 없다는 말은 분석analysis이 없다는 의미다.

14.2 개념 스타일 대 구현 스타일

디자인 패턴 책[Gamma et al., 1995]을 읽어보았다면 실제 코드가 책에 있는 패턴의 이상적인 버전과 다를 수 있음을 알게 된다. 따라서 아키텍처 스타일과 패턴도 이상과 다르며 그 차이가 상당히 클 수 있다는 점은 놀라운 일이 아니다.

패턴과 스타일은 여러 가지 용도로 사용한다. 한 가지 목적은 설명하는 역할로, 패턴 이름이 전체 설계를 전달한다는 점에서 그렇다. 또한 설계 품질을 제공하는 목적도 있다. 예를 들어 파이프와 필터 스타일pipe-and-filter style을 사용하면 필터를 재구성할 수 있다. 패턴이나 스타일에 변경을 가해도 설계 품질에 미치는 영향을 줄이면서 여전히 전체 설계를 전달할 수 있다. 이를 염두에 두고 아키텍처 스타일이나 패턴에 관해 생각하는 두 가지 양극화된 방법이 있다.

- **개념 스타일**(platonic style)

  개념 아키텍처 스타일platonic architectural style은 이상화이므로 완벽한 원과 같은 플라톤의 이상을 따서 명명했다. 이는 책에서 볼 수 있는 스타일과 패턴이며 소스 코드에서는 거의 찾아볼 수 없다.

- **구현 스타일**(embodied style)

  구현 아키텍처 스타일embodied architectural style은 실제 시스템에서 볼 수 있다. 개념 스타일에서와 같은 엄격한 제약 조건을 자주 위반한다. 이러한 위반에는 흔히 큰 트레이드오프가 포함된다. 이러한 속성은 제약 조건에서 파생되어서 더는 스타일 속성에 의존할 수 없다. NASA/JPL MDS 스타일과 마찬가지로, 구현 스타일도 때로는 개념 스타일이다.

뒤에서 살펴볼 몇 가지 예에서 이 둘의 차이를 더 잘 알 수 있고 이들 사이의 트레이드오프를 파악할 수 있다. 파이프와 필터 스타일pipe-and-filter style은 필터가 파이프로만 통신하고 그렇지 않으면 독립적이라는 제약 조건을 부과한다. 그러나 실제로는 첫 번째 그리고/또는 마지막 필터가 제약 조건을 위반하는 파이프와 필터 체인이 자주 발생한다. 때로는 첫 번째 필터가 파이프가 아닌 다른 곳에서 데이터를 읽고, 때로는 마지막 필터가 전체 체인을 제어한다. 이러한 위반이 스타일의 속성, 필터의 재구성가능성에 영향을 주는가? 아마도 첫 번째 또는 마지막 필터를 제외한 다른 필터만 재구성할 수 있을 것이다. 이러한 위반이 스타일 이름의 설명에 영향을 주는가? 아마도 아닐 것이다.

두 번째 예는 클라이언트-서버 스타일client-server style과 관련이 있다. 개념 스타일은 결합 이점을 제공하므로 서버가 클라이언트를 인식하지 못하도록 요구한다. 클라이언트 변경은 서버에 영향을 주지 않는다. 그러나 서버가 때때로 메시지 없이 데이터를 클라이언트에 푸시하도록 구현된 스타일 버전을 만날 수 있다. 이를 구현하는 방법에 따라 클라이언트에 의존하는 서버가 될 수 있다.

14.3 제약 조건 및 아키텍처 집중 설계

개념 아키텍처 스타일과 아키텍처 집중 설계(2.7절 참조)는 개념적으로 관련이 있다. 아키텍처 집중 설계는 리스크를 줄이고, 기능을 달성하거나, 품질을 보장하려고 아키텍처에 의존함을 의미한다. 목표를 달성하려고 의식적으로 아키텍처에 의존한다. 아키텍처 집중 설계를 따를 때 새로운 아키텍처를 발명하거나 시스템 품질에 영향을 미치는 기존 아키텍처 스타일을 사용해서 목표를 달성할 수 있다.

시스템 품질을 보장하려고 아키텍처에 의존하는 것은 개념 스타일 및 구현 스타일과 관련이 있다. 개념 아키텍처 스타일의 제약 조건을 엄격하게 따르면 알려진 속성이 생성되며, 이는 아키텍처 집중 설계로 진행될 가능성이 더 크다. 스타일의 일부를 아키텍처 상향 설계로 진행하도록 선택할 수도 있다(2.8절 참조).

반대로 아키텍처 무관 설계(2.6절 참조)를 따를 때는 스타일 제약 조건을 엄격하게 따르지 않는 구현 스타일을 사용할 수 있다. 발생할 수 있는 편차에도 불구하고 시스템은 원하는 품질 중 일부를 얻을 수 있다. 잘 알려진 스타일은 여전히 설계의 영감이나 가이드 역할을 한다. 이처럼 구현된 스타일을 사용하는 일은 잘못이 아니지만, 스타일의 제약 조건을 위반하고도 여전히 그 이점을 기대하는 것은 어리석은 일이므로 이를 염두하고 사용해야 한다.

14.4 패턴 대 스타일

아키텍처 패턴architectural pattern을 아키텍처 스타일과 구별해보면 도움이 될 수 있다. 패턴이 스타일보다 크기가 작다. 패턴은 설계의 어느 곳에나 나타날 수 있으며 여러 패턴이 동일한 설계에 나타날 수 있다. 대조적으로, 시스템에는 일반적으로 하나의 지배적인 아키텍처 스타일이 있다. 예를 들어 시스템에 클라이언트-서버 스타일 아키텍처가 있을 때는 최상위 설계 뷰에서 클라이언트 및 서버 컴포넌트를 볼 수 있다. 또한 시스템은 REST^{Representational State Transfer} 패턴과 같은 아키텍처 패턴을 사용하여 클라이언트–서버가 교환하는 메시지의 형식이나 디렉터리 패턴을 제약하여 클라이언트가 서버 주소를 조회하도록 할 수 있다.

아키텍처 스타일과 아키텍처 패턴의 차이는 명확하지 않으며 구별하기 어려운 예를 쉽게 찾을 수 있다. 시스템이 커질수록 독립된 하나의 시스템이 더 큰 시스템에 통합되는 시스템의 시스템을 보는 것이 더 일반적이다. 원래의 독립 시스템에 있던 아키텍처 스타일은 더 큰 시스템의 스타일에 종속된 후에 아키텍처 패턴으로 강등될까? 아마도 그럴 것이다. 따라서 무언가를 디자인 패턴, 아키텍처 패턴, 아키텍처 스타일의 관용구로 분류하는 일을 걱정하는 대신 안전하게 모두 패턴이라 부르고 아키텍처 패턴과 아키텍처 스타일이라는 용어를 동의어로 사용할 수 있다.

14.5 스타일 카탈로그

다음 절에서는 일반적인 아키텍처 스타일 몇 가지를 설명한다. 이러한 스타일은 모듈, 런타임, 할당 뷰타입에 걸쳐 있다. 아키텍처 스타일은 설계 및 구현 모델에 적용되지만 도메인 모델에는 적용되지 않는다(**분석 패턴**^{analysis pattern}[Fowler, 1996]은 도메인 모델에 적용됨). 이러한 아키텍처 스타일의 대부분은 이전에 설명했으며 두 가지 이유로 여기서 다시 다룬다. 첫 번째는 일반적인 스타일이 무엇인지 궁금할 것이므로 아키텍처와 관련된 주제에 대한 전체 범위를 제공하는 것이다. 두 번째 이유는 제약 조건과 품질 속성 결과 사이의 연결을 강화하는 것이다.

[그림 14–1]은 스타일의 개요를 제공한다. 각 스타일이 적용되는 뷰타입, 요소 및 관계, 제약 조건 및 촉진되는 품질 속성을 설명한다. 다음 절부터는 더 깊이 들어가서 스타일 변형과 예를 자세하게 살펴본다.

	뷰타입	요소 및 관계	제약 조건/가이드 레일	촉진되는 속성
계층	모듈	계층, 관계와 콜백 채널 사용	인접한 하위 계층만 사용 가능	수정가능성, 이식성, 재사용성
큰 진흙 덩치	모듈	없음	없음	없음. 그러나 많은 속성이 억제됨
파이프와 필터	런타임	파이프 커넥터, 필터 컴포넌트, 포트 읽기 및 쓰기	독립 필터, 증분 처리	재구성가능성(수정가능성), 재사용성
일괄-순차	런타임	스테이지(스텝), 작업(일괄)	독립 스테이지, 비증분 처리	재사용성, 수정가능성
모델 중심(공유 데이터)	런타임	모델, 뷰, 컨트롤러 컴포넌트, 포트의 업데이트 및 알림	뷰와 컨트롤러는 모델을 통해서만 상호작용함	수정가능성, 확장성extensibility, 동시성
발행-구독	런타임	포트, 이벤트 버스 커넥터에 발행 및 구독	이벤트 생성자와 소비자는 서로 인식하지 못함	유지보수성, 진화가능성
클라이언트-서버 및 N 계층	런타임	클라이언트 및 서버 컴포넌트, 요청-응답 커넥터	비대칭 관계, 서버 독립성	유지보수성, 진화가능성, 레거시 통합
P2P	런타임	피어 컴포넌트, 요청-응답 커넥터	평등주의적 동료 관계, 모든 노드 클라이언트 및 서버	가용성, 탄력성, 규모확장성scalability, 확장성extensibility
맵리듀스	런타임 및 할당	마스터, 맵 작업자와 리듀스 작업자. 로컬 및 글로벌 파일 시스템 커넥터	매핑 및 리듀스 기능을 위한 분할 가능한 데이터 세트, 할당 토폴로지	규모확장성scalability, 성능, 가용성
미러링mirrored, 팜farm, 랙rack	할당	다양함	다양함	다양함, 성능, 가용성

그림 14-1 이 장의 아키텍처 스타일 요약. 요소, 관계, 제약 조건, 품질 속성이 전체 목록은 본문을 참조하자

14.6 계층 스타일

가장 일반적인 스타일은 아마도 **계층** layered 아키텍처 스타일일 것이다. 많은 개발자가 모든 시스템이 이미 계층화되었거나 계층화되어야 한다고 가정한다. 소프트웨어 아키텍처가 계층화된 것으로 문서화되어 강제로 계층화된 시스템을 만날 수도 있다. 계층 스타일은 소스 코드 요소에 적용되므로 **모듈 뷰타입**의 일부다.

요소와 제약 조건(element and constraint). 계층 스타일의 필수 요소는 **계층**layer이고 필수 관계는 종속성 관계dependency relationship의 특수화specialization인 **사용**use 관계이다. 계층 스타일은 각 계층이 그 위에 있는 계층에 대한 가상 머신virtual machine 역할을 하는 계층 스택으로 구성되며([그림 14-2] 참조) 계층의 순서는 방향성 비순환 그래프directed acyclic graph를 이룬다. 단순한 계층 스타일에서 계층은 바로 아래에 있는 계층만 사용할 수 있다. 이 제약 조건은 후속 하위 계층들이 숨겨져 있으므로 계층의 인터페이스가 위 계층에 대한 가상 머신을 정의한다는 의미다. 자바 가상 머신Java Virtual Machine(JVM)을 고려해보자. 이 자바 가상 머신에서 실행되는 프로그램은 가상 머신의 후속 하위 계층을 사용할 수 없으며 결과적으로 운영체제와 하드웨어에 독립적이 된다.

계층 3	
	계층 2
계층 1	
계층 0	

그림 14-2 모듈 뷰타입의 일부인 계층 아키텍처 스타일의 예. 하위 인접 계층만 사용할 수 있는 정렬된 계층의 스택으로 구성된다. 여기서 계층 3은 계층 2와 계층 1을 사용할 수 있다. 하위 계층은 콜백을 활용하지 않는 한 상위 계층을 사용할 수 없다

결과 품질(resulting quality). 계층 스타일의 제약 조건은 **수정가능성**modfiability, **이식성**portability, **재사용성**resuability과 같은 스타일이 촉진하는 품질 속성과 직접 연결된다. 계층은 바로 아래에 있는 계층에만 의존하므로 후속 계층을 교체하거나 에뮬레이트할 수 있다. 많은 수의 계층이 있는 경우, 계층을 통합하여 적절한 비용을 쓰면서도 효율적인 실행(**성능**performance)을 얻을 수 있다. 예를 들어 개방형 시스템 간 상호접속Open Systems Interconnection(OSI) 참조 모델은 컴퓨터 네트워킹용 계층 스택을 정의하지만 비효율적인 계층의 구현은 계층 스타일을 사용하지 않은 구현보다 훨씬 느릴 수 있다.

변형(variant). 계층 스타일의 변형은 계층이 하위 계층으로 건너뛸 수 있도록 제약 조건을 회피하는 것이다. 예를 들어 HornetQ[2] 메시지 버스는 JVM에서 실행되며 논블로킹 입출력non-blocking input/output(NIO)라이브러리를 사용한다. 그러나 리눅스에서 실행하면 커널 비동기식 입출력asynchronous input/output(AIO) 라이브러리를 사용하여 성능이 향상된다. 이때 JVM에서 표준 NIO 라이브러리로 대체할 수 있으므로 성능 문제를 극복하면서도 수정가능성, 이식성, 재사용성을 유지한다.

또 다른 변형은 모든 계층이 공유하여 사용할 수 있는 공유 계층shared layer(또는 수직 계층vertical layer)다. 이러한 사용은 계층의 정의를 위배한다. 그렇다면 공유 계층가 임의의 제한되지 않은 모듈과 어떻게 다를까? 이러한 공유 계층을 다른 종류의 계층이 아닌 공유 모듈에 대한 의존성을 보여주는 시각적 편의로 해석하면 좀 더 합리적이다. 예를 들어, 시스템의 모든 계층이 C 표준 라이브러리(libc)에 의존하고 이 내용을 다이어그램에 표시하는 일이 중요하다고 생각할 때 공유 계층으로 표시할 수 있다.

노트. 계층 스타일은 개념 스타일과 구현 스타일까지 아주 다양하다. 위에서 설명한 개념 스타일은 제약 조건에서 명확한 품질 속성 혜택을 얻을 수 있다. 그러나 실제로 계층 스타일은 제약 조건을 위반할 수 있다. 그래서 여러분은 계층을 건너뛰거나 상위 계층을 사용하는 하위 계층을 볼 수 있다. 이는 품질 속성 이점을 무효화하는 효과가 있다. 하지만 이렇게 제약 조건이 무시된 형태에서도 여전히 계층은 모듈을 일관된 기능으로 그룹화하므로 개발자에게 인지적인 측면에서 이점을 제공할 수 있다.

하위 계층은 콜백 메커니즘callback mechanism을 사용해서 상위 계층과 안전하게 통신할 수 있다. 사용자 인터페이스 계층과 핵심 기능 계층의 일반적인 상황을 고려하자. 사용자 인터페이스는 코어가 수행하는 작업을 기반으로 디스플레이를 업데이트해야 할 수 있다. 작업의 상대적 완료에 따라 진행 표시줄을 업데이트해야 할 수도 있다. 코어 모듈은 작업 상태를 보고하는 콜백 인터페이스를 정의할 수 있다. 계층 순서를 그대로 유지하려면 사용자 인터페이스(UI) 계층이 콜백을 실행해야 한다. 아마도 코어에 상태를 보고하도록 요청하고 사용자 인터페이스(UI) 계층을 매개변수로 전달하여 콜백을 시작해야 한다. 사용자 인터페이스(UI) 계층은 코어 계층에서 정의한 콜백 인터페이스를 구현하기 때문에 코어 계층은 사용자 인터페이스(UI) 계층 자체에 관해 알지 못하며 의존하지 않는다.

---

2   옮긴이_ 오픈소스 기반의 비동기식 메시지 큐 프로젝트

계층 스타일에 관한 자세한 내용은 『소프트웨어 아키텍처 문서화(개정 2판)』(에이콘출판사, 2016)[Clements et al., 2010], 『Pattern-Oriented Software Architecture Volume 1: A System of Patterns』(Wiley, 1996)[Buschmann et al., 1996], 『Software Architecture: Perspectives on an Emerging Discipline』(Prentice Hall, 1996)[Shaw and Garlan, 1996]을 참고하기 바란다.

14.7 큰 진흙 뭉치 스타일

계층 스타일이 목표를 가지고 만들어지는 가장 일반적인 아키텍처 스타일이지만, 실제로는 **큰 진흙 뭉치**big ball of mud 스타일이 가장 자주 만들어진다[Foote and Yoder, 2000]. 이는 명백한 아키텍처가 없거나 기존의 아키텍처가 침식되어 흔적으로 남은 아키텍처의 특징이다. 또한 일반적으로 정보를 무차별적으로 공유하며 때로는 자료 구조를 시스템의 전역에서 사용하는 모습을 볼 수 있다. 모듈, 런타임, 할당 구성이 엉망이 될 수 있지만, 모듈 뷰타입에서 시작하여 다른 곳으로 퍼질 때가 많다. 수정과 유지보수는 편리하며 우아한 리팩터링이 아니라 조잡한 패치와 유사하다. 개념적 무결성이나 일관성을 강화하려고 노력하지 않는다. 기술 부채는 천문학적으로 높다.

임시로 사용하려던 코드가 유용해서 예상보다 오래 사용한 결과로 큰 진흙 뭉치가 발생할 수 있다. 또한 단기 이익과 장기 이익 간의 트레이드오프 때문에 발생하기도 한다. 단기적으로는 더 비싼 리팩터링보다 편리한 패치를 만드는 데 관심을 가질 수 있다.

당연히 이러한 시스템은 **유지보수성**maintainability과 **확장성**extensibility이 떨어진다. 이 스타일을 순수한 안티패턴으로 무시하고 싶지만 브라이언 푸트Brian Foote와 조셉 요더Joseph Yoder는 큰 진흙 뭉치 스타일이 **충분히 좋은** 엔지니어링 전략이라는 설득력 있는 주장을 한다[Bach, 1997]. 이 내용의 기반은 리차드 가브리엘Richard Gabriel의 'Worse is Better'[3] 논쟁이다[Gabriel, 1994]. 저자는 '뒷마당에 있는 모든 창고에 대리석 기둥이 필요하지는 않다'라고 말한다[Foote and Yoder, 2000].

---

3 옮긴이_ 리차드 가브리엘은 '올바른' 소프트웨어가 아니라 빠르게 만든 간단하고 엉성한 '더 나쁜' 소프트웨어를 사용자가 더 빨리 받아들이고 적응할 수 있다고 주장했다. 리스프(Lisp)와 같은 더 좋은 개념의 객체 지향 프로그래밍 언어가 있음에도 C++을 널리 사용한다는 사실도 여기에 해당한다고 이야기한다.

시스템을 큰 진흙 뭉치로 만드는 힘에는 독특한 안정성stability이 있다. 시스템이 큰 진흙 뭉치가 되면 이를 이해하고 발전시킬 수 있는 일부 개발자는 선별된 소수가 되어 고용 안정과 명성을 얻는다. 반면 큰 진흙 뭉치를 싫어하는 (그리고 아마도 이를 정리할 수 있는) 사람들은 도망칠 것이다. 그 결과 큰 진흙 뭉치를 정리하는 일은 거의 일어나지 않는다.

14.8 파이프와 필터 스타일

파이프와 필터pipe-and-filter 아키텍처 스타일에서 데이터는 화학 처리 공장의 파이프를 통해 유체가 흐르는 방식과 유사하게 파이프를 통해 데이터에 작동하는 필터로 흐른다. 스타일의 주요 특징은 전체 파이프와 필터 네트워크가 지속해서 점진적으로 데이터를 처리한다는 것이다. 이는 각 단계에서 데이터를 다음 단계로 전달하기 전에 데이터를 완전히 처리하는 일괄-순차batch-sequential 아키텍처 스타일(14.9절 참조)과 구별된다. 파이프와 필터 시스템의 예는 [그림 10-7]의 언어 처리 시스템에서 볼 수 있으며 다른 예는 [그림 14-3]에서 볼 수 있다. 파이프와 필터 스타일은 런타임 요소에 적용되므로 **런타임 뷰타입**의 일부다.

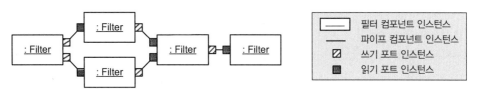

그림 14-3 5개의 필터와 5개의 파이프를 보여주는 런타임 뷰타입의 일부인 파이프와 필터 아키텍처 스타일의 예. 각 필터는 입력을 점진적으로 처리하고 출력을 작성해야 한다. 결과적으로 여러 필터와 파이프가 동시에 실행될 수 있다

요소와 제약 조건. 파이프와 필터 스타일은 **파이프**pipe, **필터**filter, **읽기 포트**read port, **쓰기 포트**write port 라는 네 가지 요소로 구성된다. 작동 시 필터는 하나 이상의 입력 포트에서 일부 입력을 읽고 일부 처리를 수행하며 출력을 하나 이상의 출력 포트에 쓴다. 멈출 때까지 이를 반복한다. 필터는 데이터를 강화enrich, 정제refine, 변환transform할 수 있지만 파이프는 데이터를 변경 없이 순서대로 한 방향으로만 전송해야 한다[Garlan, 2003]. 각 필터는 입력에 기능function을 적용하는 것으로 생각할 수 있다.

가장 단순한 파이프와 필터 네트워크인 선형 네트워크linear network에서 데이터는 **소스**source에서 **싱**

크sink에 도달할 때까지 파이프와 필터를 통해 흐른다. 소스와 싱크는 대개 파일이지만 다른 스트림 소스나 대상일 수도 있다. 입력이나 출력 포트가 둘 이상이면 네트워크가 단순한 직선보다 더 복잡해질 수 있지만, 데이터는 여전히 한 방향으로(소스에서 싱크로) 흐른다. 네트워크에서 루프loop는 드물며 보통 금지된다.

파이프와 필터 스타일에는 독립적인 필터가 필요하다. 필터가 파이프를 통할 때를 제외하고는 간접적으로도 서로 상호작용하거나 상태를 공유할 수 없다. 필터는 업스트림upstream이나 다운스트림downstream에서 일어나는 일에 대해 가정할 수 없다. 필터 독립성에 관한 아이디어를 다음처럼 생각해봐도 좋다. 필터를 잠긴 방에 있는 사무원이라 생각해보자. 그는 문 아래로 들어온 메시지 봉투를 받아서 방 밖에 있는 사람이나 외부 정보를 참조하지 않고 처리한 후 다른 메시지 봉투를 다른 방의 문 아래에 밀어 넣는다.

필터는 수신한 입력을 점진적으로 읽고 해당 입력을 처리할 때 출력을 점진적으로 작성해야 한다. 이 제약 조건의 의도는 데이터가 필터에 쌓여 다운스트림 필터의 데이터를 고갈시키는 대신 전체 파이프와 필터 네트워크가 항상 데이터 흐름을 통해 작동하도록 유지하는 것이다. 그러나 이 제약 조건을 정확하게 지키기는 쉽지 않다. 예를 들어 필터가 두 개의 입력 토큰을 읽고 둘 중 더 큰 토큰을 출력에 쓰는 것이 괜찮은가? 증분 출력의 결과를 쓰기 전에 많은 데이터가 쌓이는 것을 허용하지 않으므로 아마도 괜찮을 것이다. 그러나 이 예외는 매우 점진적이지 않은 동작인 파싱parsing을 허용한다. 표현식을 인식할 때까지 계속해서 토큰을 읽는 필터는 어떨까? 출력을 작성하기 전에 상당한 양의 데이터(아마도 데이터 전부)가 쌓일 수 있다. 파이프와 필터 네트워크에 대한 의도와 관련하여 이 제약 조건을 평가해야 한다. 이 필터의 입력과 출력 데이터양에 대한 제약 조건은 매우 중요하여 꼭 지켜야 할 수도 있지만, 변형하거나 지키지 않아도 될 규칙일 수도 있다.

파이프와 필터 네트워크의 정확성은 동시성 대해서 결정적deterministic이어야 한다. 이는 구현이 동시성으로 구현되었는지에 관계없이 주어진 입력에 대해서 항상 동일한 출력이 나와야 한다는 의미다.

결과 품질. 파이프와 필터 스타일은 나중에도 네트워크의 구성이나 재구성이 가능하다. 예를 들어 리눅스에서는 다음과 같이 명령 줄command line에서 파이프와 필터 네트워크[4]를 구성할 수

---

4   정렬 필터를 통해 출력을 적용하면 정렬 필터가 출력을 쓰기 전에 전체 입력 스트림을 확인해야 하므로 증분 계산에 대한 스타일의 제약 조건이 깨진다.

있다.

```
cat 'expenses.txt' ¦ grep '^computer' ¦ cut -f 2-
```

이렇게 하면 expenses.txt 파일에서 'computer'로 시작하는 모든 행을 찾아서 나머지 열을 출력한다. 선택할 수 있는 많은 기존 필터(예: 여기에 사용한 grep과 cut)가 있으므로 사용자는 즉석으로 네트워크를 만들어 원하는 결과를 만들어낼 수 있다. 이는 **수정가능성**modifiability이나 **재구성가능성**reconfigurability의 예를 보여준다. 여러분은 실제로 네트워크를 전달하지 않는다. 단지, 다른 사람들이 조립할 수 있도록 미리 만든 필터 모음을 제공할 뿐이다. 이러한 필터는 사용자가 **재사용**reuse한다. 이 스타일 내에서 작업하면 각 필터를 자체 스레드나 프로세스에서 실행할 수 있으므로 **동시성**concurrency를 활용할 기회가 향상된다. 일반적으로 파이프와 필터 네트워크는 대화형 애플리케이션에 적합하지 않다.

변형. 때때로 네트워크는 선형이 되어야 하는 제약을 받는다. 네트워크는 일반적으로 방향성 비순환 그래프이지만 주의한다면 루프를 적용할 수 있다. 필터는 입력 포트에서 데이터를 가져오거나 푸시할 수 있다.

노트. 파이프와 필터 네트워크를 구현할 때 중지 방법에 주의를 기울여야 한다. 프로세스를 제거하여 네트워크를 영원히 종료할 수 있지만 처리가 완료되었는지 어떻게 알 수 있는가? 때로는 입력 데이터(예: 파일)가 끝에 도달했을 때와 같이 도메인에서 답을 얻을 수 있다. 또한 파이프를 따라 스트림의 끝을 나타내는 데이터 흐름 내에 토큰을 보내는 방법도 있다. 또 다른 옵션은 파이프를 명시적으로 닫고 파이프가 아직 열려 있는지 필터가 테스트하도록 하는 방법이다.

추상적으로 파이프는 무한히 빠르고 크다. 그러나 실제로 파이프는 일반적으로 시스템 성능에 영향을 줄 수 있는 제약된 크기의 버퍼로 구현된다. 필터가 모두 동일한 메모리 공간에 있거나 별도의 시스템에 있을 때도 성능 차이가 있다. CPU의 성능에 제약을 받는 네트워크는 별도의 시스템에서 실행하면 성능이 더 좋을 수 있지만, 대역폭에 제약을 받는 네트워크는 단일 시스템에서 더 빠르게 실행할 수 있다.

필터 독립성의 의미를 명확히 하려면 동일한 개발자가 수행할 수 있는 두 가지 역할을 구분하는 것이 좋다. 한 가지 역할은 필터 개발자의 역할이다. 필터를 개발할 때 개발자는 (잠긴 방에 있는 사무원처럼) 업스트림과 다운스트림이나 큰 그림에서 필터의 역할에 대해 어떠한 가정도 할 수 없다. 두 번째 역할은 파이프와 필터 네트워크 개발자의 역할이다. 이 개발자는 기존 필터를 전체 시스템 목표를 달성하는 네트워크로 조립할 책임이 있으며, 각 필터의 업스트림과 다운스트림에 관한 포괄적인 지식이 있다.

파이프와 필터 스타일은 『소프트웨어 아키텍처 문서화(개정 2판)』(에이콘출판사, 2016) [Clements et al., 2010], 『Software Architecture: Foundations, Theory, and Practice』 [Taylor, Medvidović and Dashofy, 2009], 『Pattern-Oriented Software Architecture Volume 1: A System of Patterns』(Wiley, 1996)[Buschmann et al., 1996], 데이비드 갈란의 소프트웨어 아키텍처 대학원 과정[Garlan, 2003], 『Software Architecture: Perspectives on an Emerging Discipline』(Prentice Hall, 1996)[Shaw and Garlan, 1996]에서 설명한다.

14.9 일괄-순차 스타일

일괄-순차batch-sequential 아키텍처 스타일에서 데이터는 단계에서 단계로 흐르고 점진적으로 처리된다. 그러나 파이프와 필터 스타일과 달리 각 스테이지는 출력을 작성하기 전에 모든 처리를 완료한다. 데이터는 스트림의 스테이지 사이를 흐르듯 처리될 수 있지만 디스크의 파일에 저장될 때가 더 많다. 일괄-순차 시스템의 예는 [그림 14-4]에 있다. 일괄-순차 스타일은 런타임 요소에 적용되므로 **런타임 뷰타입**의 일부다.

그림 14-4 3단계를 보여주는 런타임 뷰타입의 일부인 일괄-순차 아키텍처 스타일의 예. 각 스테이지(Stage)는 전체 입력을 읽고 (차례대로 처리하지 않고) 전체 출력을 한 번에 쓴다. 결과적으로 각 스테이지는 순서대로 실행된다

요소와 제약 조건. 일괄-순차 아키텍처의 처리 컴포넌트는 다양한 이름으로 부르며 때로는 **스테이지**stage나 **스텝**step이라고 한다. 디스크의 파일을 커넥터로 보는 것이 이 스타일의 큰 추상화 개념이어서 스테이지 사이에 커넥터 표준 이름이 없는 것으로 보인다. 일괄-순차 시스템을 통과하는 단일 작업을 **일괄 처리**batch process나 **작업**job이라고 한다. 스테이지에는 하나 이상의 읽기

포트와 쓰기 포트가 있다.

일괄-순차 스타일에는 파이프와 필터 스타일과 유사한 제약 조건이 있다. 특히 각 단계는 비슷하게 독립적이다. 단계는 가져오는 데이터에 의존하지만 이전 단계에는 의존하지 않는다. 입력 및 출력 스트림이나 파일을 통할 때를 제외하고는 스테이지끼리 서로 상호작용하지 않는다. 단계는 입력을 완전히 처리한 후 종료되며 그 후 다음 단계에서 동일하게 수행된다.

일괄-순차 시스템은 대부분 선형적인 일련의 스테이지 모음이다. 커넥터에서는 작업이 수행되지 않는다. 이 커넥터는 단순히 이전 단계의 쓰기 포트에서 다음 단계의 읽기 포트로 변경되지 않은 데이터를 전달한다. 일괄-순차 시스템이 방향성 비순환 그래프로 구조화되는 일은 드물지만, 그렇게 하면 스테이지를 병렬로 실행할 수 있는 기회가 생긴다.

결과 품질. 일괄-순차 시스템은 파이프와 필터 스타일과 동일한 품질 속성, 특히 스테이지가 서로 독립적이기 때문에 **수정가능성**modifiability을 촉진한다. 한 가지 차이점은 파이프와 필터 시스템이 점진적으로 출력을 생성할 때는 일괄-순차 시스템의 최종 출력이 없거나 완전히 사용 가능하여 시스템의 **사용성**usability에 영향을 미친다는 점이다. 또한 여러 작업이 시스템을 통과하지 않는 한 스테이지를 병렬로 실행할 수 없으므로 **동시성**concurrency에 대한 기회가 적다는 차이점이 있다. 일괄 처리 시스템은 주어진 시간에 하나의 스테이지만 실행하기 때문에 개념적으로 더 간단하다. 또한 **처리량**throughput이 더 클 수 있다.

노트. 일괄-순차 스타일은 『Software Architecture: Foundations, Theory, and Practice』[Taylor, Medvidović and Dashofy, 2009], 데이비드 갈란의 소프트웨어 아키텍처 대학원 과정[Garlan, 2003], 『Software Architecture: Perspectives on an Emerging Discipline』(Prentice Hall, 1996)[Shaw and Garlan, 1996]에서 설명한다.

14.10 모델 중심 스타일

모델 중심model-centered 아키텍처 스타일에서 여러 독립 컴포넌트는 서로 상호작용하지 않고 중앙 모델(**데이터 저장소**data store나 **저장소**repository라고도 함)과 상호작용한다. **저장소 스타일**repository style, **공유 데이터 스타일**shared data style, **데이터 중심 스타일**data-centered style이라고도 한다. 다른 이름들은 개발자가 여기에 관계형 데이터베이스와 유사한 것이 필요하다고 오해할 수 있어서 여기서는 이름을 변경했다. 이 스타일은 관계형 데이터베이스를 사용할 수 있지만 메모리 내에서 더 자주 사용된다. [그림 14-5]에 예가 있다. 이 스타일은 런타임 요소에 적용되므로 **런타임 뷰타입**의 일부다.

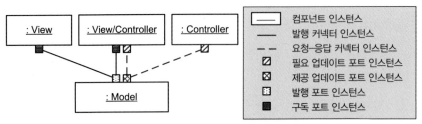

그림 14-5 모델 중심 아키텍처 스타일의 예. 런타임 뷰타입의 일부다. 모델에 관한 업데이트를 수신하는 하나의 컴포넌트(뷰), 모델을 업데이트하는 하나의 컴포넌트(컨트롤러), 둘 다 수행하는 하나의 컴포넌트(뷰/컨트롤러)가 있다. 뷰와 컨트롤러는 모델을 통하지 않는 한 서로 상호작용하지 않는다

예를 들어, 최신 통합 개발 환경(IDE)에서 단일 중앙 모델은 소스 코드와 구문 분석된 표현을 포함하여 편집된 프로그램의 상태를 나타낸다. 이 모델은 많은 뷰와 컨트롤을 통해 사용자에게 제공된다. 뷰와 컨트롤러 컴포넌트는 서로 독립적이지만 모두 중앙 모델 컴포넌트에 종속된다. 사용자가 소스 코드를 편집하면 중앙 모델이 변경된다. 중앙 모델은 컴파일 컴포넌트에 소스 코드 변경 사항을 알리고 파싱된 코드의 중앙 모델을 다시 컴파일하고 업데이트하라는 메시지를 표시한다. 중앙 모델에 관한 변경 사항은 메서드 이름 목록을 표시하는 뷰로 전송된다.

이 아키텍처 스타일은 다큐먼트-뷰document-view, 모델-뷰-컨트롤러model-view-controller(MVC), 옵서버observer 패턴[Gamma et al., 1995; Schmidt and Buschmann, 2003] 등 여러 디자인 패턴과 관련이 있다.

요소와 제약 조건. 모든 모델 중심 시스템에는 **모델** 컴포넌트와 하나 이상의 **뷰, 컨트롤러** 또는 **뷰-컨트롤러** 컴포넌트가 있다. 이러한 컴포넌트의 이름은 사용하는 모델 중심 스타일에 종류에 따라 달라진다. 커넥터 타입도 비슷하게 다를 수 있다. 모델이 옵서버 패턴을 구현한다면 커넥터는 뷰에 변경 사항을 알리지만 뷰는 모델을 폴링할 수도 있다. 관계형 데이터베이스를 사용할 때는 트리거를 사용하여 업데이트 알림을 생성할 수 있다.

뷰와 컨트롤러는 서로가 아닌 모델에만 의존한다. 단일 공유 모델과 많은 뷰와 컨트롤러가 있다. 모델-뷰-컨트롤러에서와 같이 특수한 뷰와 컨트롤러는 모델을 우회하여 직접 통신할 수

있지만, 이는 더 나은 성능의 이점이 생기지만 독립성을 손상시킨다.

결과 품질. 모델 중심 시스템은 고도의 **수정가능성**modifiability를 제공한다. 뷰 및 컨트롤러 컴포넌트가 모델 컴포넌트에서 독립적이며 최소한의 종속성만 있기 때문이다. 정보의 생산자와 소비자가 분리되므로 수정가능성도 향상된다. 예상치 못한 뷰와 컨트롤러를 나중에 쉽게 추가할 수 있으므로 시스템이 **확장성**extensibility이 높아진다. 상태가 모델 컴포넌트에 집중되어서 상태를 관리하고 유지하기가 더 쉬워진다. 뷰와 컨트롤러가 자체 스레드나 프로세스 또는 다른 하드웨어에서 실행될 수 있으므로 **동시성**concurrency이 향상될 수 있다.

노트. 이 스타일의 변형 예로 블랙보드blackboard, 튜플 공간tuple space, 연속 쿼리 데이터베이스continuous query database를 들 수 있다. 한 가지 중요한 변형점은 모델의 사전 구조화 여부다. 일부 변형은 뷰와 컨트롤러에 의해 점진적으로 정리되는 비정형 데이터 덩어리를 제공한다. 다른 변형은 구조화된 데이터를 사용할 수 있도록 하지만 뷰와 컨트롤러에서는 해당 데이터를 사용하는 방법을 모른다.

수정가능성modifiability과 확장성extensibility 덕분에, 이 스타일은 시스템의 향후 구성을 모를 때 유용하다. 모델 중심 스타일은 『Software Architecture: Foundations, Theory, and Practice』[Taylor, Medvidović and Dashofy, 2009], 슈미트와 부시맨의 논문[Schmidt and Buschmann, 2003], 『소프트웨어 아키텍처 문서화(개정 2판)』(에이콘출판사, 2016) [Clements et al., 2010], 『Software Architecture: Perspectives on an Emerging Discipline』(Prentice Hall, 1996)[Shaw and Garlan, 1996]에서 설명한다.

14.11 발행-구독 스타일

발행-구독publish-subscribe 아키텍처 스타일(pub-sub 또는 이벤트 기반이라고도 함)에서 독립 컴포넌트는 이벤트를 발행publish하고 구독subscribe한다. 발행 컴포넌트는 이벤트가 발행된 큰 그림의 이유를 무시하며 구독 컴포넌트는 이벤트를 누가 왜 발행했는지 알지 못한다. 시스템을 설계하는 개발자는 발행자와 구독자를 의도적으로 배치한다. 예를 들어 한 컴포넌트는 '신규 직원' 이벤트를 발행하며, 다른 컴포넌트는 이 이벤트를 구독하고 신규 직원용 컴퓨터를 주문한다. 발행-구독 시스템의 예는 [그림 14-6]에 있다. 발행-구독 스타일은 런타임 요소에 적용되므로 **런타임 뷰타입**의 일부다.

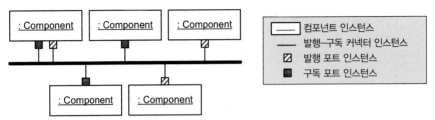

그림 14-6 발행—구독 아키텍처 스타일의 예. 발행 포트 및 구독 포트를 사용하여 발행—구독(pub—sub) 커넥터에 연결된 컴포넌트 5개를 보여준다. 런타임 뷰타입의 일부인 구독자는 이벤트 발행자가 아닌 이벤트에만 의존하며 발행자는 다른 컴포넌트의 응답에 의존하지 않고 이벤트를 '발행하고 잊어버린다'

요소와 제약 조건. 발행—구독 스타일은 발행 포트와 구독 포트라는 두 종류의 포트와 하나의 커넥터, 이벤트 버스(즉, 발행—구독) 커넥터를 정의한다. 모든 종류의 컴포넌트는 발행(또는 구독) 포트를 사용하면 이벤트를 발행(또는 구독)할 수 있다. 이벤트 버스는 정확히 두 개의 포트를 연결하는 일반적인 바이너리 커넥터가 아니라 많은 포트를 연결할 수 있다는 점에서 다방향$^{N-way}$ 커넥터다. 따라서 한 컴포넌트가 이벤트를 발행하고 많은 컴포넌트가 이벤트를 구독할 수 있다. 이 스타일에서 주인공은 컴포넌트가 아니라 커넥터다. 그리고 커넥터는 상당히 많은 작업을 담당한다.

이벤트 버스 커넥터는 이벤트 전달을 담당한다. 이벤트를 발행하는 컴포넌트는 이벤트가 구독자에게 전달된다는 점을 신뢰하고 구독자는 구독하는 이벤트를 수신한다는 점을 신뢰한다.

구독자는 이벤트 발행자가 아니라 이벤트에만 의존한다. 시스템 개발자가 하나의 이벤트 발행자를 호환되는 발행자로 바꾸거나 두 발행자에게 책임을 분할해도 동일한 이벤트가 발행되는 한 구독자는 영향을 받지 않는다.

마찬가지로 발행자는 이벤트 소비를 알지 못한다. 이벤트가 수신되거나 다른 컴포넌트가 구독하지 않을 때도 똑같이 잘 작동해야 한다. 이벤트 버스를 사용하여 프로시저 호출을 시뮬레이션하는 일을 상상할 수 있다. 한 컴포넌트는 다른 컴포넌트에서 수신한 이벤트를 발행하고 응답은 두 번째 이벤트를 통해 반환된다. 첫 번째 컴포넌트가 응답을 기대하고 있으므로 이는 무자각^{obliviousness}**5** 제약 조건을 위반한다.

5　옮긴이_ 이벤트에만 종속적인 발행—구독 스타일의 컴포넌트가 응답을 기다리게 되어 다른 컴포넌트에 종속적이 되면서 제약 조건을 위반하는 상황을 가리킨다.

결과 품질. 발행–구독 스타일의 가장 큰 이점은 이벤트의 생산자와 소비자를 분리한다는 점이다. 결과적으로 시스템의 유지보수성maintainability과 진화가능성evolvability이 더 향상된다. 새 컴포넌트가 이벤트를 기반으로 작업을 수행해야 하는 상황을 고려하자. 간단히 해당 이벤트를 구독할 수 있으며 시스템은 변경되지 않는다. 특히 이벤트 발행자는 변경되지 않는다. 마찬가지로 시스템에 영향을 주지 않고 새 이벤트 발행자를 추가할 수 있으며 나중에 (신규 또는 기존) 컴포넌트가 해당 이벤트 구독을 시작할 수 있다.

이벤트 버스는 생산자와 소비자 사이에 간접 계층을 추가한다. 따라서 시스템 성능performance을 저하할 수 있다. 그러나 재사용 가능한 리소스는 특별하며 맞춤형 리소스bespoke resource보다 더 나은 엔지니어링(을 통한 성능 트레이드오프의 조정)을 수행할 수 있다. 맞춤형 파일 기반 리포지토리와 비교하여 상용 기성품(COTS) 관계형 데이터베이스 사이의 엔지니어링을 사용한 트레이드오프를 고려하자. 이벤트 버스 구현 시 상용 기성품을 사용해도 되고 여러 오픈소스 구현도 있으므로 스타일의 성능 손실은 이벤트 버스 코드의 성숙도 비교로 상쇄할 수 있다.

변형. 일부 발행–구독 스타일 변형에서는 이벤트 등록 및 등록 취소를 구독자가 해야 한다. 다른 사람들은 구독자가 단순히 이벤트를 수신해야 한다고 말하는 선언적 모델을 사용한다(예: 프로그래밍 언어의 애너테이션annotation 또는 구성 파일configuration file 사용). 이는 이벤트 타입, 발행자, 구독자의 동적 생성과 같은 또 다른 변형 지점과 관련이 있다. 스타일 변형이 이러한 런타임 변경을 허용할 때는 동적 아키텍처의 예가 된다(9.7절 참조).

이벤트 버스는 지원하는 속성에 따라 다양하다. 일부는 수신한 모든 메시지가 장애(예: 정전) 중에 손실되지 않도록 보장한다는 점에서 **내구성**durability이 있다. 일반적으로 모든 이벤트를 신뢰할 수 있는 저장소에 (적어도 일시적으로) 기록하여 내구성을 보장하지만, 이때 레이턴시의 측면에서는 트레이드오프가 생긴다. 또한 이벤트의 순서 유지 배송in-order delivery이나 우선순위 배송prioritized delivery을 보장할 수 있다. 일부는 이벤트를 함께 일괄 처리해서 유사한 이벤트의 폭풍을 피한다.

발행자와 구독자는 이벤트의 어휘vocabulary를 정의한다. 따라서 발행자가 이벤트 A를 내보내고 구독자가 이벤트 B를 수신하면 시스템의 어휘는 이벤트 A와 B로 구성된다. 시스템은 이벤트 A를 이벤트 B로 변환하는 등의 어휘를 관리할 수 있다.

노트. 소프트웨어 유지보수성maintainability과 진화가능성evolvability 관점에서 발행–구독 스타일은 이벤트 발행자와 소비자를 분리하지만 이를 시스템 개발자의 지식이나 의도와 혼동하지 말자.

발행−구독 시스템을 설계할 때는 '신규 직원' 이벤트의 발행자와 소비자를 의도적으로 도입한다. 이 지식과 의도가 다이어그램에서 손실되지 않도록 주의하자. 모든 컴포넌트가 연결된 이벤트 버스를 간단히 보여주고 싶을 것이다. 이러한 다이어그램에서 누가 누구와 대화하는지 어떻게 알 수 있는가? 누구와도 대화할 수 있다는 점만 보여준다.

발행−구독 스타일은 『소프트웨어 아키텍처 문서화(개정 2판)』(에이콘출판사, 2016)[Clements et al., 2010], 『Software Architecture: Perspectives on an Emerging Discipline』(Prentice Hall, 1996)[Shaw and Garlan, 1996]에서 설명한다. 또한 『Software Architecture: Foundations, Theory, and Practice』[Taylor, Medvidović and Dashofy, 2009]에서 **이벤트 기반**event-based 스타일로 설명하지만, 이 책에서는 **모델 중심**model-centered 스타일로 부르는 다른 스타일을 설명하려고 **발행−구독**publish-subscribe이라는 이름을 사용한다는 점에 유의하자.

14.12 클라이언트−서버 스타일 및 다중 계층

클라이언트−서버client-server 아키텍처 스타일에서 클라이언트는 서버에서 서비스를 요청한다. 요청은 일반적으로 동기식이며 요청−응답request-reply 커넥터를 사용해 이루어지지만 그렇지 않을 때도 있다. 클라이언트에서 서버가 작동하도록 요청할 수 있지만 그 반대는 불가능하다는 점에서 클라이언트−서버 간에 비대칭이 있다. 클라이언트−서버 시스템의 예는 [그림 14-7]에 있다. 이 스타일은 런타임 요소에 적용되므로 **런타임 뷰타입**의 일부이다.

그림 14-7 두 클라이언트에 연결된 단일 서버를 보여주는 런타임 뷰타입의 일부인 클라이언트−서버 아키텍처 스타일의 예. 클라이언트는 통신을 시작할 수 있지만 서버는 시작할 수 없다. 서버는 연결될 때까지 클라이언트의 ID를 알지 못한다

요소와 제약 조건. 클라이언트−서버 스타일에는 클라이언트 및 서버 컴포넌트가 있으며 일반적으로 요청−응답 커넥터와 포트가 포함된다. 클라이언트는 통신을 시작할 수 있지만 서버는

면 작업 일정을 다시 설정한다.

이 스타일로 작업하는 개발자는 단일 시스템이 단일 데이터 청크를 처리하는 방법의 정확성에 관해서만 추론하면 된다. 많은 병렬 계산이 진행되는 중에도 개발자는 단순히 단일 맵이나 리듀스 작업자가 기능을 올바르게 구현하는지 확인할 필요 없이 이를 무시해도 된다.

요소와 제약 조건. 맵리듀스 시스템에는 단일 마스터 작업자, 여러 맵 작업자, 리듀스 작업자 컴포넌트가 있다. 마스터 작업자는 작업자 컨트롤러 커넥터를 사용하여 다른 작업자와 통신한다. 맵 작업자는 로컬 파일 시스템 커넥터를 사용하여 로컬 파일 시스템에 데이터를 쓸 수 있으며 리듀스 작업자가 유사한 방식으로 데이터를 읽을 수 있다. 둘 다 전역 파일 시스템 커넥터도 사용한다.

이 스타일의 대부분은 표준 구현 라이브러리(또는 프레임워크)에 포함되므로 프로그래머는 제약 조건을 준수하여 복잡성을 피해야 한다. 프로그램을 작성하려면 개발자가 맵 기능과 리듀스 기능을 제공해야 한다. 원래 입력 세트를 분할하는 기능이 처리 난이도(예: 크기 또는 복잡성)가 균일한 청크를 생성한다. 하지만, 이 동작이 비효율적으로 동작하면 일부 맵 작업자는 다른 작업자보다 실행 시간이 더 오래 걸리고 결과적으로 전체 시스템 속도가 느려진다.

맵과 리듀스에 결정론적 함수[7]를 사용하면 실패에서 복구할 때도 병렬화된 수행은 순차적으로 수행한 결과와 동일하다.

결과 품질. 맵리듀스가 개선하는 주요 품질 속성은 **규모확장성**scalability이다. 단일 컴퓨터로 계산하기에는 비현실적인 작업을 여러 컴퓨터로 나누어 **성능**performance을 향상할 수 있다. 맵리듀스 스타일을 사용하도록 프로그램을 작성하면 한 대 또는 천 대의 컴퓨터 클러스터에서 실행할 수 있다. 또한 맵리듀스는 다른 시스템에서 작업을 다시 예약하여 시스템 장애를 복구하므로 **가용성**availability이 향상된다.

노트. 이 스타일의 성능은 **데이터 지역성**data locality의 영향을 많이 받는다. 중간 결과를 맵 작업자와 리듀스 작업자에 가깝게 유지해서 네트워크 대역폭 사용을 줄여야 한다. 전역 파일 시스템은 대개 분산된 중복 파일 시스템이다.

맵리듀스는 주로 일괄-순차 스타일과 결합되는데, 여기서 맵리듀스 작업의 출력이 다음 작업

---

7 옮긴이_ 특정 입력에 대해 언제나 똑같은 과정을 거쳐서 언제나 똑같은 결과를 내는 함수. 즉, 예측한 그대로 동작하는 알고리즘이라 할 수 있다.

의 입력으로 사용된다. 각 맵리듀스 작업은 일괄–순차 네트워크의 한 단계다. 이 두 가지 아키텍처 스타일(또는 패턴)의 조합은 맵리듀스에 적합하지 않은 문제를 적합한 문제로 변환할 수 있다.

맵리듀스는 페이먼 오레이지의 논문[Oreizy, Medvidović and Taylor, 2008]에서 아키텍처 스타일로 설명하지만, 다른 논문[Dean and Ghemawat, 2004]이 더 중요하다. 맵리듀스의 오픈소스 구현으로는 하둡[Hadoop][Hoff, 2008b; Apache Software Foundation, 2010]이 있다.

14.15 미러링, 랙, 팜 스타일

지금까지 아키텍처 스타일은 모듈과 런타임 뷰타입에서 가져왔다. 할당 뷰타입의 스타일은 소프트웨어 설계자보다 네트워크 엔지니어(또는 설계자)가 논의할 가능성이 더 높다. 다음은 할당 스타일이 어떻게 생겼는지 알 수 있는 몇 가지 간단한 예다.

미러링(mirrored). 미러링 스타일에서는 동일한 하드웨어를 중복시켜 병렬로 실행한다. 역사적으로 정부는 유선 전화 사업을 규제하고 가동 시간과 관련된 요구사항을 부과했다. 단일 컴퓨터(전화 스위치는 많은 '주변 장치'가 연결된 컴퓨터)를 충분하게 안정적으로 만드는 일은 어렵고 소프트웨어를 업그레이드하려면 오프라인 상태여야 할 수도 있다. 결과적으로 전화 스위치는 흔히 내부에 같은 미러 이미지가 설치된 컴퓨터 두 대로 구축된다. 일반적으로 중복된 하드웨어는 유사한 동작을 하면서 서로 맞추어 작동하지만 하나가 실패하면 다른 하나는 계속 동작한다. 소프트웨어를 하나에서만 별도로 업그레이드할 수도 있다. 각 컴퓨터는 똑같이 신뢰할 수 있으므로 실패할 수 있는 컴퓨터가 두 배나 많아져 전화 스위치의 **신뢰성**[reliability]은 떨어지지만 동시에 실패할 가능성이 낮아지므로 **가용성**[availability]이 높아진다.

랙(rack). 랙 스타일에서는 상용 서버 컴퓨터를 수직으로 쌓아 상대적으로 적은 공간을 차지한다. 랙에 설치한 모든 컴퓨터는 동일한 네트워크에 연결된다. 이 네트워크에는 인터넷에 대한 하나 이상의 업링크가 있다. 랙 내부의 네트워크 연결은 업링크 네트워크보다 더 빠르거나 대역폭 제약 조건이 적으므로 같은 랙에 있는 두 대의 컴퓨터가 같은 랙에 있지 않은 두 대의 컴퓨터와 통신할 때보다 더 빠르다. 구글은 로비에 컴퓨터 랙 중 일부를 전시하고 있는데, 이 랙의 뛰어난 밀도가 인상적이다. 케이스가 없고 마분지로 분리된 컴퓨터 마더보드와 하드 드라이브가 전시되어 있었다. 케이스를 사용할 때도 랙 스타일은 서버실의 컴퓨터 밀도를 높이고 컴퓨터 그룹 간에 **높은 대역폭**high bandwidth을 제공하는 데 효과적이다.

서버 팜(server farm). 서버 팜 스타일에서는 (일반적으로 동일한) 많은 컴퓨터를 같은 방에 설치한다. 컴퓨터의 상호 연결은 다양할 수 있으며 여러 랙으로 팜을 구성할 수 있다. 서버 팜은 서버 팜의 대안인 특정 애플리케이션용으로 특수하게 구성한 전용 컴퓨터와 비교할 때 가장 잘 이해된다. 전용 컴퓨터와 반대로 서버 팜은 모든 애플리케이션을 호스팅할 수 있는 대량 자원이라 생각할 수 있다. 팜에서 실행하기에 적합하도록 애플리케이션에 제약 사항(예: 상태 비저장stateless)을 둘 수 있다. 동일한 종류의 하드웨어를 더 추가하여 팜을 규모 측면에서 쉽게 확장scalable할 수 있다. 팜은 일반적으로 (웹 서버 팜이 사용자 인터페이스를 처리하고 다른 팜이 중간 계층을 처리하는) 3계층 시스템의 사용자 인터페이스와 중간 계층에 사용한다.

14.16 마치며

아키텍처 스타일은 아키텍처 수준에서 발생하며 컴포넌트와 모듈 같은 아키텍처 요소에 적용하는 일종의 패턴이다. 패턴은 프로그래밍 언어 수준의 관용구에서 아키텍처 수준의 스타일에 이르기까지 범위가 다양하다. 아키텍처 스타일은 아키텍처를 지배하는 패턴이다. 알려진 요소, 관계, 제약 조건을 제공한다. 제약 조건은 시스템의 런타임 토폴로지, 모듈 간 종속성, 커넥터 간 데이터 흐름의 방향, 컴포넌트의 가시성과 같은 요소 사용 방법을 제약한다.

스타일을 사용하면 아키텍처의 일관성과 이해도가 향상되고, 개발자 간 의사소통의 밀도와 정확성이 높아지며, 설계 재사용이 촉진된다. 아마도 제약 조건을 활용해 아키텍처가 품질 속성을 홍보하거나 보장할 수 있게 하고 설계 인력의 분석 능력을 촉진한다는 점이 가장 중요하다.

여기에서 설명한 스타일은 플라톤 이상적인 분류에 따라 나눴다고 할 수 있다. 실제 시스템을 살펴보면 스타일의 엄격한 제약 조건을 비튼 구현 스타일을 만날 가능성이 더 크다. 제약 조건을 너무 비틀면 스타일에서 제공하는 품질을 잃을 수 있다.

스타일은 아키텍처 집중 설계와 밀접한 관련이 있다. 아키텍처 집중 설계는 목표를 달성하려고 의식적으로 아키텍처에 의존한다는 의미다. 이를 수행하는 한 가지 방법은 원하는 품질에 맞게 조정한 주문 제작 아키텍처를 설계하는 것이다. 또한 동일한 품질을 촉진하는 기성 아키텍처 스타일을 사용하는 방법도 있다. 아키텍처 집중의 설계를 따를 때 제약 조건을 비틀면 원하는 품질 측면에서 리스크가 발생하므로 개념 스타일에서 제공하는 설계 원칙에 끌릴 것이다.

이 장에서는 모듈, 런타임, 할당 뷰타입의 아키텍처 스타일을 설명했다. 모듈 뷰타입 스타일에는 계층과 큰 진흙 뭉치가 있다. 런타임 스타일에는 파이프와 필터, 일괄-순차, 모델 중심, 발행-구독, 클라이언트-서버, P2P가 있다. 맵리듀스와 N 계층 스타일은 런타임 및 할당 뷰타입에 걸쳐 있다. 미러링, 랙, 서버 팜 스타일은 모두 할당 뷰타입에 속한다.

14.17 참고 자료

아키텍처 스타일에 관한 초기 저술에는 페리와 울프의 논문[Perry and Wolf, 1992]과 제목이 완벽한 'A Field Guide to Boxology'[Shaw and Clements, 1997]가 있다. 『Software Architecture: Perspectives on an Emerging Discipline』(Prentice Hall, 1996)[Shaw and Garlan, 1996]은 이 장에 포함된 대부분의 아키텍처 스타일을 다루지만 추가적으로 데이터 흐름data flow 스타일과 같은 추가 범주도 다룬다. 『소프트웨어 아키텍처 문서화(개정 2판)』 (에이콘출판사, 2016)[Clements et al., 2010]는 이러한 스타일을 뷰타입으로 구성하고 각각의 요소, 관계, 제약 조건에 관한 포괄적인 설명을 제공한다.

저수준 디자인 패턴 및 관용구와 함께 아키텍처 스타일과 패턴 모두 『Pattern-Oriented Software Architecture Volume 1: A System of Patterns』(Wiley, 1996)[Buschmann et al., 1996]에서 설명한다. 『Software Architecture: Foundations, Theory, and Practice』[Taylor, Medvidović and Dashofy, 2009]에서는 패턴과 스타일을 설명하고 『Patterns of Enterprise Application Architecture』(Addison-Wesley Professional, 2002)[Fowler, 2002]에서는 엔터프라이즈 아키텍처 패턴을 설명한다.

CHAPTER 15

아키텍처 모델 사용하기

어느 시점에는 모듈과 컴포넌트를 구분할 수 있고, 완벽한 기능 및 품질 속성 시나리오를 작성할 수 있으며, 모든 아키텍처 스타일을 기억할 수 있도록 아키텍처 모델의 세부 사항을 마스터하게 될 것이다. 그러나 이는 여러분의 목표가 아니다. 여러분은 더 나아가서 모델을 사용해 더 나은 엔지니어가 되고 싶을 것이다. 다양한 뷰를 사용하여 마스터 모델의 다양한 세부 사항을 강조할 수 있지만, 뷰는 여전히 아키텍처를 일관되게 그림으로 보여준다. 여러분이 원하는 시스템 요건(예: 고성능, 보안)이 각기 다를 것이므로 구축하는 모델을 분석해야 한다.

이 장에서는 생산적 사용을 위한 모델을 그리는 구문^{syntax}을 넘어서는 지침을 제공한다. 다른 장들과 비교할 때, 이 장에서는 상대적으로 광범위한 주제를 다루고 있다. 바람직한 모델 특성(예: 정밀도, 정확성), 뷰를 효과적으로 사용하는 방법, 효과적인 다이어그램을 그리는 방법, 테스트와 검증이 적절한 시기, 아키텍처 모델을 분석하는 방법, 아키텍처 불일치의 리스크, 사용자 인터페이스 계획 방법, 기존 시스템을 설명하는 모델에 대비하여 미래의 시스템을 규정하는 모델을 설명하는 방법, 기존 시스템을 모델링하는 방법에 관한 몇 가지 힌트를 다룬다.

15.1 바람직한 모델 특성

좋은 모델에는 어떤 특성이 있는가? 통찰력 있고 유용한 모델이 영감을 주지 않은 다른 모델과 다른 점은 무엇인가? 여기서는 좋은 모델에 있는 바람직한 특성을 몇 가지 설명한다. 일부 특성은 낮은 비용이나 세부 내용의 일관성 수준처럼 갖추기 위해 노력하는 것이 바람직한 반면, 어떤 특성들은 정확성 및 이해를 증진할 수 있는 능력처럼 필수적으로 갖춰져야 한다. 이 바람직한 모델 특성 목록은 데이비드 갈란David Garlan, 그래디 부치Grady Booch, 브란 셀릭Bran Selic의 아이디어를 통합해서 만들었다.

직관적인 생각과는 반대로, 완전성completeness이 항상 바람직한 모델 특성은 아니다. 때로는 분석에 필요하여 완전한 모델을 작성한다. 그러나 엔지니어는 모델 구축 비용과 이점 간의 균형을 맞춰야 한다. 이러한 결정은 일반적으로 불완전하지만 유용한 모델이라는 절충안을 제공한다. 다음 절에서는 모델과 관련된 정밀도precision, 정확성accuracy, 예측prediction, 이해력comprehension, 세부 사항detail, 단일성monothemacity, 비용cost을 설명한다.

15.1.1 충분한 정밀도

다음은 인기 있는 두 가지 모델링 접근 방식의 간략한 설명이다. 첫 번째 접근 방식은 조잡한 모델이고 두 번째는 정확한 모델이다.

- **만화(the cartoon)**
  일부 설계의 '대략적인 아이디어를 제공'하려고 수백 개의 상자와 선 다이어그램을 보여주는 회의에 참석한 적이 있을 것이다. 모델 작성자가 솔직하다면, 이러한 다이어그램 형식이 정교하지 못한 점을 강조하기 위해 이를 만화라고 부를지 모른다. 그러나 너무 많은 경우 모델 작성자는 모델의 부정확성을 인식하지 못한다. 조잡한 모델은 시간이 쫓기는 상황에서 작성되었거나 인상적인 3D 효과들을 이용해 그럴듯하게 제작될 수 있다. '인접한 두 개의 상자는 무엇을 의미하나요' 또는 '파란 선과 빨간 선의 차이는 무엇인가요'와 같은 질문을 던진다면, 의미 없는 답변을 듣게 될 수 있다. 만화처럼 그리는 모델 중 가장 나쁜 예는 충분히 정확한 것 같아 보이지만 실제로는 그렇지 않은 모델이다.

- **청사진(the blueprint)**
  시스템을 정확하게 설명하는 모델은 대개 의미론을 위한 집합 이론set theory이나 페트리 넷Petri net[1]을 기반으로 하는 널리 알려지고 받아들여지는 형식주의formalism를 사용한다. 모델의 작성자는 이것이 대략적으로만 설명하는 단순한 만화가 아니고 복잡하지만 널리 받아들여지는 방법으로 설명하기 때문에

---

1 옮긴이_ 시스템 모델링 방법이며 시스템의 여러 상태와 그 상태에서 다른 상태로 전이하는 것으로 시스템을 표현한다.

믿을 수 있다고 주장한다. 청사진 모델은 몇몇 부분은 배제하는 반면 일부 내용을 매우 상세하게 다루기 때문에, 좀 더 쉽게 형식화하거나 보다 쉽게 이해할 수 있는 아이디어를 눈 앞에 두고 아무 관련이 없는 밝은 곳에서 열쇠를 찾으며 괜한 고생을 하는 것이 아닌가하는 의구심을 자아낼 수 있다. 정확한 모델을 만드는 데는 오랜 시간이 걸리지만 노력할 만한 가치가 있다.[2]

이러한 간략한 설명들을 보고 두 가지 접근 방법 모두 바람직하지 않으며 더 나은 방법이 있다고 생각할 수 있다. 상황에 따라 둘 다 좋거나 나쁠 수 있으므로 반 정도는 맞는 생각이다. 그러므로 언제 어느 방법이 좋을지 선택하는 방법만 알면 된다. 이 책의 주제 중 하나는 엔지니어링 트레이드오프를 만드는 것이다. 모델 정밀도를 선택하는 데 시간(또는 비용이나 주의 등)이 필요하므로 비용 대비 이점을 비교해야 한다.

모델의 정밀도를 선택하는 가장 좋은 방법은 모델을 이용하여 답하려는 질문을 미리 결정하는 것이다(6.6절에서 논의함). 질문을 알고 나면 해당 질문에 대한 답을 줄 수 있는 가장 비용이 적은 모델을 선택할 수 있다. 어떤 경우에는 조잡한 모델로 충분하겠지만 답을 얻기 위해 반드시 정교한 모델이 필요한 경우도 있다. 정확한 모델을 생성한 후 그 모델을 이용해야지만 답할 수 있는 질문을 제기하는 역방향 정당화에 주의하자. 즉, 꼭 필요한 질문인지 생각해보자.

정확하지 않은 수준을 선택하면 프로젝트가 실패할 수 있다. 이처럼 설명이나 디자인을 모호하게 만들어 검토자가 이의를 제기하지 않는다면 프로젝트가 실패할 수 있다. 모델을 이용하여 대답해야 하는 암묵적인 질문에는 '검토자, 이해관계자, 주제 관련 전문가가 결함을 식별하고 피드백을 제공할 만큼 충분히 이해할 수 있는가?'가 있다.

모델이 답해야 하는 질문이 무엇인지 모를 때는 모델 생성을 피하고 싶은 충동이 들 수 있다. 그러나 도메인에 익숙하지 않아 명확한 질문이 없을 때는 도메인의 표준에 따라 모델을 구축할 수 있다.

아키텍처 모델을 작성할 때 프로젝트 종류는 모델의 상세 수준에 영향을 준다. 예를 들어, 그린필드 소프트웨어 개발 프로젝트greenfield software development project(즉, 완전히 새로운 소프트웨어를 구축하는 프로젝트)는 브라운필드 소프트웨어 개발 프로젝트brownfield software development project(즉, 기존 시스템을 확장하는 프로젝트)와 리스크가 다르다.

---

2 이는 오래된 농담이다. 한 남자가 가로등 아래에서 차 열쇠를 찾는 사람을 보고 "여기서 열쇠를 잃어버려서 다행이네요"라고 말했다. 열쇠를 찾던 사람은 "사실 저기서 잃어버렸는데 여기가 밝아서요"라고 대답했다.

15.1.2 정확성

부정확한 모델에 내재된 오류를 원하는 사람은 아무도 없기 때문에, 모델의 **정확성**accuracy은 분명히 바람직한 특성처럼 보인다. 그러나 모델은 일부 측면에서 정확할 수 있지만(예: 정확한 성능 추정치를 산출함) 다른 측면에서는 정확하지 않을 수 있다(예: 비용 추정치가 낮음). 뉴턴 역학 모델은 양자 역학보다 정확도가 떨어지지만 일반적인 관측을 설명하는 데 유용하다는 점을 고려하자.

정확성은 현실 세계와의 일관성consistency with the real world, 모델 내 일관성consistency within the model, 참조 무결성referential integrity, 반증가능성falsifiability을 포함한 여러 가지 고유한 아이디어와 관련된 광범위한 용어다. 이러한 특성이 없는 모델은 유용하지 않을 수 있으며 잘못된 결론으로 이끌어 실제로 역효과를 낼 수 있다.

현실 세계와의 일관성(consistency with the real world). 모델을 사용할 때 기본 프로세스는 (1)현실 세계에서 모델로 매핑하고 (2)모델 내에서 일부 작업을 수행한 다음 (3)작업을 수행한 모델 결과물을 현실 세계에 대한 결론에 매핑하는 것이다([그림 6-1] 참조). 현실 세계와의 일관성을 유지하려면 모델이 입력으로 사용하는 현실 세계의 지정이 있어야 하며(13.6절 참조) 작업을 수행한 모델의 결과물이 현실 세계와 일치해야 한다.

자체 일관성 및 참조 무결성(self-consistency and referential integrity). 자체 일관성을 유지하려면 모델 내부에 모순이 없어야 한다. 내부 모순의 예는 [그림 13-4]에서 볼 수 있다. 집 평면도의 1층과 2층 뷰에서 계단 위치가 달라 충돌이 드러났다. 자체 일관성 외에도 모델에는 참조 무결성이 있을 수 있다. 즉, 모델은 모델의 요소만 참조하고 모델에 언급되지 않은 항목에 대한 '댕글링 참조dangling reference'가 없다는 뜻이다.

반증가능성(falsifiability). 반증가능성은 모델에서 내린 결론이 참인지 거짓인지 판단하는 능력을 요구한다. 비공식 아키텍처 모델(**마케텍처**marketecture[3]나 **파워포인트 아키텍처**PowerPoint architecture라고도 함)이 너무 모호해서 실제 시스템을 나타내는지를 알 수 없다면 반증가능성을 제공하지 못할 수 있다. 개방 구체화 의미론(7.3절 참조)을 사용할 때 구체화를 수행하면 많은 세부 사항을 자유롭게 변경할 수 있으므로 확실한 부분이 별로 없어서 모델의 반증가능성이 낮다.

---

3 옮긴이_ 마케팅 용도로 만든 아키텍처를 가리키는 용어. 개발 용도로 사용할 수 없는 아키텍처의 줄임말

15.1.3 예측

엔지니어는 미래에 대해 알려줄 수 있는 **예측 가능한**predictive 모델을 구축하려고 노력한다. 예측은 주로 '이러한 프로세스가 교착 상태가 될 것임'과 같은 동작을 예상한다. 시공성constructability이나 적합성suitability에 관한 예측도 귀중하다. 두 가지 컴포넌트가 호환되지 않는다는 사실을 오늘 아는 것이 이후 구현 중에 알아내는 것보다 좋다. 예측력이 없는 모델은 엔지니어링 리스크를 줄일 가능성이 거의 없다.

소프트웨어 아키텍처에서 예측 모델을 생성하려면 일반적으로 전문 모델러가 필요하며 모델의 사용성은 이를 사용하는 사람의 기술에 따라 달라진다. 6.5절에서 논의했듯이 많은 사람이 구문을 배워서 모델을 생성할 수 있지만 생성할 모델을 선택하고 이러한 모델을 사용하여 분석 능력을 강화하려면 경험 많은 숙련된 엔지니어가 필요하다.

15.1.4 이해력 증진

정확성과 마찬가지로 모델이 이해력을 증진해야 함은 분명해보인다. 문제에 대한 이해도를 떨어뜨리는 모델은 다른 이점들을 통해 이러한 한계를 보완해야 한다.

세부 사항 제약(limiting detail). 모델의 이해가능성을 높이는 가장 확실한 방법은 세부 사항을 제외하는 것이다. 이런 식으로 큰 문제를 사람들이 이해할 수 있을 정도의 제약된 크기로 조정하면 더 쉽게 해결할 수 있다. 올바른 세부 사항을 제외하면 문제의 크기가 효과적으로 줄어든다.

주의 집중(focusing attention). 주의를 집중시키는 방법으로도 이해를 증진할 수 있다. 허버트 사이먼Herbert Simon은 세상이 점점 복잡해지고 있지만 관심은 제약적이라는 생각을 대중화했다[Simon, 1981]. 문제의 중요한 세부 사항에 제한된 주의가 집중되도록 하여 모델에 대한 이해도를 높일 수 있다. 결과물을 검토하는 전문가는 비전문가보다 두드러진 세부 사항을 더 빠르게 찾아 집중할 수 있음을 이미 알 것이다.

모델을 구축하고 선택한 세부 사항을 노출할 때 세부 사항을 선택하여 다른 사람들에게 전문 지식의 이점을 제공할 수 있다. 이를 아키텍처 설계에 대한 무한한 수의 뷰를 기계적으로 생성할 수 있는 컴퓨터 지원 설계Computer-Aided Design(CAD) 프로그램과 대조해보자. 커넥터의 처리량과 신뢰성 같은 특정 뷰를 표시하기로 선택한다는 사실은 필연적으로 다른 세부 사항이 아닌 해당 세부 사항에 사람들의 주의를 집중시킨다. 모델 작성자가 컴퓨터 지원 설계(CAD) 프로그램처럼 행동하고 무차별적으로 뷰를 생성한다면 도리어 모델을 보는 사람의 이해를 방해하게 된다.

적절한 형식과 표기법(suitable format and notation). 모든 모델의 이해가능성이 동일한 것은 아니다. 일반적으로 모델의 본질을 다른 형태로 표현할 수 있고 어떤 형태는 다른 것보다 이해하기 더 쉽다. 대부분의 프로그래머가 객체 추상화를 쉽게 이해하기 때문에 객체 지향 프로그래밍이 대중화되었을 가능성이 높다. 예를 들어 함수형 프로그래밍에는 많은 이점이 있지만 대부분의 프로그래머는 함수보다 객체에 관해 더 쉽게 추론한다.[4]

이 이론이 옳든 그르든 여러분은 자신의 모델의 주의를 기울이고 모델이 해당 모델을 읽는 사람들에게 도움이 되도록 해야 한다. 사람들이 특정 모델을 읽을 때 항상 어려움을 겪는다는 사실을 알게 되면 더 쉽게 이해할 수 있는 다른 동등한 모델을 조사해야 한다. 인간의 두뇌에는 특수 목적 분석, 특히 시각 및 언어 분석을 위한 많은 하드웨어가 있으므로 이를 활용하는 모델을 선택하는 편이 현명하다(15.6.1절 참조).

여러 수준의 스토리(story at many levels). 모델의 이해도를 높이는 한 가지 방법은 모델을 여러 수준에서 스토리로 구성하는 것이다(11.1절 참조). 대부분의 복잡한 것은 내부 구조를 갖도록 설계되어 컴포넌트를 전체와 분리하여 이해할 수 있으며, 컴포넌트가 작업을 수행하는 방법을 정확히 알지 못해도 전체를 이해할 수 있다. 설계의 최상위 수준은 서브컴포넌트를 열지 않고도 이해할 수 있어야 하며 각 서브컴포넌트도 자체 서브컴포넌트를 열지 않고도 이해할 수 있어야 한다.

15.1.5 일관된 세부 수준

세부 사항이 적은 모델보다 많은 모델을 항상 선호하는 것은 아니다. 대신 모델은 (일부 부품을 다른 부품보다 더 자세하게 유지하기보다는) **일관된 세부 수준**consistent level of detail을 지키려 노력해야 한다. 미세 조정을 사용하여 모델에서 더 많거나 적은 세부 정보를 선택적으로 표시할 수 있다. 세부 수준이 일관된 모델을 구체화하여 선택한 부품에 추가 세부 정보를 표시할 수 있다.

---

4   옮긴이_ 저자가 책을 쓸 때와 대비하여 최근에는 함수형 프로그래밍이 많이 사용된다. 이는 함수형 프로그래밍에서 제공하는 추상화가 개발자의 이해도를 높이는 데 적합한 사례가 많이 발견되었다고 볼 수 있다.

여러 세부 수준이 혼합된 모델은 다양한 이유 때문에 다른 추가 세부 정보가 발생할 수 있으므로 모델을 살펴보는 독자에게 혼동을 줄 수 있다. 한 가지 해석은 모델이 단순히 미완성이라는 것이다. 또는 이러한 세부 정보를 알 수 없어서 모델에 중요한 세부 정보가 누락될 수 있다. 마지막으로, 모델은 중요하지 않은 세부 사항을 의도적으로 제거할 수 있다. 일관되지 않은 세부 수준으로 모델을 만들어야 한다면 그 이유를 설명하는 메모를 모델에 기록해서 읽는 사람의 혼란을 줄여주자.

모델에서 세부 수준을 혼합하지 않는 또 다른 이유는 '해저의 높낮이를 따라 이동하는' 현상을 피하기 위해서다. 모델의 독자는 모델 작성자가 공개하고 싶을 때가 아니라 독자가 원할 때 추가 세부 사항을 흡수할 수 있어야 한다. 사용 가능한 모든 세부 정보를 제공하는 모델에는 다른 곳보다 더 '수심이 깊은 곳'이 생긴다. 대부분의 독자는 더 간단한 모델에서 큰 그림을 먼저 이해한 다음 필요하거나 호기심이 들 때 세부 사항을 선택석으로 탐색하는 편이 더 쉽다고 생각한다.

선택한 부품의 추가 세부 정보를 표시하려면 우선 일관된 세부 수준에서 하나의 모델을 구축하자. 그런 다음 선택한 부품을 더 자세히 표시하는 구체화 모델을 작성하여 일관된 세부 수준을 생성하고 혼동을 방지하며 계속 적절한 추가 세부 정보를 제공한다.

15.1.6 단일 주제 뷰

정보의 의도적인 포함과 배제를 거쳐 가장 좋고 유용한 모델이 생성된다. 모델의 뷰를 표시할 때는 모델의 정보 범주를 선택적으로 일관되게 표시하는 단일 주제 뷰를 사용하면 가장 좋다.

예를 들어, 뷰는 커넥터 처리량을 주석으로 컴포넌트 조립도에 포함하도록 선택할 수 있다. 이와 같은 단일 주제 뷰는 처리량을 분석하는 데 적합하며 독자는 보안 및 구현 언어와 같은 다른 세부 범주에 주의가 분산되지 않는다.

단일 주제monothematic라는 이름은 뷰가 일관되게 단일 항목을 표시한다는 생각을 강조하지만 단일 범주의 정보만 표시한다는 의미는 아니므로 처리량과 신뢰성을 모두 표시해도 된다. 하지만 일관성 없이 정보를 뿌리면 안 된다. 예를 들어 일부 커넥터에만 구현 기술을 표시하는 주석을 추가하는 것은 바람직하지 않다. 다양한 범주의 정보를 비슷한 정도로 제공하는 뷰는 설명하려는 포인트가 명확하지 않아 주의를 흩뜨려 금방 엉망이 된다.

15.1.7 낮은 비용

이 책의 중심 주제는 엔지니어링에 드는 노력이 인지된 리스크와 일치해야 한다는 점이다. 비용이 낮은 모델이 아키텍처를 정당화하기 더 쉽다. 모델에는 '대략적인 스케치'가 있고, 스위스 시계처럼 복잡하고 세밀한 조정을 해야 하는 '조절 손잡이'가 있을 수 있다. 또한 이익 곡선이 대개 비용 곡선보다 앞서기 때문에 리스크를 해결하는 가장 비용이 낮은 모델을 찾아야 한다. 예를 들어 컴포넌트와 커넥터의 텍스트 목록을 만드는 데는 노력이 거의 들지 않지만 모델이 전혀 없을 때보다 훨씬 더 유용하다.

15.2 뷰를 이용한 작업

이제 논의의 관점을 뷰에 있어야 할 바람직한 특성에서 뷰를 잘 다루는 방법으로 전환한다. 마스터 모델, 하나의 뷰타입 또는 하나의 뷰로 시스템에 대해 추론하기가 쉬웠다면 계속 그렇게 해도 된다. 이러한 상황에서 여러 뷰는 구축하고 조정하기가 어려워서 사용하지 않을 것이다. 그러나 중형 소프트웨어 시스템만 되어도 단일 모델로는 이해하기 어렵다. 눈에 띄는 세부 사항이 외부 세부 사항과 섞여 있어서 분석하기도 어렵다.

분할 정복(divide and conquer). 이미 보았듯이 이 문제의 해결책은 대형 모델을 마스터 모델 (13.1.2절 참조)로 유지하되 선택한 세부 정보만 표시하는 뷰를 사용하는 것이다. 개념적으로 시스템에는 모든 세부 정보가 포함된 단일 마스터 모델만 있다. 처음에는 세 가지 기본 뷰타입으로 분할한 다음 각각을 특정 뷰로 구체화할 수 있다. 예를 들어 뷰는 컴포넌트 조립도나 단일 모듈만 표시할 수 있다. 마스터 모델을 작업하기 더 쉬운 뷰로 분할하는 것은 **분할 정복**divide and conquer 전략의 예다.

기본 전략을 알게 되어도 몇 가지 질문이 남는다. 어떤 뷰를 만들어야 하는가? 분할 정복 전략에서 어떤 문제가 발생할 수 있는가? 그리고 피해야 할 안티패턴이 있는가?

각 관심사에 대한 뷰(a view for each concern). 생성할 뷰를 어떻게 선택하는가? 한 가지 방법은 각 **관심사**concern에 대한 뷰를 구축하는 것이다. 여기서 관심사는 관심 있는 문제나 시스템의 차원dimension이다. 예를 들어 보안과 관련된 아키텍처 드라이버가 있을 때는 시스템의 보안 세부 정보를 보여주는 뷰가 가치 있을 수 있다.

일부 엔지니어링 분야에는 표준 문제가 있다. 예를 들어 위성 설계에서 표준 관심사는 기계 구조, 추진력, 열, 응력, 역학, 유체/공기 역학이다. 열분석을 전문으로 하는 엔지니어는 열 관련 문제를 해결하고 설계 오류를 감지하는 데 도움이 되는 위성에 관한 전문적인 뷰를 그린다. 열 해석에 필요한 세부 사항이 응력 해석에 필요한 세부 사항과 같을 가능성은 낮으므로 다른 관점에서 볼 수 있다. 각 엔지니어링 전문가는 자신의 우려 사항에 대한 정량 및 정성 분석을 강화하거나 가능하게 하는 뷰를 얻는다. 소프트웨어에서 관심사는 주로 품질 속성 및 기능과 일치한다.

다른 분야의 엔지니어와 마찬가지로 대부분의 소프트웨어 개발자는 경력을 쌓는 동안 관심사와 관련된 전문 기술을 배운다. 예를 들어 일부 개발자는 보안 전문가로, 다른 개발자는 통신 분야 전문가로 인정받지만 이러한 기술은 다른 엔지니어링 분야에서처럼 표준화되지 않았다.

15.2.1 직면할 문제

일반적으로 큰 문제를 작은 문제로 나누는 방법은 좋은 전략이다. 그러나 각 뷰의 초점이 좁고 이러한 좁은 뷰 사이에는 몇 가지 문제가 있어서 어려움을 겪게 된다.

좁은 초점을 만드는 전문화된 뷰(specialized views yield narrow focus). 전문화되고 좁은 뷰의 모음을 볼 때 이러한 뷰를 머릿속에서 합성해서 마스터 모델이나 전체 시스템을 구상하기가 어려울 수 있다. 여러분의 좁은 시야는 코끼리를 묘사하는 세 명의 장님 이야기와 매우 흡사하다. 한 사람은 코끼리가 나무처럼 둥글고 강하다고 말하고, 다른 사람은 뱀처럼 유연하다고 말하고, 다른 사람은 종이처럼 평평하다고 말한다. 코끼리의 다리, 몸통, 귀를 각각 이해하는 데서 그치지 않고 여러 관점을 통합해 전체 코끼리를 이해해야 한다.

뷰를 빌드할 때 모듈, 런타임, 할당과 같은 각 뷰타입의 뷰를 하나씩 포함하면 독자가 뷰를 재조립해서 시스템을 이해하기가 한결 수월해질 수 있다.

뷰 사이의 몇 가지 문제(some problems live in between views). 좁고 전문화된 뷰는 특별한 관심사에 집중할 수 있도록 불필요한 세부 정보를 제외한다. 이러한 뷰를 생성하여 지렛대 효과를 얻지만 비용이 발생한다. 한 관점이 단일 주제이고 하나의 관심사만을 보여준다면, 관심사 간의 상호작용에 관한 지식을 어디에 넣어야 하는가? 예를 들어, 내연 기관의 설계에는 절충안이 있다. 실린더를 더 넓게 만들어 출력을 높일 수 있지만 그렇게 하면 실린더 사이의 공간이 줄어들어 열과 응력 문제가 발생할 수 있다. 이 절충안은 열 전용 뷰나 기계 전용 뷰에는 나타나지 않는다.

소프트웨어 시스템에서 개발자는 프로젝트를 변경할 때마다 새 도메인에 관해 배우기 시작할 때가 많으므로 관련 전문 지식을 암시적으로 알게 되는 일은 드물다. 한 가지 해결책은 둘 이상의 관심사와 관련된 세부 정보를 보여주는 혼합 관심사 뷰를 만드는 것이다. 이를 통해 발견한 관심사 상호작용을 절충이나 불변 사항으로 기록할 수 있다.

뷰 간의 불일치(inconsistency between views). 시스템의 여러 뷰를 만들면 이러한 뷰 간의 불일치가 발생하기 시작한다. 이 책은 모든 뷰가 투영하는 마스터 모델이 있다는 해석을 사용한다. 마스터 모델 접근 방식에서는 마스터 모델에 결함이 있거나 마스터 모델의 뷰를 그릴 때 실수를 했기 때문에 불일치가 발생할 수 있다고 한다. 따라서 모순되는 뷰를 발견하면 해당 모순을 마스터 모델의 버그나 뷰를 생성한 프로세스의 버그로 간주하고 찾아야 한다.

뷰가 분해하는 모든 것은 시스템을 구축할 수 있도록 다시 합쳐야 한다. 다른 엔지니어링 도메인의 예를 고려해보자. 열 엔지니어의 분석 결과 위성의 한 부분이 너무 뜨거워질 수 있음이 밝혀지면 서브컴포넌트의 설계를 재정렬하여 보완해야 한다. 이 위성 업데이트는 다른 모든 뷰로 전파해야 한다. 그렇지 않으면 기계, 전기 등 다른 분야 엔지니어가 오래된 뷰로 작업하여 시간을 낭비하게 된다. 불일치가 포착되지 않으면 누군가 위성을 구축하기 시작한 후에 결국 위성을 만들 수 없음을 알게 된다.

15.2.2 피해야 할 안티패턴

안티패턴은 좋아 보인다는 이유로 많은 사람이 반복 사용하지만, 돌이켜 보면 피해야 할 아이디어라 할 수 있다. 일부 개발자는 뷰를 다룰 때 특정 뷰를 선호한다. 과거에 도움이 되었거나, 필요한 모든 세부 사항을 포함한 단일 뷰를 만들려고 하기 때문일 수도 있다.

안티패턴: 선호하는 뷰(favorite view). 다양한 문제를 해결하려면 다양한 뷰가 필요하지만 당면한 문제에 부적절하더라도 개발자가 선호하는 뷰에 집착할 수 있다. 예를 들어 개발자가 마지막으로 작업했던 프로젝트의 계층으로 구성에 익숙해져서 이번 프로젝트가 P2P 스타일을 사용하더라도 계층 스타일에 적절한 모듈 뷰에 끌릴 수 있다.

일반적으로 선호하는 뷰를 계속 사용하여 시스템에 관해 추론할 수는 있지만 더 적절한 뷰나 뷰타입을 사용할 때보다 어렵다. 예를 들어 개발자는 소스 코드를 보고 프로토콜 위반을 찾을 수 있지만 상태 모델을 사용하면 작업을 더 쉽게 수행할 수 있다. 일반적으로 선호하는 뷰로 어려움을 겪는 대신 문제에 적합한 뷰와 뷰타입을 사용해야 한다.

안티패턴: 모든 것을 지배하는 하나의 다이어그램(one diagram to rule them all). 하나의 뷰에 초점을 맞추는 아이디어는 하나의 다이어그램이 모든 용도에 적합하도록 만드는 시도와 밀접한 관련이 있다. 이는 다이어그램[5] 작성자가 뷰타입을 조정하기 어렵거나 불가능하다는 점을 아직 깨닫지 못하고 모든 세부 사항을 단일 다이어그램에 넣으려 해서 자주 발생한다.

따라서 두 상자 사이의 선이 두 모듈 간의 종속성을 나타내는지 또는 두 컴포넌트 인스턴스 간의 런타임 통신을 나타내는지를 알 수 없다. 다이어그램 작성자가 모듈 종속성(모듈 뷰에서 볼 수 있음)과 런타임 통신(런타임 컴포넌트 조립도에서 볼 수 있음)이 동일하다고 주장하는 것을 볼 수도 있다.

결과적으로 코드 구성, 런타임 구조, 하드웨어 할당을 공개하려는 단일 다이어그램이 복잡해지고 이해하기 어려워진다. 다이어그램 작성자는 독자가 쉽게 파악할 수 있는 다른 다이어그램을 그릴 때 표현하기 어려운 관련 세부 사항을 생략할 수 있다.

15.3 뷰 품질 향상

이 시점에서 아키텍처의 많은 뷰를 처리하는 능력에 대해 약간 걱정할 수 있다. 분할 정복 전략이 그렇게 좋은 아이디어인지 궁금한 분도 있을 것이다. 다행히도 이러한 뷰를 관리하고, 불일치를 감지하고, 일관성을 유지하는 데 도움이 되는 기법이 있다. 여기에서는 기능 시나리오 작성, 시나리오 구동, 작업 사양 작성이라는 세 가지 기법을 설명한다. 여기서 이야기하는 기능 시나리오에 관한 기법은 12.6절의 내용을 보완한다.

----

5   다이어그램(그림)과 뷰(모델 투영)라는 단어는 일반적으로 서로 바꿔 사용할 수 있다. 이 다이어그램은 마스터 모델의 투영으로서 뷰라는 의미와 완전히 일치하지 않으므로 여기에서 뷰 대신 다이어그램이라는 단어를 사용한다.

15.3.1 기능 시나리오로 여러 뷰 연결하기

별도의 천 조각을 퀼트로 연결하는 실처럼 기능 시나리오는 뷰가 개별적으로 보여주는 것을 전체로 묶어준다. 이 이야기는 필립 크루첸Philippe Kruchten의 아키텍처 4+1 뷰[Kruchten, 1995]에서 매우 중요한 의미를 가진다. 여기서 '+1 뷰'는 다른 4개의 뷰를 연결하는 시나리오에 해당한다. 단일 시나리오는 다른 뷰와 다른 뷰타입에 나타나는 요소를 참조할 수 있으므로 시나리오는 독자가 여러 조각을 연결하고 모델 전체를 이해하는 데 도움을 준다.

기능 시나리오는 일반적으로 도메인 모델, 포트, 할당 모델 또는 컴포넌트 조립도에 적용하는 것과 같이 단일 뷰의 단일 모델에 적용된다. 그러나 모델과 뷰타입에 걸쳐 적용되는 시나리오를 작성하기는 쉽다. 예를 들어 소스 코드를 패키징하고 배포하는 시나리오는 컴파일(모듈 뷰타입), 테스트(런타임 뷰타입), 서버에 배포(할당 뷰타입)하는 방법을 설명한다. 엄밀히 말하면 시나리오는 하나의 모델에만 적용되므로 여러 뷰를 함께 연결하는 데 사용할 때는 해당 뷰들이 동일한 모델(아마도 마스터 모델)이어야 한다.

아무리 자유롭게 작성하더라도 기능 시나리오는 항상 이야기처럼 읽는 이점이 있다. 그러나 구조화 방식에 주의를 기울이면 뷰를 하나로 묶는 데 효과적이다. 이 절에서는 여러분이 적용해야 하는 구조와 엄격함에 관해 설명한다. 구조가 존재하는 이유를 점점 이해하게 되면, 이는 부담이 아닌 기회처럼 느껴질 것이다.

비공식적 대화(informal dialogue). 다음은 시나리오를 모델에 단단히 연결하는 방법의 예다. (12장에서 사용한) 도서관 시스템 시나리오 작업 중이라 생각해보자. 내면의 대화나 다른 사람과 공동 작업할 때의 대화는 다음과 같을 수 있다.

> 좋아. 이 단계는 대출자가 책을 반납하는 방법을 다룬다. 포트에 정의된 작업이 있나? 그렇다. Return()이라고 한다. 따라서 대출자인 바트는 pDesk 포트를 통해 '모비딕 책을 반납'한다. 사서 래리만이 pDesk 포트를 사용할 수 있으니 실제로 이 작업은 바트와 래리가 함께 한다. 시스템은 이 것이 대출과 일치하는지 확인해야 한다. 물론 바트는 대출 ID를 모르므로 시스템에서 대출을 조회한 다음 대출 상태를 …에서 변경해야 한다. 아직 대출 상태를 정의하지 않았다.

이는 대화의 일부일 뿐이지만 시나리오 작성이 대상 모델의 세부 사항에 어떻게 몰입하는지에 관한 아이디어를 제공한다. 코드를 작성하는 것처럼 느껴질 수도 있다.

체크리스트. 참고로 체크리스트는 좋은 시나리오를 작성하는 방법을 배우는 데 매우 유용할 수 있다. 다음은 시나리오를 작성하거나 사후 확인 시 사용할 수 있는 체크리스트다.

- **액터(actor)**

  각 단계를 시작하는 액터는 이메일의 수신자와 마찬가지로 명확해야 한다. 시나리오를 확실히 하려면 항상 '능동태'를 사용하자. '책이 반납되다'와 같이 단계를 시작하는 액터가 숨겨지는 것을 피할 수 있다. 시작 액터에 관해 생각하는 동안 매개변수로 전달해야 하는 데이터를 이미 알고 있는지 확인하자. 액터가 이 작업을 시작할 수 있는지도 고려하자. 액터에는 수신자와의 통신 경로도 있어야 하므로 커넥터, 종속성 또는 통신 채널이 있어야 한다.

- **동작(action)**

  각 단계는 대상 모델에 정의된 단일 작업을 명확하게 다루어야 한다. 좋은 시나리오는 여러 단계에서 단일 수준의 추상화를 갖는다. 예를 들어, '래리가 도서관에 모비딕 책을 추가한다'라는 단계가 있다면 다른 단계는 '래리가 사용자 이름과 암호를 입력한다'가 아니라 거의 동일한 수준의 세부 정보여야 한다. 시나리오의 작업 이름은 대상 모델의 작업 이름과 최대한 비슷해야 하지만 (특히 가독성에 도움이 된다면) 약간의 차이를 허용할 수 있다.

- **참조(reference)**

  시나리오 단계는 전달된 매개변수나 반환값과 같은 모델 요소를 참조한다. 시나리오에는 댕글링 참조가 없어야 하므로 연관, 속성, 상태(또는 모델 타입과 관련된 기타 세부 사항)를 포함한 모든 참조를 대상 모델에 정의해야 한다. 그러나 시나리오는 '사물 내부의 것'을 참조하지 않아야 하므로 시스템 경계의 시나리오는 시스템 내부의 서브컴포넌트를 참조해서는 안 된다.

- **대상 모델(target model)**

  각 단계는 대상 모델을 하나의 허용되는 구성이나 상태에서 다른 구성으로 변환해야 한다. 허용되지 않는 상태의 예로는 -1 항목이 포함된 스택 또는 대출자와 관련이 없는 대출이 있다. 각 단계로 인해 대상 모델이 눈에 띄게 변경된다는 점을 염두에 둬야 한다. 그렇지 않으면 더 자세한 모델이 필요하거나 시나리오를 더 단순하게 해야 할 수 있다. 이에 관한 예외는 모델을 거의 변경하지 않는 쿼리 작업이다. 어떤 단계도 모델의 불변 사항이나 제약 조건을 깨뜨리지 않아야 한다.

- **종합(overall)**

  시나리오가 전반적으로 말이 되는가? 어떤 단계나 어려움을 건너뛰지는 않았나? 찾아보는 단계가 필요한데도 시나리오의 어떤 액터가 무언의 위치를 '그냥 알고', 어떤 다른 물체나 액터와 대화해야 하는지를 '그냥 알고' 있지는 않은가? 임의의 어려운 시작이나 해지 단계를 생략하지는 않았는가? 시나리오 단계를 작성할 때는 다음과 같은 생각을 해보자. 정확히 올바른 단어인가? 나머지 모델과 일치하는가? 대상 모델을 비워 놓고 시나리오에서 언급한 항목을 추가하는 방법을 사용할 수도 있다.

참조에 주의를 기울이지 않은 시나리오도 설계를 이해하고 문서화하는 데 유용할 수 있다. 하지만 신중하게 구성한 시나리오는 작성하는 동안 오류나 누락을 포착하는 데 도움이 되며 뷰가 어떻게 결합되어 전체 설계를 드러내는지 생각하는 데 유용하다.

15.3.2 기능 시나리오 구동해보기

문제를 포착할 수 있도록 구조화된 기능 시나리오를 작성하는 방법을 배웠다. 시나리오를 작성한 후에 모델이 변경되므로 돌아가서 시나리오를 다시 확인할 수 있기를 원한다. 이 절에서는 모델의 문제를 확인하기 위해 **시나리오를 구동해보는 방법**animating scenario을 설명한다.

개발자는 프로그램을 디버깅하려고 머릿속으로 프로그램을 동작시켜 보곤 한다. 프로그램을 한 줄씩 살펴보고 각 코드 줄이 어떤 영향을 미칠지 생각하고 버그가 있을 가능성을 살펴본다. 그 결과 버그가 적은 고품질 코드를 만들 수 있다.

시나리오를 구동하는 일은 프로그램을 동작시켜 보는 것과 유사하며 자주 동일하게 느껴진다. 시나리오 구동이란 개발자가 시나리오를 따라 진행하고 단계별로 정신적으로 동작시켜 보는 일을 의미한다. 개발자는 각 단계에서 모델에 일어나는 변화를 상상한다. 이러한 작업은 모델과의 긴밀한 정신적 연결을 촉진하여 불일치와 누락 오류를 포착하는 데 도움이 된다.

시나리오 구동의 가장 간단한 버전은 간단한 구문 및 참조 확인이지만 훨씬 더 많은 작업을 수행할 수 있다. 이렇게 하려면 시나리오를 사용하여 시스템에 관해 이해한 것을 검토해야 한다. 모델링 역량 피라미드의 정점([그림 6-3] 참조)에서 개발자는 추론을 증폭하는 데 모델을 사용한다는 점을 기억하자. 시스템을 검사해서 합리적이고 완전한지 확인하는 맥락으로 시나리오의 각 단계를 사용할 수 있다. 다음은 간단한 구문 검사를 넘어 더 도움이 되는 시나리오 구동을 위한 몇 가지 질문이다.

- **커뮤니케이션(communication)**

  액터가 사용할 포트나 커넥터의 선택권이 있는가? 다른 포트를 추가해야 하는가? 포트나 커넥터의 속성이 전송되는 메시지 타입에 적합한가(예: 안전하지 않은 채널, 일일 일괄 처리)? 액터가 수신자에게 연락하는 방법이나 올바른 수신자를 선택하는 방법을 알고 있거나 알아야 하는가?

- **전후관계(before and after)**

  이 작업이 다른 메시지를 발생시켜야 하는가? 무언가를 반환하거나 반환해야만 하는가? 모델의 상태 변경은 어떻게 해야 하는가? 이 단계는 이전에 발생한 일에 의존하는가? 액터와 시스템이 전달해야 하는 데이터에 액세스할 수 있는가?

- **시나리오 외부(beyond scenario)**

  시스템에서 처리해야 하는 더 어려운 이 시나리오 단계의 변형이 있는가? 시작, 종료, 빈 컬렉션, 요소 삭제와 관련된 흥미로운 동작이 있는가? 시스템 동작에 확신을 주려면 얼마나 많은 시나리오가 필요한가? 할당된 책임을 고려할 때 각 요소의 동작이 합리적인가?

이러한 종류의 질문은 시나리오가 없어도 대답할 수 있지만 시나리오의 구체적인 콘텍스트는 문제를 발견하는 데 도움이 되며 새로운 사고방식을 열 수 있다. ('커넥터에 **적절한** 속성이 있는 가?'와 같이) 이러한 질문에는 간단한 검사를 기반으로 한 정답/오답이 없다. 따라서 개발자는 시나리오를 사용하여 분석을 강화한다. 문제를 감지할 목적으로 모델 전체에서 시나리오를 구동할 때 한 단계를 읽는 것이 모델의 상호 연결된 특성을 강화하는 데 도움을 준다는 점을 알게 될 것이다.

15.3.3 작업 사양 작성

모델을 연결하는 세 번째 방법은 작업 사양을 사용하는 것이다. 작업 사양은 기능 시나리오와 거의 동일한 방식으로 다양한 뷰를 함께 연결할 수 있다. 대출자가 도서관에서 책을 대출하는 방법을 설명하는 check_out_copy 동작을 살펴보자.

```
void check_out_copy(Copy c, Borrower b)
```

- **사전 조건**: c는 제거되지 않았으며 현재 대출 중이 아니다.
- **사후 조건**: 새로운 대출 l, b와 c에 연결됨, out = 오늘, in = null, 기한 = 오늘 + c.library. loanLength

작업 사양을 읽으면 시스템이 어떻게 작동해야 하는지 어느 정도 이해할 수 있다. 예를 들어 도서관에서 책을 제거할 수 있고, 대출은 기록되며, 일부 대출은 '현재' 대출 중이며, 대출은 책 자체와 책의 인쇄본을 구별하고, 표준 대출 기간이 있음을 알 수 있다.

작업 사양을 사용하여 작업 사양에 필요한 세부 정보만 포함하여 모델의 크기를 제약할 수 있다. 모델에 책 인쇄본의 소장일을 포함하고 싶을 수 있지만, 작업 사양에 언급되거나 필요하지 않다면 모델에서 생략할 수 있다.

작업 사양은 다른 모델에 대한 특정 요구사항을 만든다. 이 사양에서는 Copy, Borrower, Loan, Library와 같은 용어를 정의해야 한다. 이러한 용어에는 현재 대출 상황, 대출, 반납, 대출 만기, 대출 기간과 같은 추가 속성이 있다. 그리고 제거된 책과 현재 대출 중인 책과 같은 상태도 사용한다. 완전한 모델은 모든 상태와 전환을 설명하고 작업이 상태 전환을 유도하는 방법을 설명한다. 또한 속성이 상태와 관련되는 방식을 설명해야 한다. 예를 들어 Copy에는 상태에 해당하는 isRemoved라는 속성이 있다. 또한 이 작업이 하나 이상의 유스 케이스에서 한 단계로 나타날 것으로 예상할 수 있다.

사용성에도 불구하고 작업 사양은 시간이 많이 걸리고 비용이 많이 들기 때문에 이 책에서는 정기적으로 모델에 포함하도록 권장하지 않는다. 그러나 기본 아이디어는 모델의 모든 뷰가 상호 연관되므로 작업 사양이 작동하는 방식을 알면 모델링 능력이 향상된다는 점이다. 사양을 적지 않아도 '사전 조건과 사후 조건을 충족하는 데 필요한 모든 용어를 정의했는가?'라고 생각해 볼 수 있다.

15.4 다이어그램 품질 개선

다음과 같은 두 가지 간단한 작업으로 다이어그램을 개선할 수 있다. 범례legend를 포함하고 화살촉arrow을 생략하는 방법이다. 저자는 이 두 골칫거리에 관한 아이디어를 데이비드 갈란에게서 얻었다.

15.4.1 다이어그램에 범례 넣기

다이어그램은 항상 범례가 필요하다. 여러분도 이 책의 페이지를 살펴보면서 다이어그램의 제목과 도표를 훑어보았을 것이다. 표기법이 일관적이더라도 앞에서 한 번만 언급한 후 후반부에 등장한 (범례를 사용해 추가적으로 설명하지 않은) 다이어그램을 이해하기는 어려움이 있을 수 있다. 이면지에 그려 놓은 간단한 다이어그램이라고 하더라도 사람들은 그것을 이해하려고 앞과 뒤로 계속해서 뒤집어 볼 것이다. 이렇게 충분한 정보를 주지 않는 다이어그램에서는 범례에 추가적인 정보가 없으면 혼란스러울 수 있다.

UML과 같은 표준 표기법을 사용할 때는 다이어그램에 애너테이션을 달 수 있지만, 모든 사람이 종속성과 서브클래싱과 구별하는 UML 화살표의 차이점을 기억하지는 못함을 알아 두자. 어쨌든 이전 다이어그램의 범례를 새 다이어그램으로 간단히 복사하여 모든 다이어그램에 하나씩 넣어 두자.

범례는 그림에서 사용하는 요소와 관계를 요약하기 때문에 표기법에 주의해야 한다. 예를 들어 모서리가 둥근 컴포넌트를 그리기 시작할 때 범례에서 컴포넌트를 정의해야 한다. 이때 해당 컴포넌트의 의미를 생각하게 되며 중요한 구별인지 아닌지 결정할 수 있다.

모든 범례가 도움이 되지는 않는다. [그림 15-1]에서 두 가지를 살펴보자. 왼쪽에 있는 범례는 최소한의 일만 했다. 다이어그램을 보지 않아도 오른쪽의 범례에서는 아키텍처를 엿볼 수 있다. 개발자가 상호작용의 가장 낮은 공통분모(컴포넌트 A는 컴포넌트 B에 연결)를 생각하지 않고 대신 통신의 본질에 관해 생각하고 성능이나 수정가능성과 같은 품질을 달성하는 데 의존할 수 있음을 보여준다.

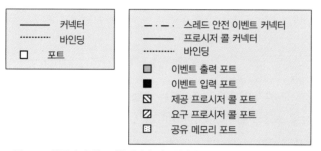

그림 15-1 왼쪽의 범례는 정확하지만 최소한이다. 오른쪽의 범례는 설계자의 생각과 사용한 추상화에 관한 통찰력을 제공한다

15.4.2 커넥터에 화살촉 방지

이 책은 소프트웨어 아키텍처에 관한 많은 책과 마찬가지로 커넥터에 화살촉을 두지 않는다. 왜 그렇게 하는가? 컴포넌트 A가 데이터를 컴포넌트 B로 보내며 그 반대는 아님을 아는 것은 중요하다. 그리고 B가 연결을 시작하는 주체임을 아는 것도 중요하다. 또한 A가 연결을 끊을 수 있다는 사실도 알아야 한다. 그 외에도 여러 가지가 있을 수 있다. 슬프게도 다이어그램에 표시하고 싶은 속성이 많지만 화살촉도 그중 하나의 선택일 뿐이다.

의미론적 문제도 있다. 커넥터 A는 B에게 데이터를 요청한 다음 B는 대량의 데이터의 응답한다. 첫 번째 데이터 전송이 A에서 이루어지니 화살표가 A에서 B를 가리켜야 하는가, 아니면 더 큰 데이터 전송 방향에 따라 B에서 A로 향해야 하는가?

최악의 문제는 다이어그램을 읽는 사람들은 보통 화살촉이 무엇을 의미하는지 안다고 생각하지만 실제로는 잘못 추측할 수 있다는 점이다. 화살표 대신 사용할 수 있는 방법은 (자세한 범례에서 볼 수 있듯이) 포트와 커넥터의 다른 차이를 사용하여 세부 정보를 표시하는 것이다. 나머지 세부 정보는 포트와 커넥터의 속성으로, 텍스트 형태로 나열하여 보여준다. 화살촉을 사용할 때와 달리, 사람들은 음영 표시를 보고 마음대로 해석하지 않는다. 예를 들어 이벤트 출력 포트에 회색으로 음영 처리한 다이어그램을 볼 때, 사람들은 범례를 보고 올바른 해석을 찾는다.

화살촉 사용 자체가 옳고 그른 것은 아니다. 선택의 문제다. 그러나 화살촉을 사용할 때는 범례를 사용하여 화살촉의 의미를 나타내야 한다.

15.5 테스트 및 증명

테스트와 **증명**의 차이점을 이미 알 수도 있지만 모델을 사용하는 방법의 중요성 때문에 다룰 가치가 있다. 요컨대, 테스트는 버그의 존재를 입증할 수 있지만 버그가 없음을 보여줄 수는 없다. 모델이 답해야 하는 질문의 종류에 따라 테스트 또는 증명이 적절할 수 있다.

정상 데이터로 모델 테스트(test models with good data). 테스트가 적절할 때도 모델에 공급할 올바른 데이터가 여전히 필요하다. 개발자는 일반적으로 후보 모델을 생성하는 데 사용하는 몇 가지 구체적인 테스트 사례를 '자신의 주머니에' 가지고 있다. 테스트 케이스에서 데이터를 표현할 수 없는 모델은 수정하거나 제거해야 한다. 예를 들어, 4장의 홈 미디어 플레이어 시스템 예제에서 모델 작성자는 프린스의 노래를 사용하여 일반 모델을 테스트했다.

모델이 이러한 개발자가 보유한 단순한 예제 테스트를 통과하면 더 광범위한 구체적인 데이터 세트에서 평가해야 한다. 예를 들어, 저자는 몇 가지 간단한 예제를 사용하여 보안 권한 모델을 구축한 적이 있다. 그런 다음 다양한 플랫폼과 운영체제를 포괄하는 회사의 광범위한 그룹에서 실제 데이터를 수집하고 모델이 이들에서도 작동하는지 확인했다. 물론 실제 데이터가 예상치 못한 커브볼을 던져서 모델이 완벽하게 작동하지 않았다.

분석 모델로 증명(providing with analytic models). 때로는 격리, 교착 상태, 성능, 보안과 같은 속성이 있는 모델이 필요하다. 일반적으로 이러한 속성은 창발적이며 복잡한 모델보다 단순한 모델에서 창발 속성을 추론하기가 더 쉽다. 문제에 지렛대 효과를 적용하고 창발적 속성이 무엇인지 알고 있음을 증명(또는 비공식적으로 확신)하려면 모델을 단순화해야 할 수도 있다.

속성을 증명하려면 3.5절에서 논의했듯이 **유추 모델**analogic model 대신 **분석 모델**analytic model이 필요하다. 분석 도구를 사용하여 속성을 증명할 때 대부분의 모델은 도구에 입력하기 전에 변환해야 한다(다음 절에서 설명함).

15.6 아키텍처 모델 분석

정확한 모델링 언어를 사용하여 아키텍처를 표현하면 복잡한 분석 프로그램이 모델을 분석해서 인간이 찾기 어려운 문제점을 찾을 수 있다는 인상을 받을 수 있다. 그렇게 생각한다면 주요 분석 도구는 여러분의 두뇌라는 사실이 반전일 것이다. 이 절에서는 복잡한 분석 프로그램 몇 가지를 설명하지만, 가장 가치 있는 분석 도구는 여러분의 두뇌와 명확한 모델이라는 이야기다.

적절한 뷰는 정교한 분석을 피할 수 있다. 간단한 달력을 생각해보자. 1965년 12월 26일이 무슨 요일인지 알고 싶다면 달력의 해당 페이지로 가서 어느 열에 속하는지 확인하면 된다. 사실, 해당 날짜의 다음 수요일을 찾는 일과 같은 작업을 쉽게 수행할 수 있으므로 계산을 거의 고려하지 않는다. 그러나 비슷한 질문에 답하려면 어떤 프로그램(예: 윤년 계산)을 작성해야 하는지 고려해보고 앞서 살펴본 캘린더 측면(뷰)에서 쉽게 얻어온 답과 비교해보자.

이 절에서는 설계와 아키텍처를 분석하는 데 유용한 몇 가지 기법을 살펴본다. 대부분은 간단히 수행할 수 있는 평가다. 이는 여전히 양적 평가일 수 있으며, 시간을 투자할 의향이 있다면 이 중 일부를 공식화할 수 있다. 비공식적인 기법부터 시작하여 공식적인 기법으로 넘어가 보자.

15.6.1 아키텍처 분석기로서의 인간

계산 분석을 사용할 수 있으므로 모델을 직접 분석하는 옵션을 간과하기 쉽다. 인간의 두뇌는 정보를 처리하는 데 탁월하지만 정보의 형태에 상당히 의존한다. 2D 지도가 아닌 지도에서 길을 찾는 시도를 한다고 상상해보자. 이 '지도'는 해당 국가의 거리 구간을 알파벳순으로 나열한 것이다. 이 표현 방식은 인간이 처리하기에는 어렵지만 실제로 컴퓨터는 이런 방식으로 작업을 더 쉽게 할 수 있다. 사람들은 지도에서 경로를 찾는 데 시각적 처리 기능을 활용한다. 예를 들어, 주요 도로를 작은 도로보다 두껍게 그려서 지도가 인간의 능력이 더 잘 작동하도록 돕는다.

이와 유사하게 인간의 능력에 지렛대 효과를 적용하게 해주는 아키텍처 모델을 구축할 수 있다. 시스템에서 단일 장애 지점을 찾고 있다면 소스 코드만 보면서 찾기는 힘들 것이다. 그러나 할당 뷰를 보면 모든 요청이 단일 로드 밸런서를 통과한다는 사실이 튀어나올 수 있다.

표준 뷰타입(standard viewtype). 그러나 표준 할당, 런타임, 모듈 아키텍처 뷰타입이 인간의 기본 분석 능력을 향상시킬 수 있는 올바른 표현방식인가? 이 질문에 답하기는 어렵지만 일반적으로는 '예'라고 할 수 있다. 또한 표준 아키텍처 뷰는 좋지만 '아니오'라고 할 수 있다. 즉, 이상적이지 않다는 뜻이다.

필요하다면 다른 뷰나 뷰타입으로 보강해야 한다. 예를 들어 필립 크루첸의 4+1 뷰에는 시스템에 여러 스레드나 프로세스가 있을 때 유용한 프로세스 뷰가 있다. 표준 아키텍처 뷰는 범용이므로 거의 모든 도메인에서 상당한 효과가 있다. 하지만, 반대로 특정 도메인에 지렛대 효과를 제공하지는 않는다는 뜻이기도 하다. 달력의 예제를 다시 생각해보자. 도메인별 뷰로서 달력에는 모든 월요일이 같은 열에 있다는 멋진 속성이 있다. 이는 표준 아키텍처 뷰에서 얻을 수 없는 도메인별 인코딩이라고 할 수 있다.

조명 대 본질(flash vs. substance). 아키텍처 모델에 그라데이션 채우기를 적용해서 꾸미고 싶다면 먼저 이것이 모델의 이해를 돕는지 방해하는지를 고민하자. 모델을 표면적으로 멋지게 꾸미면 회의실에서 프레젠테이션할 때 멋있어 보일 수 있지만, 다른 사람의 이해력을 떨어뜨리지 않는지 확인해야 한다.

15.6.2 비공식 분석 기법

품질 속성 워크숍, 아키텍처 체크리스트, 아키텍처 및 설계 검토, 아키텍처 트레이드오프 분석 방법(ATAM) 등 아키텍처를 분석하는 비공식 기법이 몇 가지 있다.

품질 속성 워크숍(quality attribute workshop). 다양한 분석 기법은 프로젝트 수명주기에서 서로 다른 시간에 적용된다. 품질 속성 워크숍은 시스템 품질 속성 시나리오를 발견하고 우선순위를 지정하는 기법이며 설계를 시작하기 전에 사용한다[Barbacci et al., 2003]. 워크숍을 진행하는 리더는 각 시나리오가 자극에 대한 시스템의 측정 가능한 반응을 설명하는 품질 속성 시나리오를 작성하도록 이해관계자에게 요청한다. 간단한 시나리오의 예는 '시스템이 요청을 받으면 200ms 이내에 응답을 반환해야 한다'와 같다. 품질 속성 워크숍에서 우선순위가 매겨진 품질 시나리오 목록이 만들어지며 여기서 찾은 품질 시나리오는 리스크를 식별하는 데 사용할 수 있다. 일부 시나리오는 이해관계자에게 매우 중요하지만 시스템이 달성하기에는 어렵지 않다. 그러나 달성하기 어려운 시나리오는 실패 리스크를 찾는 데 도움이 된다.

아키텍처 체크리스트(architectural checklist). 아키텍처 체크리스트는 설계나 검토 중에 알려진 리스크가 고려되는지 확인하는 데 사용한다. 있는 그대로 사용할 수 있는 몇 가지 범용 체크리스트가 있다[Maranzano, 2005; Meier et al., 2003; Rozanski and Woods, 2005]. 도메인별 체크리스트는 웹 애플리케이션의 크로스 사이트 스크립팅 취약점[cross-site scripting vulnerability] 과 같은 더 구체적인 문제를 포착할 수 있는 기능이 있다.

아키텍처 및 설계 검토(architecture and design reviews). 아키텍처 검토는 설계에 참여하지 않은 검토자 그룹에게 제안된 아키텍처나 설계를 설명하여 수행한다[Maranzano, 2005]. 검토 프로세스는 도메인 전문가이거나 소프트웨어 아키텍처 전문가인 검토자에게 설계의 잠재적 리스크나 결함을 식별할 기회를 제공한다. 그러나 참가자들은 이러한 검토를 준비하는 과정에서 설계 결함을 조사하여 실제 검토 전에 대부분의 문제를 파악할 수 있다고 한다.

검토자는 설계가 실패할 수 있는 방법을 생각하면서 설계에 대한 리스크 주도 평가[risk-driven evaluation]를 따를 수 있다. 검토자는 새로 식별한 리스크를 해결하는 기법을 제안할 수 있으며 이전에 수행되었으면 좋았을 기법도 알아낼 수 있다.

아키텍처 트레이드오프 분석 방법(architectural tradeoff analysis method, ATAM) 제안된 아키텍처의 적합성을 평가하도록 설계된 아키텍처 검토의 일종이다[Bass, Clements and Kazman, 2003]. 아키텍처 트레이드오프 분석 방법(ATAM) 세션은 특정 아키텍처의 장단점을 조사하고 발견하므로 아키텍처가 제안된 후에 수행해야 한다. 품질 속성 트레이드오프를 알면 개발자는 아키텍처를 변경하여 더 나은 트레이드오프 세트를 생성할 수 있다.

아키텍처 트레이드오프 분석 방법(ATAM)은 또한 아키텍처가 특정 종류의 리스크인 원하는 품질 속성 시나리오를 달성하지 못할 수 있는 일련의 방법을 제공한다. 아키텍처 트레이드오프 분석 방법(ATAM) 세션은 아키텍처 전문가와 도메인 전문가가 협력하여 리스크를 식별할 때 가장 잘 작동한다. 아키텍처 트레이드오프 분석 방법(ATAM) 세션은 시간과 비용이 많이 들기 때문에 소규모 프로젝트에 적용하기가 어렵지만 아키텍처 트레이드오프 분석 방법(ATAM)의 핵심 아이디어는 소프트웨어 개발 프로세스에 필요한 의식의 수를 줄이는 개발 프로세스[lower ceremony development process]에 적용할 수 있다.

15.6.3 공식 분석 기법

비공식적 기법 외에도 모델을 확인하는 데 사용할 수 있는 형식주의formalism와 관련 도구가 상당히 많다. 일반적으로 이러한 도구는 모델이나 소스 코드에 직접 작동하지 않으므로 도구에서 처리할 수 있는 형식format으로 변환해야 한다. 먼저, 변환 프로세스를 살펴본 다음 특정 분석, 형식주의, 도구에 관해 논의할 것이다.

분석을 위한 모델 변환(transforming models for analysis). 특정 도구를 사용하여 아키텍처 모델을 분석하는 정확한 프로세스는 각각 다르지만 몇 가지 일반화를 할 수 있다. 다음은 도구에서 읽을 수 있는 형식으로 모델을 변환하고, 도구를 사용하여 무언가를 확인하고, 도구의 출력을 이해하는 등 도구에서 답을 얻는 반복 동작round trip 기본 프로세스의 대략적인 모습이다.

1 모델 단순화(simplify the model)

모델을 단순화해야 할 수 있다. 여기서 더 단순한 모델은 원본보다 요소와 관계가 적다. 도구로 수행하는 분석은 일반적으로 작은 모델에서 매우 빠르게 작동하며 실행하는 데 몇 초에서 몇 분 정도 걸린다. 그러나 계산의 복잡성 때문에 더 큰 모델은 몇 시간이 걸리거나 합리적인 시간 내에 완료하지 못할 수도 있다. 이 단순한 모델과 원본 모델 간의 관계는 구체화refinement 관계여야 하므로 단순 모델에서 배운 내용이 더 자세한 모델에서도 사실이 된다.

2 도구 어휘에 매핑(map to the tool vocabulary)

도구가 이해하는 기본 요소로 표현되도록 모델을 조정해야 한다. 일부 도구는 방향 그래프나 배열만 이해하고 다른 도구는 집합과 같은 자료 구조를 이해한다. 이는 수학 수업에서 두 기차의 속도를 방정식의 변수로 변환하는 것과 거의 유사하다. 이 변환은 기차의 색상과 출발 시간은 물론이고 기차인지 아닌지도 상관하지 않고 모델에서 도메인별 세부 정보를 제거한다.

3 도구의 언어로 모델을 표현(express model in the tool's language)

모델은 도구의 입력 언어로 표현해야 한다. 이는 의사코드와 특정 언어의 구체적인 구문 간의 변환과 유사하며 자동화할 수도 있다.

4 확인할 표명을 고안(device an assertion to check)

적용하려는 형식주의가 제대로 적용되었는지 확인하려면 표명assertion(술어predicate)을 고안하고 표현해야 한다. 단 비율 단조 분석rate monotonic analysis[6]처럼, '안전하게 이러한 프로세스를 스케줄링할 수 있다'와 같이 암시적일 수 있다. 'Open 호출 뒤에는 항상 Close에 대한 단일 호출이 이어진다'와 같은 다른 표명은 도메인에 따라 다르다. 표명은 자연어에서 도구가 이해하는 형식으로 변환되어야 하며, 뷰보다 어려울 수 있다. 예를 들어 선형 시간 논리linear temporal logic에는 표명을 표현하는 데 사용하는 next, always, final과 같은 연산자가 있다.

---

6 옮긴이_ 시간 당 CPU 사용률을 기반으로 프로세스들이 이상 없이 수행되는지 분석하는 기법

5 표명 확인을 위한 도구 사용(use the tool to check the assertion)

이 도구는 모델과 표명을 분석한다. 도구는 다양한 결과를 제공하는데, 주로 표명이 맞다는 확신을 제공하거나 모델이 표명을 어떻게 위반할 수 있는지에 관한 반대 사례를 제공한다.

6 도구 출력을 의미 있는 답변으로 역매핑(reverse-map the tool output to a meaningful answer)

도구를 이용해 얻은 분석 결과를 모델의 도메인으로 다시 변환해야 한다. '이 모델은 교착 상태가 아니다'에서와 같이 결과가 긍정적일 때 이 해석은 다소 쉽다. 때로는 도구를 이용하여 문제를 발견할 수 있지만 모델에서 단순화한 일부 제약 조건 때문에 실제 시스템에서는 불가능하다. 이때는 모델을 수정하여 이러한 제약 조건constraint을 다시 추가하거나 모델을 재구성해야 할 수 있다.

이러한 각 단계를 직접 수행하려면 작업이 많아질 수 있지만 모델링 도구에 분석을 내장하여 노력을 절약할 수 있다. 다음은 품질 속성에 따라 분류한 범주를 분석하여 설명한다.

보안 분석(security analysis). 작은 코딩 실수로도 보안 허점이 발생할 수 있으므로 보안은 달성하기 어려운 품질 속성이다. 시스템을 보호할 때 개발자는 일반적으로 체크리스트를 따르고 알려진 타입의 공격 벡터를 찾으며 코드가 취약하지 않은지 확인한다.

시스템을 데이터 흐름 다이어그램data flow diagram(DFD)으로 모델링하고 소스 코드에서 동일한 데이터를 추출하는 프로그램 분석기를 구축함으로써 이러한 접근 방식을 개발 프로세스에 공식적으로 도입하고 자동화할 수 있다[Abi-Antoun, Wang and Torr, 2007]. 그들은 데이터 흐름 다이어그램을 분석하여 공격 벡터를 찾고 소스 코드에 문제를 일으킬 수 있는 편차가 없는지 확인할 수 있었다.

또한 언제든 더 많은 추가 보안 평가를 적용할 수 있으므로 보안은 설계 문제를 발생시킨다. 각각의 추가적인 보안 평가에는 이를 보완하는 비용이 발생하지만 이해관계자들이 적절한 보안 평가 양을 알기는 어렵다. 숀 버틀러Shawn Butler의 보안 프로세스는 이해관계자가 자신의 요구사항을 이해하여 효율적으로 선택할 수 있도록 안내한다[Butler, 2002].

신뢰성 분석(reliability analysis). 소프트웨어의 신뢰성은 일반적으로 코드 품질과 아키텍처로 달성된다. 코드 수준 검토는 버그를 최소한으로 줄이고 프로세스는 처음부터 높은 코드 품질을 보장하는 데 사용한다. 최고의 코드라도 실패할 수 있으므로 아키텍처가 제 역할을 해야 한다. 다시 말해 높은 신뢰성을 위한 아키텍처는 안정 상태 모드steady state mode나 저하 모드degraded mode 같은 다양한 모드에서 작동할 수 있다. 문제가 발생한 우주선은 안테나를 지구로 향하게 하고 더 많은 지시를 기다리는 안전 모드로 동작할 수 있다. 단일 실패 지점이 있는 소프트웨어 아키텍처는 신뢰성 측면에 리스크가 존재하며 런타임과 할당 뷰타입 모델을 조사하여 찾을 수 있다.

역동성은 추론하기 어려우므로 높은 신뢰성을 위한 아키텍처는 대부분 정적일 수 있다. 예를 들어, 고신뢰성 시스템의 설계자는 **비율 단조 분석**rate monotonic analysis을 사용하여 시스템이 작업으로 인해 과부하되지 않도록 할 수 있다.

성능 분석(performance analysis). 일반적으로 성능은 이면지에 간략하게 계산한 추정치를 기반으로 대략적으로 모델링된다. 예를 들어 레이턴시를 분석할 때 각 요소에서 처리하는 데 걸리는 시간에 해당하는 숫자로 시스템의 런타임 뷰에 주석을 달 수 있다. 예상 레이턴시는 사용자 인터페이스에서 비즈니스 논리 및 데이터베이스를 통과하는 경로에 따라 확인된 레이턴시의 합계다.

개별 레이턴시 대신 분포distribution를 사용하고 실행 중인 시스템에서 측정을 수행하여 추정을 더 정확하게 할 수 있다. 특정 시점에서 레이턴시 등의 속성을 추정하는 데 사용할 수 있는 수학적 접근법인 **대기행렬이론**queueing theory이나 시스템의 자유도가 높을 때 적합한 수치 분석인 **몬테카를로 분석**Monte Carlo analysis을 사용할 수 있다.

정확성, 완전성, 기타 분석(accuracy, completeness, and other analysis). 모델 검사기model checker는 술어predicate와 관련하여 모델을 평가하는 도구다. Spin[Holzmann, 2003]과 Alloy[Jackson, 2002]가 유명하다. 범용 검사기이므로 위에서 설명한 대로 분석하려면 모델을 변환해야 한다. FSPfinite state process용 LTSALabeled Transition System Analyzer[Magee and Kramer, 2006]는 시스템을 유한 상태 기계로 모델링하고 속성을 충족하는지 확인할 수 있으며 상태 기계로도 모델링이 가능하다. 동시성을 모델링하고 프로토콜이 교착 상태가 될 수 있는 위치를 찾는 데 도움이 된다.

모델은 현실 세계와 차이가 있을 수 있다. 이 차이를 탐지하려면 많은 경험이 필요하고 전문 모델러는 이 차이를 뿌리 뽑으려고 거미와 같은 세밀한 감각을 개발한다. 모델 자체가 내부적으로 일관성 있을 수 있으므로 이러한 차이는 사람만 식별할 수 있다. 참조 무결성 위반이라고도 하는 내부 모델 불일치는 자동으로 확인할 수 있다. 시나리오가 모델에 정의되지 않은 컴포넌트를 참조하는 상황은 내부 불일치의 예다.

지금까지 분석 기법을 간략하게 살펴보았다. 다음 절에서는 아키텍처 불일치, 사용자 인터페이스 계획, 규정 및 설명 모델, 기존 시스템을 모델링하는 방법을 설명한다.

15.7 아키텍처 불일치

아키텍처 불일치architectural mismatch라는 용어는 데이비드 갈란이 이끄는 팀이 기존 부품을 조립하여 시스템을 구축할 때 만들어졌다. 해당 팀은 코드 부풀림, 느린 실행, 재구현된 함수, 동시성 어려움, 오류가 발생하기 쉬운 구성을 포함하여 유사한 상용 기성품(COTS) 통합을 수행한 모든 사람에게 익숙한 어려움을 경험했다. 이 경험에 기반한 그들의 논문은 통합이 어렵다는 점을 언급하는 데서 그치지 않고 두 가지 소프트웨어를 호환되지 않게 만들 수 있는 아키텍처 속성을 분류했다[Garlan, Allen and Ockerbloom, 1995]. 잠재적인 아키텍처 불일치 범주는 다음과 같다.

1 컴포넌트에 관한 가정: 인프라, 제어 권한, 데이터 사용
2 커넥터에 관한 가정: 프로토콜, 전송된 데이터의 구조
3 시스템에 관한 가정: 시스템 토폴로지, 컴포넌트 유무
4 개발 과정에 관한 가정: 초기화 순서

논문의 저자들은 상용 기성품(COTS) 소프트웨어 환경의 변화가 필요한 여러 해결책을 제안한다. 그러나 몇 가지 기존 소프트웨어를 통합하려고 할 때 이들의 제안 중 '아키텍처 가정을 강조하는 모델을 구축하자' 하나만 도움이 된다.

모델이 잠재적으로 문제가 되는 가정을 지적하면 불일치를 조기에 감지할 수 있고 호환되는 다른 상용 기성품(COTS) 소프트웨어를 선택하거나 상용 기성품(COTS) 소프트웨어에 포함된 가정을 수용하도록 시스템 설계를 변경할 수 있다.

개념적으로 이러한 가정을 문서화하는 위치는 중요하지 않지만 실제로는 아키텍처 다이어그램에 메모로 직접 배치하기를 권장한다. 그렇지 않으면 쉽게 간과할 수 있기 때문이다. [그림 15-2]는 컴포넌트의 예와 컴포넌트가 만드는 몇 가지 가정을 보여준다.

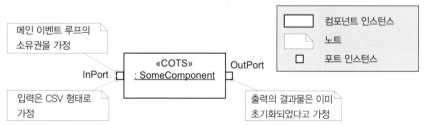

그림 15-2 아키텍처 불일치는 아키텍처에 상충되는 가정이 시스템의 요소에 있을 때 발생한다. 다른 사람들이 주의하도록 UML 노트를 사용하여 이러한 가정을 문서화할 수 있다

15.8 추상화 수준 선택

모델은 추상화이므로 정의에 따라 세부 사항을 생략한다. 시스템 모델을 구축할 때 포함할 세부 정보와 제외할 세부 정보를 선택해야 한다. 모델이 실제 API 작업을 나타내야 하는가 아니면 좀 더 추상적이어야 하는가를 결정해야 하므로 시스템 인터페이스 모델은 특히 어려운 선택이다.

시스템의 실제 API 작업을 모델링하는 방법이 아마도 제일 먼저 떠오를 것이다. 이러한 모델은 소스 코드와 비교할 수 있으므로 구체적이고 테스트할 수 있다는 이점이 있다. 더 많은 추상 모델이 할 수 없는 실제 API의 문제를 감지하는 데 사용할 수 있다. 예를 들어, 데이터 교환 구조가 여러분의 목적에 충분한지 감지할 수 있다. 그리고 이 모델을 API 수준 문서로 사용할 수 있다.

그러나 API 수준 모델은 일반적으로 상당히 크기 때문에 크기와 관련된 단점이 있다. 모든 API 작업에 1,000줄의 구현이 있다고 가정하면 백만 라인(1MLOC)의 프로그램에는 모델링할 API 작업이 1,000개 있을 것이다. 비율은 다를 수 있지만 대규모 시스템용 API 수준 모델을 구축하려면 상당한 노력이 필요하다는 점은 분명하다. 이를 최신 내용으로 유지하는 일은 초기 버전을 만드는 일보다 더 어려울 수 있다. API 수준 모델은 나무로 이루어진 숲의 전체 모습을 보여주기에는 어려움이 있으므로 아키텍처의 시야를 가릴 수도 있다. API 수준에서 인터페이스와 모듈은 보기 쉽지만 스타일, 포트, 커넥터와 같은 아키텍처 추상화는 그렇지 않다.

API 수준 모델을 추론하기 어려울 수 있다는 점은 심각한 문제다. 분명히 크기가 크면 이해하기 어렵다. 두 기차가 언제 만날 지 결정해야 하는 문제와 같이 수학 수업에서 했던 이야기를 떠올려 보자. 여러분이 만든 모델은 당면한 질문에 답하는 데 필요한 사항을 제외한 모든 세부 사항을 추상화했다. 아키텍처 질문이 시스템 처리량과 관련될 때는 API 수준 모델이 아닌 더 추상적인 모델을 사용하면 해당 질문에 답하기 쉬워진다. 중간적인 입장에서 API 수준 모델이 중요하지만 전체 시스템을 위해 이를 만들려고 한다면 잠시 멈추고 생각해봐야 한다.

모델을 구축할 때마다 명시적 또는 암시적으로 추상화 수준을 선택한다는 점을 알고 있어야 한다. 효과적으로 선택하려면 모델이 답해야 하는 질문(예: 보안 질문, 성능 질문, 사용성 질문)을 파악하고 이에 답할 수 있는 가장 비용이 낮은 모델을 구축한다.

15.9 사용자 인터페이스 계획

소프트웨어를 설계할 때 백엔드와 사용자 인터페이스(UI)를 독립적으로 구축할 수 있다는 것은 오래된 지혜다. 새로운 지혜는 백엔드 설계가 일부 사용자 인터페이스 선택을 비현실적으로 만들 정도로 사용자 인터페이스의 사용성을 활성화하거나 억제한다는 것이다[Bass and John, 2003]. 예를 들어 개별 CRUD(생성create, 읽기read, 갱신update, 삭제delete) 작업을 단순히 지원하는 백엔드는 실행 취소와 다중 요소 작업에 어려움이 있을 수 있다. 입력에 점점 더 많이 사용되는 텍스트 완성 기능을 지원하려면 어떤 종류의 백엔드 지원이 필요한지 고려해보라.

결과적으로 사용자 인터페이스는 사후에 고정될 수 없다. 아키텍처 모델은 주로 사용자 인터페이스(UI) 모형을 포함하고 사용자 인터페이스(UI)와 백엔드 간의 예상 상호작용을 표현한다. 시스템의 다른 부분과 동시에 사용자 인터페이스를 설계할 때의 추가적인 이점은 사용자 인터페이스 모형이 하위 수준 API에서 발생하는 오류나 누락을 드러낼 수 있다는 점이다[D'Souza and Wills, 1998].

15.10 규범 모델 대 설명 모델

아키텍처 모델을 사용할 때는 **규범 모델**prescriptive model과 **설명 모델**descriptive model의 차이점을 알아야 한다. 규범 모델은 사물이 어떻게 되어야 하는지how things should be를 말하고 설명 모델은 '사물이 어떠한지how things are'를 이야기한다. 표준 아키텍처 추상화 집합(모듈, 컴포넌트, 커넥터, 포트, 역할 등)은 향후 소프트웨어 개발이 올바르게 진행되도록 방향을 제시하므로 캡슐화와 명확한 통신 채널을 장려한다는 점에서 규범적prescriptive이다.

그러므로 아키텍처 언어와 그 안에 포함된 추상화는 현업에서 실제로 볼 수 있는 코드보다 더 깨끗하다는 점에서 압도적으로 규범적인 경향이 있다. 기존 시스템을 모델링할 때는 (다음 절에서 설명하듯이) 몇 가지 문제를 보여주는 설명 모델을 생성하게 된다.

15.11 기존 시스템 모델링

이미 기존 시스템이 있을 때 이를 설명하는 아키텍처 모델을 구축할 수 있는지 궁금할 수 있다. 시스템에 백만 줄의 코드가 있다면 모든 코드를 읽을 시간이 없다. 이 책은 지식, 분할, 추상화를 적용할 수 있으므로 모델 구축이 복잡성과 규모를 공략하는 좋은 방법이라고 주장한다. 하지만 먼저 모델을 원하는 이유와 모델이 무엇을 해야 하는지 여러분 자신에게 물어봐야 한다.

필요에 따라 모델링 제약하기(limiting modeling based on needs). 아키텍처 모델을 구축하는 데는 여러 가지 일반적인 이유가 있다. 현재 시스템을 더 잘 이해하거나 대체 아키텍처가 시스템의 품질 속성에 미치는 영향을 평가할 수 있다. 이 모델은 새로운 플랫폼으로 재설계하거나 전환하는 선구자가 될 수 있다. 외부 개발자, 동료, 아웃소싱 업체를 위해 시스템을 문서화해야 할 수 있다. 레퍼런스 아키텍처와의 시스템 호환성이나 다른 시스템과의 통합을 고려하고 있을 수 있다. 또는 외부 시스템의 구매 여부를 검토 중일 수 있다.

질문에 답하는 데 도움이 되는 시스템 측면으로 모델을 제약해야 한다. [그림 15-3]에는 아키텍처 모델을 구축하는 몇 가지 이유와 해당 후보 모델이 나열되어 있다[Fairbanks, Bierhoff and D'Souza, 2006에서 발췌]. 이는 합리적인 하위 집합 선택에 관한 아이디어를 제공한다. 후보 모델과 세부 수준은 가능한 모델의 하위 집합에서 가치를 얻을 수 있으며 프로젝트를 조정해야 함을 설명하는 추정치일 뿐이다. 호환성을 조사한다면 도메인 모델이 호환되지 않을 때 단순히 기술 호환성(예: 데이터 파일이 XML임)을 검증하지 않도록 주의하자.

모델링 이유	후보 모델
현재 시스템 이해도 향상	간결한 세부 사항: 도메인 모델, 경계 모델 상세한 세부 사항: 없음
대체 아키텍처 평가	간결한 세부 사항: 경계 및 내부 모델 상세한 세부 정보: 선택한 까다로운 세부 정보
재구성, 새로운 플랫폼	간결한 세부 사항: 경계 모델 상세한 세부 사항: 내부 모델, 스타일, 불변 사항
외부 개발자용 문서	간결한 세부 사항: 도메인 모델, 경계 모델 상세한 세부 사항: 스타일과 불변 사항
통합 및 호환성 조사	간결한 세부 사항: 도메인 모델, 경계 모델, 내부 모델 상세한 세부 정보: 선택한 도메인 모델링, 커넥터

구매 전 조사	간결한 세부 사항: 경계 모델 상세한 세부 사항: 도메인 모델링, 커넥터

그림 15-3 기존 시스템의 모델을 구축하는 데는 여러 이유가 있으며 구축하는 모델의 종류는 그 이유에 따라 달라진다. 다음은 설계를 조사하고 리스크를 줄이는 데 사용할 수 있는 몇 가지 이유와 해당 후보 모델의 예다

큰 진흙 뭉치 찾을 준비하기(prepare to find mud). 시스템을 더 잘 이해하려고 아키텍처 모델을 구축한다면 어느 정도의 실망에 대비하자. 여러 수준의 명확성과 스토리(11.1절 참조)는 발견되는 경우에만 아키텍처 모델에 의해 드러날 수 있다. 깔끔하고 신중한 설계는 시스템 개발자가 신중하게 설계한 결과다. 시스템이 큰 진흙 뭉치로 구축되었다면(14.7절 참조) 모델링을 해도 큰 진흙 뭉치 외에는 아무것도 드러나지 않는다. 시스템이 임시 방편으로 구현되었음에도 리팩터링을 수행하지 않았다면 종속성과 통신 경로가 뒤죽박죽이 될 것이다. 반면에 설계가 깨끗하면 모델이 이를 분명하게 만들 수 있다.

스타일과 불변 사항 같은 일반적인 규칙에 대한 예외도 예상해야 한다. 시스템은 일반적으로 '스타일 X를 적용한다 단, 예외적으로…'가 된다. 책에서 다루는 아키텍처 스타일은 보통 개념 스타일platonic style(14.2절 참조)이라고 하는 스타일의 가장 순수한 표현이지만 실제로는 구현 스타일embodied style이 더 일반적이다.

기존 시스템의 아키텍처 모델을 구축할 때는 기대치를 적절하게 설정하고, 모델에서 대답할 질문을 미리 결정하고, 적절한 세부 수준에서 적절한 모델을 구축하면 도움이 된다. 16.1.1절에서는 기존 시스템을 모델링할 때 직면하게 될 몇 가지 특정 과제에 관해 설명한다.

15.12 마치며

이 장의 아이디어를 활용해 엉성하거나 지나치게 정밀한 모델과 같은 일부 모델링 함정을 피할 수 있다. 정확하고 예측할 수 있으며 비용이 낮은 모델, 이해력을 높이고 세부 수준이 일관된 모델, 주제가 하나인 일주론적 뷰와 같이 모델링할 때 무엇을 위해 노력해야 하는지 알아야 한다. 아키텍처 모델을 구축함으로써 구문적으로 올바른 모델을 작성할 뿐만 아니라 이러한 모델을 사용하여 추론을 강화하려고 노력하는 것이다.

유용하게 사용하려면 모델이 현실 세계와 일치해야 하고, 일관성 있고, 반증할 수 있어야 한다.

일부 모델은 예측을 목표로 하지만 모든 모델은 사람이 이해할 수 있도록 노력해야 한다. 이를 수행하는 한 가지 방법은 여러 수준에서 스토리로 구성하는 것이다.

모델이 답해야 하는 질문을 미리 결정한 다음 충분히 정확한 모델을 구축한다. 이렇게 하지 않으면 모델링을 중지해야 하는 시기를 알 수 없다. 모델이 불완전하지만 여전히 유용하다는 사실을 받아들여야 한다. 복잡성과 규모로 인해 쇼^{Shaw}의 커뮤팅 다이어그램을 많이 사용하게 된다([그림 6-1] 참조). 목표는 모델을 구축하는 것이 아니라 시스템을 구축하는 것이므로 충분한 모델링을 수행해야 한다.

뷰 작업에 관한 일반적인 아이디어는 분할 정복 전략을 따른다. 여기서 큰 마스터 모델을 더 다루기 쉽고 단일 관심사에 초점을 맞춘 작은 뷰로 분할한다. 그러나 이 전략은 뷰 일관성 문제를 가져오고 뷰를 결합해서 전체 시스템을 이해할 수 있다.

다행스럽게도 기능 시나리오는 아키텍처의 단절된 뷰를 함께 연결하는 데 유용하다. 올바르게 작성하면 여러분이 아키텍처의 세부 사항에 참여할 수 있게 하고 문제와 불일치를 찾는 데 도움이 된다. 프로그램을 디버깅하려고 머릿속에서 프로그램을 구동하는 것과 마찬가지로 머릿속에서 아키텍처를 구동해볼 수 있으므로 시스템의 동작을 이해할 수 있다. 정확한 작업 사양은 이를 달성하는 또 다른 방법이며 훌륭한 정신적 훈련이지만 일반적으로 항상 사용하기에는 비용이 너무 높다.

모델의 품질을 향상하는 기법이 있다. 일부 모델은 테스트할 수 있으며 다른 모델은 올바름을 증명해야 한다. 일반적으로 증명하려면 도구로 분석할 모델을 변환한 다음 결과를 해석해야 한다. 의외일 수도 있지만, 가장 효과적인 분석 도구는 명확한 모델을 보고 자신의 두뇌를 사용하는 것이다.

품질 속성 워크숍, 아키텍처 체크리스트, 설계 검토, 아키텍처 트레이드오프 분석 방법 (ATAM)은 모두 아키텍처를 분석하고 품질을 개선하는 데 사용할 수 있는 비공식적인 기법이다. 공식적인 분석 기법과 도구도 있다. 일반적으로 모델을 변환하고 도구에서 나오는 결과를 해석해야 하지만 여러분 대신 컴퓨터가 계산으로 문제를 찾을 수 있도록 한다.

아키텍처를 분석할 때 아키텍처 불일치에 주의해야 한다. 겉으로 보기에 호환되는 컴포넌트는 컴포넌트, 커넥터, 시스템, 초기화 프로세스에 관한 숨겨진 가정 때문에 통합에 실패할 수 있다.

이미 존재하는 시스템의 아키텍처 모델을 구축해야 할 때도 많다. 기대치를 적절하게 설정하고 모델이 답해야 할 질문을 미리 결정한 다음 적절한 세부 수준에서 적절한 모델을 구축하면 효과적일 수 있다.

15.13 참고 자료

이 장에서는 데이비드 갈란의 소프트웨어 아키텍처 대학원 과정[Garlan, 2003], 그래디 부치Grady Booch의 소프트웨어 아키텍처 프레젠테이션[Booch, 2004], 브란 셀릭Bran Selic의 UML2의 바람직한 특징 프레젠테이션[Selic, 2003a]을 포함하여 다른 목록에서 부분적으로 파생된 모델의 바람직한 특성 목록을 설명한다.

여러 저자가 모델 품질을 달성하는 기법에 관해 논의했다. 필립 크루첸Philippe Kruchten [Kruchten, 1995]은 시나리오를 사용하여 아키텍처 뷰를 연결하는 방법을 설명한다. 데즈먼드 디수자Desmond D'Souza와 앨런 윌스Alan Wills[D'Souza and Wills, 1998]는 이 아이디어를 계속 이어 정확한 작업 사양으로 동일한 작업을 수행하는 방법을 추가로 논의한다. 『Designing Object Systems』(Prentice Hall, 1994)[Cook and Daniels, 1994], 『Object-Oriented Development』(Prentice Hall, 1993)[Coleman, 1993], 『Objects, Components and Frameworks with UML』(Addison-Wesley, 1998)[D'Souza and Wills, 1998], 『UML Components』(인터비젼, 2001)[Cheesman and Daniels, 2000] 등 많은 책에서 정확한 사양을 사용한 모델링을 지지한다.

CHAPTER 16

결론

1부에서는 소프트웨어 아키텍처를 설명하고 '얼마나 많은 아키텍처 작업을 수행해야 하는가?' 라는 어려운 질문에 답했다. 1부에서는 인식한 실패 리스크를 해소하기 위해 아키텍처와 설계 작업을 수행해야 하며, 해당 부분에 대해 수정이 필요한 정도를 기준으로 이러한 작업을 조정할 수 있다고 설명했다. 또한 모델이 문제를 단순화하므로 모델을 사용하여 까다로운 문제를 해결하면 더 효과적임을 보여주었다.

2부에서는 논리적 다음 질문인 '아키텍처 모델은 어떻게 생겼는가?'에 답했다. 표준 아키텍처 모델과 추상화를 사용하여 아키텍처의 개념 모델을 구축하도록 권장했으며, 이는 운동 코치가 스포츠 경기를 보는 방식과 유사한 관점으로 소프트웨어를 바라보도록 도움을 주었다.

종합하면 이 책의 1부와 2부는 소프트웨어를 더 잘 설계하는 데 도움이 된다. 이를 이해한 후에 컴퓨터 시스템을 보면 특정 언어로 작성한 코드만 보는 것이 아니라 다양한 품질 속성을 촉진하거나 억제하는 시스템, 아키텍처 상향 설계를 적용하여 개발한 시스템, 아키텍처 무관 설계를 적용한 시스템을 구분해볼 수 있다.

마지막 장인 이 장에서는 이 책의 지식을 적용할 때 직면하게 될 문제에 관해 배운다. 또한 표준 아키텍처 추상화 사용하기, 품질 속성에 초점 맞추기, 제약 조건을 가이드 레일로 현명하게 적용하기, 모델 사용을 포함하여 이 책 전반에서 설명한 주제를 반복하며 추가 설명한다.

16.1 당면 과제

5.7절에서는 소프트웨어 아키텍처와 리스크 주도 모델을 적용할 때 직면하게 될 몇 가지 문제를 살펴보았다. 이제 아키텍처 모델을 구축하는 방법에 관한 세부 사항을 보았으므로 해당 주제를 다시 검토하고 몇 가지 추가 과제를 확인해보자. 이전과 마찬가지로, 여러분을 낙담시키려고 이러한 문제를 식별하는 것이 아니라 미리 경고하는 차원에서 살펴보는 것이다. 문제를 인식하고 극복할 준비가 되어 있기를 바란다.

과제는 아키텍처 추상화의 적합성, 아키텍처 모델링의 메커니즘, 모델의 효과라는 세 가지 광범위한 주제로 구성된다.

16.1.1 아키텍처 추상화의 적합성

이 책에서 다룬 아키텍처 추상화들은 훌륭하지만 완벽하지는 않다. 기존 프로그램, 프로그래밍 언어의 추상화, 프레임워크, 객체 지향이 아닌 언어에 맞추기가 어려울 수 있다.

잘못 정렬된 아키텍처 및 프로그래밍 추상화(misaligned architecture and programming abstraction). 10장에서는 아키텍처 추상화가 프로그래밍 언어의 추상화와 어떻게 관련되는지 논의하고 이 두 가지의 정렬을 더 잘 보이게 하는 패턴 집합을 설명했다. 이 책에서 논의한 아키텍처 추상화가 프로그래밍 언어에서 사용할 수 있는 추상화와 동일하다면 이는 불필요한 설명이었겠지만 현재의 상황은 그렇지 않다. 따라서 코드에서 모델을 구현하거나 코드의 아키텍처를 해석하려고 할 때 약간의 마찰이 발생한다.

이 마찰은 새로운 것이 아니다. 구조화 프로그래밍으로 전환할 때 일부 개발자가 기존 프로그램을 더 제약적인 새 프로그래밍 언어로 표현할 수 없다고 말하는 것을 이미 보았다. 일부는 이전 프로그램이 더 효율적이고 완벽하게 이해할 수 있으므로 새로운 추상화는 바람직하지 않다고 주장했다.

소프트웨어 아키텍처 추상화와 깔끔하게 정렬되지 않는 코드를 발견하면 기존 코드를 더 명시적인 모듈과 컴포넌트로 리팩터링할 수 있지만 비용이 많이 들 수 있다. 기존 시스템을 대형 모듈이나 컴포넌트의 모음으로 생각하고 내부 서브컴포넌트를 모델링하지 않는 편이 더 실용적이다.

이러한 추상화의 불일치에 대비해두면 아키텍처 추상화를 거부하려는 유혹이 줄어든다. 또한 (추상화가 진화하면 프로그래밍 언어가 점점 이를 따라잡는) 소프트웨어 엔지니어링의 자연스러운 상태로 볼 가능성이 높아진다. 기존 프로그램에서는 어려움을 겪겠지만 새 프로그램을 작성할 때 코드와 아키텍처 모델을 정렬하기는 더 쉬울 것이다.

프레임워크(framework). 프레임워크는 클라이언트 코드와 프레임워크 간의 상호작용이 표준 아키텍처 추상화와 깔끔하게 정렬되지 않기 때문에 잘못 정렬된 추상화의 예를 제공하기도 한다. 프레임워크는 프레임워크를 사용하는 클라이언트에게 깊고 광범위한 인터페이스를 제공하여 프레임워크의 구현 세부 사항(즉, 내부 모델)을 노출할 때가 많다. 반대로 포트는 얇고 좁은 인터페이스를 제공하고 캡슐화(즉, 경계 모델만 노출)를 권장한다. 일부 프레임워크는 런타임에 존재하므로 런타임에서도 존재할 수 있는 컴포넌트로 표현할 수 있다. 다른 프레임워크, 특히 오래된 프레임워크는 클라이언트 코드로 확장될 때까지 인스턴스화할 수 없는 코드 모음이므로 런타임이 없는 모듈로만 표시할 수 있다. 프레임워크의 정확한 모델링은 소프트웨어 아키텍처 학계에서도 진행 중인 연구 주제이므로, 아마도 이러한 문제점은 곧 해결될 것이다.

객체 지향 및 기타 언어(object-oriented and other languages). 앞에서 보았듯이 모든 시스템에는 런타임에 하나 이상의 컴포넌트 인스턴스가 있으며 이는 전체 시스템 자체다. 객체 지향 언어로 프로그래밍할 때 이 컴포넌트에는 객체인 내부 런타임 구조가 있다고 생각하면 편하며, 이러한 객체를 서브컴포넌트로 그룹화하는 일은 크게 어렵지 않다.

기능적, 규칙 기반, 절차적 언어와 같은 객체 지향이 아닌 언어에서는 런타임 인스턴스가 무엇인지 머릿속에서 상상하기 더 어렵다. 실행 중인 전체 시스템은 여전히 확실한 컴포넌트 인스턴스지만 어떤 서브컴포넌트가 있는가? 새 코드를 빌드할 때 이러한 서브컴포넌트 구분이 분명한지 확인할 수 있다. 의도적으로 서브컴포넌트를 만들어서 책임을 할당하고 객체 지향이 아닌 언어를 포함하여 가장 적합한 언어 스타일로 구성할 수 있다.

객체 지향 언어를 사용할 때도 아키텍처 추상화와 객체 추상화 간에 이동하는 데 문제가 있다. 각 언어에는 서로 다른 어휘와 주로 사용하는 관용구가 있기 때문이다. 객체, 기능, 절차 등은 프로그래밍 언어로 구체적으로 표현되며 이를 위한 실질적인 설계 지침이 존재한다. 아키텍처 추상화는 아직 주류 프로그래밍 언어에서 구체적으로 사용할 수 없으므로 한 추상화에서 다른 추상화로 언제 전환해야 하는지에 관한 의문이 제기된다.

예를 들어 표준 객체 지향 패턴은 어댑터를 사용하여 한 인터페이스에서 다른 인터페이스로 변환하는 것이다. 그러나 4.2절의 홈 미디어 플레이어는 어댑터를 객체가 아닌 컴포넌트로 표현했다. 이 어댑터를 기존 컴포넌트에 넣는 방법과 새 포트로 존재를 표시하거나 어댑터를 자체 컴포넌트로 만드는 방법 중에서 선택할 수 있다. 컴포넌트의 크기는 다양하지만 이 예제는 단일 객체를 컴포넌트로 가진다는 점에서 특이하다.

단일 언어 내에서 컴포넌트와 커넥터를 분명하게 만드는 코딩 스타일로 시스템을 개발할 수 있다(10.3절 참조). 개발 현장에서 스크립팅 언어는 다른 코딩에서 따르는 코딩 규칙에 관한 관심 없이 편의에 따라 사용할 때가 많다. 여러 언어를 사용한다면 구조적으로 명확한 코딩 스타일의 원칙을 유지하기가 어려울 수 있다. 특히 언어별 특성이 많이 다르고, 한 언어에서 따르는 규칙을 다른 언어에 적용하기 어려울 때 더욱 그렇다.

16.1.2 모델링 역학

앞에서 보았듯이 많은 아키텍처 추상화가 구축되었으며 좋은 모델을 구축하는 데 도움이 되는 지침이 있다. 그러나 모델을 구축하는 일은 여전히 어렵다.

기능의 모델링 중지 시점(when to stop modeling functionality). 이 책의 기법은 품질 속성과 기능의 모델링을 다룬다. 품질 속성만 설명하는 아키텍처 모델은 모델링에서 자연스러운 수준의 세부 정보에 도달하는 경향이 있지만(즉, 언제 중지해야 하는지 알 수 있음) 기능이 포함된 모델은 클래스에 대한 개별 작업과 같은 세부 정보를 설명할 때까지 쉽게 정교화할 수 있다.

대부분의 경우에 심층적인 수준까지 모델링을 정교화하는 것은 부담스럽게 느껴질 것이다. 그렇다면 어느 시점에 모델링을 중단해야 할까? 아키텍처 모델링에는 설계, 상세 설계, 손코딩 버전으로 전환하는 능력이 있다. 심층적으로 접근하는 능력은 필요에 따라 세부적인 부분까지 깊이 분석할 수 있다는 점에서 이점에 해당하지만, 동시에 파고들 때와 중지해야 할 시기를 정하기가 어렵다는 문제점이 있다. 모델링에 소요하는 시간에는 시스템 구축에 소요하는 시간이라는 기회비용이 있다.

모델링해야 하는 시스템 기능의 범위를 결정하는 일은 어렵다. 4장의 홈 미디어 플레이어 예제에서 설명했듯이 직면한 리스크를 살펴보고 식별된 리스크를 해결해야 할 때만 기능을 모델링할 수 있다. 예를 들어 아키텍처를 설명하는 프레젠테이션을 제공하도록 요청받을 때만 시스템의 유스 케이스 모델을 구축할 수 있다. 일반적으로 시스템의 기능을 모델링하는 데 너무 깊이 파고들지 않도록 경계해야 한다.

동적 아키텍처(dynamic architecture). 대부분의 시스템은 초기화 중에 변경 사항이 있더라도 안정적인 런타임 컴포넌트 인스턴스 세트가 구성된다(9.7절 참조). 컴포넌트 인스턴스의 런타임 구성을 보여주는 다이어그램을 그릴 때 일반적으로 시작 및 종료 중에 중간 구성의 다이어그램을 그리지 않음으로써 문제를 단순화한다. 동적 구성에 관한 추론이 어렵고 더 쉽게 만들 수 있는 도구나 표기법이 거의 없으므로 이렇게 한다.

그러나 일부 시스템은 런타임에 변경해야 한다. 예를 들어 P2P 시스템은 새로운 컴포넌트를 동적으로 불러올 수 있는 프레임워크와 마찬가지로 런타임 시 컴포넌트의 다른 구성으로 진화한다. 이와 같은 런타임 재구성에 문제가 없다고 스스로 확신하기 어려우므로 개발자는 이를 피하는 경향이 있지만 일부 문제 도메인에는 동적 아키텍처가 필요하다.

뷰 일관성(view consistency). 소프트웨어 아키텍처에 관한 보편적인 조언은 시스템의 여러 뷰를 구축하라는 것이다. 여러 뷰는 한 측면에 주의를 집중함으로써 시스템을 이해하는 데 도움이 된다. 일부 뷰는 쉽게 조정할 수 없으며(9.6절의 뷰타입 정의를 기억하자) 하나의 뷰만으로는 세부 정보가 혼잡해져서 모델을 만드는 목적을 흐리게 할 수 있다.

여러 뷰의 단점은 뷰 간의 일관성을 맞춰야 한다는 점이다. 오늘날 도구는 불일치를 찾아내는 기능에 제약이 있으므로 대부분의 검사를 수동으로 수행하게 된다. 일부 뷰 불일치는 하나의 뷰를 업데이트했지만 아직 다른 뷰들을 업데이트하지 않아서 발생한다. 그 밖의 일관성 문제는 설계 오류에서 비롯되며 구현 불가능한 설계로 이어질 수 있다.

교차 관심사(crosscutting concerns). 컴포넌트, 모듈, 노드를 사용하면 사고를 캡슐화할 수 있지만 일부 아이디어는 이러한 추상화에 교차가 발생할 수 있다. 11.2절에서 설명했듯이 분해 선택은 해결하기 쉬운 문제와 어려운 문제에 영향을 준다. 예를 들어, 수평 규모확장성 $^{horizontal\ scalability}$을 쉽게 만드는 설계는 여러분이 다루는 도메인 타입의 캡슐화를 제대로 하지 못할 수 있다.

또 다른 예는 동시성 ^{concurrency}으로, 다른 추상화와 교차가 자주 발생한다. 동시성은 시스템 개발에서 항상 어려운 문제다. 초보 개발자는 도전을 즐기고 동시성에 대한 기회를 모색할 수 있지만, 지친 개발자는 이를 어려운 버그의 원인으로 조심스럽게 생각하고 바로잡은 다음 내버려 두며 만족한다. 동시성은 문제 도메인의 힘을 통해서나 품질 속성(예: 성능^performance, 사용성^usability)을 개선하려는 욕구를 통해 시스템에 도입된다.

새롭게 설계^clean-slate design한다면 시스템의 스레드나 프로세스를 컴포넌트 경계에 완벽하게 맞출 수 있다. 그렇다면 4장의 미디어 플레이어 예제와 같이 컴포넌트와 커넥터에 애너테이션을 달아 동시성을 나타낼 수 있다. 관심사가 여러분이 수행하는 분해(15.2절 참조)와 교차를 일으킬 때마다 이를 표현하는 데 어려움이 있을 것이며 특히 동시성은 다루기 어렵다.

구체화(refinement). 모델은 다른 모델이나 코드와 동기화되지 않는다. 모델 간에 구체화 관계가 있을 때 일관성을 유지하는 일은 더 어렵다. 예를 들어, 하위 수준 모델을 수정할 때 시스템의 상위 수준 모델을 수정하는 일을 잊기 쉽다. 건망증은 제쳐두더라도 10.2절에서 논의했듯이 다양한 모델을 업데이트하는 데는 비용이 많이 들기 때문에 의도적으로 모델을 수정하지 않을 수 있다.

구체화 문제를 감지할 수 있도록 구체화 맵에서 충분히 정확하게 유지할 수 있지만 비용이 많이 든다. 구체화에 문제가 없는지 지속해서 살피지만, 고수준 모델과 저수준 모델 간의 대응 관계를 간략하게라도 유지하는 개발자는 실제로 많지 않다.

16.1.3 효과적인 모델링

6.5절에서는 일부만 모델을 읽을 수 있고, 더 적은 수의 사람이 구문적으로 올바른 모델을 작성할 수 있으며, 더 적은 수의 사람이 문제를 효과적으로 해결하는 데 모델을 사용할 수 있다는 점을 이야기했다. 소프트웨어 개발자로서 모델을 구축하는 것은 코드 구축을 방해하지만 꼭 필요한 요소다. 모델이 없으면 크고 복잡한 시스템을 추론하기 어려우므로 모델이 필요하다. 모델을 추론 보조 도구로 사용할 때 발생하는 두 가지 당면 과제는 촉진하려는 세부 사항 선택과 예측 모델의 구축이다.

세부 사항 촉진(promoting details). 아키텍처 수준으로 승격할 세부 정보를 선택하는 일은 어렵다. 문제는 모델 관련 세부 정보를 선택하는 동시에 모델을 최소한으로 유지하는 방법이다. 개발자마다 다른 세부 정보를 선택할 가능성이 있다. 즉, 일부 모델이 다른 모델보다 우수하지만 최선의 선택 방법에 관한 지침은 없다.

모델이 언제 충분히 정확하거나 충분히 상세한지 알기 어렵다. 일반적으로 모델에 관해 묻는 질문에 답할 수 있을 만큼 정확하거나 인지하는 리스크를 줄이기에 충분하도록 모델을 만들어야 한다. 그러나 상세 모델을 구축할 때까지 리스크를 인식할 수 없으므로 말처럼 쉬운 일이 아니다.

예측(prediction). 아키텍처 모델을 사용하여 사전에 문제를 발견하는 일은 설계를 문서화하기 위한 모델링보다 더 어렵고 더 많은 노력이 필요하다. 작은 세부 사항은 예측을 왜곡할 수 있기 때문이다. 저자의 친구가 웹 서비스의 성능을 예측하는 모델을 만들었다. 그러나 해당 시스템으로 오는 요청의 분배가 친구의 예상보다 폭발적이어서 실제 성능 예측은 잘못되었다. 개선된 아키텍처 모델링 기술은 성능에 관한 더 나은 예측을 약속하지만 정확한 예측을 얻을 만큼 충분히 상세한 모델을 생성하려면 비용이 많이 들 수 있다.

당면 과제 돌아보기(reflection on challenges). 이러한 모든 문제는 프로젝트에 문제를 일으킬 수 있지만 모두 극복할 수 있다. 기법과 추상화가 불완전하지만, 아키텍처 없이 진행할 때보다 아키텍처를 이해하고 소프트웨어를 개발할 때가 훨씬 더 낫다.

이제 책을 관통하는 몇 가지 주제를 다시 살펴보자. 품질 속성에 초점을 맞추고, 문제를 해결하고, 제약 조건을 가이드 레일로 사용하고, 표준 아키텍처 추상화를 사용하는 것이다.

16.2 품질 속성에 집중

소프트웨어 아키텍처는 여러 품질 속성으로 관심의 전환을 장려한다. 대부분의 소프트웨어 개발자는 품질 속성이나 추가 기능 요구사항보다는 시스템의 기능에 주의를 많이 기울인다. 그러나 아키텍처는 어떤 품질을 달성하기 쉽거나 어렵게 만드는 데 큰 영향을 미치므로 시스템 아키텍처를 선택할 때는 성능, 보안, 수정가능성과 같은 품질 속성에 집중해야 한다.

일반적으로 합리적인 아키텍처는 원하는 기능을 지원한다. 하지만 신중하게 선택한 아키텍처만이 원하는 품질을 구현할 수 있다. 안타깝게도 잘 유지 관리된 시스템의 아키텍처를 변경하려면 비용이 많이 든다. 그러므로 품질 속성 요구사항을 조기에 고려해서 비용이 많이 드는 아키텍처 실수를 방지하는 편이 좋다.

일부 도메인에는 도메인에서 원하는 품질 속성 요구사항에 적합하다고 역사적으로 검증된 추정 아키텍처가 있다. 추정 아키텍처를 사용함으로써 개발자는 아키텍처에 거의 관심을 기울이지 않는 **아키텍처 무관 설계**architecture-indifferent design로도 성공할 수 있다. 리스크가 더 크면 개발자는 **아키텍처 집중 설계**architecture-focused design를 사용하여 아키텍처가 필요한 품질과 기능을 지원하는지 확인할 수 있다. **아키텍처 상향 설계**architecture hoisting에서는 확장성과 같은 일부 특성을 아키텍처로 끌어올릴 수도 있으므로 이 끌어올린 특성 대신 개발 팀은 기능을 구축하는 데 집중할 수 있다.

16.3 모델링이 아니라 문제 해결

이 책은 모델을 구축하여 복잡성과 규모와 싸우는 일을 지지한다. 이는 커뮤팅 다이어그램([그림 6-1] 참고)을 둘러싼 먼 길이지만 직접 해결할 수 없는 문제를 해결하는 데 도움이 될 것이다. 그러나 목표는 모델 구축이 아니라 문제를 해결하는 시스템을 구축하는 것임을 항상 기억해야 한다. 사진 속의 샌드위치를 먹을 수 없듯이, 모델은 시스템을 실행할 수 없다.

여러분은 소프트웨어 설계를 완료했을 때 목표로 하는 문제가 해결되었다고 믿고 싶을 수 있지만, 프로토타입을 만들거나 실제 시스템을 시연하여 모델을 검증해야 한다. 다음은 이를 기억하는 데 도움이 되는 농담으로, 유효성 검사의 중요성을 강조한다.

> 소방관이 밤에 깨어나 부엌에 불이 났음을 알았다. 그는 불이 꺼질 때까지 물을 붓고 다시 잠자리에 들었다. 엔지니어가 밤에 깨어나 부엌에 불이 났음을 알았다. 그는 몇 가지 계산을 하고 불에 양동이 2.3 분량의 물을 붓고 불이 꺼지는 것을 관찰한 다음 다시 잠자리에 들었다. 수학자(소프트웨어 아키텍트)가 밤에 깨어나 부엌에 불이 났음을 알았다. 그는 몇 가지 계산을 했다. "유레카!"라고 외치고서 그는 다시 잠자리에 들었다.

이 조언은 '컴파일되기 때문에 코드가 정확하다'와 같은 소프트웨어 엔지니어링의 명백하지만 자주 반복되는 오류와 관련이 있다. 일단 설계가 이루어지고 나서 작동하는 시스템을 구축하는 것은 쉽지만은 않은 일이다.

16.4 제약 조건을 가이드 레일로 사용

이 책의 전반에 걸쳐 아키텍처에 제약 조건을 적용하여 원하는 결과를 얻을 수 있다는 점을 이야기했다. 이 아이디어를 **아키텍처 집중 설계**architecture-focused design라고 하며 아키텍처 무관 설계 (2.7절)와 어떻게 대조되는지 배웠다. 다음과 같은 아키텍처 집중 설계의 몇 가지 예도 살펴보았다.

- 1장 개요에서 랙스페이스가 확장성을 달성하려고 클라이언트-서버 스타일에서 맵리듀스 스타일로 전환한 사례를 확인했다. 아키텍처 스타일은 알려진 이점과 단점이 있는 사전 제작된 제약 조건의 모음이라 생각할 수 있다(14장 참조).
- 홈 미디어 플레이어 시스템(4.2절) 예에서는 메인 시스템을 분리하고 신뢰할 수 없는 상용 기성품 (COTS) NextGenVideo 컴포넌트를 자체 프로세스에서 실행하여 전반적인 신뢰성을 높였다.
- 인저Yinzer 구직 광고 및 네트워킹 시스템(9.5.10절)은 이메일을 보내야 했으며 웹 요청에 대한 응답 시간도 좋아야 했다. 비동기식 커넥터(예: 메시지 버스)를 사용하여 이메일 메시지가 전송되었다는 확인을 기다리지 않고 대기열에 넣도록 처리했다.

트레이드오프(tradeoff). 대부분의 시간 제약 조건에는 트레이드오프가 있다. 구형 랙스페이스의 클라이언트-서버 시스템은 맵리듀스 시스템보다 더 최신의 결과를 제공하고 임시로 쿼리를 더 쉽게 만들 수 있다. 홈 미디어 플레이어 시스템은 동시 수행되는 프로세스를 도입하여 더욱 복잡하고 효율성이 떨어진다. 그리고 인저Yinzer 시스템의 이벤트 버스가 단순한 메서드 호출보다 복잡하다고 불평하는 개발자를 쉽게 상상할 수 있다.

가이드 레일(guide rail). 제약 조건은 임의적이고 변덕스러운 제약 조건이 아니며 시스템을 목표로 하는 곳으로 이동하도록 보장하는 가이드 레일이다. 여러분이 엔터프라이즈 아키텍트라면 한 시스템의 설계자도 개발자도 아니므로 제약 조건이 시스템 집합의 방향에 영향을 주는 유일한 도구다.

분석(analysis). 제약 조건은 시스템이 어디로 가는지 제어할 수 있을 뿐만 아니라 시스템을 분석하는 기능도 제공한다. 100줄의 제약이 없는 코드가 있다면 무엇을 할 수 있는가? 본질적으로 무엇이든 할 수 있다. 얼마나 빨리 실행되는가? 알 수 없다. 보안 리스크가 있는가? 아마도 있을 것이다. 이와 같은 질문의 답이 중요하다면 답을 구하는 데 도움이 되는 제약 조건을 부과할 수 있다. 예를 들어 안드로이드Android 운영체제는 시스템 서비스에 대한 액세스를 제약하여 코드를 제약하므로 코드에서 인터넷에 액세스하려면 인터넷에 액세스한다고 선언해야 하며 사용자는 애플리케이션을 실행하기 전에 이러한 속성을 검사할 수 있다.

프로세스 스케치(process sketch). 그러나 제약 조건은 설계 옵션을 닫아 버리므로 실수를 주의하자. 제약 조건을 부과하기로 결정하는 일은 시스템이 임의의 방식으로 동작하지 않는다고 이야기하는 것과 같다. 그리고 여러분이 유일한 개발자가 아니라면 다른 사람들이 발명할 수 있는 잠재적으로 훌륭한 해결책을 제약하게 된다. 이 경고를 염두에 두고 제약 조건의 도입을 선택하는 방법에 관한 다음의 대략적인 프로세스를 고려하자.

1 제약 조건 없이 시작한다.

2 시스템의 목표가 무엇인지 결정한다. 예를 들어, 다른 시스템과 상호운용하거나 매우 안전하거나 빠르게 실행해야 할 수 있다. 이러한 목표는 아키텍처 드라이버와 중복되거나 동일할 수 있다(9.5.8절 참조).

3 그런 다음 여러분이 이러한 목표를 달성하려고 할 때 무엇이 어려운지 질문해보자. 시스템이 어떨 때 목표를 달성하지 못할 수 있는가? 성공에 필요한 제약 조건이 있는가? 이러한 제약 조건은 얼마나 부담스러운가? 장단점은 무엇인가?

4 최종적으로 원하는 기능, 품질, 리스크를 촉진하거나 보장하는 제약 조건을 부과하기로 결정할 수 있다.

이 프로세스 스케치에서는 보장하려는 부분보다 자유도 측면에서 오류가 생길 수 있음을 알 수 있다. 이 프로세스를 따르면 일반적으로 제약 조건이 상대적으로 약하지만 프로젝트의 목표를 달성하기에 적절한 토대에 올려놓는 아키텍처 스타일을 따르도록 결정하게 된다. 요구사항이 까다로운 프로젝트에서는 더 엄격한 제약 조건을 도입할 수 있다.

16.5 표준 아키텍처 추상화 사용

개발자는 대규모 시스템을 구축하고 이에 관해 다른 개발자와 소통해야 한다. 대부분의 개발자가 사용하는 언어는 객체, 클래스, 메서드, 인터페이스와 같은 가장 눈에 띄는 개발 결과물을 매우 잘 처리한다. 그러나 개발자가 더 큰 덩어리에 관해 이야기할 때는 매우 다양하고 모호하다. 한 개발자는 무언가를 모듈이라고 부르고 다른 개발자는 컴포넌트라고 부를 수 있다. 설계 패턴은 대부분 객체 패턴에 관한 어휘를 표준화했지만 아키텍처 스타일의 이름은 일관성 있게 부르지 않는다. 두 명의 개발자가 화이트보드 앞에서 논의할 때 표준 UML에 매우 가까운 클래스와 객체를 스케치할 수 있지만 대개 아키텍처 아이디어를 전달하는 표기법은 새롭게 발명하지 않는다.

개발자들이 공통의 아키텍처 추상화와 표기법을 공유하지 않으면 비효율적으로 소통하는 것이 아니라 전혀 소통이 되지 않을 수도 있다. 개발자들의 토론은 아키텍처 토론에 적합한 언어가 아닌 객체와 같이 이미 공유한 언어에 중점을 둘 것이다. 대형 시스템은 아키텍처 스타일을 사용하여 구축되며 몇 개 이상의 객체에 걸쳐 있는 제약 조건이 있다. 아키텍처 추상화를 수용하지 않은 개발자는 이러한 아이디어를 비효율적으로 전달하기 때문에 불리하다.

커뮤니케이션이 시작되기 전에도 개발자는 아키텍처 추상화의 이점을 누릴 수 있다. 운동 경기를 보고 모든 낮은 수준의 사건을 큰 그림에 통합하는 운동 코치처럼 개발자는 시스템을 보고 객체 간의 낮은 수준의 상호작용을 모두 시스템 설계의 큰 그림에 통합한다. 개발자가 아키텍처 추상화 측면에서 생각하지 않으면 큰 그림이 더 느리게 드러나고 문제가 덜 분명해질 것이다. 아키텍처 추상화(스타일, 컴포넌트, 커넥터 등)가 부족한 개발자는 이러한 아이디어를 인식하고 제안된 변경이 적절한지 아닌지 설명하는 데 어려움을 겪을 것이다.

아키텍처 추상화는 오래된 이전 추상화 방법과 공존한다. 프로토콜은 여전히 상태 기계^{state machine}를 사용하여 설명할 수 있으며 클래스는 여전히 클래스 다이어그램으로 설명할 수 있다. 아키텍처 추상화는 개발자가 규모와 복잡성에 맞서야 할 때 접근해야 하는 새로운 도구와 같다. 되돌아보면 10년마다 새로운 어려움에 맞서는 새로운 추상화가 도입되었음을 알 수 있다. 오래된 도구를 연마해두는 일도 도움이 되지만, 새로운 도구 없이는 향후 10년 동안의 어려움을 극복하기 힘들다.

action specification(작업 사양)

메서드method, 프로시저procedure, 추상화된 행위abstraction behavior에 대한 (공식) 사양이다. 주로 사전 조건precondition (메서드를 성공적으로 실행하려면 '참'이어야 하는 것)과 사후 조건postcondition (실행 완료 후 메서드가 보장하는 것)으로 구성된다. **계약에 의한 설계**design by contract 참조.

agile process(애자일 프로세스)

반복 개발이 특징인 소프트웨어 개발 프로세스 스타일이다. **폭포수 프로세스**waterfall process, **익스트림 프로그래밍**extreme programming, **반복 프로세스**iterative process, **애자일 프로세스**agile process, **나선 프로세스**spiral process 참조.

allocation element(할당 요소)

할당 요소(예: **UML 노드** 또는 **환경 요소**environmental element)는 모듈 및 컴포넌트의 인스턴스를 호스팅할 수 있는 하드웨어(예: 컴퓨터)와 지리적 위치(예: 데이터 센터)를 의미한다. UML[Booch, Rumbaugh and Jacobson, 2005]에서는 소프트웨어를 배포할 수 있는 위치인 **노드**를 의미하며 소프트웨어 공학 연구소Software Engineering Institute (SEI)[Bass, Clements and Kazman, 2003]에서는 이를 **환경 요소**라고 한다.

allocation viewtype(할당 뷰타입)

하드웨어에 소프트웨어를 배포하는 것과 관련된 요소를 포함하는 뷰view가 속하는 뷰타입viewtype이다. 여기에는 배포 다이어그램deployment diagram, 서버와 같은 환경 요소environmental element에 관한 설명, 이더넷 연결과 같은 통신 채널에 관한 설명이 포함된다. 또한 지리적 요소를 포함할 수 있으므로 서로 다른 도시에 있는 두 개의 서버에 관해서도 설명할 수 있다. **런타임 뷰타입**runtime viewtype, **모듈 뷰타입**module viewtype 참조.

analogic model(유추 모델)

유추 모델에서 사용하는 각 모델의 요소에는 표현하려는 도메인^{domain}에서 적용되는 유추^{analogy}[1] 가 있다. 예를 들면 레이더 화면은 지형의 일부를 나타내는 유추 모델로 볼 수 있다. 이때 화면에서 깜빡이는 표식은 비행기라고 유추할 수 있다. 유추 모델은 목표로 하는 시스템을 분석할 때 간접적인 지원을 한다. 따라서 유추 모델만으로는 의미가 없고 이를 이해하려면 도메인 지식이 있는 사람이 추론해야만 한다. **분석 모델** 참조.

analysis paralysis(분석 마비)

개발자가 해결책을 구축하지 않고 모델을 분석하거나 해결책을 구축하는 데 과도한 시간을 소비하는 상황이다.

analytic model(분석 모델)

분석 모델은 관심 도메인의 분석을 직접적으로 지원한다. 수학 방정식을 분석 모델의 예로 생각할 수 있고, 상태 기계$^{state\ machine}$도 분석 모델의 예다. 여러 개의 벡터로 표현되는 비행기의 분석 모델을 상상해보자. 수학을 이용하면 벡터를 평가하는 분석 모델을 만들 수 있고 충돌 과정을 정량적으로 설명할 수 있다. **유추 모델** 참조.

anonymous instance(익명 인스턴스)

이름이 지정되지 않은 인스턴스(예: 객체^{object} 또는 컴포넌트 요소 인스턴스)다. 그래픽적으로 ': TypeName'이라는 레이블이 붙는다. 이름이 붙여진 인스턴스는 콜론 앞에 이름을 적는다.

application architect(애플리케이션 아키텍트)

단일 애플리케이션을 담당하는 개발자로서의 아키텍트를 의미한다. 애플리케이션을 구성하는 수천 개의 객체를 이해하고 관리할 수 있다. 애플리케이션 아키텍트는 일상적으로 제품의 전체적인 모양을 만드는 업무를 수행하므로 영화감독 같은 역할을 한다고 볼 수 있다.

---

1   옮긴이_ 유추(類推)란 어떤 사실을 논리적으로 검증하지 않고 미루어 짐작하는 방법이다.

application programming interface(응용 프로그래밍 인터페이스, API)

모듈, 컴포넌트, 객체에서 수행할 수 있는 작업의 집합이다. API 수준 동작은 추상적 수준이 아니며 프로그래밍 언어 수준에서 볼 수 있는 동작과 정확히 일치함을 의미한다.

architectural style(아키텍처 스타일)

아키텍처 패턴architectural pattern이라고도 한다. 아키텍처 스타일은 '요소element와 관계 타입relation type을 모아 일련의 제약을 포함하여 특정한 목적으로 사용할 수 있게 하는 특수화[2]로 정의할 수 있다[Clements et al., 2010].

architectural-evident coding style(구조적으로 명확한 코딩 스타일)

시스템 아키텍처에 관한 힌트를 제공해서 추가 설계 의도가 프로그램에 포함되도록 하는 프로그래밍 스타일이다. 개발자가 코드를 읽을 때 아키텍처를 파악할 수 있는 힌트를 소스 코드에 포함하도록 작성하기를 권장한다. **코드 내 모델 원칙**model-in-code principle을 따른다.

architecture(아키텍처)

소프트웨어 아키텍처 참조.

architecture description language(아키텍처 기술 언어, ADL)

요소(예: 컴포넌트, 커넥터, 모듈, 포트) 및 관계를 정의하여 아키텍처를 설명하는 데 사용하는 언어다. 예를 들어 UML, C2, AADL, Acme가 있다.

architectural drift(아키텍처 드리프트)

아키텍처 드리프트는 시간이 지나면서 시스템이 초기 설계를 위반하는 경향을 의미한다[Perry and Wolf, 1992].

---

2   옮긴이_ 객체 수준의 디자인 패턴이 컴포넌트, 모듈 수준으로 확장된 것을 아키텍처 스타일로 볼 수 있다. 여러 디자인 패턴을 아키텍처 스타일로 사용할 수 있고 디자인 패턴과 다른 아키텍처 스타일도 다수 존재한다.

architecture drive(아키텍처 드라이버)

품질 속성 시나리오나 이해관계자에게 중요하고 달성하기 어려운 기능 시나리오. 따라서 시스템을 설계할 때 가장 주의를 기울여야 하는 시나리오다[Bass, Clements and Kazman, 2003].

architecture hoisting(아키텍처 상향 설계)

아키텍처 상향 설계 접근 방식을 따를 때 개발자는 시스템의 목표나 속성을 보장하려고 아키텍처를 설계한다. 일단 목표나 속성이 아키텍처를 포함하면 개발자는 이를 달성하는 추가 코드를 작성할 필요가 없다. **아키텍처 집중 설계, 아키텍처 무관 설계** 참조.

architecture refactoring(아키텍처 리팩터링)

하나의 아키텍처 스타일에서 다른 아키텍처 스타일로 시스템 아키텍처를 **리팩터링**refactoring하거나 이전에는 없었던 일관성을 도입(**제약 조건** 참조)하는 일이다.

architecture-focused design(아키텍처 집중 설계)

아키텍처 집중 설계에서 개발자는 시스템의 소프트웨어 아키텍처를 알고 있으며 시스템이 목표를 달성할 수 있도록 의도를 가지고 아키텍처를 선택한다. **아키텍처 무관 설계, 아키텍처 상향 설계** 참조.

architecture-indifferent design(아키텍처 무관 설계)

아키텍처 무관 설계에서 개발자는 시스템 아키텍처를 인식하지 못하며 리스크를 줄이고 기능을 구현하고 품질을 보장하는 데 도움이 되는 아키텍처를 의식적으로 선택하지 않는다. 개발자는 단순히 아키텍처를 무시하거나, 이전 프로젝트의 아키텍처를 복사하거나, 도메인에서 주로 사용되는 추정 아키텍처presumptive architecture를 사용하거나, 사내 표준을 따를 수 있다. **아키텍처 집중 설계, 아키텍처 상향 설계** 참조.

baked-in risk(내재된 리스크)

프로세스가 항상 특정 리스크를 해결하도록 설계했을 때 해당 리스크는 프로세스에 내재^{baked-in}되었다고 한다. 예를 들어, 애자일 프로세스는 시스템을 점진적으로 구축하고 고객에게 제공하여 고객 거부 리스크^{customer rejection risk}를 해결한다.

Big Design Up Front(지나친 선행 설계, BDUF)

지나친 선행 설계(BDUF)에서는 프로젝트의 초기 몇 주 또는 몇 달 동안 (프로토 타이핑이나 구현 대신) 주로 설계를 진행한다. 지나친 선행 설계는 프로젝트가 설계에 너무 많은 시간을 소비하여 실제 구현 시간이 부족한 상황을 의미하는 **분석 마비**^{analysis paralysis}를 우려하는 애자일 지지자가 만든 경멸적인 용어이다. BDUF는 나선 프로세스보다 폭포수 프로세스와 더 관련 있다.

binary connector(바이너리 커넥터)

컴포넌트를 두 개만 연결할 수 있는 커넥터다. **다방향 커넥터**^{N-way connector} 참조.

binding(바인딩)

(1)바인딩을 사용하면 외부 컴포넌트의 포트가 내부 컴포넌트의 포트와 호환되거나 동일해야 한다. 내부 컴포넌트는 포함된 외부 컴포넌트의 불변 사항^{invariant}과 품질 속성 시나리오를 만족시켜야 한다.

(2)바인딩 관계는 패턴의 요소 사이 그리고 해당 패턴을 사용하는 모델의 요소 사이 대응 관계를 표시하는 데 사용한다.

boundary model(경계 모델)

경계 모델은 외부인이 볼 수 있는 동작, 교환 데이터, 품질 속성을 포함하는 시스템 자체(또는 시스템의 요소)다. 경계는 인터페이스에 대한 약속이며 구현 세부 사항에 대한 것은 아니다. 경계 모델은 시스템 작동 방식을 이해하려면 시스템 사용자가 알아야 할 사항을 설명한다. 내부의 세부 정보를 숨기고 있는 캡슐화된 시스템의 모습(혹은 뷰^{view})이다. 개발자가 내부 설계를 변경하더라도 시스템 사용자는 영향을 받지 않는다. **내부 모델** 참조.

business model(비즈니스 모델)

비즈니스 모델은 사업체 또는 조직이 하는 일과 그 이유를 설명한다. 비즈니스 모델은 소프트웨어에 관해 거의 이야기하지 않는다. 동일한 도메인에 있는 비즈니스마다 전략, 기능, 조직, 프로세스, 목표가 다르므로 비즈니스 모델도 다르다. 비즈니스 모델은 (도메인 모델에서 나올) 사실^{fact}뿐만 아니라 조직의 결정^{decision}과 목표^{goal}도 설명한다.

canonical model structure(정준 모델 구조)

추상 수준에서 구체 수준까지 이르는 모델 집합으로 각 모델의 다른 세부 정보 수준을 보여준다. 도메인 모델$^{domain\ model}$, 디자인 모델$^{design\ model}$, 코드 모델$^{code\ model}$이라는 세 가지 기본 모델로 구성된다. 정준 모델 구조는 상단에 가장 추상적인 모델(도메인)이 있고 하단에 가장 구체적인 모델(코드)이 있다. **지정**^{designation} 및 **구체화**^{refinement} 관계는 모델 사이에서 상호 대응하도록 보장하지만 추상화 수준은 다를 수 있다.

classification relationship(분류 관계)

분류 관계는 객체 지향 프로그래밍에서 클래스와 객체 사이에 존재하는 관계와 동일하다.

closed semantics(폐쇄 의미론)

폐쇄 의미론에서 구체화된 항목의 목록은 변경되지 않는 항목의 종류를 나열하여 도입할 수 있는 신규 항목의 종류를 제한한다. **개방 의미론** 참조.

code model(코드 모델)

코드 모델은 시스템 소스 코드를 설명한다. 코드 모델은 시스템의 소스 코드 구현이거나 동등한 모델이다. 실제 자바 코드이거나 코드를 UML로 변환하는 도구를 실행하여 얻은 결과일 수 있지만 중요한 기능은 전체 디자인 커미트먼트$^{design\ commitment}$를 포함한다는 것이다. 디자인 모델에 불완전한 디자인 커미트먼트가 있을 때는 코드 모델에 완전한 세트 또는 적어도 기기에서 실행하기에 충분히 완전한 세트가 포함된다. **도메인 모델** 및 **디자인 모델**과 비교해보자. 세 가지 모두 **정준 모델 구조**의 일부다.

commercial off-the-shelf(상용 기성품, COTS)

서드 파티^{third party}에서 가져온 **모듈**, **컴포넌트**, 기타 소스 코드. 이 용어는 오픈소스거나 비상업적 그룹에서 가져올 때도 자주 사용한다.

communication channel(통신 채널)

할당 요소가 통신할 수 있도록 하는 하드웨어. UML[Booch, Rumbaugh and Jacobson, 2005]에서는 노드 간의 통신 채널을 **연결**^{connection}이라 부르고 소프트웨어 엔지니어링 연구소(SEI)[Bass, Clements and Kazman, 2003]에서는 통신 채널을 **환경 요소**^{environmental element}라 부른다.

component(컴포넌트)

'컴포넌트는 시스템에서 실행되는 주요 연산 요소^{computational element} 및 데이터 저장소^{data store}다.' [Clements et al., 2010] 일반적으로 컴포넌트 인스턴스를 가리키지만 컴포넌트 타입을 의미하기도 한다. **모듈**^{module} 참조.

component assembly(컴포넌트 조립도)

컴포넌트 조립도는 컴포넌트 커넥터 다이어그램^{component and connector diagram}이라고도 하며 컴포넌트, 포트, 커넥터의 인스턴스 또는 타입의 특정 구성을 보여준다. 컴포넌트, 포트, 커넥터의 배치를 컴포넌트 디자인이라고 한다. 그리고 이들의 다른 배치는 다른 품질을 만들어낸다. 외부 및 내부 포트 간의 바인딩을 표시할 수 있다.

component-based development(컴포넌트 기반 개발, CBD)

컴포넌트 마켓에서 판매하는 컴포넌트를 이용하여 최종 제품을 느슨하게 결합된 컴포넌트의 집합으로 만드는 소프트웨어 개발 방법을 가리킨다.

conceptual model(개념 모델)

개념 모델은 모델의 두드러진 특징과 모델의 작동 방식을 설명한다. 예를 들어 입문 물리학에서 배우는 뉴턴 역학은 (질량과 힘 같은 특성을 포함해서) 물리적 객체가 어떻게 운동하는지를 설명하는 개념 모델이다.

connector(커넥터)

커넥터는 둘 이상의 컴포넌트 간 런타임 상호작용이 일어나는 경로다. 이는 '커넥터는 둘 이상의 컴포넌트 간 상호작용이 일어나는 런타임 경로'라는 정의[Clements et al., 2010]와 약간 다르다.

constraint(제약 조건)

불변 사항invariant 참조.

design by contract(계약에 의한 설계)

버트란드 메이어Bertrand Meyer는 메서드의 객체 **불변 사항**뿐 아니라 사전 조건과 사후 조건이 소스 코드에 포함되고 자동화된 도구로 확인되는 계약에 의한 설계 개념을 대중화했다[Meyer, 2000]. 고객은 메서드 계약을 활용하면 내부 구현에 관해 알 필요가 없으며 메서드나 전체 객체를 블랙박스로 취급할 수 있다.

design decision(설계 결정)

특정 설계 선택을 프로젝트에 적용하거나 설계 공간을 제약하는 시스템 설계 과정에서 개발자가 내린 결정. **불변 사항** 참조.

design intent(설계 의도)

시스템 개발자의 이해와 의도. 디자인 의도는 시스템의 소스 코드에 불완전하게 포함되므로 개발자도 시스템의 일부에서 유추해야 한다.

design model(디자인 모델)

디자인 모델은 개발자가 구현할 시스템을 설명하며 주로 개발자가 제어한다. 디자인 모델에 구현할 시스템이 드러난다. 디자인 모델은 **디자인 커미트먼트**design commitment의 일부분이다. 즉, 디자인 작동 방식에 대한 일부(일반적으로 낮은 수준의) 세부 정보를 미정으로 남겨두고 **코드 모델**까지 미루어 둔다. 디자인 모델은 재귀적으로 중첩된nested **경계 모델**boundary model과 **내부 모델**internal model로 구성된다. **도메인 모델**domain model 및 **코드 모델**code model과 비교해보자. 세 가지 모두 **정준 모델 구조**의 일부다.

designation(지정)

두 도메인 간의 대응 관계를 지정 관계로 표시할 수 있다(예: 현실 세계와 문제 도메인 모델 간의 대응). 한 도메인의 항목이 두 번째 도메인의 항목에 대응됨을 나타낸다.

documentation package(문서 패키지)

소프트웨어 아키텍처에 관한 완전하거나 거의 완전한 서면으로 된 설명이다.

domain connector(도메인 커넥터)

커넥터가 연결하는 컴포넌트의 도메인을 상호 연결하는 커넥터다. 다른 도메인에 속한 두 컴포넌트가 상호작용할 때 두 컴포넌트는 도메인에 종속되는 논리logic를 자주 포함한다. 이 논리를 도메인 커넥터에 넣으면 각 컴포넌트가 다른 컴포넌트에 관한 불필요한 세부 정보를 알지 못하도록 보호할 수 있다.

domain driven design(도메인 주도 설계)

도메인 주도 설계는 소스 코드에 **도메인 모델**을 포함하는 것을 지지한다[Evans, 2003]. **코드 내 모델 원칙**과 호환되고 **애자일** 개발 프로세스에서도 활용 가능하다. 하지만, 애자일 개발 프로세스에서는 도메인 모델을 가능하면 종이에 표현하지 않도록 한다.

domain model(도메인 모델)

도메인 모델은 시스템과 관련된 도메인의 영구적인 진실에 관해 설명한다. 일반적으로 도메인은 사용자가 제어하지 못한다. 예를 들어 한 주가 6일이라고 하거나 생일이 매주 돌아오도록 결정할 수 없다. 여러분이 만들 시스템은 도메인 모델에 포함되지 않는다. **디자인 모델** 및 **코드 모델**과 비교해보자. 세 가지 모두 **정준 모델 구조**의 일부다.

dominant decomposition(지배적 분해)

단일 관심사를 효과적으로 처리하는 시스템 내부의 조직적 관점에서의 시스템. 시스템이 잘 처리하는 지배적인 관심사와 관련된 문제는 해결하기 쉽지만 다른 관심사와 관련된 문제는 처리하기 더 어려울 수 있다. 예를 들어 책을 크기별로 정리하면 가장 큰 책은 찾기 쉽지만 특정 저자의 책은 찾기가 어렵다. 한 가지 관심사가 다른 관심사를 지배하는 이 문제를 **지배적 분해의 폭정**tyranny of the dominant decomposition이라고 한다[Tarr et al., 1999].

driver(드라이버)

아키텍처 드라이버 참조.

dynamic architecture model(동적 아키텍처 모델)

아키텍처의 가능한 모든 순간의 구성(예: 컴포넌트 인스턴스의 토폴로지)을 일반화한 모델이다. 대부분의 시스템은 시작해서 종료할 때까지 계속해서 변하지만 그 사이에 정적 아키텍처 모델static architecture model로 모델링할 수 있는 오랜 시간 유지되는 정상 상태 구성steady-state configuration이 있다.

effective encapsulation(효과적인 캡슐화)

객체의 경계에서 외부에 필요하지 않은 추상화를 인터페이스로 유출하지 않는 캡슐화다. 궁극적인 의미에서 효과적이라는 말은 주관적인 사항에 속한다. 그래서 효과적인지 아닌지는 적절한 판단이 필요하다.

encapsulation(캡슐화)

'캡슐화는 구조structure와 행위behavior가 있는 추상화 요소abstraction element로 분리하여 나누는 프로세스이며, 추상화한 요소의 그 구현을 계약적 인터페이스contractual interface를 기준으로 외부와 분리하는 역할을 한다.'[Booch et al., 2007]

engineering risk(엔지니어링 리스크)

제품의 분석analysis, 설계design, 구현implementation과 관련된 리스크다. **프로젝트 관리 리스크** 참조.

enterprise architect(엔터프라이즈 아키텍트)

많은 애플리케이션을 담당하는 아키텍트다. 한 애플리케이션의 기능을 제어하지 않는 대신 개별 애플리케이션이 전체 엔터프라이즈에 기여하는 생태계를 설계하는 아키텍트다. 엔터프라이즈 아키텍트는 결과에 간접적으로만 영향을 미친다는 점에서 영화 제작자와 같다.

enterprise architecture(엔터프라이즈 아키텍처)

여러 애플리케이션(혹은 여러 애플리케이션 시스템)이 있는 조직의 소프트웨어 아키텍처다.

environmental element(환경 요소, UML 노드)

통신 채널로 통신하는 소프트웨어의 실행이 주된 목적인 하드웨어.

event bus(이벤트 버스)

다방향 발행-구독 커넥터N-way publish-subscribe connector.

evolutionary design(진화적 설계)

진화적 설계는 '시스템이 구현되면서 시스템의 설계가 성장하는 것을 의미한다.'[Fowler, 2004] 자주 **리팩터링**refactoring과 쌍을 이룬다. **계획 설계**planned design와 비교해보자.

extensional element(외연 요소)

외연 요소는 '시스템은 클라이언트, 주문 프로세서, 주문 저장 컴포넌트로 구성된다'와 같이 열거할 수 있다. 외연 요소의 예로는 모듈, 컴포넌트, 커넥터, 포트, 컴포넌트 조립도가 있다. **내포 요소**intensional element 참조.

extreme programming(익스트림 프로그래밍, XP)

반복적 프로세스와 **애자일 프로세스**에 속하는 소프트웨어 개발 프로세스의 예로서 반복적인 주기로 개발을 진행한다[Beck and Andres, 2004]. 일부 프로젝트에서는 고객에게 데모할 수 있는 기능이 제공되지 않는 '반복 제로iteration zero'[Schuh, 2004]를 추가하기도 하지만 일반적으로 선행 설계 작업up-front design work은 하지 않는 것을 제안한다. 일부 프로젝트에서는 약간의 **계획 설계**를 포함하여 진행하지만, 기본적으로는 개발자가 **진화적 설계**를 독점적으로 사용하도록 한다. 각 반복 리스크가 아닌 고객의 기능 평가에 따라 우선순위가 결정된다. **폭포수 프로세스**, **반복 프로세스**, **애자일 프로세스**, **나선 프로세스**와 비교해보자.

framework(프레임워크)

소프트웨어 프레임워크 또는 객체 지향 프레임워크를 말하며 제어 반전inversion of control[3]이 특징인 소프트웨어 재사용 형태이다. 라이브러리와 달리 프레임워크는 소프트웨어 아키텍처를 공유하거나 재사용하는 효과적인 수단이다.

functionality scenario(기능 시나리오)

간단히 시나리오scenario라고도 하며 모델을 변경하는 일련의 이벤트를 표현한다. 시나리오는 발생하는 여러 경로를 일반화하여 보여 주지 않고 가능한 하나의 경로를 설명한다. **유스 케이스** 참조.

---

3 옮긴이_ 개발자가 작성한 프로그램이 재사용 코드의 흐름 제어를 받게 되는 디자인 패턴. *https://ko.wikipedia.org/wiki/제어_반전*

generalization(일반화)

가구와 의자의 관계와 같이 일반적인 타입과 구체적인 타입 간의 관계다.

goal connector(목표 커넥터)

목표 커넥터에는 달성할 책임이 있는 할당된 목표goal or objective가 있다. 목표 커넥터를 구현하는 개발자는 문제를 조사하고 가능한 실패 사례를 발견하고 커넥터가 이를 처리하는지 확인하여 실패를 방지해야만 한다. 목표 커넥터는 일반적으로 수행할 실제 도메인 작업이 있기 때문에 복잡하며 완료 여부를 확인할 책임이 있다. **마이크로매니지드 커넥터**micromanaged connector 참조.

information model(정보 모델)

도메인에 존재하는 것을 설명하는 일련의 타입type 및 정의definition. 또한 이러한 타입type 간의 **관계**relationship를 설명한다. 주로 UML 클래스 다이어그램 구문UML class diagram syntax을 사용하여 텍스트로, 대개 테이블 혹은 그림으로 정보 모델을 표현한다.

information technology(정보 기술, IT)

'컴퓨터 기반 정보 시스템, 특히 소프트웨어 애플리케이션 및 컴퓨터 하드웨어의 연구, 설계, 개발, 구현, 지원, 관리'에 초점을 맞춘 소프트웨어 설계 분야 중 한 전문 분야다(미국 정보 기술 협회Information Technology Association of America).

intensional element(내포 요소)

내포 요소는 '모든 필터는 파이프를 사용해 통신할 수 있다'와 같이 보편 양화[4]를 만족하는 요소다. 예를 들면 내포 요소에는 스타일style, 불변 사항invariant, 책임 할당responsibility allocation, 설계 결정design decision, 근거rationale, 프로토콜protocol, 품질 속성quality attribute이 포함된다. **외연 요소** 참조.

---

4 옮긴이_ 모든 원소가 주어진 명제를 만족시킬 수 있음을 의미한다. *https://ko.wikipedia.org/wiki/보편_양화사*

internal model(내부 모델)

내부 모델은 **경계 모델**boundary model을 정제한 것이다. 둘 다 디자인 모델의 예이지만 보이는 세부 사항에 차이가 있다. 경계 모델에서 참인 것은 모두 내부 모델에서 참이어야 한다. 경계 모델 (포트의 수와 타입, 품질 속성 시나리오)에서 이루어진 모든 커미트먼트commitment는 내부 모델 에서도 유지되어야 한다. **경계 모델** 참조.

invariant(불변 사항)

제약 조건constraint과 거의 동일하다. 시스템이나 디자인과 관련하여 항상 참인 서술부predicate 로 표현할 수 있다. 때로 정적 구조를 다루는 정적 불변 사항static invariant (또는 표현 불변 사항representation invariant)과 행위behavior를 다루는 동적 불변 사항dynamic invariant으로 나뉜다. 소스 코드 나 자료 구조에는 불변 사항이라는 용어를 더 자주 사용한다. 시스템을 언급할 때 **제약 조건**이 라는 용어를 더 자주 사용한다.

iteration(반복)

모든 소프트웨어 개발 활동이 일어나는 **반복 프로세스**iterative process의 시간 구간이다.

iterative process(반복 프로세스)

반복 개발 프로세스는 **반복**이라고 하는 나누어진 다수의 작업 시간 구간을 거쳐서 시스템을 개 발한다[Larman and Basili, 2003]. 개별 반복 때마다 개발자는 시스템의 기존 부분을 재작업 할 수 있으므로 시스템은 단지 점진적으로만 개발되지는 않는다. 반복 개발은 선택적으로 선행 설계 작업을 수행하지만 다수의 반복 전반에 걸쳐 우선순위를 부여하지 않으며 설계 작업에 관 한 지침을 제공하지도 않는다. **폭포수 프로세스, 익스트림 프로그래밍, 애자일 프로세스, 나선 프로세 스** 참조.

layer(계층)

계층 시스템은 하위 계층이 상위 계층에 대한 가상 머신 역할을 하도록 모듈을 구성한다. 상위 계층이 하위 계층에 종속성을 (거의) 배타적으로 가진다. 상위 계층은 하위 계층을 사용하고 하위 계층에 종속되지만 그 반대는 아니다.

link(링크)

스냅샷(또는 인스턴스 다이어그램)에서 두 객체 사이의 연결이다.

master model(마스터 모델)

구축하는 여러 개의 뷰view를 투영하는 데 필요한 전체 세부 정보를 포함한 모델이다.

method signature(메서드 시그너처)

일반적으로 메서드 이름, 반환 형식, 매개변수 형식을 포함하는 메서드나 프로시저의 사양이다. 사전 조건pre-condition과 사후 조건post-condition을 포함하면 **작업 사양**action specification을 만들 수 있다.

micromanaged connector(마이크로매니지드 커넥터)

사용자가 할당한 작업을 단순히 수행하는 커넥터다. 충분히 관리하지 않을 때 실패가 발생한다. 마이크로매니지드 커넥터의 임무는 여러분이 말한 것을 하는 것이다. 마이크로매니지드 커넥터는 단순한 커넥터다. **목표 커넥터** 참조.

minimal planned design(최소 계획 설계)

진화적 설계evolutionary design와 **계획 설계**planned design 사이에는 최소 계획 설계(또는, 최소 선행 설계Little Design Up Front)가 있다[Martin, 2009]. 최소 계획 설계를 옹호하는 사람들은 모든 상황에 진화적 설계를 사용하면 자신을 궁지에 몰아넣을 수 있다고 걱정한다. 또한 계획 설계는 항상 어렵고 일이 잘못될 가능성이 있다고 생각한다.

model(모델)

선택한 세부 정보만 포함하는 시스템의 '상징적 표현symbolic representation'이다.

model-code gap(모델 코드 격차)

디자인 모델에서 해결책을 표현하는 방법과 소스 코드에서 표현하는 방법 사이의 차이. **내포 요소**, **외연 요소** 참조.

model-in-code principle(코드 내 모델 원칙)

시스템의 코드에서 모델을 표현하면 이해와 발전에 도움이 된다. 이 원칙의 결과는 코드에서 모델을 표현할 때는 해결책이 작동하는 데 필요한 양보다 더 많은 작업을 수행해야 한다는 것이다.

module(모듈)

패키지package라고도 한다. 소스 코드(클래스, 함수, 프로시저, 규칙 등), 구성 파일, 데이터베이스 스키마 정의와 같은 구현 결과물의 모음이다. 모듈은 관련 코드를 함께 그룹화하여 인터페이스를 표시하지만 구현을 숨길 수 있다.

module viewtype(모듈 뷰타입)

컴파일 타임에 볼 수 있는 여러 요소의 뷰를 포함하는 뷰타입이다. 여기에는 소스 코드 및 구성 파일과 같은 결과물이 포함된다. 컴포넌트 타입, 커넥터 타입, 포트 타입의 정의는 클래스 및 인터페이스의 정의와 마찬가지로 모듈 뷰타입에도 있다. **런타임 뷰타입**, **할당 뷰타입** 참조.

N-way connector(다방향 커넥터)

이벤트 버스와 같이 컴포넌트를 일반적으로 3개 이상의 연결할 수 있는 일대다 커넥터다. **바이너리 커넥터** 참조.

navigation(탐색)

모델의 연결을 가로질러 노드에서 노드로 이동할 수 있다는 아이디어이다. 예를 들어, 연관association 관계를 통해 클래스에서 클래스로 UML 클래스 다이어그램을 탐색할 수 있다. **객체 제약 언어**(OCL) 참조.

Object Constraint Language(객체 제약 언어, OCL)

UML 모델에 대한 불변 사항과 제약 조건을 표현하며 정확하게 정의된 언어다. **탐색** 참조.

open semantics(개방 의미론)

개방 의미론에서 구체화된 항목의 목록에는 원하는 모든 새 항목을 추가할 수 있다. **폐쇄 의미론** 참조.

Parnas module(파나스 모듈)

변경될 가능성이 있는 세부 정보를 모듈 내부에 숨기고 이러한 세부 정보의 변경 사항이 모듈의 인터페이스에 영향을 주지 않도록 하는 모듈화 기법이다. 파나스 모듈은 관련 코드를 그룹화하는 것이 아니라 결합도^{coupling}를 최소화하려고 세부 사항을 숨긴다. **캡슐화, 효과적인 캡슐화** 참조.

partition(분할)

(1) 명사로서 부분과 전체 사이의 관계로, 부분이 결합하여 정확히 전체를 만들어낸다.

(2) 동사로서 '나누다' 또는 '분해하다'와 유사한 동의어다. 또는 (1)에서와 같이 시스템을 분리된 조각으로 나누는 것이다.

pattern(패턴)

패턴은 반복되는 문제에 대한 재사용할 수 있는 해결책이다[Gamma et al., 1995].

planned design(계획 설계)

즉, 선행 설계^{up-front design}를 말한다. 구현이 시작되기 전에 설계가 대부분 또는 완전히 완료되는 소프트웨어 개발 프로세스의 일종이다. **진화적 설계** 참조.

port(포트)

컴포넌트 내부 또는 외부의 모든 통신은 컴포넌트의 포트를 사용해 이루어진다. 컴포넌트가 지원하는 해당 포트에는 공개적으로 사용할 수 있는 모든 메서드와 응답에 사용되는 모든 공개 이벤트가 포함된다. 컴포넌트의 포트와 운영체제의 포트는 관련이 없다.

pre-condition & post-condition(사전 조건 및 사후 조건)

작업 사양action specification 참조.

presumptive architecture(추정 아키텍처)

특정 도메인에서 지배적인 소프트웨어 아키텍처(또는 아키텍처 제품군)다. 해당 도메인의 개발자가 추정 아키텍처가 아닌 아키텍처를 선택하려면 이유를 설명하여 정당화해야 할 수 있다. 예를 들어 3계층 아키텍처는 많은 정보 기술(IT) 그룹에서 사용하는 추정 아키텍처다. **레퍼런스 아키텍처** 참조.

projection(투영)

뷰view 참조.

project management risk(프로젝트 관리 리스크)

일정, 작업 순서, 제공, 팀 규모, 지역 등과 관련된 리스크. **엔지니어링 리스크** 참조.

property(프로퍼티)

모델 요소는 요소에 관한 세부 정보를 설명하는 프로퍼티를 애너테이션annotation으로 추가할 수 있다. 예를 들어, 커넥터는 프로토콜이나 처리량을 설명하는 프로퍼티를 애너테이션으로 추가할 수 있다.

prototype(프로토타입)

실행가능성을 입증하고 속성을 평가하는 등 리스크를 줄이는 구현이다(예: 아키텍처 스파이크 architectural spike 또는 개념 증명proof of concept). '폐기할 코드'로 이 책에서 지지하지 않고 반대한다.

prototypical risk(원형적 리스크)

각 도메인에는 다른 도메인과 다른 프로토타입 리스크 집합이 있다. 예를 들어 시스템 프로젝트는 일반적으로 IT 프로젝트보다 성능을 더 많이 우려한다.

quality attribute(품질 속성, QA)

비기능적 요구사항non-functional requirement(NFR) 또는 기능 외 요구사항extra-functional requirement이라고도 한다. 품질 속성은 성능, 보안, 확장성, 수정가능성, 신뢰성과 같은 일종의 추가 기능 요구사항이다.

quality attribute scenario(품질 속성 시나리오)

QA 시나리오라고도 한다. 소스source, 자극stimulus, 환경environment, 산출물artifact, 응답response, 응답 측정response measure으로 구성된 비기능 요구사항에 관한 간결한 설명이다.

rational architecture choice(합리적인 아키텍처 선택)

합리적인 아키텍처 선택은 트레이드오프가 품질 속성 우선순위와 일치하는 항목이다. 합리적인 아키텍처 선택은 주로 다음 템플릿을 따른다. ⟨x⟩가 우선순위이기 때문에 우리는 ⟨y⟩ 디자인을 선택하고 단점 ⟨z⟩를 받아들였다.

Rational Unified Process(래셔널 통합 프로세스, RUP)

반복, 나선 또는 폭포 프로세스로 조정할 수 있는 메타프로세스다.

refactoring(리팩터링)

동작을 유지하면서 구조나 기타 품질을 개선하는 코드 또는 디자인 변환이다. **아키텍처 리팩터링** 참조[Fowler, 1999].

reference architecture(레퍼런스 아키텍처)

문제에 대해 규정된 아키텍처 해결책을 설명하는 사양이다. 레퍼런스 아키텍처는 주로 공급 업체나 전문가가 주어진 문제에 대한 표준 아키텍처로 제안한다. **추정 아키텍처** 참조[Bass, Clements and Kazman, 2003].

refinement(구체화)

구체화는 동일한 사물의 낮은 세부 모델과 높은 세부 모델 간의 관계다.

responsibility-driven design(책임 주도 설계)

데이터와 알고리즘을 중점으로 생각하는 설계와 반대로 책임 주도 설계는 역할과 책임에 중점을 둔다.

risk(리스크)

이 책에서 리스크는 감지된 실패 확률probability of failure과 감지된 영향impact을 곱한 것이다.

risk-driven model(리스크 주도 모델)

리스크 주도 소프트웨어 아키텍처 모델은 개발자가 최소한의 아키텍처 기법을 적용하여 가장 시급한 리스크를 줄이도록 한다. 이는 끊임없이 반복되는 질문 과정이다. 여러분의 리스크는 무엇인가? 이를 줄이는 가장 좋은 기법은 무엇인가? 리스크가 완화되고 구현을 시작할 수 있는가? 리스크 주도 모델의 핵심 요소는 리스크를 눈에 띄게 홍보하는 것이다.

role(역할)

(1)UML 클래스 다이어그램에서 연관association 끝에 붙어 있는 이름이다.

(2)커넥터에 입력된 끝으로 컴포넌트의 포트와 거의 동일하다.

(3)패턴에서 구현의 구체적인 부분을 바인딩하거나 대체할 수 있는 부분이다.

runtime viewtype(런타임 뷰타입)

즉, 컴포넌트 뷰타입component viewtype 혹은 커넥터 뷰타입connector viewtype으로 런타임에 볼 수 있는 요소의 뷰를 포함하는 뷰타입이다. 여기에는 기능 시나리오^{functionality scenario}, 책임 목록^{responsibility list}, 컴포넌트 조립도^{component assembly}와 같은 산출물이 포함된다. 컴포넌트, 커넥터, 포트의 인스턴스는 객체(클래스 인스턴스)와 마찬가지로 런타임 뷰타입에 포함된다. **모듈 뷰타입, 할당 뷰타입** 참조.

scale(규모)

소프트웨어를 이야기할 때 규모는 일반적으로 시스템의 절대 크기를 나타내며 코드 줄의 수로 계산할 때가 많다. 규모확장성(품질 속성)은 더 큰 하드웨어(예: 수직 규모확장성^{vertical scalability})나 더 많은 하드웨어 복사본(수평 규모확장성^{horizontal scalability})에서 실행하는 것과 같이 현재보다 더 큰 부하를 처리하는 시스템의 능력을 나타낸다. 다소 혼란스러울 수 있지만 'Will it scale?'이라는 질문은 '코드 줄의 수를 측정할 수 있는가?'를 묻는 말이 아니라 시스템이 '규모확장성이 있는가?'를 묻는 말이다.

scenario(시나리오)

일반적으로 기능 시나리오를 가리키지만 품질 속성 시나리오를 가리킬 때도 있다.

snapshot(스냅샷)

인스턴스 다이어그램^{instance diagram}이라고도 한다. 특정 시점의 객체나 컴포넌트 인스턴스를 보여주는 다이어그램이다.

software architecture(소프트웨어 아키텍처)

다음은 소프트웨어 엔지니어링 연구소(SEI)의 표준 정의다. '컴퓨팅 시스템의 소프트웨어 아키텍처는 시스템에 대해 추론하는 데 필요한 구조의 집합으로 소프트웨어 요소, 이들 간의 관계 그리고 외부에서 볼 수 있는 이 둘의 속성으로 구성된다.'[Clements et al., 2010]

Software Engineering Institute(소프트웨어 엔지니어링 연구소, SEI)

미국 연방 자금 지원을 받는 연구 개발 센터로, '소프트웨어 엔지니어링 및 관련 분야를 발전시켜서 예측 가능하고 개선된 비용, 일정, 품질로 시스템의 개발 및 운영을 보장하는 것'이 미션이다.

source code(소스 코드)
개발자가 입력한 프로그래밍 언어 문장으로 초심자에게는 암호문 같아 보일 수 있다.

spanning viewtype(스패닝 뷰타입)
두 가지 이상의 뷰타입 사이를 교차하는 뷰를 포함하는 뷰타입이다. 두 가지 뷰타입에 걸친 트레이드오프를 설명하는 예는 다음과 같다. 더 많은 트랜잭션 처리량(런타임 뷰타입에서 설명함)을 달성하려고 데이터베이스 스키마(모듈 뷰타입에서 설명함)를 비정규화하기로 했으므로 해당 트레이드오프를 스패닝 뷰타입으로 설명한다.

spiral process(나선 프로세스)
나선 프로세스[Boehm, 1988]는 일종의 반복적 개발이므로 반복이 많지만 선행 설계 작업이 없다고 설명한다. 반복은 리스크에 따라 우선순위가 지정되며 첫 번째 반복은 프로젝트의 가장 리스크가 큰 부분을 처리한다. 나선 모델은 관리와 엔지니어링 리스크를 모두 처리한다. 예를 들어 '인력 부족'을 리스크로 다룰 수 있다. 나선 프로세스는 설계 작업의 성격이나 사용할 아키텍처 및 디자인 기법에 관한 지침을 제공하지 않는다. **폭포수 프로세스, 익스트림 프로그래밍, 반복 프로세스, 애자일 프로세스** 참조.

stakeholder(이해관계자)
시스템의 기능이나 성공에 관심이 있는 고객 또는 다른 사람이다.

static architecture model(정적 아키텍처 모델)
특정 시점의 모습을 보여주거나 또는 안정된 상태의 구성으로 보여주는 시스템 모델. **동적 아키텍처 모델** 참조.

story at many levels(여러 수준의 스토리)

각각 중첩하고 있는 단계가 해당 부분과 상호작용하는 방식에 관한 스토리를 전달하도록 소프트웨어를 구성하는 방법이다. 시스템에 익숙하지 않은 개발자도 어떤 수준에서든지 참여할 수 있으며 휩쓸리지 않고 이해할 수 있다. 주요 이점은 기술 관련된 사항이 아니어서 인지하기 쉽다는 점이다.

subject matter expert(주제 관련 전문가, SME)

도메인 전문가, 때로는 고객일 수 있다.

system context diagram(시스템 콘텍스트 다이어그램)

시스템(컴포넌트)과 외부 시스템에 대한 연결(커넥터)을 포함하는 최상위 경계 모델의 컴포넌트 조립 다이어그램이다. **유스 케이스 다이어그램** 참조.

tactic(전술)

속성 주도 설계Attribute-driven design(ADD)에서 전술은 디자인 패턴보다 크고 아키텍처 스타일보다 작은 일종의 패턴이다. 전술의 예로는 핑/에코ping/echo, 활성 다중화active redundancy, 런타임 등록runtime registration, 사용자 인증authenticate user, 침입 탐지intrusion detection[Bass, Clements and Kazman, 2003]가 있다.

technical debt(기술 부채)

개발된 코드가 문제에 관한 현재 이해와 일치하지 않고 지금까지 누적되어 쌓인 차이[Cunningham, 1992; Fowler, 2009].

technique(기법)

개발자가 수행하는 소프트웨어 엔지니어링 활동이다. 응력stress 계산과 같은 순수 분석부터 성당의 버팀도리를 사용하는 일과 같은 순수 해결책에 이르기까지 다양한 기법이 존재한다. 몇몇 소프트웨어 아키텍처 및 디자인 책은 많은 해결책 기법을 목록화하여 보여준다. 이러한 기법을 전술[Bass, Clements and Kazman, 2003] 또는 **패턴**[Schmidt et al., 2000; Gamma et al., 1995]이라고 부른다. 이 책에서는 이러한 기법을 전체적으로 목록화해서 분석하거나 하지 않고 절차적으로 설명하며 문제 영역과 분리하여 기법을 설명하는 데 중점을 둔다.

top-down design(하향식 설계)

하향식 설계는 요소(컴포넌트, 모듈 등)를 더 작은 부분으로 분해하고 책임^{responsibility}을 할당하여 요소의 고수준 사양을 상세 설계로 구체화하여 분명하게 하는 프로세스다.

top-level boundary model(최상위 경계 모델)

최상위 경계 모델은 **디자인 모델** 최상위의 캡슐화된 단일 뷰다. 캡슐화되지 않은 내부 설계 세부 정보를 표시하도록 **내부 모델**로 구체화하고 분명하게 만들 수도 있다.

tradeoff(트레이드오프)

종종 한 가지를 더 많이 얻으려면 다른 것을 포기해야 함을 의미한다. 보안을 강화하면 사용성은 떨어지는 것과 같이 **품질 속성** 간에 트레이드오프가 존재할 수 있다.

two-level scenario(2단계 시나리오)

내부 모델의 여러 **컴포넌트** 간과 같이 추가 수준의 내부 메시지를 보여주도록 정교하게 작성된 **기능 시나리오**다.

ubiquitous language(보편 언어)

개발자와 도메인 전문가가 공유하는 공통 언어다. 같은 개념에 대해 개발자와 도메인 전문가가 서로 다른 용어를 사용하는 상황과 반대다. **도메인 주도 설계** 참조.

Unified Modeling Language(통합 모델링 언어, UML)

객체 지향 설계과 소프트웨어 아키텍처에 적합한 일반적인 모델링 언어이다.

use case(유스 케이스)

유스 케이스는 **기능 시나리오**와 거의 동일하지만 몇 가지 중요한 차이점이 있다. 유스 케이스는 시스템 사용자가 볼 수 있는 높은 수준의 활동이다. 유스 케이스는 주로 시스템 외부 행위자의 목표를 달성하도록 정의되므로 내부 시스템 활동은 유스 케이스로 간주하지 않는다. 기능 시나리오가 동작의 단일 추적일 때 유스 케이스에는 여러 추적을 설명하는 변형 단계를 포함할 수 있다.

use case diagram(유스 케이스 다이어그램)

액터actor, 시스템, 유스 케이스를 보여주는 UML 다이어그램.

view(뷰)

투영projection이라고도 한다. 뷰는 변환transformation을 포함한 **모델** 세부 정보의 정의된 부분 집합을 보여준다.

viewpoint(뷰포인트)

한 명의 이해관계자가 바라보는 관점과 같은 하나의 관점에서 시스템을 바라보는 관점. 소프트웨어 아키텍처의 전기 전자기술자 협회(IEEE) 정의에 사용된다. 뷰포인트는 뷰에 대한 **마스터 모델** 접근 방식이 아니라 요구사항으로의 뷰 접근 방식에서 사용된다.

viewtype(뷰타입)

서로 쉽게 조정할 수 있는 뷰의 집합 또는 범주다[Clements et al., 2010]. **모듈 뷰타입**, **런타임 뷰타입**, **할당 뷰타입** 참조.

waterfall process(폭포수 프로세스)

폭포수 프로세스[Royce, 1970]는 전체 프로젝트를 하나의 긴 작업 블록으로 처음부터 끝까지 진행하여 결과물을 전달한다. 분석 및 설계 단계에서 계획된 설계 작업으로 수행한다고 가정한다. 이는 하나의 반복으로 생각할 수 있는 하나의 개발 단계를 진행한다. 단 한 번의 반복뿐이므로 반복 사이의 작업 우선순위를 지정할 수는 없지만 구축 단계 내에서 점진적으로 시스템을 구축할 수 있다. **익스트림 프로그래밍**, **반복적 프로세스**, **애자일 프로세스**, **나선 프로세스** 참조.

XP

익스트림 프로그래밍extreme programming 참조.

Yinzer(인저)

카네기 멜런 대학교Carnegie Mellon University가 있는 피츠버그Pittsburgh출신을 가리키는 속어로, 복수형인 y'all과 동등한 피츠버그 방언인 yinz에서 파생되었다.

참고 문헌

[Abi-Antoun, Wang and Torr, 2007]

Abi-Antoun, Marwan, Wang, Daniel and Torr, Peter, 'Checking Threat Modeling Data Flow Diagrams for Implementation Conformance and Security', in: ASE '07: Proceedings of the TwentySecond IEEE/ACM International Conference on Automated Software Engineering, (ACM, 2007).

[Aldrich, Chambers and Notkin, 2002]

Aldrich, Jonathan, Chambers, Craig and Notkin, David, 'ArchJava: Connecting Software Architecture to Implementation', in: ICSE '02: Proceedings of the 24th International Conference onSoftware Engineering, (New York, NY, USA: ACM Press, 2002.

[Alexander, 1977]

Alexander, Christopher, A Pattern Language: Towns, Buildings, Construction (Center for Environmental Structure Series), (Oxford University Press, USA, 1977).

[Alexander, 1979]

Alexander, Christopher, The Timeless Way of Building, (Oxford University Press, 1979).

[Ambler, 2002]

Ambler, Scott, Agile Modeling: Effective Practices for Extreme Programming and the Unified Process, (Wiley, 2002).

[Ambler, 2008]

Ambler, Scott, 'Agile Adoption Rate Survey Results: February 2008', Dr. Dobb's Journal, May (2008) (*http://www.ambysoft.com/surveys/agileFebruary2008.html*).

[Ambler, 2009]

Ambler, Scott, Agile Architecture: Strategies for Scaling Agile Development, 2009 (*http://www.agilemodeling.com/essays/agileArchitecture.htm*).

[Amdahl, 1967]

Amdahl, Gene, 'Validity of the Single Processor Approach to Achieving Large-Scale Computing Capabilities', AFIPS Conference Proceedings, 30 (1967).

[Apache Software Foundation, 2010]

Apache Software Foundation, Hadoop Website, 2010 (*http://hadoop.apache.org*).

[Babar, 2009]

Babar, Muhammad Ali, 'An Exploratory Study of Architectural Practices and Challenges in Using Agile Software Development Approaches', Joint Working IEEE/IFIP Conference on Software Architecture 2009 & European Conference on Software Architecture 2009 September (2009).

[Bach, 1997]

Bach, James, 'Good Enough Quality: Beyond the Buzzword', IEEE Computer, 30 (1997):8.

[Barbacci et al., 1995]

Barbacci, Mario et al., Quality Attributes, (Software Engineering Institute, Carnegie Mellon University,1995) (CMU/SEI-95-TR-021, ESC-TR-95-021). - Technical report.

[Barbacci et al., 2003]

Barbacci, Mario R. et al., Quality Attribute Workshops (QAWs), Third Edition, (Software Engineering Institute, Carnegie Mellon University, 2003) (CMU/SEI–2003–TR–016). – Technical report.

[Barrett et al., 2004]

Barrett, Anthony et al., 'Mission Planning and Execution Within the Mission Data System', in: Proceedings of the International Workshop on Planning and Scheduling for Space (IWPSS), (2004).

[Bass, Clements and Kazman, 2003]

Bass, Len, Clements, Paul and Kazman, Rick, Software Architecture in Practice, 2nd edition. (Addison–Wesley, 2003).

[Bass and John, 2003]

Bass, Len and John, Bonnie E., 'Linking Usability to Software Architecture Patterns through General Scenarios', Journal of Systems and Software, 66 (2003):3.

[Beck, 1996]

Beck, Kent, Smalltalk Best Practice Patterns, (Prentice Hall PTR, 1996).

[Beck and Andres, 2004]

Beck, Kent and Andres, Cynthia, Extreme Programming Explained: Embrace Change (2nd Edition), 2nd edition. (Addison–Wesley Professional, 2004).

[Beck et al., 2001]

Beck, Kent et al., Manifesto for Agile Software Development, 2001 (*http://*

agilemanifesto.org).

[Beck and Cunningham, 1989]

Beck, Kent and Cunningham, Ward, 'A Laboratory for Teaching Object Oriented Thinking', OOPSLA'89: Conference Proceedings on Object−Oriented Programming Systems, Languages and Applications, (1989).

[Bloch, 2006]

Bloch, Joshua, Extra, Extra − Read All About It: Nearly All Binary Searches and Mergesorts are Broken, June 2006 (*http://googleresearch.blogspot.com/2006/06/extra-extra-read-all-about-it-nearly.html*).

[Boehm, 1988]

Boehm, Barry, 'A Spiral Model of Software Development and Enhancement', IEEE Computer, 21(5) (1988)

[Boehm and Turner, 2003]

Boehm, Barry and Turner, Richard, Balancing Agility and Discipline: A Guide for the Perplexed, (Addison−Wesley Professional, 2003).

[Booch, 2004]

Booch, Grady, Software Architecture presentation, 2004.

[Booch et al., 2007]

Booch, Grady et al., Object−Oriented Analysis and Design with Applications, 3rd edition, (Addison−Wesley Professional, 2007).

[Booch, Rumbaugh and Jacobson, 2005]

Booch, Grady, Rumbaugh, James and Jacobson, Ivar, The Unified Modeling Language User Guide, 2nd edition. (Addison-Wesley Professional, 2005).

[Bosch, 2000]

Bosch, Jan, Design and Use of Software Architectures: Adopting and Evolving a Product-Line Approach (ACM Press), (Addison-Wesley Professional, 2000).

[Bowker and Star, 1999]

Bowker, Geoffrey C. and Star, Susan Leigh, Sorting Things Out: Classification and its Consequences, (MIT Press, 1999).

[Box and Draper, 1987]

Box, George E. P. and Draper, Norman R., Empirical Model-Building and Response Surfaces (Wiley Series in Probability and Statistics), (Wiley, 1987).

[Bredemeyer and Malan, 2010]

Bredemeyer, Dana and Malan, Ruth, Bredemeyer Consulting, 2010 (*http://bredemeyer.com*).

[Brooks, 1995]

Brooks, Frederick P, The Mythical Man-Month: Essays on Software Engineering, 2nd edition. (Addison-Wesley Professional, 1995).

[Buschmann et al., 1996]

Buschmann, Frank et al., Pattern-Oriented Software Architecture Volume 1: A System of Patterns, (Wiley, 1996).

[Butler, 2002]

Butler, Shawn A., 'Security Attribute Evaluation Method: A Cost-Benefit Approach', Proceedings of ICSE 2002, (2002).

[Carr et al., 1993]

Carr, Marvin J. et al., Taxonomy-Based Risk Identification, (Software Engineering Institute, Carnegie Mellon University, June 1993) (CMU/SEI-93-TR-6). - Technical report.

[Cheesman and Daniels, 2000]

Cheesman, John and Daniels, John, UML Components: A Simple Process for Specifying Component-Based Software, (Addison-Wesley, 2000).

[Chomsky, 2002]

Chomsky, Noam, Syntactic Structures, 2nd edition. (Walter de Gruyter, 2002).

[Clements et al., 2010]

Clements, Paul et al., Documenting Software Architectures: Views and Beyond, 2nd edition. (Addison-Wesley, 2010).

[Clerc, Lago and van Vliet, 2007]

Clerc, Viktor, Lago, Patricia and Vliet, Hans van, 'The Architect's Mindset', Third International Conference on Quality of Software Architectures (QoSA), (2007).

[Cockburn, 2000]

Cockburn, Alistair, Writing Effective Use Cases (Agile Software Development Series), (Addison-Wesley Professional, 2000).

[Coleman, 1993]

Coleman, Derek, Object—Oriented Development: The Fusion Method, (Prentice Hall, 1993).

[Conway, 1968]

Conway, Melvin, 'How do Committees Invent?' Datamation, 14 (5) (1968).

[Cook and Daniels, 1994]

Cook, Steve and Daniels, John, Designing Object Systems: Object—Oriented Modelling with Syntropy, (Prentice Hall, 1994).

[Cook, 2009]

Cook, William, 'On Understanding Data Abstraction, Revisited', OOPSLA: Conference Proceedings on Object—Oriented Programming Systems, Languages and Applications (2009).

[Coplien and Schmidt, 1995]

Coplien, James O. and Schmidt, Douglas C., Pattern Languages of Program Design, (Addison—Wesley Professional, 1995).

[Cunningham, 1992]

Cunningham, Ward, 'The WyCash Portfolio Management System', OOPSLA ' 92: Addendum to the proceedings on Object—Oriented Programming Systems, Languages, and Applications, (1992).

[Dean and Ghemawat, 2004]

Dean, Jeffrey and Ghemawat, Sanjay, 'MapReduce: Simplified Data Processing on Large Clusters', OSDI'04: Sixth Symposium on Operating System Design and Implementation December (2004).

[Denne and Cleland-Huang, 2003]

Denne, Mark and Cleland-Huang, Jane, Software by Numbers: Low-Risk, High-Return Development, (Prentice Hall, 2003).

[Dijkstra, 1968]

Dijkstra, Edsger, 'Go-to Statement Considered Harmful', Communications of the ACM, 11 (1968):3.

[D'Souza, 2006]

D'Souza, Desmond F., MAp: Model-driven Approach for Business-Aligned Architecture RoadMAps, 2006 (*http://www.kinetium.com/map/demo/demo_index.html*).

[D'Souza and Wills, 1998]

D'Souza, Desmond F. and Wills, Alan Cameron, Objects, Components and Frameworks with UML: The Catalysis Approach, (Addison-Wesley, 1998).

[Dvorak, 2002]

Dvorak, Daniel, 'Challenging Encapsulation in the Design of High-Risk Control Systems', Proceedings of 2002 Conference on Object-Oriented Programming, Systems, Languages, and Applications (OOPSLA) (2002).

[Eden and Kazman, 2003]

Eden, Amnon H. and Kazman, Rick, 'Architecture, Design, Implementation', International Conference on Software Engineering (ICSE), (2003).

[Eeles and Cripps, 2009]

Eeles, Peter and Cripps, Peter, The Process of Software Architecting, (Addison-Wesley Professional, 2009).

[Evans, 2003]

Evans, Eric, Domain-Driven Design: Tackling Complexity in the Heart of Software, (Addison-Wesley Professional, 2003).

[Fairbanks, 2003]

Fairbanks, George, 'Why Can't They Create Architecture Models Like "Developer X"?: An Experience Report', in: ICSE '03: Proceedings of the 25th International Conference on Software Engineering, (2003).

[Fairbanks, 2006]

Fairbanks, George, Bierhoff, Kevin and D'Souza, Desmond, 'Software Architecture at a Large Financial Firm', Proceedings of ACM SIGPLAN Conference on Object Oriented Programs, Systems, Languages, and Applications (OOPSLA) (2006).

[Fay, 2003]

Fay, Dan, 'An Architecture for Distributed Applications on the Internet: Overview of Microsoft's .NET Platform', IEEE International Parallel and Distributed Processing Symposium April (2003).

[Feather and Hicks, 2006]

Feather, Steven Cornford Martin and Hicks, Kenneth, 'DDP: A Tool for Life-Cycle Risk Management', IEEE Aerospace and Electronics Systems Magazine, 21 (2006):6.

[Firesmith, 2003]

Firesmith, Donald G., Common Concepts Underlying Safety, Security, and Survivability Engineering, (Software Engineering Institute, Carnegie Mellon University, December 2003) (CMU/SEI- 2003-TN-033). - Technical Note.

[Foote and Yoder, 2000]

Foote, Brian and Yoder, Joseph, Chap. 29, Big Ball of Mud., in: 'Pattern Languages of Program Design 4', (Addison-Wesley, 2000).

[Fowler, 1996]

Fowler, Martin, Analysis Patterns: Reusable Object Models, (Addison-Wesley Professional, 1996).

[Fowler, 1999]

Fowler, Martin, Refactoring: Improving the Design of Existing Code, (Addison-Wesley Professional, 1999).

[Fowler, 2002]

Fowler, Martin, Patterns of Enterprise Application Architecture, (Addison-Wesley Professional, 2002).

[Fowler, 2003a]

Fowler, Martin, UML Distilled: A Brief Guide to the Standard Object Modeling Language, 3rd edition, (Addison-Wesley Professional, 2003a).

[Fowler, 2003b]

Fowler, Martin, 'Who Needs an Architect?' IEEE Software, 20 (5) (2003b).

[Fowler, 2004]

Fowler, Martin, 'Is Design Dead?' (2004) (*http://martinfowler.com/articles/designDead.html*).

[Fowler, 2009]

Fowler, Martin, Technical Debt, February 2009 (*http://martinfowler.com/bliki/TechnicalDebt.html*).

[Gabriel, 1994]

Gabriel, Richard P., 'Lisp: Good News Bad News How to Win Big', AI Expert, 6 (1994) (*http://www.laputan.org/gabriel/worse-is-better.html*).

[Gamma et al., 1995]

Gamma, Erich et al., Design Patterns: Elements of Reusable Object−Oriented Software (Addison−WesleyProfessional Computing Series), (Addison−Wesley Professional, 1995).

[Garlan, 2003]

Garlan, David, Software Architecture Course, 2003 (*http://www.cs.cmu.edu/~garlan/courses/Architectures-S03.html*).

[Garlan, Allen and Ockerbloom, 1995]

Garlan, David, Allen, Robert and Ockerbloom, John, 'Architectural Mismatch, or, Why It's Hard to Build Systems Out of Existing Parts', in: Proceedings of the 17th International Conference on Software Engineering (ICSE), (Seattle, Washington, April 1995).

[Garlan, Monroe and Wile, 2000]

Garlan, David, Monroe, Robert T. and Wile, David, 'Acme: Architectural Description of Component-Based Systems', in: Leavens, Gary T. and Sitaraman, Murali, editors, Foundations of Component-Based Systems, (Cambridge University Press, 2000). - chapter 3.

[Garlan and Schmerl, 2009]

Garlan, David and Schmerl, Bradley, AcmeStudo web page, 2009 (*http://www.cs.cmu.edu/~acme/AcmeStudio/index.html*).

[Gluch, 1994]

Gluch, David P., A Construct for Describing Software Development Risks, (Software Engineering Institute, Carnegie Mellon University, July 1994) (CMU/SEI-94-TR-14). - Technical report.

[Gorton, 2006]

Gorton, Ian, Essential Software Architecture, (Springer, 2006).

[Harrison and Ossher, 1993]

Harrison, William H. and Ossher, Harold, 'Subject-Oriented Programming (A Critique of Pure Objects)', Proceedings of 1993 Conference on Object-Oriented Programming, Systems, Languages, and Applications (OOPSLA), (1993),

[Heineman and Councill, 2001]

Heineman, George T. and Councill, William T., Component-Based Software Engineering: Putting the Pieces Together, (Addison-Wesley Professional, 2001).

[Hoff, 2008a]

Hoff, Todd, Amazon Architecture, 2008a (*http://highscalability.com/amazon-architecture*).

[Hoff, 2008b]

Hoff, Todd, 'How Rackspace Now Uses MapReduce and Hadoop to Query Terabytes of Data', HighScalability.com, January 30 (2008b) (*http://highscalability.com/how-rackspace-now-uses-mapreduce-and-hadoop-query-terabytes-data*).

[Hofmeister, Nord and Soni, 2000]

Hofmeister, Christine, Nord, Robert and Soni, Dilip, Applied Software Architecture, (Addison−Wesley, 2000).

[Holmes, 2006]

Holmes, James, Struts: The Complete Reference, 2nd Edition, (McGraw−Hill Osborne Media, 2006).

[Holmevik, 1994]

Holmevik, Jan R., 'Compiling SIMULA: A Historical Study of Technological Genesis', IEEE Annals of the History of Computing, 16 (1994):4.

[Holzmann, 2003]

Holzmann, Gerard J., The SPIN Model Checker: Primer and Reference Manual, (Addison−Wesley Professional, 2003).

[Hood, 2008]

Hood Stu, 'MapReduce at Rackspace', January (2008).

[IEEE Computer Society, 2000]

IEEE Computer Society, IEEE 1471-2000 IEEE Recommended Practice for Architectural Description of Software-Intensive Systems, IEEE Std 1471-2000 edition. Software Engineering Standards Committee of the IEEE Computer Society, 2000.

[Ingham et al., 2005]

Ingham, Michel D. et al., 'Engineering Complex Embedded Systems with State Analysis and the Mission Data System', AIAA Journal of Aerospace Computing, Information and Communication, 2 December (2005):12.

[Jackson, 2002]

Jackson, Daniel, 'Alloy: A Lightweight Object Modelling Notation', ACM Transactions on Software Engineering and Methodology (TOSEM'02), 11 April (2002):2, .

[Jackson, 1995]

Jackson, Michael, Software Requirements and Specifications, (Addison-Wesley, 1995).

[Jackson, 2000]

Jackson, Michael, Problem Frames: Analyzing and Structuring Software Development Problems, (Addison-Wesley, 2000).

[Jacobson, Booch and Rumbaugh, 1999]

Jacobson, Ivar, Booch, Grady and Rumbaugh, James, The Unified Software Development Process, (Addison—Wesley Professional, 1999).

[Kay, 1989]

Kay, Alan, 'Predicting the Future', Stanford Engineering, 1 Autumn (1989):1.

[Kruchten, 1995]

Kruchten, Philippe, 'The 4+1 View Model of Architecture', IEEE Software, 12 November (1995):6.

[Kruchten, 2003]

Kruchten, Philippe, The Rational Unified Process: An Introduction, 3rd edition. (Addison—Wesley Professional, 2003).

[Larman and Basili, 2003]

Larman, Craig and Basili, Victor R., 'Iterative and Incremental Development: A Brief History', IEEE Computer, 36 (2003):6.

[Lattanze, 2008]

Lattanze, Anthony J., Architecting Software Intensive Systems: A Practitioners Guide, (Auerbach Publications, 2008).

[Liskov, 1987]

Liskov, Barbara, 'Keynote address – Data Abstraction and Hierarchy', Conference on Object Oriented Programming Systems Languages and Applications, (1987).

[Luhmann, 1996]

Luhmann, Niklas, 'Modern Society Shocked by its Risks', Social Sciences Research Centre: Occasional Papers, (1996) (*http://hub.hku.hk/handle/123456789/38822*).

[Magee and Kramer, 2006]

Magee, Jeff and Kramer, Jeff, Concurrency: State Models and Java Programs, 2nd edition. (Wiley, 2006).

[Maranzano, 2005]

Maranzano, Joseph, 'Architecture Reviews: Practice and Experience', IEEE Computer, (2005).

[Martin, 2009]

Martin, Robert, The Scatology of Agile Architecture, April 2009 (*http://blog. objectmentor.com/articles/2009/04/25/the-scatology-of-agile-architecture*).

[Meier et al., 2003]

Meier, J.D. et al., 'Checklists for Application Architecture', (2003) (*http://www. codeplex.com/wikipage?ProjectName=AppArch&title=Checklists*).

[Meyer, 2000]

Meyer, Bertrand, Object-Oriented Software Construction, 2nd edition. (Prentice Hall PTR, 2000).

[Meyer, 2009]

Meyer, Kenny, Mission Data System Website, 2009 (*http://mds.jpl.nasa.gov*).

[Miller, 2006]

Miller, Granville, Second Generation Agile Software Development, March 2006 (*http://blogs.msdn.com/randymiller/archive/2006/03/23/559229.aspx*).

[Monson-Haefel, 2001]

Monson-Haefel, Richard, Enterprise JavaBeans, 3rd edition. (O'Reilly, 2001).

[Moriconi, Qian and Riemenschneider, 1995]

Moriconi, Mark, Qian, Xiaolei and Riemenschneider, R. A., 'Correct Architecture Refinement', IEEE Transactions on Software Engineering, 21 (1995):4.

[Nyfjord, 2008]

Nyfjord, Jaana, Towards Integrating Agile Development and Risk Management, Ph.D thesis, (Stockholm University, 2008).

[Oreizy, Medvidović and Taylor, 2008]

Oreizy, Peyman, Medvidović, Nenad and Taylor, Richard N., 'Runtime Software Adaptation: Framework, Approaches, and Styles', in: ICSE Companion '08: Companion of the 30th International Conference on Software Engineering, (ACM, 2008).

[OSGi Alliance, 2009]

OSGi Alliance, OSGi website, 2009 (*http://www.osgi.org*).

[Ould, 1995]

Ould, Martin, Business Processes — Modeling and Analysis for Re-engineering and Improvement, (John Wiley and Sons, 1995).

[Parnas, 2001]

Parnas, David, Software Fundamentals: Collected Papers by David L. Parnas, (Addison-Wesley Professional, 2001), Editors: Daniel M. Hoffman and David M. Weiss.

[Perry and Wolf, 1992]

Perry, Dewayne E. and Wolf, Alex L., 'Foundation for the Study of Software Architecture', ACM SIGSOFT Software Engineering Notes, 17 (1992):4.

[Petroski, 1994]

Petroski, Henry, Design Paradigms: Case Histories of Error and Judgment in Engineering, (Cambridge University Press, 1994).

[Polya, 2004]

Polya, George, How to Solve It: A New Aspect of Mathematical Method (Princeton Science Library), (Princeton University Press, 2004).

[Rosch and Lloyd, 1978]

Rosch, Elanor and Lloyd, Barbara; Rosch, Elanor and Idem, editors, Cognition and Categorization, (Lawrence Erlbaum, 1978).

[Ross, Weill and Robertson, 2006]

Ross, Jeanne W., Weill, Peter and Robertson, David, Enterprise Architecture as Strategy: Creating a Foundation for Business Execution, (Harvard Business School Press, 2006).

[Royce, 1970]

Royce, Winston W., 'Managing the Development of Large Software Systems: Concepts and Techniques', in: Technical Papers of Western Electronic Show and Convention (WesCon), (1970).

[Rozanski and Woods, 2005]

Rozanski, Nick and Woods, Eóin, Software Systems Architecture: Working With Stakeholders Using Viewpoints and Perspectives, (Addison–Wesley Professional, 2005).

[Schmidt et al., 2000]

Schmidt, Douglas, Pattern–Oriented Software Architecture Volume 2: Patterns for Concurrent and Networked Objects, (Wiley, 2000).

[Schmidt and Buschmann, 2003]

Schmidt, Douglas C. and Buschmann, Frank, 'Patterns, Frameworks, and Middleware: Their Synergistic Relationships', in: ICSE '03: Proceedings of the 25th International Conference on Software Engineering, (Washington, DC, USA: IEEE Computer Society, 2003).

[Schuh, 2004]

Schuh, Peter, Integrating Agile Development in the Real World, (Charles River Media, 2004).

[SEI Library]

SEI Library, Software Engineering Institute Library, 2009 (*http://www.sei.cmu.edu/library*).

[Selic, 2003a]

Selic, Bran, Brass Bubbles: An Overview of UML 2.0 (and MDA), 2003a (*https://www.omg.org/news/meetings/workshops/MDA_2003-2_Manual/Tutorial_2_Hogg.pdf*).

[Selic, 2003b]

Selic, Bran, 'The Pragmatics of Model-Driven Development', IEEE Software, 20 (2003b):5.

[Shaw, 1981]

Shaw, Mary, 'Abstraction, Data Types, and Models for Software', ACM SIGPLAN Notices, 16 January (1981):1.

[Shaw and Clements, 1997]

Shaw, Mary and Clements, Paul, 'A Field Guide to Boxology: Preliminary Classification of Architectural Styles for Software Systems', Proc. COMPSAC97 21st Int'l Computer Software and Applications Conference, (1997).

[Shaw and Garlan, 1996]

Shaw, Mary and Garlan, David, Software Architecture: Perspectives on an Emerging Discipline, (Prentice-Hall, 1996).

[Simon, 1981]

Simon, Herb, The Sciences of the Artificial, 2nd edition. (MIT Press, 1981).

[Sutherland, 2008]

Sutherland, Dean, The Code of Many Colors: Semi-automated Reasoning about Multi-Thread Policy for Java, Ph.D thesis, (Carnegie Mellon University Institute for Software Research, 2008), (*http://reports-archive.adm.cs.cmu.edu/anon/isr2008/CMU-ISR-08-112.pdf*).

[Szyperski, 2002]

Szyperski, Clemens, Component Software: Beyond Object-Oriented Programming, 2nd edition. (Addison-Wesley Professional, 2002).

[Tarr et al., 1999]

Tarr, Peri L. et al., 'N Degrees of Separation: Multi-Dimensional Separation of Concerns', in: International Conference on Software Engineering, (1999).

[Taylor, Medvidović and Dashofy, 2009]

Taylor, Richard, Medvidović, Nenad and Dashofy, Eric, Software Architecture: Foundations, Theory, and Practice, (Wiley, 2009).

[The Open Group, 2008]

The Open Group, TOGAF Version 9 - A Manual, 9th edition. (Van Haren Publishing, 2008).

[Venners, 2002]

Venners, Bill, 'A Conversation with Martin Fowler, Part III', Artima Developer, (2002) (*http://www.artima.com/intv/evolutionP.html*).

[Warmer and Kleppe, 2003]

Warmer, Jos and Kleppe, Anneke, The Object Constraint Language: Getting Your Models Ready for MDA, 2nd edition. (Addison-Wesley Professional, 2003).

[Whitehead, 1911]

Whitehead, Alfred North, An Introduction to Mathematics, (Forgotten Books Reprint 2009, 1911).

[Wing, 1988]

Wing, Jeannette M., 'A Study of 12 Specifications of the Library Problem', IEEE Software, 5 (1988):4.

[Wirfs-Brock, Wilkerson and Wiener, 1990]

Wirfs-Brock, Rebecca, Wilkerson, Brian and Wiener, Lauren, Designing Object-Oriented Software, (PTR Prentice Hall, 1990).

[Wisnosky, 2004]

Wisnosky, Dennis E., DoDAF Wizdom: A Practical Guide, (Wizdom Press, 2004).

[Zachman, 1987]

Zachman, John, 'A Framework for Information Systems Architecture', IBM Systems Journal, 26 (3) (1987)

INDEX

INDEX

INDEX

INDEX

INDEX

INDEX

INDEX